乐坛春秋

20世纪中国音乐名家往事寻踪

李定国 著

上海大学出版社

图书在版编目(CIP)数据

乐坛春秋：20世纪中国音乐名家往事寻踪/李定国著.—上海：上海大学出版社，2023.8
ISBN 978-7-5671-4769-0

Ⅰ.①乐… Ⅱ.①李… Ⅲ.①音乐家—列传—中国—20世纪 Ⅳ.①K825.76

中国国家版本馆 CIP 数据核字（2023）第 121913 号

责任编辑　陈　强
助理编辑　夏　安
封面设计　一本好书
技术编辑　金　鑫　钱宇坤

乐坛春秋：20世纪中国音乐名家往事寻踪
李定国　著
上海大学出版社出版发行
（上海市上大路99号　邮政编码200444）
（https://www.shupress.cn　发行热线021-66511512）
出版人　戴骏豪

*

南京展望文化发展有限公司排版
上海华业装璜印刷厂有限公司印刷　各地新华书店经销
开本710mm×960mm　1/16　印张31　字数476千
2023年8月第1版　2023年8月第1次印刷
ISBN 978-7-5671-4769-0/K·276　定价　75.00元

版权所有　侵权必究
如发现本书有印装质量问题请与印刷厂质量科联系
联系电话：021-56475919

李定国在贺绿汀书房中	李定国与指挥家曹鹏在观看演出
李定国（左三）、李建国（左四）与歌唱家哈米提（左二）、加米拉（左一）夫妇等合影	
李定国与指挥家汤沐海	

李定国（左三）、李建国（右一）与军旅歌唱家胡宝善（左一）、耿莲凤（左二）、吕文科（右二）	李定国与古琴艺术家龚一在一起
李定国在作曲家何占豪家中	
李定国（右一）、李建国（后排中）兄弟与中央歌剧院歌唱家李丹丹（前排左）、李小护（前排右）等在一起	

序 一
为李定国的音乐人物书写点赞

何占豪

读了李定国先生即将面世的新书《乐坛春秋》中的若干篇章及先前已出版的《乐声传奇》一书后，很是感动，也很受教育。虽然我从事音乐创作已有一个多甲子，但过去对许多前辈音乐家只是怀着一种崇敬的情感，并不十分了解他们的坎坷艺术经历和人生过往。在阅读了这两本通俗易懂又引人入胜的音乐人物传记后，眼界大开。

在当年祖国遭到侵略、人民蒙受苦难的年代，以聂耳、冼星海和吕骥、贺绿汀为代表的一大批革命音乐家，将音乐和歌声当作武器，来唤醒、激励亿万中国军民投身伟大的抗日洪流。以后，他们又跋山涉水奔赴延安，用音乐揭露旧社会的黑暗，催生、迎接新中国的诞生。当今我们听到的许多催人奋进的经典歌曲及歌剧乐曲，都是他们留给后人的宝贵财富。

一百多年前，以萧友梅、黄自为代表的一批有着炽热家国情怀的中华赤子，他们怀揣着报国之志，又高瞻远瞩地意识到了音乐对祖国和人民的重要作用，于是从海外学成归国后，便创办了中国的音乐院校，并开启了洋为中用的中国新音乐创作之路。作为中国近代音乐的开拓者，他们的音乐理念都是根植于自己国家民族音乐沃土的；同时又向后人积极传授西方科学先进的音乐理论、技术。无疑，当今中国音乐的发展和繁荣，包括在音乐各领域所取得的成就，都源于这些前辈音乐大家的毕生付出。

李定国先生的文笔质朴流畅，语言清新脱俗，读来有一种拉家常式的亲切感。他的文章深入浅出、旁征博引，信息量极大，给人如沐春风、欲罢不能的感觉。文中的人物鲜活生动，仿佛就在眼前。书中所抢救的许多濒临失传的音乐史料，既翔实又可靠。

在《乐坛春秋》中，作者写到了我的恩师丁善德教授一些艺术创作的重要片段，读来非常亲切，似乎我们师生又在对话。在读到黄自、谭抒真先生对中国音乐的重大贡献时，更是感慨万千。他们的艺德人品就是我们当今乐人极需学习的楷模。

无论是来自延安的革命音乐家，还是音乐学府里的学者大师，虽然他们音乐创作的理念、作风和方法有所不同，但都有一个共同的心声，就是"爱国爱民"。他们深知：音乐作品只有使人民群众喜闻乐见，才能达到鼓舞人民、打击敌人的社会作用。

我和李定国先生是相识相交很多年的忘年交。他虽不是音乐专业出生，却能三十余年如一日，孜孜不倦地坚持初衷。这种精神本身就已难能可贵，其辛勤的笔耕，如同积流成河、聚沙成塔，终结集成一套音乐名家传记，内容几乎涵盖了中国近现代音乐发展的进程。详尽的访谈和史料，揭秘了中国近现代音乐的奠基幕后。还有革命音乐的血火春秋，中国原创歌曲的谱写与流传，经典作品与音乐院团的诞生及始末。林林总总，勾勒出一幅雄浑壮阔的音乐历史画卷。阅读这样的书籍，既可了解到中国音乐历史，又无意中增长了音乐知识，对提高国人的文化素养大有益处。据悉，李定国的音乐人物三部曲之三的《乐人往事》一书，也已投入创作中。在此，我希望他能在自己选择的写作之路上不断前行，为中国乐坛留下更多的风景。

中国的百年音乐史，其实就是中国近现代史的一个缩影。我们不能忘却无数前辈音乐家在艰难的岁月里，为中国近代音乐的开创与发展所作出过的不可磨灭的贡献。我始终认为：音乐就是人的情感表达，而音乐作品又是打开人们心灵窗户的一把钥匙。因此，我们的音乐创作一定要扎根生活、紧贴岁月脉搏，才有可能创作出人民群众认可欢迎的作品。我想：为时代高歌，替人民呐喊，应该是中国音乐人永远的使命。

2023 年 3 月 1 日

序 二
看不够的中国乐坛好风景

李定国

自《乐声传奇》面世后,又经过两年的努力写作,我的音乐人物三部曲之二的《乐坛春秋》也即将付梓了。第三部《乐人往事》也正以紧锣密鼓式的节奏在撰写中,眼下我常往返于京沪采访,争取再用两年的时间来完成。

近四十年来,我之所以一直坚持在上海主流媒体和全国一些有影响的报刊上,发表音乐人物的专访、特写及乐评文章,再到如今撰写音乐名家传记长文结集出版,并一直钟情、沉浸于其中而不能自拔,都盖因受到我深爱、结交过的许多前辈音乐家的影响和感染。

作为乐评人、专栏作家,一个中国音乐历史见证人,我有责任把中国这些音乐大家的艺德、人品、气质和禀赋及他们为追求音乐事业的无私献身精神和感人故事记录下来,传递给更多的读者。而我在撰写这些传记后,愈发感觉到自己离那些音乐巨匠的心灵也越来越近了。我撰写、评论的每一位音乐家,从不以个人的喜好而论,完全是基于史实的真伪角度出发,并把他们的成就和贡献置于浩瀚的音乐历史长河中去作比较、判定。

众所周知,文化是一个国家的立国之本,更是一个民族能够凝聚、且生生不息的主要力量。中国是一个有着五千年灿烂文明的文化古国,其根脉从未中断过。但自鸦片战争后,因帝国主义的侵略和国家封建制度的腐朽,经济落后、人民愚昧、百业凋零。百多年前,有着强烈家国情怀的蔡元培、萧友梅、黄自等中华赤子,从海外留洋学成归来。他们学习了西方的现代文明,由此也看清了中国落后挨打的根源,从而仅凭己力提出了"教育救国"之路。同时认为:教育中的美育(包括音乐、美术、戏剧和电影等),可感化唤醒民众的国家意识,并能提高其素质修养。于是他们抱着达则兼济天下的理想和抱负,并身体力行，硬是在一张一无所有的白纸上，描绘出中国近现代音乐发展的美好蓝图。从此，中国乐坛的优良传统一直薪火相传。无论是谱写抗日救亡歌曲的聂耳、冼星海，还是创作中国风味音乐作品的贺绿汀、马思聪，抑或新中国培养的并留下许多经典歌曲的施光南、王酩等，莫不如此。

三部曲的第一本《乐声传奇》详尽介绍了萧友梅、聂耳、冼星海、黎锦晖、黎锦光、贺绿汀、麦新、孟波、郑律成、刘雪庵、韩中杰、刘炽、马可、王洛宾、沈湘、张权和温可铮等一批在中国乐坛举足轻重的音乐大家。还披露了许多濒临失传的音乐史料，如《上海三大口琴会》《林俊卿与"上海声乐研究所"》《全国音乐周始末》《上海之春诞生前后》《长征组歌的台前幕后》，等等。

在此本《乐坛春秋》中，又讲述了黄自、马思聪、谭抒真、丁善德、斯义桂、周小燕、陈歌辛、李劫夫、黄贻钧、李德伦、瞿维、寄明、马革顺、傅庚辰、朱践耳、黄准、李光羲、金铁霖和何占豪等人们耳熟能详的音乐大家的艺术经历，并介绍上海合唱团、上海民族乐团和最早的上海轻音乐团的来龙去脉。从某种意义上来说，这两本音乐专著所涉及的人物和事件，涵盖了大半部的中国音乐史。若再加上正在创作的《乐人往事》一书，眼下该书已撰写完成的人物有：钱仁康、吕其明，已列入写作计划的还有吕骥、李焕之、吴祖强、刘天华、杨荫浏、杜鸣心、施光南、王酩、王立平、汤沐海、侯润宇、黄友葵、朗毓秀、臧玉琰、楼乾贵、蒋英、高芝兰、郭兰英、郭淑珍、胡松华、李双江、李谷一等。这套丛书几乎能成为一部可读性极强的中国音乐名家传记。这套音乐普及读物，对于提高全民的艺术修养，尤其是对青少年和大中学生了解中国音乐历史、同时学习最基本的音乐知识，是大有益处的。

在图书市场不景气的当下，《乐声传奇》的第一版在发行后销售情况良好，并引起社会的一些反响，由此也更增强了我写作的信心和热情。我浏览过上海大学出版社编辑部接到的一些读者来信。信中内容有素昧平生的音乐同道与我的商榷和切磋；也有读者对书中的某些章节有疑问，需要我解惑答疑的；更多的是音乐爱好者对我文章的赞誉，与我心灵上的交流等。著名歌唱家刘捷，他有位学生，学生的父亲宋智敏，是大连一位成功的民营企业家。他十分热爱音乐，并很景仰中国的许多前辈音乐家。他一口气读完《乐声传奇》后，完全被书中的音乐大家所吸引和打动。为了能把这本雅俗共赏的音乐普及读物分享给更多的读者,他自掏腰包向出版社购买了1 500本,作为礼物分送给自己的员工和客户。而这些员工和客户中的大多数,恰恰又是常年漂泊在海上工作的船员,是最需要这种精神食粮的。宋智敏还表示:《乐坛春秋》出版后,他还会一如既往地购买新书,分送给需要的读者。

去年的11月12日,我生日那天的下午,《乐声传奇》一书的研讨会在温可铮的故居举办。与会者除了主人——温可铮夫人、92岁的钢琴家王述外,还有作曲家何占豪,声乐教育家常留柱、石林,93岁的歌唱家戚长伟,作曲指挥家屠巴海,指挥家曹丁,小提琴家谭国璋,作曲家姜小鹏和中国男篮原中锋、中国女篮原主教练张大维及一批军旅歌唱家,还有专门从大连赶来的宋智敏等。音乐家们在会上各抒己见,发表了热情洋溢的评论,一致盛赞了此书的社会意义。原本指挥家汤沐海,作曲家朱钟堂、刘念劬,

李定国和父亲李佐华、胞弟李建国合影

李定国和母亲、胞弟及家人在一起

男高音歌唱家罗魏，电影表演艺术家梁波罗及中国轻音乐之父、百岁老人郑德仁也要来参加研讨会，后因各种原因而未能来到现场，但他们也各自发表了出自内心的视频讲话。

　　因受家庭影响，我从小就是在书堆里成长的。我没有很高的学历，但曾博览群书。我至今还未涉及过网络，却能在上海乃至全国的主流媒体上，发表过近千篇各类文章，其中有文章还得过"林放杂文奖"的提名奖、上海好新闻二等奖、上海首届新闻大特写三等奖，等等。此外还有许多文章被国内官方主流媒体转载。更有八十多万字音乐人物传记作品。这主要都得益于我曾经的书籍阅读量和较好的记忆力、判断力，及从小受过的音乐熏陶。我对生活、对时代充满着热爱，并有深刻的认知和感悟，更重要的是为人的真诚，对事业的认真执着。父亲李佐华、母亲陈秀英的养育、教诲和悉心栽培，使我懂得了做人的道理，教会我与众不同的写作本领，并形成自己独特的写作风格。此外还有胞弟李建国毫无保留的鼎力相助，以及其他许多亲朋好友的一贯支持。

　　感谢伟大的时代，给了我一个能展示自己才华的舞台。我将一如既往地为再现一幅绚丽多彩的中国音乐史长卷，从而展示一个个鲜活又灿如星汉的中国音乐家群像，而披荆斩棘、勇往直前。

2023年4月6日

目　录

黄自：中国音乐创作的先驱和引领者 …………… 1
马思聪：并未远去的琴声 …………………… 15
谭抒真：中国的一代小提琴艺术宗师 …………… 40
丁善德：为中国的音乐事业穷尽其生 …………… 66
斯义桂：中国歌坛的骄傲 …………………… 87
周小燕：中国之莺在枝头鸣唱 ………………… 93
黄贻钧：中国交响乐指挥第一人 ……………… 121
李德伦：此生不负指挥情 …………………… 153
李劫夫：自学成才的旋律大师 ………………… 196
瞿维、寄明：从延安鲁艺走来的乐坛伉俪 ……… 218
陈歌辛：一代"歌仙"与"上海老歌" …………… 251
傅庚辰：从炮火硝烟中走来的作曲家 …………… 267
马革顺：中国合唱事业的奠基人 ……………… 282
朱践耳：唱支山歌给党听 …………………… 317
黄准：为创作电影音乐倾注一生 ……………… 344
李光羲：在歌剧艺术的长河里 ………………… 369
金铁霖：高擎起中国民族声乐大旗 …………… 385
何占豪与交响南音《陈三五娘》 ……………… 403

许光毅、许国屏父子的"国乐情" ············ 415
难忘曾经辉煌的上海合唱团 ············ 435
昔日的上海民族乐团 ············ 451
上海最早的轻音乐团的由来 ············ 468
附录：乐评十则 ············ 470
    旋律是音乐的生命 ············ 470
    人民是音乐的真正评判者 ············ 471
    为"戴你唱歌"点赞 ············ 473
    "民族唱法"切莫入误区 ············ 474
    歌唱应是一种状态 ············ 475
    "上海老歌"是座金矿 ············ 476
    央视音乐频道也该"变脸" ············ 477
    "新民乐"有形式还要有作品 ············ 478
    新春闻乐断想 ············ 479
    向谷建芬致敬 ············ 480
后记 ············ 482

黄自：中国音乐创作的先驱和引领者

黄自是中国近现代音乐教育和音乐创作事业的先驱和引路人，集作曲家、音乐理论家和音乐教育家于一身。他在中国音乐史上的地位仅次于萧友梅，是一位划时代的伟大人物。

黄自英年早逝，在他短暂的34年人生中，留下了90多首不同体裁、不同样式的音乐作品，其中包括交响乐、室内乐、钢琴复调音乐、清唱剧与合唱、独唱及教材歌曲。另有15篇振聋发聩的音乐论著，3部未完成的音乐书稿中包括半部中国音乐史。

音乐家黄自

同时，黄自在担任上海国立音专教务长的近十年间，培养了以贺绿汀、江定仙、陈田鹤和刘雪庵"四大弟子"为代表的一大批卓越音乐家。这些栋梁之材后来成为中国百年音乐发展的脊梁，大量的音乐创作者都出自他们的门下。

曾经留美学习作曲的黄自，并没有许多同时代的留洋学习者那种崇洋媚外的心理，也没有20世纪30年代左翼音乐人士那样强烈的意识形态色彩。黄自一贯主张：中国的音乐创作必须走民族化的道路，西洋科学的创作技法是为我们的这种创作所用的，从而建立中国民族化的新音乐。他不仅自己一直身体力行，还深刻影响着他的四大弟子及以后薪火相传的中国音乐创作人。

黄自留下的那些洋为中用的音乐作品，其思想性和艺术性都达到了很

黄自和夫人汪颐年

高的境界，而且具有鲜明浓郁的中国风味。尤其是他的艺术歌曲，堪称欧洲浪漫主义歌曲技法与中国新旧文学情调的完美融合。无论形式或技法，还是体裁的广度和深度，抑或情感和意境的表达，都达到了中国艺术歌曲创作的高峰。因为有了中国传统文化的品位与时代思想情感的兼收并蓄，所以他创作、刻画出的音乐形象令人耳目一新。

2004年春，上海音乐学院在贺绿汀音乐厅举办了纪念黄自诞辰百年音乐会。那天，黄自的夫人汪颐年和他的女儿女婿都出席聆听了音乐会。在音乐会上，温可铮、陈小群和葛毅等几代上音的歌唱家和来自上海的几支合唱团，在上海音乐学院管弦乐队的伴奏下，演唱了《踏雪寻梅》《天伦歌》《玫瑰三愿》《思乡》《春思曲》《花非花》《长恨歌》《抗敌歌》和《旗正飘飘》等黄自的代表作。当晚我还采访了黄自的遗孀汪颐年，不久在新民晚报上发表了乐评《百年黄自》。

留美学成归来

为能写好黄自的传记，在2022年冬日的一个下午，我和胞弟李建国一同驱车去参观川沙的黄炎培纪念馆。该馆就坐落在新川路上的内史第内，这是黄家世代的故居，也是黄自的出生地。刚修葺一新的黄炎培纪念馆，参观者络绎不绝。黄自的生平展览之地就在纪念馆的一隅。此处除了他的生平和艺术成就介绍外，还展出了他的音乐创作手稿、乐谱和作品的唱片，还有一些他和家人鲜为人知的照片。看到这些翔实珍贵的历史资料，加之我曾经采访过他已故的夫人汪颐年和女儿黄祖庚（上海音乐学院附中校长，钢琴演奏家和钢琴基础教育家）及他的学生贺绿汀，同时还收集了他的许多有关音乐的史料。因此，对于黄自先生有了一个既理性又有感性、比较全面的认知。

黄自1904年出生在江苏省川沙（今属上海浦东新区）的一户书香门第，父亲黄洪培是当地的一位名绅，堂叔则是中国大名鼎鼎的教育家黄炎培。黄自6岁就进入上海小学学习，一年后转入浦东中学附小。1916年，12岁的黄自考入北京清华学校，开始接触西方音乐。他在校期间学习钢琴和声乐，是学校音乐社团的活跃分子和骨干。1924年秋，黄自以优异成绩毕业于清华学校，同时赴美留学。旅美期间，他先进入欧柏林大学学习心理学，同时还选修了自己一直热爱的音乐课程。1928年9月，黄自转学到耶鲁大学音乐学院继续深造，主攻理论作曲。1929年以交响序曲《怀旧》为毕业作品，而获音乐学士学位。该作品在当年耶鲁大学的毕业生音乐会上公演后，引起乐坛关注。因为这是中国人谱写的第一首交响作品，其意义和影响是不同凡响的。

旅美学成后的黄自取道欧洲，在游历考察了英、法、德、荷、意等国后回到上海，旋即就被聘为上海沪江大学音乐教授。从1930年起，应萧友梅博士盛邀，黄自出任上海国立音专的教务长兼作曲教授。他是当时学校唯一的专职理论作曲教师，一人独自承担11门学科的教学。此外，还要兼授西洋音乐史和音乐领略法这两门全校性的共同课。在工作之余，黄自还先后担任上海工部局的音乐委员、教育部的中小学音乐教材的编委，并发起创办了由清一色华人组成的上海管弦乐团并自任团长，团员都是中国早期的西洋乐演奏家。

培养"四大弟子"

年仅26岁的黄自来到上海音专任教后，给学校带来了一股新风。早年

黄自（左四）与萧友梅（左三）等人在上海音专

的上海音专，只有萧友梅一人教授作曲课。但他身为一校之长，整天要忙于繁杂的学校公务，很难分身来专心致志地教学，因此许多求知欲很强的学生就感到很不满足了。但慧眼独具的萧友梅，敢于不拘一格地启用没有任何教学经历的年轻留美学子黄自来担当学校的教学重任，自己能抽身用更多的精力投入学校的创办和发展中。

黄自的教学成果令学校的教学面貌焕然一新。他的工作作风与萧友梅的办事认真严谨又不苟言笑是截然不同的。温和又平易近人的黄自，对待学生如同家人和朋友般亲切，而且是真心又诚意的。因此学生们都愿意与他交心，但凡学业上的疑惑、生活中的困难，学生都会敞开心扉去求教于老师。因为黄自与学生们几乎是同龄人、没有代沟，学生贺绿汀甚至要比黄自还大一岁。融洽的师生关系，使黄自的教学非常顺利有效。学生们都很渴望能聆听黄自耳提面命式的教诲。原本那些乏味枯燥的曲式、和声、配器和复调（包括对位、赋格）等作曲技法课，通过黄自形象生动又深入浅出、旁征博引的讲解，一下子变得鲜活起来、通俗易懂，学生们很快就能接受，并牢牢记在心中。无疑，学贯中西又才高八斗的黄自把自己旅美学得的西洋作曲技法的精髓，毫无保留地全盘传授给弟子们，他这样的教学在中国音乐史上是第一人。因此，他的四大弟子日后能成为中国音乐创作的领军人物和中坚力量，并深刻地影响了中国音乐发展的进程和方向。

黄自不仅殚精竭虑地为学生们传授作曲技法，更重要的是，还同时灌输他们正确的创作理念、作风和态度。黄自一贯主张：学习西洋作曲技法只是为了更好地为中国自己的音乐创作服务。中国的音乐并不是要照搬、抄袭外国经典，而是要借鉴它的科学技法，谱写出自己国家有血有肉、有鲜明民族风格的新音乐。虽然在黄自的那个年代，中国的音乐创作基本还是一张白纸，但作为一位高屋建瓴的音乐思想家，他一直教导学生们：对祖国的音乐事业要有坚定的信念，要走出一条洋为中用的中华民族自己的音乐之路来。既不能像有些人所认为的，中国的旧乐（指中国过去的国乐）是不可雕的朽木，要整个废除，由科学的西乐取代；更不能偏激地排斥所有西乐，认为中国的音乐振兴只有复古一条路。文化本身就是全人类相通的、是世界人民共同的财富，尤其音乐更是国际语言。试想，当今中国国乐中的胡琴、琵琶和笛子等，哪样不是当年从西域传入华夏大地而融入中国后来的音乐体系中的呢？

1934年，中国乐坛发生了一件大事。世界钢琴大师切列普宁在世界巡演途中来到上海公演，轰动一时。切列普宁是俄国十月革命后流亡国外的原俄国贵族，他非常热爱中国文化，尤其喜爱中国的京剧和民歌。他曾拜北平的伶界名人齐如山为义父，故取了个中国名字：齐尔品，他还娶了中国姑娘、钢琴家李献敏为妻，并把许多中国民歌改编为钢琴小品。齐尔品参观上海音专后，结识了萧友梅和黄自。大家一见如故、意气相投，从而商定了一次大的音乐活动：由上海音专出面举办一次征集中国风格的钢琴作品的创作大赛，题材和内容不限，奖金由齐尔品提供。

当比赛的消息公布后，上海音专校园内如春雷般炸开了。师生们纷纷摩拳擦掌、跃跃欲试，以最大的激情投入到创作之中。担任大赛评委的黄自也鼓励自己的学生去参赛，并告诫他们：一定要谱写自己所熟悉又发自内心的东西。在完全保密又公平公正的竞争下，五位评委一致评定贺绿汀的《牧童短笛》为一等奖，他的同门师兄江定仙的《摇篮曲》和陈田鹤的

黄自（左一）与萧友梅（右三）、齐尔品（中间）及《牧童短笛》的作者贺绿汀（右一）等在一起

《序曲》等获二等奖。贺绿汀三首参赛作品中的另一首《晚会》虽未得奖，但得到了齐尔品的好评。后来，贺绿汀把它改成同名管弦乐《晚会》，久演不衰。

而黄自的另一位高足刘雪庵也谱写了《中国组曲》参赛，此作由四个乐章组成。因为刘雪庵是四川人，因此他所创作的音乐素材都来自当地的戏曲和民歌。作品最终也未能进入三甲，但齐尔品对刘雪庵有高度的评价，认为他在钢琴和音乐创作上有着巨大的潜力。其创作风格已具有鲜明的民族性，这是难能可贵的。喜欢中国音乐的齐尔品，以后在欧美的多场钢琴独奏音乐会上，多次演奏了刘雪庵的《中国组曲》。也正因为齐尔品的力荐，《中国组曲》的乐谱先后在巴黎和纽约等地出版，影响甚广。

黄自的四大弟子是中国近现代音乐发展的基石，这已足以说明黄自对中国音乐的贡献。以创作钢琴小品《牧童短笛》而奠定其在中国乐坛地位的贺绿汀，在七十多年的音乐生涯中，留下了歌曲《游击队歌》《嘉陵江上》《天涯歌女》《四季歌》《秋水伊人》及管弦乐《森吉德玛》《晚会》等音乐作品，和许多音乐学术著作。新中国成立后，他长期担任上海音乐学院院长，在他科学的办校理念下，上音秉承国立音专的好传统，一直是中国音乐家的摇篮，桃李满天下，培养了陈铭志、施咏康、刘福安、王酩、王西麟、陈纲、何占豪、陆在易、金复载、赵晓声和张千一等一代代颇有成就的作曲家。

贺老生前曾多次对我说起过，没有黄自的栽培，就没有他所有的成就，感恩之情溢于言表。在极左思潮盛行的岁月，中国乐坛对黄自的音乐贡献和历史地位有过褒贬不一的争论和说法。但贺绿汀不管风向的变化，他都坚定地站出来讲真话、维护黄自先生应有的地位和尊严。

出生于武汉的江定仙是1930年考入上海音专作曲系的，师从黄自教授。他对黄自先生佩服得五体投地，追随先生学习过和声学、高级和声、和声分析、键盘和声、单对位法、复对位法、赋格、曲体学及分析和配器法。他几乎学遍了西洋作曲技法的所有门类，受益终身。江定仙长期在中央音乐学院工作，担任副院长兼作曲系主任。他一生创作谱写音乐作品无数，因深受黄自的影响，他的创作一直扎根于民族沃土，广泛地接触并研究民间音乐。他编配了钢琴伴奏的《民歌九首》，谱写了钢琴变奏曲《十送红军》，创作了交响诗《烟波江上》（又名《武汉随想曲》）。抗战时期，在大后方教学的江定仙曾用钢琴伴奏形式编配了一首西康民歌《康定情歌》。曲谱刊登在当时的歌曲杂志上，流传很广。晚年他还写下了三乐章的交响曲《沧桑》。他在中央音乐学院任教期间，先后培养和影响过吴祖强、杜鸣心、王立平及谭盾、何训田、叶小纲和唐建平等几代中国著名作曲家。

陈田鹤是浙江永嘉人，他在抗战时期曾在上海音专迁至重庆青木关的音乐学院和抗战胜利后的南京中央音乐学院任教务长，从事作曲教学。全国解放后，他又被先后调往北京人民艺术剧院和中央实验歌剧院专职从事音乐创作。他英年早逝，但在短暂的44个春秋留下了很多音乐作品。其中影响较大的有：清唱剧《河梁话别》，舞蹈音乐《荷花舞》《采茶灯》，大型合唱曲《森林啊，绿色的海洋》，歌曲《江城子》《山中》和《制寒衣》，以及未完成的歌剧《荆轲》等。1945年，陈田鹤改编了新疆民歌《在那遥远的地方》，并配上钢琴伴奏，才使这首原本名不见经传的民歌登上了大雅之堂，后经歌唱家喻宜萱的演唱后不胫而走、流传全国。此作登载在1948年出版的《音艺新辑》中。陈田鹤对自己的恩师黄自是发自内心敬仰，老师因伤寒症去世后他痛不欲生。在参加老师的追悼会后，陈田鹤写下了这样一段文字：眼前浮现着黄师苍白的遗容和无数双润湿的眼睛，我恨不得再跟同学们抱头痛哭一场，老天爷这样残忍地将尚在壮年的黄师带走，我们永远不能再听到那样有远见的诚恳谈话了。未来的中国音乐界将失去轴心，一任这贫弱的音乐园地荒芜了。

刘雪庵曾担任中国音乐学院的副院长，他是中国乐坛一位有争议的人物。当年因为一曲《何日君再来》红遍中华大地，但也是因为这首作品的莫须有罪名使他蒙冤一生。刘雪庵是黄自非常看好的一位弟子，他的求知欲极强，在上海音专的学生中，他学习的科目最多最全，但他的创作本领则是黄自一手传授的。在刘雪庵跌宕起伏的人生中，他曾为几十部电影谱写过音乐，其中的插曲和主题歌《长城谣》《满园春色》《思故乡》和《飘零的落花》等传唱一时。他早年还创作过《早行乐》《采莲谣》《布谷》《西子姑娘》和《淮南民谣》等一批委婉动听、通俗易唱的民歌。在他音乐创作的巅峰时期，还谱写了《红豆词》《菊花黄》和《枫桥夜泊》等意境深远、曲调典雅的艺术歌曲。

著名音乐学者钱仁康一直认为黄自先生是中国音乐教育的一代宗师，如若中国乐坛没有萧友梅和黄自，中国音乐的进程完全可能在迷茫中还要彷徨很多年。

投身音乐创作

黄自对中国音乐创作的最大贡献莫过于艺术歌曲。而艺术歌曲是起源于欧洲的18至19世纪的一种音乐加文学体裁的歌曲样式，其特征是歌词的诗歌化、作曲手法的技术化，伴奏则以多声性和织体写法的钢琴为主，也有乐队。欧洲的经典艺术歌曲又以德国的为主，它把浪漫主义的音乐文化与质朴又兼具民族民间性的诗歌完美地结合。在艺术歌曲的发展进程中，歌德和舒伯特无疑是极其重要的两个人物。他们留下了许多后人无法企及又有着范本样式的经典作品。

随着欧洲艺术歌曲的兴起，应运而生的是一批以音乐会演唱为职业的歌唱家，他们又有不同于歌剧演员的演唱风格。中国的艺术歌曲诞生于"五四"前后的新文化运动，创作也已有百年的历史，在这百年里国人的音乐生活发生了巨变。艺术歌曲虽然是一种伴随近代欧洲文化及现代西方文明进入中国的舶来品，却不同于通俗易唱的早期"学堂乐歌"，它深受中国百姓尤其是知识分子的喜爱。中国艺术歌曲的开创者青主（原名廖尚果）、赵元任和黄自的创作理念，就是运用西洋的作曲技法，与中国既有的传统文化和伦理道德精神相结合，而成为一种新音乐体裁的歌曲。其样式和风格，看似是在模仿欧洲的艺术歌曲，但它的核心内涵却始终是中华民族的，忧国爱民又激浊扬清，而其美学取向又融汇中西、洋式华魂。

百年来，中国的音乐家一直秉承着萧友梅和黄自的创作理念。因此，中国的艺术歌曲也犹如秋夜繁星，灿烂无比；又似春日茂草，生生不息。这些作品在不同的历史时期，既可登庙堂，又可上战场；可说情感，又可达思想；可做黄钟大吕，也可饭余闲谈。早年的中国艺术歌曲，具有鲜明的民族风格和深邃的思想意境，又有演唱上的歌唱性和艺术性，是一种不同于其他类别的歌曲样式，从而也奠定了这类歌曲创作的基调和本色。

从德国学习音乐和作曲归来的青主的《大江东去》（为苏轼的《念奴娇·赤壁怀古》谱曲）和根据李之仪的宋词谱写的同名歌曲《我住长江头》，这两首作品开创了中国艺术歌曲的先河，至今还是久唱不衰的经典。而留美的赵元任的《教我如何不想他》，经世界华人第一歌唱家斯义桂的演绎后名扬海内外，成为一首世人公认的旷世佳作。从20世纪二三十年代开始，中国乐坛开启了一个谱写艺术歌曲的高潮，其中的名家名作有：萧友梅的《问》，陈啸空的《湘累》，陈洪的《子夜歌》，贺绿汀的《清流》《嘉陵江上》，江定仙的《静境》《岁月悠悠》，陈田鹤的《春归何处》《江城子》，刘雪庵的《红豆词》《飘零的落花》《长城谣》，张曙的《日落西山》，谭小麟的《正气歌》，钱仁康的《春朝曲》，桑桐的《林花谢了春红》，丁善德的《神秘的笛音》和罗忠镕的《山那边哟好地方》等。但在当年众多的中国艺术歌曲创作者中，无疑黄自的作品最多，而且更具代表性。他的《玫瑰三愿》达到了中国艺术歌曲的极致。

出身世代书香门第的黄自，从小就饱读四书五经，深受中国传统文化的影响，这也奠定了他以后创作艺术歌曲的基础。但在他的成长年代，中国的内忧外患不断。黄自年少时就赴美学习，是为了将来学成归来后能报效祖国。因此学习教育和音乐的黄自回国后，在担任上海国立音专教务长的同时，也接受教育部的委派，担当起编写中小学音乐教材的重任。因为黄自明白：要提高国人的素质，音乐是很重要的一部分，而且必须从孩子抓起。因此，他与应尚能、韦瀚章、张玉珍等合作编辑了六册适合不同年龄阶段的音乐教科书。其中，黄自一人还撰写了54篇深入浅出、通俗易懂的音乐知识的普及文章，并谱写了《西风的话》《雨后西湖》《燕语》《睡狮》《秋郊游》和《踏雪寻梅》等28首在学生中有很大影响的歌曲。这些作品已不同于清末民初这一特殊历史时期，中西文化碰撞下在音乐领域所产生的"学堂乐歌"。因为学堂乐歌基本都是引用外国现成的音乐旋律，填上中国歌词的一种歌曲形式。其实这并非真正意义上的音乐创作。学堂乐歌以旅日学者沈心工、李叔同、曾志忞为创作代表，他们填词的《送别》《我的国》《春游》和《早秋》等也影响广泛。

但以黄自为代表创作的学生歌曲，以完全不同于中国音乐开蒙教育的学堂乐歌，它从旋律到歌词，已完全出自国人之手。由刘雪庵作词、黄自作曲的《踏雪寻梅》，从中可见黄自创作这类歌曲的一种风格。《踏雪寻梅》的乐句短小精悍，简单的四句歌词起承转合，作品描写了雪后游人的喜悦心情，生活气息浓郁，极富画面感。此作的节奏感很强，前两句的旋律富于跃动感，描写雪后骑驴外出游玩的情景，第三句用音乐模仿了铃铛的声响，使演唱变得更生动了，结尾则是前段旋律的再现和发展。整首作品唱来充满诗情画意。看似歌曲音域不宽，旋律基本都在中声区，但要真正演绎好、表达出原创者的初衷，是需要很强的演唱能力和对此作的深刻理解力。在我所组织的多场大型音乐会上，曾邀请过中央乐团的臧玉琰、上海音乐学院的温可铮和总政歌舞团的李双江来沪演唱此作。虽然他们各自演唱的声部不同，但各有千秋的演绎不仅使这首作品栩栩如生，还赋予听者很大的想象和回味空间。臧玉琰的演唱气息控制自如，声音丝丝入扣，表达作品的意境深邃。而李双江的演唱则激情澎湃、一气呵成，他把握作品的抑扬顿挫也是游刃有余、恰如其分。温可铮虽然是男低音，但他出神入化、引人入胜的表演，已完全把听众带入并沉浸在作品的情景之中而不能自拔。

黄自虽是个旧时的文人，但却是一位炽热的爱国主义者。他旅美回国后不久，便爆发了"九一八"事变。从此，日寇不仅侵占了中国的东北，还不断蚕食华北乃至整个中国。

面对日寇猖狂的侵略，中华民族到了生死存亡的边缘。此刻的黄自义愤填膺，用手中的笔杆当武器，谱写了一大批脍炙人口又感人至深的爱国歌曲和抗日救亡歌曲。如《九一八》《热血》《天伦歌》和《赠前敌将士》等歌曲，在当时社会的各阶层中传唱一时。《赠前敌将士》谱写于1932年4月，由中国民主革命家何香凝女士作词。歌曲是献给在"一·二八"淞沪抗战中英勇奋战的十九路军将士的。它痛斥了日寇在中国犯下的滔天罪行，又歌颂了中国军民抗战的坚强意志，歌曲极大地点燃了抗日将士的爱国热情。

黄自在创作中

黄自谱写的合唱作品《旗正飘飘》《抗敌歌》和《军歌》，在当年中国的抗日救亡歌曲中占据极为重要的地位。这三首合唱曲和聂耳的《义勇军进行曲》《毕业歌》，吕骥的《自由神》《新编九一八小调》，麦新的《大刀进行曲》，冼星海的《在太行山上》，麦新、孟波的《牺牲已到最后关头》，贺绿汀的《游击队歌》等，都被收入商务印书馆在1934年出版的《爱国合唱歌曲集》中，这些歌曲激励着亿万中国军民投身伟大的抗日洪流。

其中黄自的《旗正飘飘》和《抗敌歌》的音乐，经常出现在港台拍摄的抗日战争题材的电影中。因为在抗战中，国民党军队将士都曾唱过黄自的歌曲。

在1937年的"七七事变"后，黄自又创作了一首歌曲《热血》，作品呼唤亿万中国人要洒着热血去除强暴，又要拼着热血去争荣光。他还自豪地坦言：现在我写抗敌歌曲，希望不久就能再谱写庆祝抗战胜利的歌。由此可见黄自对抗战怀有必胜的信念。

有着炽热家国情怀的黄自，即使在创作艺术歌曲时，作品也处处流露出并充满着对祖国对人民的无限爱恋，对于侵略者的无比仇恨。这在他出版的第一本艺术歌曲集《春思曲集》中便可见一斑。歌集收录了黄自创作的《春思曲》《思乡》和《玫瑰三愿》等作品。在这几首作品中，人们可以明显地感受到舒伯特、舒曼和门德尔松对黄自的影响。但黄自的创作并未完全照搬西方艺术歌曲的传统，而是在自己的作品中巧妙地隐藏着民族的五声调式。

黄自的《玫瑰三愿》，以花喻人，以花期的短暂比喻青春年华的易逝，从而呼唤人们珍惜和保护这份美好。歌曲以婉约唯美的比拟方式，期盼着美好的和平。因此，在看似缠绵悱恻的语句背后，听者却会感到隐藏其中的巨大力量。歌中唱到的"多情游客"，泛指国民党的统治和租界中的外国势力；而"芬芳的玫瑰"正是曾经美好的祖国；而"充满妒忌的无情风雨"就是穷凶极恶的日本侵略者。

无疑，黄自的《玫瑰三愿》是中国的第一艺术歌曲。这首为女高音所写的作品和他的《春思曲》《思乡》及《花非花》等，一直是中国音乐院校声乐教材中的重点，是女高音必学的曲目。从《玫瑰三愿》面世后，中国有许多代歌唱家都争相演唱，此作是中国歌唱家演唱得最多的作品。据我所知：喻宜萱是第一个演唱者，以后又有黄友葵、郎毓秀、周小燕、张权、高芝兰、蒋英、郭淑珍、林明珍、汪燕燕、季小琴、胡晓平、孙秀苇和黄英等几代歌唱家演唱过。她们在演唱这首高难度的作品时，都各自表达了独到的理解和诠释，风骚各领。我听过张权、林明珍、汪燕燕和季小琴演唱的《玫瑰三愿》，那真是字字如珠玑、声声入心田，歌声是那样的撩人心魄，令我一直难忘。

《玫瑰三愿》也有男声版的，温可铮就把此作移调后作为自己在音乐会上的常演曲目。他是迄今为止演唱黄自艺术歌曲场次最多者，演唱时间也最长，而且是理解、表达黄自作品最深刻、最完整的歌唱大家。在他去世后，其夫人王逑整理出版了温可铮的歌唱专辑，其中就收录了他生前演唱的9首黄自的作品。在温可铮近七十年的歌唱生涯里，他的歌声传遍了祖国各地和世界许多重要的音乐城市。在每场独唱音乐会上，他除了演唱自己的代表曲目《跳蚤之歌》《伏尔加船夫曲》和《酒鬼之歌》等俄罗斯名曲外，还有中国的传统民歌《凤阳花鼓》《红彩妹妹》等。黄自的《花非花》和《玫瑰三愿》也是常演的曲目，温可铮把黄自的作品带向了世界。

近些年来，上海音乐学院有两位中年教师也在尝试演唱当年的中国艺术歌曲，这是可喜可贺的现象。但我听了他们的演唱后，觉得要达到温可铮演唱的境界，还需假以时日，需要自己对生活的感悟、作品的理解、艺术修养的提高和文化底蕴的积累等，要下很大苦功的。因为真正能打动人心的歌唱发自歌者内心，是用心灵演唱的，歌者需要一颗献给音乐的心。

有一次在商讨中，旅美歌唱家刘捷的学生、旅日女高音歌唱家赵非说起了她的一桩往事。二十多年前，赵非在日本东京的武藏野音乐大学学习声乐，并获得硕士学位。那时她在日本翻译出版过一本《日中名曲选》并附两张CD。其中一张是赵非用中文演唱的《荒城之月》等日本名曲，另一张则是她用日语演唱中国的民歌和中国经典作品，主打歌曲就是黄自的《玫瑰三愿》。当年歌集和两张CD分别在中国和日本发行后，引起两国乐坛的广泛关注。尤其是《玫瑰三愿》得到了日本听众和音乐圈的好评，由此日本民众也认识、了解到中国的艺术歌曲之美，一时学唱者众多。

在黄自的艺术歌曲创作中，不仅有现代诗词题材，更多的是中国的古典诗词。如白居易的《花非花》、王灼的《点绛唇·赋登楼》、苏轼的《卜算子·黄州定慧院寓居作》和辛弃疾的《南乡子·登京口北固亭有怀》等，这些作品在黄自的笔下，以不同的旋律呈现他对这些古诗词深刻意涵的理解和诠释，成了教科书式的音乐作品。

中国第一部清唱剧《长恨歌》也是黄自的力作。这部十个乐章的作品，是黄自在教学之余用了一年多时间，与自己的老搭档、上海音专的国文老师韦瀚章共同完成的。作品是根据唐代大诗人白居易的同名叙事诗《长恨歌》中的情节改编的。此作虽只完成了一《仙乐飘飘处处闻》、二《七月七日长生殿》、三《渔阳鼙鼓动地来》、五《六军不发无奈何》、六《婉转峨眉马前死》、八《山在虚无缥缈间》、十《此恨绵绵无绝期》等七个乐章，后因黄自工作繁忙、又突患疾病去世而没能完成全作，但它仍不失为一部旷世经典，至今还没人能超越。这部爱国主义的佳作，讽刺了国民党统治集团对日的不抵抗主义，以古讽今是黄自惯用的一种创作手段。

百代唱片公司在黄自生前，曾录制出版过清唱剧《长恨歌》部分章节的唱片。1943年春，重庆的中国音乐研究会为纪念黄自去世五周年，在《音乐月刊》专刊上首次发表了黄自的遗作《长恨歌》。1957年，上海音乐出版社正式出版了黄自七乐章的《长恨歌》的总谱。1994年11月11日，清唱剧《长恨歌》在世界最负盛名的美国纽约卡内基音乐厅唱响，这是中国的清唱剧第一次在国际舞台上亮相。担任此次演出的指挥是中国旅美音乐家黄永熙，钢琴伴奏也是旅美华人林蔼玲。剧中扮演唐明皇的是已年过花甲正在美国自费学习声乐的温可铮教授，旅美华人女高音歌唱家邓桂萍出演杨贵妃。由旅美几支华人合唱团组成的百余人合唱团担任该剧的合唱。此次演出不仅在美国引起轰动，而且在世界乐坛也有很大反响。

当年，上海工部局交响乐团曾上演过黄自的两部音乐作品，一部是他在耶鲁大学的毕业作品——交响序曲《怀旧》；另一部是他为左翼的进步电影《都市风光》所谱写的电影音乐《都市风光幻想曲》，这是该乐团唯一演出过的中国人创作的音乐作品。1949年初夏，新生的上海人民政府交响乐团在人民广场（原上海跑马厅）举行的上海各界庆祝上海解放的群众集会上，又演奏了黄自的这两首音乐作品。

1938年初春，一直体弱多病又操劳过度从而积劳成疾的黄自突患伤寒症，住进了上海红十字医院治疗。5月9日，怀着对音乐、对人世无限眷恋的黄自，因多种疾病并发而撒手人寰。临终前，已经虚弱得很难言语的黄自还断断续续地请求夫人：快去请医生来，我快不行了，我还有半部中国音乐史没写完呢！黄自不是在"苟且偷生"，因为心中的音乐还没完成，他需要时间。就这样，中国第一位系统地、全面地向中国学子传授欧美近代专业作曲理论、又创作了许多流芳百世经典音乐的乐坛巨匠黄自，走完了他34年不平凡的短暂人生。两年后，中国近现代音乐的奠基人萧友梅也因病去世。随着这两位中国近现代音乐事业开创者的相继离世，无数乐人和国人引以为豪的一个音乐时代，就此落下帷幕。

马思聪：并未远去的琴声

马思聪是中国音乐史上一位举足轻重的人物。他是与谭抒真教授齐名的中国小提琴事业开拓者，并集小提琴演奏、作曲和教育于一身，这在中国乐坛是绝无仅有的。

马思聪的小提琴演奏曲名扬四海又雅俗共赏，在长期担任中央音乐学院院长期间，他还发现和提携了后来成为影响中国小提琴进程的两位大家：林耀基和盛中国。同时他认为：音乐教育不仅是要培养音乐家，更重要的是把艺术的种子播撒向更多的人。

音乐家马思聪

马思聪的音乐创作涵盖了歌剧、舞剧、交响乐，还有各种形式的室内乐、大型合唱曲、艺术歌曲和民歌改编曲等体裁样式。其中《思乡曲》家喻户晓，成为中国小提琴曲的代表作。在新中国成立之初，他还和郭沫若合作过一首少儿歌曲《中国少年先锋队队歌》。

一段不堪回首的人生

不幸的是1966年春夏之交开始的那场突如其来的风暴，使曾经炙手可热的马思聪一下子就从中国乐坛至尊的位置跌落进万丈深渊。因不堪忍受百般的侮辱和折磨，马思聪最终无奈地选择了"偷渡"香港的这条不归路，一世英名毁于一旦。从此，他和他的作品销声匿迹，他的人生被全盘否定。

"文革"开始时的马思聪是中央音乐学院的院长,因而首当其冲。作为"走资派"和"反动学术权威",不仅昔日辉煌落尽,批判他的大字报在校园内铺天盖地,而且每天还要挨批斗。当年8月9日,马思聪被囚禁起来。14日,又被抄家,家中的唱片、乐谱、书籍和音乐手稿被悉数抄走。夫人王慕理和儿子马如龙、小女儿马瑞雪在惊恐中一同逃离北京,去南京的亲戚家避难。此时的大女儿马碧雪已与父亲和家庭划清界限,故她始终不知也没有参与母亲和兄妹逃离北京以及后来全家去往香港的事件,但"偷渡"事东窗事发后,她还是受到了牵连而被审查。

这年的10月28日,原本由马思聪作曲并演奏的小提琴曲《思乡曲》是中央人民广播电台对外播音的开始曲,但此刻开始曲已换成了《东方红》。在被囚禁学校劳改期间,马思聪不仅遭受过无数次毒打,更难以想象的是:因为马思聪姓马,在中国乐坛又素有"领头马"的美誉,因而那时的红卫兵突发奇想,要马思聪扮成一匹马,并摁住他的头要他爬在草坪上吃草。这对于活了半辈子一直养尊处优、从未受过皮肉之苦的马思聪来说,是绝对不能忍受的。面对这样的侮辱和暴力,他曾有过寻短见的念头。当时,同样是"文革"重灾区的上海音乐学院,就有陈友新、李翠贞、沈知白、范继森、杨嘉仁和顾圣婴等著名音乐家相继自杀。但相对比较懦弱胆小的马思聪,始终没有勇气对自己"下手"。

就在此时,往南京避难的二女儿马瑞雪潜回北京并见到了父亲,并汇报了逃至南京后的一些情况,还透露她已和母亲兄长商量过在万不得已时,想带父亲一同避难至香港的提议。当听到女儿的这种想法时,马思聪的内心是充满矛盾和恐惧的,因为他深知这是一条不归路。但在万般无奈的状况下,走投无路的马思聪最终还是不得不接受女儿的建议,寻找时机潜逃。当马家的厨师贾俊山得知主人的处境后,这位对东家深感同情的广东老乡,就开始主动帮助马家实施具体计划。在掩护马思聪逃离京城的同时,又联络暂避在南京小舅子家的马思聪的妻子和女儿,到毗邻香港边的一个小渔村会合。

1967年1月15日晚,马思聪一家乘坐租来的小渔船乘着漆黑的夜色"偷渡"去香港。跨出这一步,马思聪不再受到肉体折磨和人格侮辱,但他精神和思想上是极其痛苦的。开弓没有回头箭,过去受人尊重和敬仰的爱国民主人士和大音乐家马思聪，此刻已成了叛国者，他为音乐付出的所有也将同时化为灰烬。尽管马思聪的出逃实出无奈，但此时他就是跳进黄河也已洗不清了。但马思聪却坚信自己是"任尔风吹雨打，我自扪心无愧"。

马思聪一家逃往香港一事，第二天就被当地的媒体炒得沸沸扬扬。当局专门关照马思聪在港期间不得抛头露面，并希望他尽快离开此地。于是，马思聪急忙通过在香港的亲戚去美国驻港领事馆寻求政治庇护。因为马思聪是一个具有国际影响力的人物，所以此事很快就有了眉目。翌年的1月21日清晨，获准在美定居的马思聪一家乘飞机抵达华盛顿，就此开始了流亡美国的生涯。三个月后，马思聪在纽约召开了他逃离中国后的第一场新闻发布会。在会上，他详尽讲述了自己逃离中国内地的原因和过程，并一直解释此举实乃迫不得已，同时多次强调自己至今仍然是爱祖国、爱人民的……

马思聪的"叛逃"是当年中国乃至全世界的一条特大新闻。虽然当时中国的媒体从未透露过有关的任何消息，但很多国人还是通过小道消息知晓了此事，由此也成了人们茶余饭后的话题。当然此事更引起了中国高层领导的重视，公安部为此还成立了专案组，但凡与马思聪出逃案有牵连、有瓜葛者都接受了审查。

一年后，已定居在美国费城的马思聪被公安部正式定性为"叛国投敌分子"。自马思聪踏出中国大陆的那一刻起，不祥的梦魇从此一直笼罩在他的心头。他在美国的生活，表面看似平静，其实始终暗潮涌动。当年与中国内地敌对的势力以及台湾当局，鉴于马思聪的社会影响，一直在争取拉拢他，对此马思聪非常警惕，想尽量保持与他们的距离。美国并非人们想象中的天堂，因为马思聪在美国没有担任任何公职，没有任何收入。

平日里，他在美国深居简出，只是带教一些学生来维持一家人的生计。但是为了一家人在美国能过上曾经在北京那样的优渥生活，他还是甘冒风险多次到台湾去举办音乐会。台湾当局为了拉拢马思聪，把他作为宣传工具，因此提供他赴台演出的报酬是相当可观的。这在物质上满足了马思聪的需求，殊不知他的这种举动在当年都是犯大忌的。在流亡美国期间，仍痴情于音乐创作的马思聪又谱写了小提琴独奏曲《第三小提琴回旋曲》《第四小提琴回旋曲》和富有台湾风情的《阿美山歌》《高山组曲》及歌剧《热碧亚》等。

拨乱反正的1979年，在新中国成立前就已移民美国的马思聪的九弟、著名小提琴演奏家马思宏突然接到文化部邀请，邀请他回国访问演出。这事对于马思聪不啻是一种好的预兆，他冥冥中感到自己的问题，似乎有了一种可能解决的迹象。1980年6月3日，马思宏飞抵北京与中央乐团合作演出。在京期间，时任中共中央统战部部长的乌兰夫专门会见了马思宏，并请其转告胞兄马思聪：他的问题已得到了澄清，当年的出逃是被迫的，可既往不咎，同时欢迎他随时回国探亲、访友甚至定居。此后，马思聪过去的一些老友如李德伦、苏夏、金帆等开始与他有通信联络，但他的平反问题，官方并没有正式公示。

直到1984年秋，中央音乐学院的吴祖强院长应邀访美。访美期间，吴祖强专程去费城的马思聪寓所拜访。此时年已72岁的马思聪仍精神矍铄，两人相见时交谈甚欢，一个半小时的会面，马思聪详细询问了许多国内老友和当下文艺界的情况，但对"文革"初的那段刻骨铭心的经历，两人都只字未提。

就在吴祖强访美回国后不久，中央音乐学院正式发文为马思聪平反。平反结论中说到：马思聪在"文革"前的表现是好的，他的出逃行为完全是极左路线残酷迫害所致；对于马思聪旅美后与台湾方面的交往也不予追究；若他本人有要求可安排回国定居。公安部也就此迅速批示：完全同意平反结论。1985年2月12日，正式平反函送达本人。对马思聪的正式平反，距他出逃已有18年之久。从当年的3月1日起，马思聪的作品又开始在中国大陆的广播电视中播出，他的名字也不再被回避了。

马思聪在正式平反后，心情一度非常激动但又很矛盾。原本他打算当年的秋季回大陆访问探亲，而且也曾有过叶落归根、回国定居的念想。但又考虑到如若自己风风光光地回国，生怕从良心道德上对不起那些为自己当年出逃受牵连而锒铛入狱、甚至家破人亡者，因而内心十分彷徨。

也就在此时，马思聪受委约的新创歌剧《热碧亚》正在台北上演。按照原先的合同，他必须到台湾出席有关活动并处理相关事宜，因而回大陆一事暂时搁浅。但命运往往是既无常又很残酷的。就在翌年的初春，马思聪突患急性肺炎而入住费城的一家医院。不料，肺炎诱发了心脏病，不得已又做了心脏手术。由于手术失败，1987年5月20日凌晨，一生多难又带着无尽遗憾的马思聪溘然去世，享年75岁。

马思聪在美离世后，家属遵其遗嘱，并没有买墓地安葬，他的骨灰只是暂存在费城的一处公墓后边的骨灰堂里。无疑，马思聪的内心还是想着要回归祖国的。2007年底，在温家宝总理的亲自过问、批示下，马思聪、王慕理夫妇终于魂归故里。他俩的骨灰被迁回广东老家，安葬在白云山麓，与当年的好友、人民音乐家冼星海的墓地为邻。

我和胞弟李建国在三十多年间，策划组织过许多大型的音乐活动。与此同时，还不失时机地采访过中国众多的音乐大家，马思聪先生也是我所敬仰的一位人物。虽然余生也晚，没能直接与马先生交往，但我采访过他的亲属、学生和当年与其交往甚密的老一代音乐家，因此我能从不同的侧面和角度，了解到他的从艺经历和坎坷人生。所以我认为：一生充满理想主义光辉的马思聪，在"文革"初不堪忍受精神和肉体的痛苦、折磨而选择出逃，这固然有其历史和客观的原因，但更多的还有他内在和主观的因素。只有详尽了解他的音乐人生和曾经的过往，才可能还原一个真实的马思聪。

海外学琴第一人

马思聪生于1912年，祖籍广东海丰，其父马育航是清末的秀才，后又入新学堂海丰速成师范学习，与后来的广东军阀陈炯明为同窗挚友。正因为这层关系，在陈炯明执掌广东军政大权时，马育航官至广东省财政厅长。当年陈炯明与法国的关系甚密，因此在他的推动下，广东有财阀在法国里昂出资创办中法大学，为中国留法学生服务，周恩来、朱德、蔡和森、李富春、向警予、陈延年、陈乔年和邓小平等都曾在此校勤工俭学。

马育航是一位接受新生事物的开明人士，他生养培育的十个子女大多都很有出息。马思聪11岁时就随大哥马思齐、二哥马思武一同远涉重洋赴法学习音乐。大哥在法专门研究法国文学,二哥则是一位经济学家。而留在国内的六妹马思荪是钢琴家,曾任教于上海音乐学院,"文革"后移居香港。八妹马思琚是大提琴演奏家,十妹马思芸则是长笛演奏家,她俩和三哥马思聪一同在中央音乐学院工作。九弟马思宏是旧中国名噪一时的小提琴家,他在解放前夕就赴美留学,后成为旅美音乐家。而马思聪的四妹、五妹和七妹都不幸先后夭折。可见人才辈出的广东马家是毫不逊色于以黎锦晖、黎锦光为代表的湖南黎氏八骏的。

因受家庭影响,马思聪自幼就喜欢音乐,尤其是小提琴,他到法国就是为了学习音乐。初来乍到时,大哥就为他请来一位小提琴老师。在一百多年前的中国,国人学习小提琴者寥如晨星。马思聪是第一个到海外学习小提琴的,而年长他5岁的谭抒真则是中国最早的小提琴学习者,他俩都是中国小提琴事业的奠基人和引领者。

马思聪天性聪慧又才智过人。但他是11岁才开始接触学习小提琴的,这在今天看来,早过了学习小提琴的最佳年龄。因此从某种意义上来说,马思聪想要成为一流的小提琴艺术家,必定要付出比常人更多的心血。而初学小提琴时又特别枯燥乏味,因为小提琴的音准、音色等是全靠演奏者的耳朵、手的把位和弓的运用来决定的,完全不同于十二平均律的钢琴弹奏。而且当时的马思聪初学法语,与老师也不能完全自如地沟通,学习非常困难。

为了使三弟能更好地学习音乐,大哥决定把马思聪送到南锡音乐学院学习。在这所幽静美丽的校园里,马思聪的小提琴练习和法语学习是雷打不动的。同时他还开始系统地学习音乐知识和音乐基础理论,包括视唱练耳和钢琴弹奏等。经过一年潜心刻苦的学习,马思聪的考试成绩获得了年级第二名。为了自己的小提琴演奏水准能更上一层楼,马思聪决定去报考巴黎音乐院。就在此前,他有幸拜在巴黎国立歌剧院的小提琴大家奥别多菲尔门下学习,大师的悉心指点使马思聪的演奏技巧突破瓶颈,进步神速。跟随奥别多菲尔学琴,固然能学得小提琴演奏的精髓,但学费很昂贵,每小时要收学费50法郎,这对于一般的留学生来说是难以承受的。但对出生官宦家庭的马思聪而言却并不是问题,他甚至还花了2 500法郎买了一把心仪的意大利名琴。在奥师门下，马思聪还有幸结交了同样来自中国的同门师兄陈洪，两人成了一生的至交。

1926年夏，马思聪如愿考入巴黎音乐院的奥别多菲尔小提琴班，他也成为该校第一个亚洲学生。巴黎音乐院是世界一流的音乐学院，藏龙卧虎。校园里到处充溢着浓郁的音乐氛围，在这样的环境熏陶下，马思聪更加刻苦地努力学习，并达到了忘我的地步。

马思聪在演奏

小荷才露尖尖角

1929年的夏秋之交，已旅法学习六年小提琴的马思聪回国探亲。此时他年仅17岁，便已年少得志风光无限。甫到上海后，他就受到上海工部局交响乐团的邀请，参加该团的一场交响作品音乐会，并担当一首协奏曲中的小提琴独奏。为了能更好地完成音乐会的独奏任务，马思聪做了许多案头工作。他不但把要上演的曲目练得滚瓜烂熟，还分别去拜访与其合作的乐队指挥帕器和首席富华，以期能达到与乐队有更深入的沟通与合作了解，从而最大限度地保证音乐会的圆满成功。

马思聪在打听到富华在愚园路的住址后，便来到富华寓所造访。这天，富华正在给学生谭抒真上课。当得知马思聪的来意后，富华便要求他把即将上演的曲目演奏一遍，与此同时给他提出了建议和希望。譬如对整首乐曲风格的把握，演奏时有些乐句中和乐段间的处理，最重要的是告诫他与乐队合作时所要注意的一些事项等。对富华率直的指正和教诲，马思聪受益良多且心悦诚服。

当年的马思聪和谭抒真虽然年轻，但已是中国乐坛的焦点人物。他俩此前虽从未谋面，但彼此早已心心相印了。这次在富华家的不期而遇，两人更是一见如故。这天，在富华的提议下，这两位中国小提琴的翘楚分别演奏了各自拿手的曲目。曲毕，富华一一点评，两人还相互切磋，相谈甚欢。这两位志趣相投的青年，除了谈小提琴、谈音乐外，还谈及人生和理想。此次偶遇也开启了这两位惺惺相惜的乐坛知音一生的友谊。

当年的12月22日，马思聪如期参加了上海工部局交响乐团在上海市政厅举办的一场例行交响音乐会。音乐会的上半场演奏了柴可夫斯基的交响乐《悲怆》，下半场便是马思聪与大乐队合作的莫扎特《降E大调小提琴协奏曲》。这场音乐会一票难求，在沪的外籍音乐家、上海国立音专的师生悉数到场。马思聪出神入化的演奏，赢得了经久不息的掌声，整场音乐会精彩纷呈，高潮迭起。许多国人都为中国能有马思聪这样的音乐家而感到自豪。翌日，上海大小报刊都连篇累牍地报道了这次音乐会，赞誉马思聪是"中国神童"。

正因为马思聪在上海的成功演出，很快，南京、广州等地也相继邀请他去举办独奏音乐会。一时间马思聪成了当时中国乐坛的风云人物，由此他的音乐人生也迎来了新的历程。当时马思聪看似如此春风得意，其实他的内心是困惑矛盾的。因为他此次举办独奏音乐会所演奏的曲目，都是西洋的经典，没有中国人自己创作的作品。其实早在马思聪留法学琴期间，就曾尝试过谱写中国风味的小提琴曲，但苦于没有学习过作曲理论，因此不能掌握作曲技法。即使熟知小提琴的演奏技巧，也没法完成自己的心愿，因此甚感遗憾。

在旅法回国后的那段日子里，马思聪声誉鹊起，经常应邀参加上流社会的一些活动，由此也认识结交了不少社会名流和文坛人物。同时也遇到了他的初恋，恋爱对象是上海永安百货公司总经理郭标的三女儿郭安慈。她美丽端庄且知书达理，曾被选为上海小姐。郭安慈十分喜欢音乐，因而对马思聪倍加崇敬。两人在一次酒会上不期而遇，一见钟情。马思聪在上海的日子里，两人形影不离。郭安慈甚至不顾家庭的反对，跟随马思聪南下广州。但经过半年多的深交，两人发现彼此人生观和价值观都存在很多差异。尤其在那个动荡的年代里，当时的社会并没有给像马思聪这样的音乐家有安身立命的环境，因此他在经济上远不能满足郭安慈的期望。这场柏拉图式的初恋也就破灭了。

在回到家乡广东后，马思聪邂逅了先期学成归国的同门师兄陈洪，他俩一同参加了著名戏剧家欧阳予倩创办的广东戏剧研究所，并在那里组建了一支二十多人的小乐队。成员来自五湖四海，乐手除了马思聪和陈洪外，最有名的当数穆志清，他曾是北京大学音乐传习所的老师和天津赫德乐队的主要成员。聂耳在去上海前，也曾在此乐队工作过。由于乐手的演奏水平参差不齐，乐队办了半年还是难有起色，大伙儿很扫兴，马思聪更是感到失望。于是他向广东省省长陈铭枢申请了一笔经费，想回巴黎音乐院继续深造。当初年少的马思聪留洋是为了学习小提琴演奏，而此次再度赴法已纯粹是为了学习作曲技法了，从而去完成自己创作中国风情音乐作品的梦想。

再度赴法学作曲

1930年秋，马思聪再度赴法深造。刚到巴黎他就去拜见恩师奥别多菲尔，讲明了自己此次来法除了继续跟随老师学习小提琴技艺外，最重要的是想学习作曲技法，从而将来能谱写自己国家民族风格的音乐作品。

虽然当年的巴黎音乐院拥有印象派的代表人物德彪西、拉威尔和保罗杜卡等众多有世界影响的作曲教授，但奥别多菲尔却向马思聪介绍了一位隐居在巴黎郊外的作曲大家毕能蓬。此君是犹太人，由于他的作品高难深奥，并不被当时法国的主流乐坛看好。长此以往他就被边缘化了，很少有人提及他。但奥别多菲尔却认为，毕能蓬满腹经纶又才学超人，而且是个写实主义的作曲家，这样的老师正适合马思聪。果不其然，师徒两人第一次见面就已互吐衷肠，大有相见恨晚之感。当时的马思聪还没有学过曲式，更不懂和声学和对位法。他把自己初来巴黎时谱写的几首小提琴习作《中国古诗七首》和《项羽自刎》等演奏给老师听。毕能蓬听后感到异常惊讶，一位无师自通的中国少年的作品里，竟然有如此浓烈的东方色彩和个性，这是难能可贵的。

马思聪在追随毕能蓬的两年间，不仅系统地学习了曲式、和声、复调和配器等课程，更多的是在导师的指点下学习美学和哲学，并全面了解巴赫、海顿、贝多芬、舒伯特、舒曼、莫扎特和肖邦等世界级大音乐家的心路历程。马思聪还经常跟随导师一同去卢浮宫观赏画展和艺术品，师徒还常谈论歌德、席勒和尼采、达·芬奇，由此也极大地拓展了马思聪的视野，并提升了他对音乐的理解。尝试学以致用的马思聪在这两年间，也谱写过一些乐曲。毕能篷在肯定其作曲技法运用娴熟的同时,诚恳地告诫马思聪:若将来想成为屹立世界的大音乐家,除了必须掌握高超的作曲技法,还要有触类旁通、深厚的艺术修养。作为一个东方人,所谱作品一定要有鲜明的民族性和地域特色,而且要深入生活、融入民间,那是音乐创作的不竭源泉。恩师出自肺腑的教诲,马思聪铭记并践行了一辈子。

马思聪在第二次赴法期间,做了一件功德无量的好事。有一天,他在巴黎街头无意邂逅了年长自己七岁的广东老乡冼星海。两人在闲聊中,马思聪得知冼星海来巴黎的目的和眼下窘迫的处境后,旋即主动提出帮助他介绍小提琴老师,随后又向巴黎音乐院的保罗杜卡教授推荐了冼星海,使他能如愿考入巴黎音乐院并成为杜卡的高足,最终成长为人民音乐家。对于马思聪的情谊,冼星海一生难忘。

学成归来显身手

1932年初,怀揣着无限憧憬的马思聪结束了旅法的学习生涯,踌躇满志地回到了故乡广州,想用音乐来报效祖国。但令他失望的是,此时他的忘年交、原广东省省长陈铭枢已下野,而欧阳予倩创办的广东戏剧研究所也已停办,英雄已无用武之地了。唯有陈洪在广州还办了个音乐学习班,马思聪的归国使陈洪办学的信心大增。于是两人合计,在原音乐班的基础上创办广州音乐学院,由20岁的马思聪出任院长。

广州的音乐师资力量和生源以及整个社会的音乐氛围,虽远不如上海,但作为中国最早开放的城市,还是有学生源源不断地来报考。其中有一位出身名门的广东姑娘王慕理来校专攻钢琴,她从小就学习音乐,钢琴基础扎实,是仰慕马思聪而来求学的。王慕理性格开朗,是

夫唱妇随

马思聪夫妇和儿女在家中练琴

马思聪：并未远去的琴声

个敢作敢当又敢爱敢恨的新潮女性。她主动接近马思聪，关心他的生活，毫不避讳对他的爱，并毛遂自荐地要担任马思聪的钢琴伴奏。就在两人频密接触中，马思聪也感受到王慕理对自己的那种真诚和执着，由此两人坠入了爱河。收获爱情、步入婚姻是马思聪人生的一个重要节点，从此年长两岁的王慕理成了马思聪音乐事业的贤内助。婚后他俩育有二女一子：女儿马碧雪、马瑞雪是钢琴家，儿子马如龙则是小提琴家。这对乐坛伉俪在几十年的风雨生涯中，始终荣辱与共、相守一生。

完婚后的这一年年底，马思聪夫妇首次应邀去台湾举办独奏音乐会。主办者辜显荣是一位爱国的富商，他的父亲是清末民初的大儒、大名鼎鼎的北京大学教授辜鸿铭，而其儿是台湾海基会前会长辜振甫。

当年的台湾，因中国在甲午战争中的失败而签订了丧权辱国的《马关条约》，已割让给了日本。日本在侵占台湾的三十多年间，推行了皇民化的奴化教育，以致许多台湾人已不知自己原本是中国人。辜显荣此次邀请马思聪夫妇来台演出，正值"九一八事变"发生一周年。这看似是一场商业演出，但其真正的目的，是想以此次演出来唤醒台湾人民的民族意识。在辜先生精心周密的安排下，音乐会非常轰动。广大台湾同胞为中国能有马思聪这样的音乐家而感到骄傲和自豪。

心存鸿鹄之志的马思聪，栖身在广州音乐学院工作只是权宜之计。他真正向往的是能去上海国立音专任教，那里才是一所真正的音乐院校。1933年，马思聪通过熟人介绍，向时任上海音专校长的萧友梅传递想来校任教的想法，但不料遭到了婉拒。理由是上海音专有多名世界级的弦乐教授，还有在沪的富华、卫登堡等一流小提琴家来校兼课，因此不缺小提琴教师。虽然当时年轻的马思聪已有能力演奏帕格尼尼的所有高难度作品，但究其艺术功力与富华和卫登堡等相比，还存在一定差距。至于马思聪能教作曲，此时的上海音专早已有了留美归国的黄自，且已培养了贺绿汀、陈田鹤、刘雪庵和江定仙四大弟子及一批作曲人才，其成绩卓著，声誉在外。综上所述，都是萧友梅弃用马思聪的原因。但意想不到的是，萧友梅在黄自去世后，起用了陈洪出任上海音专的教务长。以后陈洪又多次向萧友梅力荐马思聪来校任教，但还是未被采纳。马思聪一生没能如愿到上音任教，是他音乐生涯的一大遗憾。

但马思聪为了生存，起初在上海教授私人学生。后经人举荐，又到南京的中央教育学院任教了五年。当时正值日本军国主义加紧侵华步伐，继东北全境沦陷后，华北又告急。马思聪和许多爱国人士一样，投身抗日运动。他到多地举办音乐会，把义演的收入全部捐出。

淞沪抗战后的上海街头，到处都是群情激昂的抗日救亡歌声。尤其是冼星海的《救国军歌》、麦新的《大刀进行曲》和孟波的《牺牲已到最后关头》等新歌，更是激励无数中国军民投身波澜壮阔的抗日洪流。以田汉、任光、吕骥、安娥和张曙为代表的上海左联音乐家，提出了要用无产阶级的内容与中华民族相结合的新音乐来唤醒国人的号召。就在这样的社会氛围里，更能显示出中国文人的风骨节气。作为爱国音乐家的马思聪感同身受、热血沸腾。他也决意拿起手中的笔作刀枪，用歌曲来鼓舞同胞。1936年初，马思聪谱下了他的第一首抗日歌曲《中国的战士》，很快又陆续创作了《前进》《冲锋》《战儿行》《自由的号角》《中华的子孙》和《赶走野蛮的鬼子》等一批救亡歌曲。这些作品大多铿锵激昂又催人奋进，其音乐元素也都出自中国各地的民间音乐。

"七七事变"爆发后，中国开始全面抗战。此时的马思聪在辞去南京的公职后，开始了颠沛流离的生活。从1937年夏到1945年抗战胜利的这八年间，马思聪辗转多地，先后搬家25次。在这种漂泊不定的日子里，他有幸结识了李凌、赵沨和金帆等一批革命音乐家，由此他对人生对社会的认知和今后音乐创作的理念、方向，都发生了根本的变化。

1939年秋，马思聪离开执教两年、此时已要内迁的广州中山大学，转而远赴陪都重庆工作。在那里他有幸结交了一生的莫逆李凌。李凌是被中国共产党派往重庆做国统区的民主人士和文化精英统战工作的。就在李凌离开延安要去重庆前，鲁艺的冼星海向李凌递送来一张可在重庆团结争取对象的名单，其中就有马思聪。

抗战时期的陪都重庆，云集了许多中国文化名人。在孔祥熙的牵头下，重庆组织了一支有相当水准的交响乐团，是由清一色的华人参加，马思聪是乐团的指挥，有时还担任独奏。在一次演出晚会上，周恩来第一次见到了马思聪，对他的小提琴演奏技艺称赞有加，因为以前还听过他创作的旋律优美的歌曲《永生》，因此留下很深的印象。此番李凌到达重庆后便向周恩来汇报工作，周恩来专门叮嘱李凌要去团结争取马思聪。

因为两人都是音乐家，李凌与马思聪有许多共同语言和话题。在频繁的交往中，马思聪受到了李凌潜移默化的革命思想灌输和教育，逐渐认同了共产党的许多主张。面对黑暗腐败的国民党统治，他感到非常失望，因而坚信只有共产党才能救中国。李凌不仅在政治思想上帮助马思聪进步，他还把自己多年来在各地采风时收集到的上百首中国各族民歌的曲谱，无偿地送给马思聪。此举无疑给马思聪以后的音乐创作提供了许多宝贵的养分，使其未来的音乐作品能插上飞翔的翅膀。

马思聪在家中读谱

为躲避战乱，马思聪曾短暂居留过香港。太平洋战争爆发后，香港也被日本占领了，他又无奈地逃往桂林。在抗战后期的中国大后方，马思聪在流亡祖国大西南和大西北的同时，不失时机地采撷了很多中国各民族的民间、民俗音乐素材，这也为他的音乐人生的第一次创作高峰，奠定了坚实的基础。有了正确的创作理念和方向，又有自己对生活和人生的深刻体验和感悟，还有丰富的音乐素材和高超的作曲技法，马思聪的音乐创作可谓瓜熟蒂落、水到渠成。即使在那个艰难的岁月，面对祖国的大好河山和勤劳善良的人民，马思聪的创作欲望还是那样的高涨。许多美妙的音符似乎要从他的脑海和心田里喷涌而出，因此那个时期的作品，都是他内心世界的真诚流露和表白。

这些新作中最有名的当属小提琴独奏曲《绥远组曲》，此作由《史诗》《思乡曲》《塞外舞曲》三首独立成曲的作品组成。其中《思乡曲》流传广泛，此曲套用了绥远民歌《墙头上跑马》的旋律。田汉赞誉这首作品不仅展现了小提琴的演奏技巧，更有中国人的灵魂和热情。在马思聪创作的小提琴曲《第一回旋曲》中，它的主题音乐来自绥远的民歌《情别》，而曲式则是一首标准的西方样式回旋曲。而在《第二小提琴钢琴奏鸣曲》中，马思聪的创作灵感又来自他当年在北平聆听京韵大鼓时的深切感受和深刻印象。当时他曾记录下很多大鼓说唱中的旋律和节奏，此次在新作中都得到了很好的运用，有些旋律作了变奏和升华，同时还融入了很多北方曲艺中的音调和音律。在气势恢宏的《西藏音诗》中，那段最引人注目的《喇嘛寺院》的主旋律，则取自李凌赠送给自己的那些民歌素材。

年轻气盛的马思聪创作方向明确、欲望高涨又精力充沛。这些作品不仅旋律隽永优美且激情四射，还色彩斑斓、光彩夺目，充溢着鲜明浓郁的中华民族风情。作品不仅填补了早期中国小提琴曲创作的空白，其中一些曲目至今还是中国音乐作品中的经典。而马思聪已不仅是中国小提琴曲创作的拓荒者，而且他正逐渐成长为中国小提琴曲创作的集大成者。

抗战胜利后，马思聪又回家乡广东执教。但好景不长，国民党很快就撕毁了由国共两党通过谈判而制定的和平协议，内战重开，烽烟四起。这种倒行逆施的行为被爱好和平的中国人民所唾弃，各地的学生在中共地下组织的组织领导下，纷纷走出校园集会游行，反对内战、反对迫害、反对饥饿。就在此时，革命诗人金帆从香港寄来了一首七段长诗《祖国大合唱》，请马思聪谱曲。马思聪心中窃喜，他在反复研读长诗后，决定从中选用《美丽的祖国》《忍辱》《奋斗》《乐园》这四段歌词谱曲，并把它谱写成一首多声部的合唱曲。这首新作首先在由他执教的中山大学和广东艺术专科学校的学生学唱，新歌很快传遍了广州的大中学校，那激昂的歌声就此响彻在广州的大街小巷。由于《祖国大合唱》的社会影响广泛，金帆很快又写下了《春天大合唱》，歌词借喻春天来企盼新中国、新生活的到来。全作由《冬天是个残酷的暴君》《好消息》《春雷》《迎春曲》和《快乐的春天》组成。收到歌词的马思聪还是像往常一样，写完一段曲子，就给学生们学唱一段，直至全部完成后再一起合成。这两首大合唱在广州正式演出后，好评如潮，但也引起了国民党当局的注意和不满，马思聪也上了黑名单，无奈下他去了香港。在港期间，他与金帆及其他爱国民主人士的接触更多了，又陆续谱写了《民主大合唱》《鸭绿江大合唱》和《航海大合唱》等七部合唱作品。

献身新中国的音乐事业

1949年春，为了响应中国共产党的召唤，马思聪和田汉、夏衍、欧阳予倩等百余名爱国文化名流，从香港乘船经烟台到达北平，准备投身新中国的文化事业，由此也开启了他们各自新的灿烂艺术人生。

中国共产党非常重视文化艺术工作。当年的7月，新中国的首届文代会在北平举行。此次会议早于第一届全国政治协商会议和10月1日的开国大典，由此可见会议的意义重大。参加此次大会的八百多位代表分别来自原解放区和国统区及海外。其中音乐界代表有82人，占总数的十分之一。马思聪和吕骥、贺绿汀、赵沨等人被推选为音乐组的召集人。在此次文代会期间，毛泽东和周恩来分别发表了重要讲话，再次强调新中国的文艺是要为无产阶级的政治服务、为工农兵服务。与会的马思聪受到了深刻的教育。接着在新组建的中国音乐家协会中，吕骥被选为主席，马思聪和贺绿汀分别当选副主席。不久，这三人又有幸作为中国音乐界代表当选了全国第一届政治协商会议的代表，参与了当年9月在北平举行的有关建国大政方略的一系列商讨，这是马思聪人生莫大的荣誉。

在1949年12月，政务院决定将延安搬迁到东北的鲁迅艺术学院，与原国民党政府旗下的南京国立音乐院合并成立中央音乐学院，最初的校址设在天津。马思聪被任命为该院的首任院长，吕骥任党委书记兼常务副院长。此时的原上海国立音专也已成为中央音乐学院旗下的华东分院，由解放区来沪的贺绿汀出任院长，谭抒真和向隅任副院长。1956年，中央音乐学院迁至北京，马思聪仍然担任院长，而此时赵沨则接替吕骥成为党委书记。原中央音乐学院在天津的旧址，创办了天津音乐学院。同时，因贺绿汀的据理力争，原本的中央音乐学院华东分院已更名为上海音乐学院，与中央音乐学院平级，不再受其管辖而由文化部直接领导。

马思聪从中央音乐学院建校一直到"文革"初期，一直是学校的最高行政领导，但马思聪作为院长却从未主管或分管学校的任何行政工作，这也许是为了更充分地发挥他教学和音乐创作的专长，而给他留有更多的时间和空间。马思聪的大部分时间在家教学和写作，只有当学校有重大决策时，他才会来校参与。马思聪的社会地位很高，他每年都参加全国两会，参与国家大事的商讨。作为社会名流，他还经常代表中国出访友好国家和接待来华国际友人。

马思聪的生活待遇是令人羡慕的。早在天津时，他家就独住一幢三层的小洋楼。到北京后，又分配到一栋冬暖夏凉又带大花园的古典式四合院。同时学校还给他配备专车和司机，以及两位分别会烧中西菜肴的厨师。新中国成立初期，马思聪就被评为行政八级，这相当于副部长的级别，月工资230元。到1956年时，全国高校开始评定并实行教授制，马思聪和贺绿汀被评为一级教授，月工资为345元。当年评定的一级教授是终身制的，在全国所有高校中也只评出234人，而从事音乐工作的只有马、贺两人。那时评出的二级教授也是终身制的，音乐界也只有喻宜萱、江定仙、谭抒真、周小燕和李翠贞等数人，属于凤毛麟角。到20世纪60年代初的三年困难时期，物价飞速上涨。为了能让马思聪一家仍能过上像以往一样的舒适生活，学校又专门每月给他补贴200元。而此时，党和国家领导人及全国人民都在过着节衣缩食的艰苦生活。对于这些，马思聪及其家人是心知肚明、也是感恩戴德的。马思聪觉得，他唯有用自己的所有生命激情和音乐才华才能报效国家。

新中国的音乐创作，基本是按照毛主席在延安文艺座谈会上的讲话精神，并沿袭着以聂耳、冼星海为代表的新音乐运动的方向。同时强调音乐作品的阶级属性和宣传作用，歌颂党和人民成为唯一的声音。

在百废待兴的建国之初，政务院就制定并颁布了根治淮河的方略，以期一劳永逸地治理好这个千百年来危害两岸人民生命财产安全的祸害。为此，毛主席亲自题词：一定要把淮河治好。在人民领袖的号召下，无数劳动大军很快云集淮河两岸，他们手提肩扛、不分昼夜地投入水利建设，疏河道、筑堤岸、建水库。为了能更好地改造思想，到建设者中去体验生活，1952年7月的暑假，马思聪和吕骥及副院长缪天瑞带领学校35名教师一起去皖北的治淮工地劳动。两个多月的劳动体验和采风，治淮大军的形象和风采已深烙在马思聪的脑海和心田，再也挥之不去。回京后，他便一气呵成地完成了《淮河大合唱》，这是马思聪在新中国成立后谱写的第一首歌曲。在这首作品中，他天衣无缝地运用了多首安徽民歌的曲调，收到很好的效果。

1953年，北京的中国青年艺术剧院复排郭沫若编写的历史剧《屈原》。这是一部宣扬爱国主义的正剧，此剧早在抗战时期的陪都重庆首演时，就引起过轰动。首版《屈原》的音乐是由黄自的得意弟子刘雪庵谱写的。但新中国成立后，因歌曲《何日君再来》被指认为是汉奸黄色歌曲，刘雪庵及其作品被打入冷宫，首版《屈原》的音乐也不例外。无奈，复排导演金山想到请当时红极一时的马思聪来配乐。

马思聪非常乐意地接受了这一创作任务。他首先反复研读剧本，同时还查阅了一些有关屈原的历史资料，并认真聆听了刘雪庵谱写的音乐。在做了大量的案头工作后，他对新音乐的创作已成竹在胸，下笔有如神助。因为屈原是楚国人，马思聪在剧中就运用了楚剧、湖南花鼓和常德丝弦中的一些音调，融会贯通后作为主题音乐。另外还融入了湖广地区的一些民间小调，这些音乐元素都是当年他在抗战流离失所的生活中采集所得。马思聪的新音乐，完全有别于刘雪庵的旧作。他是运用音乐来叙述剧情和塑造人物，因此给人耳目一新之感。鲜明的荆楚风情和浓重的悲情色彩给全剧增色不少，复排演出非常成功。

登上新的艺术创作高峰

20世纪50年代至60年代初，是马思聪音乐创作的又一高峰。这一时期里，他谱写了一大批器乐作品。其中有管弦乐《欢喜组曲》《山林之歌》《第二交响曲》和《A大调大提琴协奏曲》。这些作品呈现了鲜明的民族风情、地域特色和娴熟的作曲技法。其中许多旋律采用了他多年以来在各地采风时记录下的那些地方的戏曲音乐元素和民间音调。

马思聪的音乐创作涉猎广泛，不仅有小提琴曲、管弦乐、抗日救亡歌曲和艺术歌曲等，还涉及歌剧和舞剧音乐。他在担任中央音乐学院院长期间，有了大量的创作时间，从而谱写了《汉舞三首》《粤曲三首》《小曲三首》《赋格》和《小奏鸣曲八首》等一批钢琴曲。虽然这些钢琴曲都是些小品，但它作为教材，其音乐内涵丰富，演奏的技巧要求也相当高。其中《小奏鸣曲八首》是专为自己十岁的儿子马如龙练习钢琴而作的，而《赋格》则是送给爱妻王慕理并为其量身定制的一首钢琴曲。

钢琴曲《汉舞三首》创作于1951年5月，由《鼓舞》《杯舞》和《巾舞》三首独立成曲的作品组成。汉舞一般是泛指中国古代汉人的舞蹈，但在钢琴曲中的这些舞蹈音乐旋律却出自西北地区的信天游、山曲、花儿和长调等。《鼓舞》是一首带有变奏性质的"托卡塔"舞曲，主题音乐是短促又坚定的鼓点，一种近似呐喊的声音，类似西北的安塞腰鼓。《杯舞》则是三首舞曲中最抒情的一首，它的音乐结构严谨，接近奏鸣曲式。而《巾舞》是由12段回族舞曲音乐组成，和声复杂多变，音乐对比强烈。这三首舞曲虽风格各异又独立成章，但其音乐是前后呼应、相互关联的。在这组五声音阶式的中国钢琴曲中，马思聪用到了12个半音，东西方音乐相得益彰地融汇在一起。

《粤曲三首》创作于1952年到1953年间，马思聪选择了广东音乐《羽衣舞》《走马》《狮子滚球》中的一些旋律，尝试把它们改编成钢琴曲。这也是他又一次把中国的民间音乐素材用于西洋音乐形式的创作。这也如同他在1961年发表的钢琴小品《小曲三首》一样。马思聪的钢琴曲，无论其旋律的构成、织体的衔接和技巧的展现，都是信马由缰、出类拔萃的。这些作品看似结构自由,却内敛有序、循环往复,带有中国传统调式的旋律和法国印象派偏东方风格的和声语言。

《降B小调第一钢琴奏鸣曲》,是马思聪谱写的一首钢琴力作,创作于1939年的抗战大后方。这部作品有别于一般的无标题奏鸣曲,它由《夜曲》和《叙事曲》两个乐章组成。主题音乐来自他在十年前谱写的第一部小提琴习作《古词七首》中隽永优美的旋律。音乐既富有歌唱性又充满着青春的活力和激情,整首作品的谋篇布局严谨,曲式构成由呈示部、展开部和再现部组成,主题音乐贯穿始终,是一首典型的奏鸣曲。马思聪的钢琴语言热情奔放,抒情浪漫,这也是他对音乐创作的崇高向往和赤诚追求的真诚表达。

直面艺术理念之争

中国的抗日战争催生了上海"左联"旗下音乐家协会的诞生,从而也涌现了以吕骥、孙慎、麦新、孟波和周巍峙等为代表的一批革命音乐家。他们崇尚音乐的精神作用,一直在追求并践行由聂耳、冼星海开创的为无产阶级政治、为人民服务的新音乐道路,这是无可厚非的。在战火纷飞的年代,那些激昂奋进的抗日救亡歌曲为唤醒国人和鼓舞中国军民的抗敌斗志,并为抗日战争的最终胜利起到了不可替代的巨大作用。但新中国成立后,一直主导着中国音乐走向的这批革命音乐家,仍坚持战争年代的那种音乐创作模式,作为新中国音乐创作的主要标准和方向,这显然是有失偏颇的。

纵观近百年来的中国音乐史,由萧友梅、黄自所开拓的中国近现代音乐及培养的音乐家贺绿汀、刘雪庵、江定仙和陈田鹤们,人称学院派。他们对音乐创作的立场和理念,有别于革命音乐家。他们在学习和创作中意识到音乐是一门多门类的科学,尤其是作曲有其庞杂的体系,这是一项不仅有思想、有动机,更需要掌握其专门技法的工作,他们更看重音乐的技巧性。

学院派的音乐家在战争岁月也在把音乐当作武器,谱写过大量的抗日救亡歌曲。他们也认同并追求音乐创作要为时代高歌、替人民呐喊。这一点是与新音乐运动所倡导的目标一致的。但他们又同时认为：音乐创作即使就歌曲而言，也绝非只有群众歌曲一种样式，还有抒情的、艺术的。关键并非在于形式，而取决于其内容的好坏和社会影响的大小及受到人民群众欢迎的程度。在抒情的、艺术的歌曲中，也有经典的抗日救亡歌曲。譬如黄自的《玫瑰三愿》，歌曲以花喻人、又由人联想到多灾多难的祖国，深刻的隐喻警示着世人，这是首非常难得的经典。又如贺绿汀的《嘉陵江上》，这是一首类似西洋歌剧中经典的宣叙调样式的歌曲，作品淋漓尽致地袒露、展现了中国人民反抗日寇、决意要赶走侵略者的坚强决心和意志。

在很长的一段时间里，中国乐坛一直存在着革命音乐家和学院派音乐家之间，对音乐创作的两种不同理念。这样的纷争，直到毛主席发表文艺"双百"方针后，才得到缓解。1956年夏，中国音协在北京举办新中国成立以来规模最大的全国音乐调演活动，史称"全国音乐周"。中央、部队及各地方的文艺团体，都派出了最强的阵容来参加为期一周的音乐盛会。演出圆满结束后，毛主席和中央领导接见了参演的主要演员并发表了重要讲话。其中讲到文艺创作要"百花齐放、百家争鸣和古为今用、洋为中用、推陈出新"，从此，它成为中国文艺发展的总方针。毛主席的重要讲话平息了中国乐坛两派的争论，也更激发了中国文艺界创作的热情。在这一段时间内，中国乐坛的创作姹紫嫣红、百花盛开，好一派繁荣景象。但以后又因种种原因，"双百"方针并没有得到全面彻底贯彻。

海归的马思聪无疑是属于学院派的。他为人坦荡真诚，把自己所从事的音乐工作当作毕生追求的纯粹事业。他从不掩饰自己对音乐创作和音乐教育的态度和理念。马思聪音乐作品的样式是学习西洋的，但其主题和旋律又都是民族的。这从他的小提琴曲《绥远组曲》《西藏音诗》和钢琴曲《第一回旋曲》中就可见一斑。

马思聪曾多次撰文批评音乐创作中存在的一些问题。他认为：音乐创作在没有方向性错误的状况下，不应该有很多条条框框的清规戒律，更反对音乐作品脸谱化、公式化。他对自己所崇敬的人民音乐家聂耳和冼星海，也有发自内心真诚客观的评价。马思聪认为，聂耳既是中国音乐的一面旗帜，更是一位音乐天才。他23年的短暂人生中能留下43首不朽的音乐作品，是难能可贵的。聂耳身处那个动荡的战争年代，作为爱国的热血青年去顺应历史的潮流而专门谱写激昂的救亡歌曲是在情理之中。由于聂耳从未进过音乐院校深造，也没有系统地学习过作曲技法，因而创作能力有其局限性。如果聂耳没在日本溺水身亡，而是去了苏联或欧洲学习音乐，那他就会更有用武之地，也一定会创作出更多更美的各种样式的音乐作品，包括交响乐、钢琴曲和歌剧、舞剧音乐，绝不会再单纯地去一味谱写简单的群众歌曲。

对于冼星海，马思聪有另一种情感。两人既是老乡，又是音乐知音，从某种意义上来说，他还是冼星海音乐道路上的贵人。冼星海与聂耳的经历不一样，他进过上海音专又留洋学习。因此，他不仅谱写《救国军歌》《到敌人后方去》等激昂的抗日救亡歌曲，也能创作革命抗日的抒情歌曲《在太行山上》《二月里来》和大型经典合唱《黄河大合唱》。此外，冼星海还创作了多部交响曲。其作品的样式、体裁多样，但内容和目的，也都是在歌唱祖国、唤醒人民的。冼星海生命的最后岁月，是在二战时期的苏联度过的。在极其艰苦困难的环境下，他不顾每况愈下的病体，硬是用自己的生命激情坚持完成了《第一交响曲·民族解放》《第二交响曲》及四部管弦乐作品。但遗憾的是，冼星海还未来得及对自己的新作进行修改、润色，也没有听到过这些作品的舞台音响效果，就已离世，因此作品也难免会存在一些缺憾和错误。

1957年，上音作曲系的学生汪立三等三名同学，联名在一家音乐杂志上发文，诚恳地指出冼星海晚年的交响乐中的一些不足。殊不知在那个年代，冼星海是毛主席命名的人民音乐家，是不容对他有任何批评的。乐评文章登载后，引来了群起而攻之的批评，汪立三等人最终三人被分配到北大荒劳改，所有的青春和才华就此被毁于一旦。

马思聪是赞同汪立三的观点的，他也曾坦言过冼星海的交响乐是存在缺失的。譬如：有的曲式不连贯、松懈冗长；有的乐章中主题音乐不够鲜明；而且在和声、复调的运用上也有不足。马思聪对音乐创作的理念和对音乐教育的态度及立场，都非常鲜明。他的这种论调在那个极左的年代里也招来了许多麻烦，在1957年的那场反右斗争中，马思聪已被内定为"右派分子"，后经周总理出面才幸免于难。无独有偶，就连大革命时期就已入党的上海音乐学院院长贺绿汀，因为一贯提倡办学要以科学性为主，音乐创作更要多样化等观点，也已被内定为"右派分子"，最终也是因陈毅极力担保才逃过一劫。

1963年的春夏之交，中国的乐坛又发生了一件大事。北京的人民音乐出版社出版了一本法国印象派作曲家德彪西的音乐评论集《克罗士先生》，不久，时任《解放日报》编委的姚文元就在《文汇报》上发表了一篇题为《请看一种新颖而独到的见解》的文章来抨击德彪西。由于他对音乐一知半解、似懂非懂，所以文中有不少地方断章取义、攻其一点而不及其余，通篇的观点更有失偏颇，但凡只要有一定音乐知识的人，看到此文都会哑然失笑。

贺绿汀在看到此文后，旋即就打电话给《文汇报》编辑部，表达自己的不同看法。因为贺老是乐坛的大人物，第二天编辑部就派记者到他家采访。贺绿汀毫不避讳地向记者阐明了自己的观点：德彪西是19世纪到20世纪初的历史人物，他对当时陈腐、世俗的音乐创作和对表演的各种束缚，发表了尖锐的意见，这是应该值得肯定的。但德彪西毕竟受时代的局限，我们不能用今天的马列主义来评判他。贺绿汀还认为：姚文元的许多观点，都歪曲了德彪西的原意，并有打棍子之嫌。这样的文章我们不去纠偏，会让国外的同行认为中国的音乐家和评论家是那么的肤浅。

为了以正视听，贺绿汀答应来访的记者把刚才的那通谈话整理成文后发表。一个星期后，《文汇报》在同样的版面刊登了《对批评家提出的要求》一文，但贺绿汀并未署名，而是用了"山谷"的化名。此文一经发表后，就不断有人撰文批评攻击。几年后到来的"文革"，姚文远权倾一时，贺绿汀在"文革"中受尽了折磨凌辱、九死一生。但贺老一生正气、铁骨铮铮，表现了一个真正知识分子和革命者的气节。

马思聪非常赞同贺绿汀对德彪西的评价。德彪西虽不是马思聪留学巴黎音乐院的直接导师，但他的音乐创作是受其深刻影响的。因此在多篇谈创作的文章中，对德彪西赞赏有加。马思聪是除了冼星海之外，唯一与德彪西有过很多接触交往的中国音乐家。他崇尚德彪西的艺术，对其有很多直观感受。因此在此次的贺姚论战中，有几家很有影响的媒体记者采访马思聪，要他谈论对德彪西的看法和论战中的一些观点。已经历过"反右斗争"的马思聪，汲取了以往的教训、谨言慎行，为了不招来麻烦，马思聪三缄其口,明哲保身,极力回避这场看似只是学术之争,然而实质上却是一场充满火药味的政治纷争。马思聪努力置身纷争之外,虽然暂且躲避了眼前的漩涡,但最终还是被那场不期而至的"文革"风暴卷入其中,而彻底改变人生。

培养弟子,投身小提琴教育事业

马思聪虽然长期担任中央音乐学院院长一职,实际是有名无实的,只是享受院长的待遇,并未真正履行过院长的职责。但是他出于对党的音乐教育事业的忠诚,还是竭尽全力地发挥自己的所能为学校献计献策。马思聪对中央音乐学院的办学思想是有过很大影响的,尤其对学校课程的设置、教材的安排直至招生工作都起过很大作用。他一贯提倡学校要重视音乐基础的训练,要加强专业技能的培养,不能忽视对民族民间音乐的学习,更要注重中西音乐的兼容。马思聪非常重视表演专业的舞台实践。他珍惜人才,因材施教,对中国的小提琴教学有自己一套独到的方法。他有两位最得意的弟子:林耀基和盛中国。其中林耀基是马思聪去广州出差时无意中发现而被破格招入中央音乐学院的,林耀基生前曾向我回忆起他跟随恩师学琴的点滴往事。

林耀基说,马先生教琴,如同春风化雨又润物无声。他经常示范演奏,让学生们跟着心慕手追。每次教授新作时,他都要深入浅出地讲解、分析曲目,尽力使学生在浑然不觉间进入音乐的角色。马思聪要求学生在练琴和演奏中,首先要做到心平气和。这样才能运弓自如、节奏有序,从而达到游刃有余,最终能随心所欲。后来,林耀基和盛中国都被马

马思聪在教学中

思聪保荐去苏联深造，成为中国小提琴演奏和教育的一代大家。林耀基的高足李传韵是当今中国最负盛名的小提琴演奏家，他与名震世界乐坛的另一位中国小提琴艺术家宁峰齐名。名师出高徒，在马思聪的门下还涌现了黎珉、韩里、杨宝智、刘育熙、向泽沛、阿克俭和黄晓和等一大批小提琴艺术家。

创办于1959年的"上海之春"音乐节，是以出新人、出新作为宗旨的。在1963年的第四届"上海之春"音乐节期间，曾举办过中国有史以来第一次大规模的二胡和小提琴的全国比赛。这两场大赛对促进当年中国的二胡与小提琴的演奏表演艺术和人才的发掘，都起到过很大的推动作用。

首次全国小提琴大赛，是由谭抒真提议并得到上海音协支持而举办的。在新中国成立十多年间，中国的小提琴事业已取得了令人瞩目的进步和发展。从20世纪50年代起，就有我国的小提琴家杨秉荪和司徒华城去参加国际音乐比赛，以后又有郑石生、盛中华和上音女子弦乐四重奏组出国比赛。与此同时，新中国培养的年轻一代小提琴家已全面崛起，他们在全国高校的讲台和各地的表演舞台上展示出令人瞩目的风采。就在这样一种氛围和背景下，我国举办第一次专业的小提琴大赛是水到渠成的。

马思聪应邀担任此次大赛的评委会主任，谭抒真、丁善德任副主任。担任大赛评委的还有中央音乐学院管弦系主任章彦、上海音乐学院管弦系主任陈又新以及小提琴教授窦立勋、赵志华和上海交响乐团的首席柳和埙。

大赛分两轮举行，5月8日在上海文艺会堂进行初赛，三天后又在上海音乐学院礼堂进行决赛，然后于5月14日在上海音乐厅举行颁奖仪式和获奖选手音乐会。参加此次大赛的选手都是全国各音乐院校和文艺团体的年轻骨干，因水平相当而竞争激烈。比赛是参照借鉴了国际比赛的程序和内容，但部分也结合了当时国内的实际情况。参赛的曲目除了有选手自选的西洋传统经典作品外，在第一轮中还要自选一首中国乐曲。而在决赛阶段则规定马思聪的《第一回旋曲》是必演曲目。经过首轮的激烈角逐，11位选手脱颖而出进入决赛。最终上海的郑石生毫无争议地一举夺魁，第二名分别由上海的盛中华、沈阳音乐学院的阎泰山和中央音乐学院的彭鼎新摘得，上海的吕浩、南京的陈稼华和北京的刘育熙获得第三名，第四名为北京的余富华和向泽沛，上海的王希立和武汉的李自立获鼓励奖。那一届大赛还设立中国作品演奏奖,由南京的陈稼华获得。大赛是公开、公正又透明的,所有评委的评选标准是唯才是举、没有任何的门户之见,更没有私心杂念。因马思聪的两位高足林耀基和盛中国刚留苏回国不久,没有参加此次大赛。因此此次获奖的很多选手都是谭抒真的学生,评委们也并不忌讳,因为他们都是名副其实的获奖者。

在上音礼堂举行决赛的间隙,马思聪向谭抒真提出要去参观上音的乐器工厂。上音乐器厂是由谭抒真一手创办的,它原先是手工小作坊形式的工场,后来逐渐发展成如今规模。上音乐器厂担负着国内文艺团体和艺术院校的专业演员和教师演奏的弦乐器的供应。马思聪在谭抒真的陪同下,认真仔细地观看着制作提琴的每一道工序。他在工厂的办公室看到一把谭抒真亲手制作的小提琴,便信手拿起演奏了一曲《思乡曲》,马思聪对这把小提琴赞赏有加。可以想象他是多么渴望能在自己的学校也创办这样的乐器工厂,但可惜没有这样的条件和环境。上音在这方面是开了先河。

在马思聪跌宕起伏的音乐生涯中,有过很多鲜花簇拥的欢乐;也经过令人感伤的悲痛,尝尽了人间的况味。在无尽的缠绵的往事中,他经历过对音乐、对人生的奋斗和探索,更见证了伟大祖国的山河巨变和乐坛百花园的鲜花怒放,无疑他的一生可以聊慰了。

1963年,马思聪(左)在上海音乐学院乐器工厂

谭抒真：中国的一代小提琴艺术宗师

在中国小提琴事业一百多年的发展历程中，曾涌现过许多风格各异又风骚独领的小提琴艺术家。而谭抒真无疑是一位划时代的大家，他见证过小提琴在中国发展的历史，更亲历了中国小提琴百年历史中几乎所有的重大事件。

作为一个把音乐当作生命的泰斗式人物，谭抒真集小提琴演奏、教学和制作于一身，而且都达到了极高的境界，这在世界音乐史上乃至当今的中外乐坛，都是绝无仅有的。谭抒真是上海工部局交响乐队中最早的华人小提琴家，他虽从未进入过音乐院校接受系统训练，但曾追随过九位中外小提琴家学习小提琴演奏。因天资聪慧又刻苦用功，其演奏技艺达到了琴人合一的境界，是与马思聪齐名的中国顶尖小提琴家。谭抒真多才多艺，他在建筑、绘画和小提琴制作上，也颇有建树，是中国小提琴制作事业的开创者和领军人物。

1949年上海解放后，谭抒真最先受命接管上海国立音专。在长期担任上海音乐学院副院长并主管管弦系的同时，还亲自执教并培养了郑石生、袁培文、周彬佑、俞丽拿、沈榕、盛中华、谭国璋、李伟刚、司徒达宏和姚珏等几代小提琴家，著名音乐家王云阶也是他早期的学生，眼下最当红的小提琴家宁峰的老师胡惟民也出自他门下，真可谓桃李满园。但他一直自谦，说自己只是一位最年长的小提琴教员。谭抒真早在上音任职初期，他就在学校创办了乐器制作室，1958年后扩展为乐器工厂。从此中国人能独立、规模化地制作一些稀缺和高档的演奏级西洋乐器。

2022年的国庆长假，我接连几天去采访已故小提琴巨匠谭抒真的儿子谭国璋，听他讲述其父的音乐人生和艺术过往。

谭抒真生前一直居住在上海市静安区南汇路38号一幢临街的独立三层小洋楼中。此楼原本是上海美术专科学校的旧址，新中国成立初期，上海美专迁往杭州，此楼就划给了上海音乐学院作为职工宿舍。时任上音副院长的谭抒真一家，自1955年搬进此楼的三楼一层楼面后，再没离开过。谭老的楼下曾住过葛朝祉教授和王品素教授，那时整幢楼里每天琴声、歌声不断。

自谭抒真2002年去世后，他的琴房兼书房里的所有摆设至今依旧如初。只见房内四周橱柜里，放满了乐谱、音乐书籍、唱片和CD，墙角边还搁着几把谭老亲手制作的小提琴，墙上则挂着多幅谭老在不同时期绘制的油画和素描。其中最引人瞩目的是一幅世界小提琴名家群像的素描，画中有：帕格尼尼、维厄当、约阿希姆、维尼亚夫斯基、萨拉萨蒂、奥尔、伊萨依、克莱斯勒、蒂博、西盖蒂、汉森和海菲茨等。此画是谭抒真在八十岁时精心创作的，画中的这些一流小提琴家是世界小提琴演奏史的一个缩影。这些艺术大家都是谭抒真心中景仰的人物。谭老生前，每天在这些大艺术家的画像前练琴，仿佛在与他们进行音乐和心灵的交流。

欣赏自己所画的20世纪著名小提琴家画像

谭国璋是谭家四个孩子中唯一的男孩，他也是父亲一手培养的小提琴家。如今的谭国璋子承父业，也每天在此画前练琴、教学。谭国璋告诉我：国庆过后，全国小提琴师资培训班将在上海举办，此次活动对推动、提高中国小提琴演奏者的整体水准和艺术修养，会有积极作用。届时各地的小提琴教师将聚会沪上，共同学习、切磋、探讨小提琴的技艺。他应邀为此次学习班做一个讲座，内容是讲解对近代上海小提琴发展有影响的几位中外小提琴家。

谭抒真的家庭是一个幸福美满的音乐之家。夫人左绍芬在小提琴制作领域颇有心得，尤其在油漆的运用上独树一帜。因为油漆的运用是否得当，直接影响到提琴的最终品质。大女儿谭露茜是位钢琴家，她从上音毕业后留校任教，20世纪80年代作为访问学者，去美国曼哈顿音乐学院后留校执教至今。二女儿谭荻茜自幼学习钢琴，考入清华大学后不再从事音乐专业。三女儿谭露怡专攻小提琴，上音附中毕业后去广州乐团工作，后赴美国从事小提琴工作。四子谭国璋从小跟随父亲学琴，他从上音毕业后就在上海歌剧院工作，曾担任乐队首席达十年之久，以后又调入上海交响乐团，退休后仍在华东师范大学和上海大学任教。谭国璋的夫人陶立珍也在上海歌剧院乐队，是一名大提琴家。他们的女儿谭玮曾在全国青少年小提琴比赛

1954年全家合影

中获奖,她从上音附中毕业后赴美国曼哈顿音乐学院留学,如今也在美国从事小提琴的演奏和教学。

初涉小提琴

谭抒真于1907年6月10日出生在山东青岛的东镇。谭抒真的祖辈原本在山东潍县(今潍坊),因家中上两代都是木匠,赶上青岛建城时的大兴土木,于是便有了施展身手的用武之地,由此在城中站住了脚,成为青岛第一批"中国移民"。谭抒真的父亲谭岳峰也有机会能进入德国汉学家卫礼贤在青岛创办的礼贤书院读书。在此校学习的七年间,谭岳峰不仅学得一口标准的德语,而且还追随卫礼贤学习小提琴演奏并具有一定的水准,谭抒真从小就是在父亲的提琴声中成长的,因耳濡目染而爱上了它。以后谭岳峰又先后在青岛黑蓝医士大学和上海的同济大学学习医学。谭岳峰在两座城市接受现代教育,无形中也影响了年幼的谭抒真,使他能有机会接触现代文明,尤其是西洋音乐。

1922年,15岁的谭抒真和姐姐谭素兰一同去北平求学,分别考入了汇文学堂和贝满学校。年少时专攻钢琴的谭素兰后来考上了燕京大学,这是一所教会学校,学校里有许多西洋乐器的学习者。因知道弟弟深受父亲的影响,也喜欢小提琴,于是就介绍同校的李勖刚为谭抒真教授小提琴演奏。一年后,谭素兰考取了半公、半自费生去欧柏林学院学习音乐,

1913年在青岛水门外(小港附近)全家合影。前排抒真、素云,后排父亲、素兰、母亲

她也是中国最早赴美学习钢琴的女留学生，与著名作曲家黄自是同学。谭素兰为中国音乐事业作出过很大贡献，她的儿子李民铎是新中国培养的第一代钢琴家，留苏学成归来后，在母校上海音乐学院从事钢琴教学和演奏工作，并培养了许多在国际钢琴大赛上获奖的学生。像李民铎这样的音乐家，在谭家的血脉和旁系中还有很多。因此谭家在中国音乐史上被称为音乐世家，也当之无愧。

半年后，谭抒真的小提琴水准已超过了李勖刚。此时他另辟蹊径，又拜北大音乐传习所的穆志清和俄国的小提琴家赫罗舍斯基、欧鲁普为师，继续深造。

1923年春，北平的真光电影院破天荒地举办了一场20世纪最伟大的小提琴家之一克莱斯勒的独奏音乐会。谭抒真从报上得知此讯后，旋即花了一块大洋买到一张第一排的音乐会票，这也是谭抒真第一次在现场聆听小提琴专场音乐会，此前，克莱斯勒在上海举办的独奏音乐会，听众绝大多数都是外国人。而此次北平的独奏音乐会，中国的听众却占了大部分。在音乐会上，克莱斯勒演奏了许多世界小提琴名曲，其中有门德尔松的《E小调小提琴协奏曲》、莫扎特的《C大调回旋曲》、勃拉姆斯的《圆舞曲》、格鲁克的《旋律》等。谭抒真听得欣喜若狂、如痴如醉，他以前从未意识到天底下还有如此美妙的小提琴声。因此他暗下决心，今后要更认真地刻苦学习，争取成为像克莱斯勒那样的小提琴家。

在乐坛崭露头角

1924年，从德国留学归来的萧友梅在北京大学创办了音乐传习所，这是中国早期专门从事音乐教育的机构，当时那里的教师和学员后来大多成为中国音乐史上的重要人物。当谭抒真得知北大开办音乐传习所的消息后，就直接去找萧友梅，表示了自己想学小提琴的强烈愿望。爱才惜才的萧友梅旋即就为他介绍了传习所的小提琴老师穆志清，此人曾是天津赫德乐队的主角。就这样，谭抒真一边在汇文学堂读书，课余时间就去北大音乐传习所跟随穆志清学琴。在此期间，谭抒真有幸结识了比他大十岁、也在此教授民族乐器的老师刘天华。当年的刘天华在教学之余，还在向白俄小提琴家托洛夫学习小提琴演奏。因为两人对小提琴都情有独钟，又有共同的话题，因而经常在一起切磋演奏技艺，大有一见如故又相见恨晚之感。

1924年底，北大音乐传习所举办了一场学生音乐会。在这场音乐会上，谭抒真独奏了一首柴可夫斯基的《无言歌》，这是他第一次走上舞台独奏小提琴。年仅17岁的谭抒真一点也不怯场，整首曲子演绎得游刃有余，演出得到了在场师生的好评。

谭抒真第一次登台表演的成功，使他对自己小提琴演奏水平的提高更渴望了。1925年，上海美术专科学校也开设了音乐专业。听说有意大利人在那里教小提琴，谭抒真闻讯后喜出望外，就赶往上海美专并选择了小提琴专业。谁料，当谭抒真来到上海美专报到后才发现，此时只有一位叫潘伯英的中国小提琴老师。潘老师在听了谭抒真的演奏后，顿觉他比自己的演奏强多了，于是建议他另请高明。而校长刘海粟知情后，非常看好谭抒真，破格提拔他为小提琴教师。于是，19岁的谭抒真既当小提琴教师，同时又在空余时间学习绘画。他的同学中有潘天寿、李可染等后来的一代绘画大家。

潘伯英虽然没有能力为谭抒真教学，但他介绍了一位荷兰籍的小提琴家海斯特给谭抒真当老师。此人是上海工部局交响乐队的小提琴手。因谭抒真有很好的小提琴基础，又是基督教徒，还能讲流利的英语，因而师生两人的交流很融洽，使海斯特的教学非常顺利。经过悉心调教后，谭抒真的小提琴技艺突飞猛进，已令人刮目相看了。由此，谭抒真成了当时上海最忙碌的华人音乐家，要在新华艺术大学、上海美专和交通大学几所学校间来回奔波教学。

1927年春，海斯特要回荷兰探亲，乐团因此少了一位乐手。谭抒真自告奋勇向乐队指挥帕器毛遂自荐，经过考核后他进入工部局乐队实习。当年正逢贝多芬逝世100周年，帕器正在策划一台纪念贝多芬的专场音乐会，其中有贝多芬的几部交响曲。谭抒真在参加这台专场音乐会的排练中表现不俗，得到了大多数乐手的肯定。其实所谓排练就是考试，谭抒真通过了。上海《申报》的记者在得此消息后，旋即就报道了上海工部局交响乐队的音乐会上将第一次有中国人谭抒真参演的消息。因为这种情况在过去是不可能发生的，好奇的中国人纷纷买票来观摩，一时一票难求，演出当天，兰心大戏院高朋满座。

1927年秋，萧友梅在蔡元培的支持下，选定在上海创办中国第一所音乐院校——上海国立音专。萧友梅在筹备上海音专之初，就专门写信给谭抒真向他了解上海的音乐发展状况。谭抒真详细地一一作答。就在上海国立音专开办之时，需要聘请一批高水平的教师，谭抒真就向萧友梅力荐了工部局乐队指挥帕器，因为在他麾下高手如云。谭抒真认为，要办好上海音专，必须借助上海工部局交响乐队雄厚的师资力量为其所用。萧友梅采纳了谭抒真的建议，高薪聘请了一大批外籍教师。此举对上海音专今后成为中国音乐家的摇篮，是至关重要的。

谭抒真曾在1928年赴日本留学一年，此行他是为了追随捷克小提琴家约瑟夫·克尼希学琴，日本之行也是他人生中唯一一次出国学习。克尼希原本是俄国圣彼得堡马林斯基歌剧院的指挥和首席，十月革命后，他流亡到中国，在哈尔滨交响乐团担任指挥并兼小提琴独奏，后又在日本新交响乐团（现今日本NHK交响乐团）担任指挥。经友人介绍，谭抒真终能拜在克尼希门下系统学琴。但好景不长，一年后克尼希又回哈尔滨交响乐团去了。谭抒真再次面临没有老师教学的尴尬局面，他也就此回到上海，继续在上海美专教琴。但此时美专原来的校长刘海粟已前往法国留学，新任的校长对音乐教育并不太重视，谭抒真也渐渐被边缘化了，于是他就主动离开了。

上 海 岁 月

谭抒真从日本归来后不久，就去拜见萧友梅。在校园里他邂逅了白俄钢琴家查哈罗夫。此人是与普罗科菲也夫同窗的世界级音乐家。年前查哈罗夫夫妇一同在东京举办过钢琴伴奏的小提琴独奏音乐会，谭抒真聆听过这场音乐会，印象深刻。如今上海音专除了查哈罗夫这样的大家，还有余甫蹉夫、富华、华勒和苏石林等一批顶尖的音乐家在校执教。此时的谭抒真深感未来的上海音专一定会涌现出一批优秀的中国音乐家。谭抒真参观了上海音专的校舍后，萧友梅亲自指挥管弦系的十几位学生为来访的客人表演节目。谭抒真发现这支小乐队中没有中提琴声部，演毕后他就向萧友梅提出，自己想来校学习中提琴，萧友梅求之不得，便一口答应。很快，谭抒真办理了入学手续。哪知到了上课才发现，老师竟然就是自己在工部局交响乐队实习期间结识的好友盖尔夫斯基。当这位白俄老师发现自己要教的学生是好友谭抒真时，就嚷嚷着：你来学什么？我教的你都会……但好学的谭抒真既来之，则安之，还是坚持在上海音专学习了一段时间，收获不少。后来谭抒真还在学校的一次音乐会上，应邀表演了中提琴独奏，得到好评。

谭抒真虽然在上海音专学习的时间不长，但与其渊源却很深。尤其与校长萧友梅、教务长黄自及后任教务长、音乐学者陈洪交往甚密。这样的交往，无形中也影响了谭抒真的人生格局和音乐事业。另外他与音专校友、后来成为指挥大家的李德伦和韩中杰在学生时代结下的深情厚谊，一直延续在他们的音乐生涯中。

年轻的谭抒真在20世纪20年代末到30年代初，已成为上海滩的知名音乐家，社会活动广泛，正可谓"谈笑有鸿儒，往来无白丁"。那时，《良友》画报的主编马国良、电影导演史东山、作曲家王云阶都曾拜他为师学习小提琴。他与戏剧家黄佐临、欧阳予倩，文学家成仿吾、蒋光慈等也交往不断。尤其与自己敬仰的当时上海文艺界的青年领袖田汉的接触，更是非同寻常。此外，谭抒真还与作家郁达夫同租一间寓所，成为无话不谈的莫逆之交。

1927年夏，谭抒真曾由田汉介绍去南京的国民政府宣传处任音乐指导员。那时田汉为他介绍了一位女朋友黎清照，她是《申报》主编黎烈文的亲妹妹。但谭抒真对此并不看好，他觉得黎清照虽漂亮时髦又有文化，却并不适合自己，从而拒绝了田汉的一番好意。

有一段时期，谭抒真应邀在上海艺术大学任教。那时他接连观摩聆听了由上海兰心剧院组织的十几场外国歌剧的演出。早年的兰心剧院位于圆明园路，多年后才在茂名南路和长乐路路口建造新址。这十几场歌剧的演员都是来自意大利米兰歌剧院的退休和二三流演员。因为中意两国相距遥远，不可能运来大型正规的布景道具，也没有相应的表演歌舞场面的群众演员，乐队的成员也只有一架钢琴、两把小提琴、一把大提琴和几样管乐器。从某种意义上来说，这样的歌剧演出，最多只能作为清唱剧样式。但演出的剧目却都是脍炙人口的世界名剧，有《弄臣》《茶花女》《蝴蝶夫人》和《阿依达》等。这些演出谭抒真是一场也没落下，这对他直接了解世界歌剧音乐非常有益。

有一次演出的幕间休息时，谭抒真与赵梅伯不期而遇。一年前，谭抒真在听了赵梅伯的一场独唱音乐会后，旋即就在报刊发文畅谈了自己的观感，其中批评了赵梅伯的发声和唱法。但此刻曾被批评的赵梅伯却主动走过来与谭抒真握手，并诚恳地说：谢谢你去年写的文章，你的批评是对的。原来，赵梅伯在看到谭抒真的批评后，对自己的歌唱方法重新审视辨别。在权衡再三后，他决定改换门庭，不再跟随沪江大学的美国老师学习了，又另拜俄国歌唱家为师，颠覆了过去的发声和歌唱方法。几年后，赵梅伯赴比利时留学，成为我国早期的一位重要歌唱家和声乐教育家。这其中谭抒真是功不可没的。

20世纪20年代后期，中国话剧的先驱者之一朱穰丞在上海组建过中国最早的几家戏剧社团。其中有一家叫辛酉剧社，此社在1929年排演了一部俄国剧作家的四幕话剧《狗的跳舞》。由于演出剧情的需要，朱穰丞找到了当时在上海艺术大学执教的谭抒真，请他为话剧编配背景音乐。

那时还是无声电影的时代，当时好看的电影都由几位乐师在影片放映的现场同步进行配乐。因为谭抒真喜欢观看这样的电影，加之他在年前已观摩聆听了在兰心剧院上演的十几部外国歌剧，所以他对戏剧和音乐的结合有很深的印象和自己的想法。

在答应了朱穰丞的邀请后，谭抒真多次忙里抽空去排练现场观演，并与此剧的男主角袁牧之进行了深入的交流，而且反复阅读剧本。根据剧情的发展和人物渲染的需要，谭抒真设计和创作了一些乐曲，同时在乐曲中也融入了一些现成的好听的音乐。

在四川北路横浜桥中央大会堂的首演非常成功，尤其是谭抒真和他请来的钢琴家余约章的现场配乐更是出彩，为全剧的成功增色不少。谭抒真是中国最早为话剧作曲并参与现场演奏的音乐家。其实在此以前，他已涉足作曲领域：1927年在南京为北伐革命胜利谱写了《凯旋进行曲》，他还为上海美专写下了校歌。

1929年春，在一次音乐和文化人士的聚会上，有人提议：是否能在上海组织音乐协会,这样有利于音乐家的交流与合作。在场的谭抒真和傅彦长、张若谷、朱希圣、沙梅、沈松柏等音乐家们纷纷响应。很快上海音乐协会就成立了,它的活动地点选在霞飞路(今淮海路)嵩山路口的一间临街商店的二楼。大家一致选举了谭抒真、张若谷和当时还在上海国立音专求学的冼星海为负责人。由于上海音乐协会的影响在不断扩大,当时在沪的音乐家几乎都参加了这个协会,活动开展得有声有色。

后来,冼星海因上海音专学潮的牵连,被学校除名。无奈,他只能选择先去家乡工作一段时间,再去法国留学。离开上海前,他专程来谭抒真寓所话别。临走时,他送了谭抒真一本英文版的专门介绍外国经典歌剧的书,并在封面上用英文抄写了一位英国女作家的一段名言:当我有了音乐时,我别无他求。我的生命会随着我聆听的音乐而流动。这本代表着冼星海一片情意又弥足珍贵的书,谭抒真珍藏了一辈子。

兴趣广泛的谭抒真因机缘巧合,曾于1930年在上海大光明影院旁开过一家大都会乐器行,主要经营乐器、唱片、音乐书籍及乐谱等。在开店期间,他收获了意想不到的爱情。经人介绍,他为店里聘用了一位年轻漂亮又知书达理的大学生左绍芬。因两人情趣相投又都善解人意,很快就在工作中擦出了爱情的火花,经过时间的磨合后,两人到了谈婚论嫁的地步,便在上海订婚。1931年,谭抒真带着未婚妻左绍芬去拜见远在河南开封行医的父亲谭岳峰,在得到家长的认可后便在那里完婚。左绍芬从此成了谭抒真音乐事业的贤内助,生儿育女,相夫教子,相濡以沫,白头到老。

在青岛开始制琴

不久,谭岳峰要儿子儿媳一同回青岛去经营他开在那里的一家大药房。奉父母之命,新婚宴尔的谭抒真夫妇回到了家乡青岛,并打理起药房的生意。他对药房的生意没有丁点兴趣。但出于父命和自家的生计,药房还是要运作,只能靠雇人代管。自己则在药房的二楼练习小提琴,并开始自己制作小提琴。

1935年,28岁的谭抒真在青岛完成了现存最早的由中国人制作的第一把小提琴。在以后的岁月里,谭抒真除了演奏、教学小提琴外,还指导、

1935年,28岁的谭抒真

培养了一批学生制作小提琴,从而也开创了中国小提琴制作事业。直至2002年他去世这一年,95岁高龄的谭抒真还制作了他生命中最后的一把小提琴。

谭抒真萌生制作小提琴的念想,缘于他当年练琴时的一段经历。那时17岁的谭抒真在青岛学琴时,有一次所拉的小提琴突然坏了,当地没人会修,无奈只能送去上海修理。这一来一去花了一个多月时间,维修费又高达60大洋。而且回青岛后不满一个月,此琴又"拉坏"了。此刻的谭抒真深感拉琴者必须要学会修琴。于是,他想方设法托人从国外买来制作提琴的参考书,并订购了相应的工具和材料。

在青岛,谭抒真参加了一支由外国人创办的业余交响乐队,在乐队16名成员中,他是唯一的中国人。在乐队的日常排演中,他结识了一位会制作小提琴的大提琴家——德国人希尔勒。因谭抒真也想制作小提琴,所以他俩有了共同的语言和话题而走得很近,经常在一起切磋小提琴的制作技艺。这样的交往使谭抒真受益匪浅。为了能制作好小提琴,谭抒真还经常乘坐由大连经青岛去上海的轮船,目的是能在上海购买到有关小提琴制作的参考书,他对小提琴的制作简直入了迷。

也许是天意,谭抒真在自家的药房里,又结识了一位常来买药的顾客——英国人皮契尔登。此人不但能拉一手好提琴,而且还会修琴。两人很快就成了知己。皮契尔登送了许多英文杂志给谭抒真阅读,其中有一本当时世界上唯一的专业小提琴杂志《斯特拉德》。其刊登的内容既有小提琴演奏技巧、制作、修理等专业知识,又有音乐人物访谈、音乐评论以及各种唱片、乐谱发行的消息等。谭抒真看到这样的杂志,顿感耳目一新、眼界大开。于是,他花了100美元直接从英国订阅杂志一年。

在几经周折后,谭抒真终于在青岛觅到了一种可以制作小提琴的松木材料,欣喜不已。此时可谓万事俱备只等制作了,谭抒真有极强的动手能力,这也许也得益于他父辈中曾有人做过木匠的遗传因子。在"文革"中,他被打成了"反动学术权威"参加劳动改造时，负责上海音乐学院所有厕所马桶的维修工作。他做到了让每个马桶滴水不漏，连学校专职的后勤维修工都自叹不如。

谭抒真在制作出他第一把小提琴后，对这把琴并不太满意，就把它晾在一边，以后又不知何时流落他人之手。据说一位武汉的专业小提琴演奏员曾长期持有这把琴直至去世，后又流入民间。那时在青岛，还有两人也在自己制作小提琴：一位是德国人希尔勒，另一位是山东人王玫。与性格内向、为人处世又很低调的谭抒真不同，王玫在当地的报刊上第一时间发文，称自己制作了中国第一把小提琴。他并不知晓司徒海城、司徒华城和司徒兴城的父亲司徒梦岩制作的小提琴要比他早多了，而且他这把琴，还是在谭抒真的帮助下才得以完成的。

谭抒真之子谭国璋经常在微信中发表一些有关父亲艺术经历的短文，引起爱乐者的关注。2017年春，谭国璋在网络交流中得知，一位名叫廖超杰的广西退休教师收藏了一把疑似谭抒真早年制作的小提琴，想请他和上海的一些小提琴专家共同鉴定。不久，廖先生在来沪参加上海国际乐器博览会之际，携琴来沪与谭国璋见面。廖超杰是一位学习小提琴多年的业余爱好者，许多年前他从广西文化馆的一位朋友手中购得了这把琴。这把历经八十多年风雨的老琴，如今拉来音色依然清脆、隽永、柔美。虽然此琴的外形没有明显的标识，只有琴身内贴有一张至今依旧清晰、工整的英文印刷体书写的标签。但由于标签上的英文字母拼写法为威氏拼读法，因此现代大多数习惯用汉语拼音法的人，看不懂标签。为此，谭国璋请来了原上音副院长、谭抒真的得意弟子华天礽一同鉴定这把琴。看到此琴的标贴后，谭国璋旋即就把标签上的英文翻译成中文：仿约瑟夫·瓜奈利1741年·谭抒真1935年作于青岛。并马上认定此琴的标贴与家中珍藏的父亲1937年制作的那把琴的标贴如出一辙，只是家中那把琴的制作地点为开封。由此可以断定，此琴的制作者一定是谭抒真。

至此，真相终于大白。此琴就是谭抒真最早制作、以后又不知去向的第一把琴。廖超杰非常激动，马上表示要把此琴捐赠给上海音乐学院的东方乐器博物馆。这样既能为中国小提琴的制作研究提供重要的实物依据，又能使此琴永久得以保留珍藏。

2020年10月28日，上海音乐学院举行了廖超杰捐赠小提琴的仪式。当天，学校为了感谢廖超杰先生的善举，也赠予他一把由上音乐器工厂精心制作的演奏级小提琴，以作纪念。谭国璋还透露：几年前，台湾一家享有国际盛誉的奇美提琴博物馆，也曾几经辗转向他表达想收藏一把谭抒真先生制作的小提琴的意愿。

人生无常，父亲谭岳峰因突患脑膜炎而去世。他不仅没留下什么遗产，还欠下了一笔债务。因此谭抒真卖掉了青岛的产业替父还债，并全家迁居到河南开封。经过了在那里的两年生活，谭抒真感觉开封根本不能与十里洋场的上海和正在勃兴的青岛同日而语，没有他的音乐发展空间。于是，谭抒真一家在抗战爆发后的1937年深秋，冒着战火，几经辗转后又回到上海。

在工部局乐队的日子里

一回上海，谭抒真首先就去拜见好友富华。其实谭抒真与工部局交响乐队的首席富华早在1929年已相识相交，并成了无话不谈的挚友。在以后的日子里，谭抒真经常去富华的寓所拜访，富华也常常会为谭抒真的小提琴演奏指点迷津。说来也巧，此刻的富华也正寻找久未谋面的谭抒真，邀请他来团工作。当时工部局乐队已聘用徐威麟、黄贻钧、陈又新、谭抒真，共计四人。这也是中国人第一次正式参加原本全由外国人把持的交响乐团。中国乐手的每月工资为一百多大洋，虽比演奏员低多了，但相较当时中国人的平均收入来说，无疑已是一笔巨大的收入了。最初，谭抒真没有自己的演奏琴，他就用第一个月的工资在大新公司的4楼乐器柜台买了一把意大利琴。后来，他又花大价钱从白俄音乐家余甫蹉夫手中购得一把好琴。

虽然工部局交响乐团的工资已足以谭抒真一家的开销，但那时国内外战争不

与意大利小提琴家富华

断,谭抒真有一种危机感,他觉得自己还是要多学一门能养家糊口的本领。于是在不影响交响乐团工作的状况下,他又报考了沪江大学建筑系,学制为两年。此后,他工作学习两不误,每天上午参加乐队排练,下午去学校读书,晚上和星期六演出,没有演出的晚上就做习题写作业。1940年,他如愿以优异的成绩从沪江大学毕业。诚然,谭抒真的一生主要是从事小提琴事业,但他在建筑设计领域也颇有建树,在青岛留下了他设计的被国家确认的文物保护建筑。

1940年5月的一天,指挥帕器通知乐队的所有成员翌日要到虹口公园隔壁的日军司令部演出。谭抒真思来想去,作为一个爱国的中国人,是决不能为侵略者歌功颂德的。所有他没有参加演出,但给帕器留下了一张纸条,辞去了乐队演奏员的工作。他的这一举动是需要极大勇气的,因为没有了固定的高收入,全家的生活顿时陷入了窘境,还好有岳母的接济,才度过了那段艰难的时光。

好在当时上海的电影事业正在蓬勃发展中,大量的电影公司雨后春笋般涌现,拍摄了大量迎合市民的影片。这些电影需要优美的音乐作为好听的插曲,因此谭抒真又有了用武之地。他与好友黄贻钧、李德伦、韩中杰、陈传熙、陆洪恩等组成了一支小乐队,专门为影片配乐,忙得不亦乐乎,家里的生活也由此得到了改善。

抗战时期的上海租界成了孤岛,而太平洋战争爆发后,孤岛也不复存在,日军直接开进了原本的租界。当时上海的对外通信和交往已基本中断,而此时的谭抒真已有四个孩子要抚养,经济压力很大。由于已无法从国外买到制作小提琴的各种原材料,所以他也没法再制作小提琴了。但那时有不少外国音乐家流亡在上海,其中大多数是犹太人。他们拉的小提琴坏了需要修理,而谭抒真维修提琴的名声在外,有好琴的外国人也会前来讨教和鉴定。因此,他有机会接触到大量国外的古琴和名琴,为日后自己制作提琴进一步积累了丰富的经验。由于见多识广,他还练就"火眼金睛",成了一位小提琴鉴赏家。由此,他家的经济状况得到了改善。谭抒真经常把修琴赚来的外快,用来请李德伦、韩中杰和陈传熙等乐坛知己一同去下馆子,而酒桌上谈论最多的还是音乐和创作。

1943年,李德伦在日伪时期的上海出面组织了一支青年交响乐团,请犹太人弗兰克尔（他也是作曲家陈歌辛的老师）担任乐队指挥。青年交响乐团的团址设在威海卫路的一家公馆内，房主叫郁忻祖，是乐团的打击乐手。谭抒真和司徒海城及柳和埙（后来上海交响乐团的首席）在团里拉小提琴，韩中杰和尹政修吹长笛，陈传熙则担任钢琴手。在清一色的二十多位华人乐手中，还有上海国立音专的在校生。青年交响乐团虽建团时间不长，但上演过许多经典的交响作品，社会反响不俗。

抗战胜利后，国民政府曾委派在沪的谭抒真作为接收保管员，去接管日伪时的上海音专。他从1947年起出任上海音专教授。

说来真是有缘。1947年，原本的上海工部局交响乐队更名为上海市政府乐团后重新开张。新任团长戴粹伦是谭抒真的旧交，他也是上海音专的校友。在他的盛邀下，谭抒真第三次来乐团任职。此时的乐团中已有12位华人乐手，这些乐手后来大多成为新中国音乐事业的中坚和骨干。

与谭抒真交往笃深的富华，此时已是乐团的指挥，首席变成了苏联人米沙·李斯金。已过不惑之年的谭抒真在乐队中担纲第一提琴。此时他又

1951年与卫登堡教授合影，后排左起：郑金鎏、谭抒真、窦立勋、杨一鸣

找到了人生中最后一位小提琴老师——犹太人阿尔弗莱德·卫登堡，此人是世界著名小提琴大师阿希姆的嫡传弟子。卫登堡是位非常了不起的音乐家，他不仅小提琴拉得出色，而且钢琴的弹奏也是随心所欲、琴人合一。他可以不看乐谱弹奏高难度的作品，而且所有音符、节奏丝毫不差。在他的悉心指导和耳提面命下，谭抒真的小提琴演奏技艺又达到了一个新的境界。从20世纪20年代至40年代末的二十多年，谭抒真先后师从过不同学派、不同风格的九位老师。他博采众长，终于自成一格。

参与改建上海音专

1949年5月27日，上海解放了。长期遭受苦受难的劳动人民从此翻身当家做了主人，中国共产党领导下的新社会一派欣欣向荣的新气象。谭抒真看在眼里，喜在心中。几天后，谭抒真作为音乐界的代表应邀去八仙桥青年会的八楼参加座谈会。听了陈毅作的关于全国形势及党的文艺方针的报告，谭抒真受到极大的鼓舞，他深感美好的未来会有自己大展身手的舞台。

6月20日，谭抒真收到了邀请他参加全国文学艺术代表大会的通知。上海共有代表97人，其中音乐界15人，上海市政府交响乐团只有谭抒真一人，上海音专有沈知白和谢绍曾两人。首届文代会开了一个多月，大会小会穿插进行。代表们学习了毛主席的《在延安文艺座谈会上的讲话》后群情激奋。在座谈会上大家畅所欲言，有来自鲁艺的安波认为：音乐学院的学制太长，不利于思想改造和为人民服务。他主张应改成一年制为好，另外又说交响音乐工农兵接受不了，交响乐团应改成文工团样式，等等。

这些问题也是谭抒真在上海和全国解放后一直关心和思索的。有一天晚上，他约李德伦和黎国荃一同去北京的中山公园乘凉。在老友面前谭抒真敞开了心扉，他担忧起上海音专和上海市政府交响乐团的命运。这两年，经常去延安的李德伦非常了解共产党的文艺方针，他肯定地对谭抒真说：音乐学院和交响乐团都不会解散的，中国共产党的文艺方针是既要普及又要提高……几天后，在听了周总理的演讲后，谭抒真才吃了一颗定心丸。

在文代会结束前几天，党内主管文艺的周扬同志专程看望了上海音乐界的代表,并向沈知白征询:谁最适合担任上海音专校长?沈知白推荐了几位人选,但都遭到周扬的否定。在得知这一情况后的谭抒真觉得贺绿汀是最适合的人选。因为他曾是上海音专的学生,还获得过齐尔品钢琴小品大赛的金奖,当年又在上海滩谱写过许多脍炙人口的电影插曲,社会影响很大。而且贺绿汀又是参加革命多年的共产党员,谱写过《游击队歌》《嘉陵江上》等大量抗日救亡歌曲,德高望重。从某种意义上来说,上海音专校长非他莫属。于是,谭抒真就找到贺绿汀暂住的北京人民艺术剧院的住处去拜访他。到了人艺,院内空无一人。谭抒真在里面转了一圈后见有一间屋子门开着,床上坐着一个人。他仔细一看感觉此人就是贺绿汀,于是就问道:你是贺绿汀吗?对方说:是的。此时的谭抒真就自报家门,并开门见山地希望他能去上海音专工作。贺绿汀当即表示:他十分愿意去上海,但最终要看中央如何安排。两人一见如故,相谈甚欢,对办校理念也是如出一辙。这天,他俩为未来的学校绘就了一幅美好的蓝图。第一次短短的相见,谭抒真就对贺绿汀留下了难以忘怀的印象,觉得他不仅平易近人、

与贺绿汀院长(左)在一起

和蔼可亲，而且真诚坦率，是主持音乐学院的理想领导。

谭抒真回到住处后，将自己拜访贺绿汀的情况告诉陈洪。两人商定请田汉去转告周扬诚邀贺绿汀来沪主持上海音专工作。文代会结束后不久，谭抒真回沪后便收到了上海军管会陈毅司令员和粟裕副司令员签署的委任状，任命他为中央音乐学院华东分院（上海音乐学院前身）副院长。同时，他又从报上得知，贺绿汀为院长，另一位副院长是来自延安的老革命向隅。接到任命后的谭抒真觉得自己被高抬了，有些诚惶诚恐，他与好友黄贻钧、韩中杰商量后想辞去副院长一职，并请他俩陪同前往延安中路浦江大楼的军管会文艺处去办理手续。但接待他们的黄源副处长对谭抒真说：任命是中央下达的，你辞也辞不掉。没有经验可以积累，干起来就会有办法的……走出大楼后，黄贻钧对谭抒真说：既然不能辞职，那就好好干吧，我想你会成功的。谭抒真回家后思来想去，觉得去音乐学院工作也并非坏事，只要自己全身心地投入，应该能干出一点名堂来。于是他辞去了交响乐团的工作，9月1日赴音乐学院履新，此时的贺绿汀和向隅还在北京未到任。

在谭抒真主持中央音乐学院华东分院工作的一个多月间，他马不停蹄地连轴转，为办好学校组建师资队伍。他请来了富华和卫登堡来校教小提琴，又请来了女钢琴家勃朗斯坦、大提琴家约阿希姆和余甫蹉夫；声乐系请了留法归来的花腔女高音周小燕任系主任，还起用了苏石林担任声乐教授。那时请教师不发聘书，全凭谭抒真骑着自行车穿大街过小巷，一家一家地亲自登门拜访。国乐家卫仲乐就是他在淮海中路一条偏僻的小弄堂里寻觅到的。在一个多月的时间里，三位院长的工作都落在谭抒真一个人身上，他忙得不可开交，但内心却是喜滋滋的。直到10月下旬，贺绿汀和向隅才风尘仆仆地赶来上海正式上任。很快，三位院长明确了具体分工。谭抒真分管教学和图书器材。贺绿汀还请他发挥特长，设立了一个乐器工作室，制作生产小提琴等乐器，以供教学之用。

投身新中国的音乐事业

上海市人民政府刚接管原上海国立音专时，面对的是一副烂摊子。由于长期战乱，在校的学生几乎跑光，连教学必用的钢琴也仅剩22架，其中有些还是不能弹奏的，教师队伍更是良莠不齐。好在有先见之明的谭抒真刚上任就不拘一格地广泛招贤纳士。到贺绿汀院长上任后，学校的师资力量已基本齐备。学校还不断地在上海各报刊上求购旧钢琴和一些教学必备的器材。半年后，在学校领导班子的不懈努力下，新成立的中央音乐学院华东分院的教学已循序渐进地步入了正轨。学校的钢琴已猛增到150架，各种教学器材也基本得到满足。贺绿汀和谭抒真还亲自组织编写了一批新教材。

那时学校的领导分工很明确：贺绿汀负责学校全面的规划和发展，向隅分管学校的党务工作、组织工作和师生的思想教育工作，而谭抒真则负责学校的教学和一个新设的乐器制作室。他新官上任三把火，首先把原来的理论作曲系去掉"理论"二字，改成作曲系，试图强调"作曲"的功能，改变过去理论作曲系学生不作曲的不正常现象。其次，他又把原来的键盘系（包括钢琴和手风琴等）改成专业的钢琴系。而后，他又改变有着表演性质的声乐系和管弦系的学生只学习不演出的状态，主张学生和教师应当走出去、到人民群众中去，在演出实践中提高自己的业务水平，并身体力行带头演出。那时学校在江湾，地处市郊一隅，学生很少有机会能去市区观摩各种音乐会和文艺演出。因此，谭抒真就经常在学校的礼堂组织师生音乐会，其中引人瞩目的有意大利小提琴家富华等名家的音乐会。

谭抒真还主张学校师生要多开展艺术和学术交流，从而拓展自身的视野和格局。那时，他曾邀请上海声乐研究所的林俊卿来声乐系讲课。林俊卿的发声和歌唱方法与音乐院校的传统观念是有很大不同的。当时苏石林教授就说：他是个医生，怎么能教声乐呢？但谭抒真认为，林俊卿懂得人体的喉咙和整个发声器官的生理构造，他的咽音唱法有他独到的科学道理，我们应该打破门户之见，学习别人的长处，博采众长，为我所用。谭抒真在主管学校教学期间，在得到贺绿汀院长的支持后，还破天荒地开设了一系列的音乐培训班，招收、培养了大量的进修生。其中以部队文工团和全国各文艺团体的演员、演奏员及各师范院校的在校教师为主。

对于音乐教育必须从小抓起的这一理念，谭抒真与贺绿汀是达成共识的，认为应该让学生在十多岁的时候，尽早接触和掌握演奏的全面技术。

所以，早在1951年学校就创办了少年班，1953年建立了大学部的附中，1956年又建起了附小，从而在体制上解决了音乐教育一条龙的培养问题。这给中国音乐表演水平向世界水准发展，提供了一个重要的制度保障。

在20世纪50年代，上海电台曾给谭抒真录制过不少小提琴节目，其中影响比较大的有：谭抒真、韩铣光和朱雅青的勃拉姆斯《圆号三重奏》，谭抒真与苏联钢琴家谢洛夫等合作的肖斯塔科维奇的《钢琴三重奏》，还有谭抒真与窦立勋、郑延益、王砾等合作的弦乐五重奏。可惜的是，谭抒真与女儿谭露茜（钢琴伴奏）合作的二十多首非常经典又有代表性的小提琴作曲的录音，没能保留下来。但谭抒真与钢琴家李翠贞合作演奏了舒曼的钢琴与小提琴奏鸣曲，是很珍贵的资料和小提琴演奏范本。

全国解放后，西方国家就对新中国实施封锁和禁运。为了确保学校师生教学用的乐器，谭抒真在贺绿汀的支持下建起了一个乐器制作室。首先谭抒真找来一个曾跟随他学过提琴又学过小提琴制作的学生许金寿，请他来当制作工艺师。在谭抒真的指导下，许金寿制作出了第一把中提琴。制

1963年，在上海与李翠贞教授合作演出

琴首先要有专门的高级木材,而这种木材在西方国家也很紧俏,但在中国东北却有大量这样的上好木材,不过需要慧眼去寻觅。因此,贺绿汀特批了500万旧币(相当于1952年人民币币制改革后的500元人民币)给许金寿,他就只身一人去东北的深山老林中探寻。历经千难万险、克服许多常人难以想象的困难,半年后许金寿终于圆满完成了任务。有了大量的好木材,巧媳妇再也不用为无米之炊而犯愁。为了加强制作提琴的能力,在谭抒真的指示下,许金寿又到家乡浙江天台去物色并招来了十几位雕花木工,作为制琴的骨干和基本力量。他们有相当高超的木工手艺,而且工作也很认真努力。同时,谭抒真还经常为他们讲解小提琴的知识,并对每个工人进行个别辅导,在其遇到问题和困难时还会在第一时间帮他们解惑。很快,这批雕花木工就掌握了制作提琴的本领。低音提琴、大提琴和中小提琴,全都能制作了。

多年后,原本学校的乐器制作室已形成了工厂的规模。这期间,谭抒真受轻工业部委托还开办过全国小提琴制作培训班,全国各地的乐器工厂都派技术人员前来学习。改革开放后,谭抒真又在上音率先设立提琴制作专业,从全国各地先后招收了10名学生,年逾七旬的谭抒真亲自执教。以后又选派这个专业的学生出国深造,使我国乐器制作水平很快能与国际接轨。谁也不会想到,到了21世纪,中国所生产的小提琴数量已经位居世界第一,当然提琴的质量还不够高、不能与数量成正比。但这些成就足可见谭抒真的功劳。上音所属的乐器工厂,在中国乃至全世界的音乐院校中是绝无仅有的。那时但凡参观上音的外宾,是一定要参观学校的乐器工厂的。

在十年"文革"中,谭抒真是受尽屈辱和磨难。他能忍辱负重,是因为心中有音乐的力量。他坚信,光明和正义是一定会到来的。"文革"结束后,中国的文艺又迎来了一个明媚的春天。官复原职的谭抒真虽已年近古稀,却以更大的激情投入忘我的工作中。

老树焕发新芽

1978年打开国门后,世界著名的音乐家斯义桂、小泽征尔和斯特恩等纷纷来华进行学术交流、举办音乐会、开办大师班等。谭抒真一直非常敬仰世界著名小提琴家斯特恩，但从未结交过。自1979年斯特恩从美国来上海见到谭抒真后，这两位中美小提琴巨匠彼此都有相见恨晚之感。因为谭抒真讲得一口流利的英语，因此两人的交流不用翻译，却有着说不完的真心话。斯特恩最后一次访华到北京，还特地邀请谭抒真专程从上海到北京相会，由此可见两人的友谊之深。斯特恩访华是中美艺术交流的一次起点，那时有一支电影摄制组跟随拍摄，整个行

在纽约与斯特恩会面

程最终被拍成一部纪录影片《从毛泽东到莫扎特》。此片荣获奥斯卡纪录片奖，影片后来在欧美各大城市播映，影响甚广。影片中拍摄到上音附小的学生练琴的一些场景，斯特恩一行惊叹：每间琴房里都有一位未来的天才音乐家。影片还专门拍摄介绍了附小的10岁学生王健，正是这部电影使这位拉大提琴的孩子一下子声誉鹊起。以后每次有外宾参观访问上音，他总要被点名去表演。谭抒真发现后，为了保护这个孩子的音乐前途，不影响他的正常学习和身心健康，便指示学校有关部门：但凡今后有来宾点名王健出席活动，一般不是重大活动可以不参加，即使参加活动也不参与表演。王健的父母都是音乐工作者，父亲也是一位大提琴演奏员，在上海京剧院乐队工作。王健在上音附小、附中就读时，有老师以他拉琴时右手执弓的动作看似有些僵硬、与大多数同学不一样为由，提出过质疑。但王健的父亲则认为，儿子拉琴时的动作、姿势是没问题的，因为他能拉好作品。为此，老师和家长一直争论不下。谭抒真知情后，就专门认真仔细地观摩聆听了王健的拉琴过程。从不墨守成规的谭抒真认为，孩子很有灵气，他的动作虽然另有一功，但诠释演绎曲目却淋漓尽致，看来没有必要去改变他现在的这种拉法。同时，谭抒真又观察到王健个子小、拉的琴又太大，就指示学校的乐器工厂专门为他定制了一把尺寸适合的大提琴，供他学习演奏。王健从上音附中毕业后，一位在美国的华人林寿荣想出面担

大提琴家王健每次回沪必去看望谭抒真

保他去美国留学。因为林寿荣和谭抒真是当年上海音专的同学，于是他就与谭抒真一同商量，为王健的留美牵线搭桥。果不其然，被谭抒真看好的王健在得到林寿荣的资助去美国耶鲁大学留学后，又得到进入美国纽约茱莉亚音乐学院的全额奖学金，最终成为世界级的华人大提琴家。如今，王健演奏用的那把意大利名琴也是林寿荣借给他的，因此成名后的王健非常感恩谭抒真，每次回上海，总要去探望自己敬仰的谭院长。

谭抒真一贯爱才惜才。"文革"后期，谭抒真在黄浦区工人文化宫业余教授小提琴时，发现一位11岁的女孩韦妹妹，很有才能和潜力。那时谭抒真还刚"解放"，他不顾自己身处逆境中，仍然每周定期给韦妹妹上课。由于不能正大光明地在教室里授课，只能利用学校琴房边一个低矮的斜坡教学，即使在寒风刺骨的冬天也从不间断。由于韦妹妹的父亲当时还在审查中，家里生活十分拮据。谭抒真不但不收其学费，还经常掏钱为她解决生活上的一些困难。后来上音恢复招生，正在市郊农场务农的韦妹妹也报名参加考试。由于农忙等原因，她应考准备比较仓促，考试时没能完全发挥其应有的水准，因而以微弱的劣势落榜了。其实，当时的谭抒真是握有考生录取的生杀大权的，但这位秉性正直的长者并未徇私而给自己的学生网开一面。经过又一年的苦练，韦妹妹才考入上音管弦系，师从谭抒真的学生盛中华。几年后，她取得了留美的奖学金赴美深造，后来成为小有名气的小提琴演奏家。

在谭抒真的晚年，有一天，学生华天初领着一对父子来访。孩子是位十多岁的琴童，为了学琴，父子俩付出了很多年的心血和努力。但在报考

60年代,给学生盛中华上课

上音附中时,考官老师们的意见褒贬不一,多数人认为他手型差,音乐感觉也不够,所以没能考上。但这对父子并不甘心,他们想请小提琴界的权威谭抒真做一个判断,为孩子将来的何去何从定位。当谭抒真听他拉完一曲后,毫不犹豫地加以肯定,认为这孩子的才能是一流的,音乐感觉很好,而且手有弹性,非常适合学琴。至于他的缺点也是有的,要是没有缺点那就不用学了。谭抒真当场为孩子纠正了一些缺点。由于谭抒真的肯定,这对来自苏州的父子信心更足了。后来这个孩子考取了世界一流的美国茱莉亚音乐学院。

改革开放后,谭抒真夫妇经常去美国探访中断很多年联系的亲朋好友。文化部得知他的这种情况后,想委托这位小提琴鉴赏家出面为国家选购一把世界名琴,以备中国选手的国际比赛和出国演出之用。当时,文化部拨款15万美元到中国驻美使馆,以供购琴之用。谭抒真在了解到文化部的购琴意图后，当即表示：如果买卖得当，这笔款项足够可买几把名琴。因为出国比赛和演出，一般不止派出一人，所以只买一把琴是不够用的。在得到文化部的全权授命后，谭抒真一点信息也没声张，唯恐乐器商得到消息后会提高琴价。其时他不顾年事已高，到多地的著名提琴商家那里挑选乐器，在反复比较、权衡又向对方讨价还价后，最终谭抒真用原本计划购买一把意大利名琴的钱，购得了四把物超所值的意大利名琴。虽然购琴任务占用了他大量的探亲时间，但能为国家节约一大笔外汇，谭抒心里真的是喜滋滋的。

谭抒真一生胸襟坦荡、光明磊落，从不图名逐利，更不阿谀奉承、趋炎附势，其人品和艺德在学校和整个音乐圈内，是有口皆碑的。他非常敬重贺绿汀院长，在上音共事的几十年里，两人一直风雨同舟、相敬如宾。在二人退出领导岗位后，谭抒真仍经常去探望贺老并促膝谈心。1982年冬，谭抒真从英国带回一台小录音机，贺绿汀见后爱不释手，因为录音机对一个作曲的音乐家来说，是必备的工具。谭抒真见贺绿汀喜欢当即就表示要送给他，但贺绿汀坚决不收，他要自己掏钱买。于是，谭抒真就说他可委托在香港的学生代买。贺绿汀非常高兴地说：他有一百块港币的稿费，购机不足之数，可用人民币结算再一起归还。不久，这台1 600港元的录音机买来了，贺绿汀用自己的工资分几个月付清了全款。其实像贺绿汀这样的领导和音乐家，用于工作和创作的录音机完全可用公款购买，但他把公与私分得如此清晰，这种高风亮节是当今音乐人的楷模和榜样。

1996年，上音照例要为谭抒真的90岁生日举办祝贺活动，谭抒真得知后便写信给当时学校的党委书记和院长，表示坚决不同意。他表示：过生日是个人之事，应是家庭活动。学校要兴师动众，则近似于旧社会一种陋习的翻版。谭抒真这样的举动，在上音也是绝无仅有的。

2002年初，95岁的谭抒真制作完成了他人生中最后一把小提琴。这把提琴是仿斯特拉底伐利琴的样板，此琴不仅外观一流，声音也是如此。这把珍贵的红色小提琴，也成了谭抒真人生的"绝版"。这年的深秋，身体一向硬朗的谭抒真因感冒引发了肺炎，住进了华山医院的病房。有一天，他对儿子谭国璋说：他想家了，想念家中的小提琴，想拉几首心爱的曲子。说话间，他摩挲了一下左手，手指还在空中抡动了一下……谁也没料到，这是谭抒真清醒的最后时刻。第二天，他便陷入了昏迷。11月28日，谭抒真溘然长逝，一代小提琴宗师就这样走完了他不平凡的一生。送别谭抒真那天，上海音乐家协会室内乐团的演奏家们在曹鹏的指挥下，演奏了谭老生前最喜爱的舒伯特的弦乐重奏《死神与少女》，以此寄托对他的哀思。

谭抒真生前经常对人说：在我的人生中，一刻也离不开音乐。没有了音乐等于失去动力和乐趣。音乐就像空气和水，我不能想象没有音乐，生命怎能延续下去。无疑，谭抒真是用一辈子践行了他对音乐和小提琴事业无比炽热的爱。

笔者在采写本文时、一直在思索一种现象：为什么中国的早期音乐史上会涌现出许多多才多艺的音乐家？像诗、书、画、作曲全能的李叔同、身为语言学大师的作曲家赵元任、学习过心理学的作曲家黄自、学医出身的指挥家黄飞立、学习机械的中国最早的歌唱家应尚能，还有谱写中国第一首小提琴曲的地质学家李四光和能吹奏小号的航天科学家钱学森等。这些音乐家和科学家都涉猎庞杂的学科，而谭抒真更像一部百科全书。他们的学识、境界和格局，都是后人无法企及的。

如今在上海音乐学院的校园内已矗立了蔡元培、萧友梅、黄自、贺绿汀和丁善德的塑像。但遗憾的是，不见对建校、办校有过很大贡献的谭抒真的塑像，令我有些困惑不解。

丁善德：为中国的音乐事业穷尽其生

丁善德是中国久负盛名的音乐大家，集作曲家、钢琴家、音乐理论家、音乐教育家、音乐出版家和社会活动家于一身。他既能演奏，又能创作和教学，在中国乐坛是绝无仅有的。他创作了无数的音乐作品，留下了一批传世的交响乐、室内乐、合唱曲和钢琴独奏曲等经典器乐作品，还有许多脍炙人口、人民群众喜闻乐见的根据中国民歌编配、钢琴伴奏的中国艺术歌曲。

丁善德曾长期协助乐坛泰斗贺绿汀，担任上海音乐学院的常务副院长期间，主管学校作曲指挥系和钢琴系的日常工作。在四十多年间，培养了朱工一、周广仁、陆洪恩、罗忠镕、陈铭志、施咏康、陈纲、王西麟、王酩、王建中、赵晓生、刘念劬和许舒亚等一大批中国乐坛举足轻重的音乐家。这是丁善德对中国音乐最大的贡献。此外，丁善德在繁忙的工作之余，还著书立说，发现提携新人。无疑，他为了中国的音乐事业殚精竭虑、鞠躬尽瘁、穷尽一生。

2021年11月12日是丁善德先生诞辰110周年，在上海和他的出生地江苏昆山分别举行了一系列的纪念活动。昆山市人民政府已在当地的保利剧院辟出600平方米的楼房作为丁善德的纪念馆；还出资3 000万元人民币成立丁善德基金会，用以每年在当地举行以丁善德名义举办的系列音乐活动。由此可见，昆山已把丁善德作为当

丁善德

地一张名片。

12月15日，上海交响乐团在新建成的上海音乐学院歌剧厅内举行了丁善德交响作品专场音乐会。音乐会上，奏响了丁先生的三部交响音乐力作：《新中国交响组曲》《C大调小提琴与大提琴二重奏协奏曲》及重头戏《长征交响曲》。整场演出精彩纷呈、高潮迭起，全场的听众都沉浸在美妙的音乐声中。我的思绪也似乎穿越了时空隧道，当年采访丁老的一些场景依然历历在目，丁老仿佛就在眼前。

牵头举办作曲学习班

20世纪八九十年代，我除了策划一些有社会影响力的大型专题音乐会外，同时还在《新民晚报》的副刊《夜光杯》上专门撰写音乐人物传记和乐评文章。从那时起，我就与中国许多著名的前辈音乐家交往密切，其中就包括丁善德先生。

丁老先生和蔼善良又平易近人，没有半点架子，但他的工作作风却是认真干练、缜密严谨又雷厉风行的，办事不出半点差错。这一切也许是他的创作风格所造就的。有一段时间，我为采写丁老的交响曲《长征》的创作故事，经常去他新康花园的寓所拜访。有一次在采访中，丁家突然来了位不速之客，此人是谱写歌曲《美丽的草原我的家》和《敬祝毛主席万寿无疆》（蒙古风版的）的作曲家阿拉腾奥勒。这位蒙古族大汉是出差路经上海来专门看望恩师丁善德的。因为丁家临时来了客人，我的采访也中止改期了。丁善德对阿拉腾奥勒的到来非常高兴，他亲自沏茶端水，并摆上水果茶点。这天两人相谈甚欢，从他俩的交谈和我的寻根刨底中，了解到了上海乐坛的一件往事。

那是"文革"后期的1973年初春，此时文艺的"管制"似乎有些松动了。当年虽然只有八个样板戏统治中国的文艺舞台，但群众文艺还是很普及并相当红火的，因为那时的音乐学习者大部分都是为了躲避上山下乡而专心致志学习音乐的，而且水平都很高。为了进一步提高群众文艺的创作水平，上海市工人文化宫筹划举办音乐创作学习班，想邀请上海音乐学院的一些名家教授来此传授作曲技法。于是市工人文化宫的负责人就找到了丁善德，请他牵头组织执教队伍。但那时的丁善德和其他老师还在学校劳动改造。当他把市宫的邀请消息向学校的"工宣队"如实汇报后，因为是市工人文化宫出面组织为工人作者授课，所以学校的"工宣队"就网开一面，破天荒地同意由丁善德组队去那里授课。

对此，已多年赋闲在家、无所事事的上音教师们颇感意外，大家对此次教学非常认真，并进行了分工。由丁善德教曲式，桑桐教和声，陈铭志教复调，施咏康教乐队配器，另外瞿维、朱践耳、刘福安等也参与了教学。而教学的教材基本都是丁善德编写的，大多数用的都是芭蕾舞剧《红色娘子军》和《白毛女》及交响乐《沙家浜》中的选段。上海工人文化宫音乐创作学习班的教师阵容如此强大齐整，在中国的音乐教育史上，是空前绝后的。学习班的学员基本来自上海市各区、县的文化宫（馆）及大型国企的业余音乐创作者。以及全国各地慕名前来学习的专业作曲家，其中包括阿拉腾奥勒。他是得知上海将由著名作曲家开办作曲班的消息后，请自己的老师辛沪光（交响乐《嘎达梅林》的作者，她是上海的女儿，早年远嫁内蒙古，是作曲家三宝的母亲）写信给丁善德，希望能帮助他落实来沪学习的事宜。

每周两次的学习班，持续了半年之久。在那个音乐文化饥荒的年代里，学员们如饥似渴地吮吸着大师们悉心酿就的乳汁。上海的一位女工金月苓，在参加学习班后谱写了一首传唱至今的歌曲《我爱北京天安门》，"文革"结束后，又考入中央音乐学院作曲系。还有一位上海工人作者袁德才则谱写了一首当年流行全国的歌曲《纺织工人学大庆》，此作被选入《战地新歌》。而后来成为专业作曲家的马友道谱写了小小歌舞《我为革命养骏马》的音乐，这支歌舞被拍成彩色影片在全国播映。如今大名鼎鼎的指挥家汤沐海，当时是以一名手风琴手的身份参加学习班后，才接触到作曲，从而考上音乐院校走上指挥之路的。

而阿拉腾奥勒的求知欲更高，他对每周仅两次的学习已感不满足，因而又私下拜丁善德为师，隔三岔五地去他家求教。那时的阿拉腾奥勒虽是位专业作曲家，但他只是在内蒙古艺术学校跟随辛沪光学习过最基本、简单的作曲技法。丁善德觉得这位年轻人虽然作曲基础差一点，但胸中有理想又有追求，还有大量民间音乐素材的积累，若假以时日，让他学习到作曲技法的精髓，阿拉腾奥勒是能插上音乐的翅膀飞翔的。爱才惜才的丁善德就这样收下了这位少数民族学生。他教学不仅不收任何的学费和礼物，还常常给学生留饭，对学生嘘寒问暖。在丁先生耳提面命的悉心教诲下，阿拉腾奥勒潜心揣摩、用心体会，作曲本领进步神速。对于丁先生的栽培，阿拉腾奥勒一生铭记。

为写交响乐，重走长征路

丁善德谱写交响曲《长征》，是缘于陈毅的一次讲话。那是1958年春，上海市委宣传部召开创作会议，传达了陈毅同志号召写交响乐的讲话。陈毅说："天安门前人民英雄纪念碑上的每一块浮雕，都是一部交响乐的题材，我们的作曲家们应把英勇的革命斗争历史谱写成交响乐。"陈毅同志的一席话，极大地鼓舞了上海作曲家。不久，在上海音协的一次会议上，丁善德即提出要创作一部以长征为题材的交响曲，他想用外国的交响音乐形式来讲述一个中国的红色故事。

这年十月，丁善德开始沿着红军长征的路采风。第一站在南昌，参观了南昌革命烈士陈列馆、博物馆和革命历史遗迹，了解了有关南昌起义和长征的历史，看到了江西革命根据地的许多史料图片。随后乘长途车去红都瑞金，这里是长征的出发地，丁善德访问了许多参加过长征的同志和那些看到红军离开的老百姓，与他们共同感受当时的感人情景。上了井冈山后，丁善德沿途参观毛主席和朱总司令工作、挑水、和群众谈心的地方，在著名的黄洋界，听老红军讲井冈山斗争的故事。在永新的一个"老红军钢铁厂"，当年参加过长征的连长、侦察员、司号兵向丁善德讲述了当年怎样飞夺泸定桥，如何翻雪山、过草地……一位司号员还唱着当时各种号声的音调给他听，如集合号、冲锋号等，使丁善德增长了很多感性知识。在去贵州、四川途中，丁善德乘隙去了广西桂林，参加著名音乐家张曙同志逝世二十周年纪念会。恰逢那里举行全国少数民族音乐舞蹈会演，在观摩的不少节目中，有一个瑶族舞蹈的主题很有特点，后来丁善德把它用作《长征》交响曲中第二乐章"红军，各族人民的亲人"的回旋曲主题。另一个苗族芦笙舞的音乐也很好，《长征》中也采用了它的旋律。

丁善德（右）在谱写交响乐《长征》时，在延安宝塔山留影

遵义城、娄山关、泸定桥、雪山、草地……一路实地考察采风，使丁善德对写长征这一题材有了较深的感悟。在他从重庆坐船回上海的途中，就开始对《长征》交响曲进行构思、酝酿作品的结构。长征是一部具有伟大历史意义的革命史诗，任何形式的文艺作品，都很难表达其全部内容。尤其是音乐形象，更需抓住最本质和最典型的要素。根据交响曲形式特点，丁善德选择了长征过程中几个主要方面，分为《踏上征途》《红军，各族人民的亲人》《飞夺泸定桥》《翻雪山、过草地》《胜利会师》等五个乐章来展现长征全貌。

为了突出作品的历史感，也为了使更多的听众能更容易理解和接受这首交响曲，丁善德选取了不少人们熟悉的红军歌曲和长征沿途各地各民族的民间歌舞音调，作为各乐章的主题音乐。并运用复调手法来展示不同主题音乐的叠置，使各声部的音乐在此起彼伏时又能交相辉映。

《长征》交响曲的前三个乐章于1960年底完成并在1961年的第二届"上海之春"上首演。1962年初完成全部五个乐章，同年5月在第三届"上海之春"上由上海交响乐团公演，6月由黄贻钧在北京指挥中央乐团演出，得到京城众多音乐家的好评。亲历长征的著名将领李志民听了音乐会后，在《人民音乐》杂志上撰文称："音乐仿佛又把我重新带回了长征的岁月。"

《长征》交响曲从1962年秋由中国唱片公司录制第一张慢转唱片始，迄今已由中国香港、日本、捷克、苏联、德国的交响乐团录制六种版本的唱片、CD、影碟向全世界发行，并于1981年在香港获金唱片奖。

因为交响曲《长征》的成功，上海音协在庆祝新中国成立15周年时，又专门约请了一批上海的音乐家来谱写中国重大革命历史题材的交响乐曲。其中，请王云阶谱写交响曲《抗日战争》、施咏康谱写描写解放战争的交响曲《曙光》、吕其明谱写管弦乐《红旗颂》。其中，王云阶和施咏康的作品演出场次较少，而《红旗颂》和《长征》则常演常新，影响深远。

投身音乐学习

丁善德有着坎坷曲折的音乐人生。他因从小就喜欢音乐而学习过一些民族乐器，但接触到钢琴、与音乐真正结缘，已是他考入上海国立音专后。但在封建的旧中国，从事音乐被认为是三教九流，是不被人重视和看好的。"五四"以后的新文化运动，西洋音乐大量涌入中国，从而也开启了我国的近现代音乐事业。为了能谱写出既有中国民族风格又具有世界水平的音乐作品，丁善德在苦练钢琴的同时，又不懈地努力学习作曲，并为寻找音乐真谛而远赴巴黎深造，目的是为了学习西方科学的作曲技法。

丁善德认为，借鉴西方的经典音乐作品也要去芜存菁，为我们自己所要创作的作品服务。一部作品是否民族化，主要是看其内容而不应注重形式。民族化并不在于其作品中用了多少民族传统的表现手法，也不在于是否用了民族乐器的演奏，而在于它是否深刻而又真切地表达了中国人民的精神风貌和思想情感，是否具有中国气派和中国风格。这就是丁善德这代音乐人对自己所选择和挚爱的事业的追求与奋斗目标。这无疑也是中国近现代音乐发展史上前辈音乐人的一个缩影。

丁善德祖籍浙江绍兴，1911年11月12日出生在江苏昆山的一个小业主家庭。父亲平元有原本是浙江绍兴的一个农民，后被昆山一家染坊的老板收为养子，改姓丁并继承其家业。丁善德是家中最小的一个孩子，但他从小对自家染坊的颜色没什么感觉，但对声音却很有兴趣，且情有独钟，自小就十分喜欢音乐。当时他所能接触到的音乐就是坊间自娱的民间锣鼓、江南丝竹和学校的音乐课。天资聪慧的丁善德无师自通地学会了二胡、笛子、琵琶和三弦等乐器。

14岁那年，丁善德考入昆山县初级中学。该校比较重视音乐教育和学生的文艺活动，已初显音乐才华的丁善德担任学校的国乐组组长和童子军军乐队的指挥。1928年，初中毕业的丁善德在校长吴粹伦的鼓励下，考入了成立不久的上海国立音乐院预科班。师从平湖派琵琶名家朱英教授，开始了自己以琵琶为主课的职业音乐生涯。

由于丁善德的刻苦努力，他很快就成为学校的尖子。当年与丁善德一起考入上海音专的还有陈友新、徐威麟、冼星海、李献敏、劳景贤、张曙、裘复生、沙梅、戴粹伦等，他们后来都成为中国的一代音乐大家。但丁善德刚进音专时，还从未见过西洋乐器。但他弹奏的琵琶，尤其是名曲《平沙落雁》，与戴粹伦的小提琴、喻宜萱的歌唱和李献敏的钢琴，已被誉为上海音专学生中的"四大金刚"，经常在各种公开的音乐会上演奏。但丁善德骨子里还是更喜欢自己所选的副科：钢琴课。

那时学校规定：每个学生一学期要交钢琴租用费12元，每人每周只能练12个小时，平均每天2小时。但丁善德为了多练琴就见缝插针，抓住其他同学吃饭前后及散步、休息的时间，只要有空的琴房，他就钻进去"打游击"。就这样，丁善德每天练钢琴的时间要比同学多得多。

在丁善德大二时，上海音专又请来了两位新教授。一位是从美国耶鲁大学学成归来的黄自，教授作曲技法和西洋音乐史；另一位则是旅居在上海的白俄音乐家查哈罗夫，教授钢琴。这位世界级钢琴大师的到来，令丁善德兴奋不已，很想拜他为师。但无奈自己只学习过一年的初级钢琴，因基础太差而不敢奢望。但谁料在学校公布的查哈罗夫的学生名单中竟有丁善德。多年后，丁善德才知道这是萧友梅的决定，因为他看好丁善德，认定丁善德将来必成大器。

此时，已把钢琴作为主课的丁善德在查哈罗夫的门下，学习更加刻苦勤奋了。那时，他每天清晨四五点钟便起床，空着肚子从窗口爬进琴房闭门苦练。这样的做法显然是违反学校规定的，但他这种勤奋好学的精神深深感动了当时管理琴房的校工，就对他的这种举动睁只眼闭只眼，根本不向校方汇报。由此丁善德的琴技突飞猛进，已令人刮目，对此查哈罗夫百思不得其解。翌年，黄自正式出任上海音专的教务主任，并开出十几门学科。此时查哈罗夫的班上又新来了位女生，她就是后来的著名钢琴家李翠贞。李翠贞考学前已经能背奏贝多芬的全部钢琴奏鸣曲。因此，丁善德更有了自己学习的榜样和努力方向。在查哈罗夫的眼中，李翠贞的钢琴弹奏程度深、底子厚、无可挑剔,而丁善德虽然底子薄,但进步快,这两位学生他都在悉心栽培并宠爱有加。

历经从预科到本科长达七年的寒窗生涯,丁善德于1935年春以优异的成绩从上海国立音专毕业。同年5月11日,他就在上海新亚酒店的大礼堂举办了首场个人钢琴独奏会。一个月后,他又到天津和北平成功举办了三场钢琴独奏会。正因为这几场音乐会的社会影响,位于天津的河北女子师范大学相中丁善德,请他来校执教。在此期间他还收获了爱情,与跟随自己学钢琴的庞景瑛喜结良缘。但好景不长,两年后的卢沟桥事变爆发后,河北女子师范大学因被炸毁而停办。

年轻时的丁善德与夫人庞景瑛

无奈,丁善德只能辗转回到上海。为了养家糊口,他先在上海音专兼课。不久,便与当年的同窗好友陈友新、劳景贤一同开办了一所私立音乐学校:上海音乐馆。丁善德兼馆长,陈友新兼教务长,而劳景贤则兼事务

丁善德与上海音乐馆师生合影

主任。那时的上海租界已成为"孤岛",上海国立音专在萧友梅病逝后便由李惟宁接任,但更风雨飘摇了。1941年底太平洋战争爆发后,上海的租界也沦陷了。不久,汪伪政权接管了上海国立音专,并改名为上海音乐院。为了不当汉奸,原上海音专的许多教师和学生,都纷纷转投到丁善德等创办的学校来,一时上海音乐馆门庭若市。此时该馆便更名为上海私立音乐专科学校,与汪伪的上海音乐院分庭抗礼。从那时起到抗战胜利前,上海私立音专培养了朱工一、周广仁、周文中和黄青白等许多音乐名家。1945年后,戴粹伦从重庆的青木关音乐学院来沪接管汪伪的上海音乐院。不久,上海私立音乐专科学校的师生也大部分被并入了上海国立音专,原私立音专也就名存实亡了。

在丁善德那代音乐家中,除了同学李翠贞外,他的钢琴演奏显然是鹤立鸡群、出类拔萃的。但丁善德对他的钢琴演奏生涯并没有兴奋多久,因为他觉得自己弹奏的都是外国的作品,印象最深的只有当年在校时演奏过、并被百代唱片公司录制过唱片的钢琴小品《牧童短笛》。这是校友贺绿汀创作并获奖的有中国风味的钢琴曲,丁善德非常喜欢,他一直梦想着自己也能谱写出有中国风味和鲜明民族特色的钢琴作品来。

其实,丁善德在上海音专就读时,就已经认真选修过黄自的作曲理论课。但那时他的主要精力都还集中在钢琴学习和演奏方面。在创办上海私立音乐专科学校期间他又重拾旧梦,在一面管理学校并教授钢琴的同时,抽空就专心致志地向旅居沪上的德国犹太音乐家弗兰克尔学习和声、复调和曲式等作曲技术。

开始音乐创作

在抗战胜利前夕的1945年春,丁善德谱写了他人生第一部音乐作品——钢琴组曲《春之旅》,这是一部有标题的钢琴曲,作品表现了曲作者对抗战胜利的渴望。全作共分四段:(一)待曙:以旅行前等待黎明的心情,迎接抗战的胜利;(二)舟中:以游船在碧绿的湖水中荡漾的情景,来影射时局的动荡不安;(三)杨柳岸:以河畔杨柳飘动的美景,来表现对胜利即将到来的憧憬和喜悦;(四)晓风之舞:表现万物在春天里的欣欣向荣、春意盎然，寓意着中华民族美好的未来。翌年春，丁善德又谱写了自己第二部音乐作品：《E大调钢琴奏鸣曲》。这部作品是丁善德想驾驭大型套曲创作的一次尝试。此作在结构和手法上都明显受到欧洲传统音乐的影响。但就在这部习作中，他仍尽可能地在音调与和声的配置上，体现出一定的民族特色。此作也是中国钢琴音乐史上第一部试图以民族风格谱写的大型奏鸣曲。

正因为这两部作品得到当时音乐界的广泛好评，丁善德对音乐创作的欲望更强烈了。但苦于自己又从未进音乐院校正规系统地学习过作曲技法，因此想要随心所欲地进行创作，从能力来说还是存在一定困难的。1946年春，当时的教育部要选派一批留欧的公费和自费生，此时已出任南京中央音乐学院教授的丁善德出人意料地也报名参加了考试。在经过层层严格筛选后，他的成绩名列前茅。后因中央音乐学院院长吴伯超为了留住丁善德，就在暗中设置障碍、从中阻挠，致使他被挤出了公费生留法的行列。但心存鸿鹄之志的丁善德留法决心已定，虽然他已是四个孩子的父亲，但在妻子庞景瑛的支持下，辞去了待遇优厚的工作，卖掉了心爱的钢琴，退掉了在市中心独自租用的洋房，从而凑足了出国必需的经费。在当年的深秋，先乘坐邮轮到伦敦，再转道去巴黎。这年的12月，丁善德到达巴黎。在老同学李献敏的丈夫、俄国音乐大家齐尔品的安排下，进入巴黎音乐学院深造。

丁善德夫妇与大女儿丁东诺和二女儿丁芷诺

1948年3月起，师从法国著名作曲教授布朗热

在这座世界名校学习期间，丁善德先后师从加隆教授学习对位法，向奥班教授学习曲式，又追随布朗热教授学习复调、和声与总谱读法等全面的作曲技法。在这些大师的教诲下，丁善德的作曲能力、创作视野和欲望，都得到了极大的提高和激发。更关键的是他认识到自己今后创作的方向：写作一定要摆脱外来东西的影响，一定要有中国人的特点和风格，而且不必贪大求洋，手法要简练干净、不可繁琐。

在旅法学习期间，丁善德开始用新学到的作曲技法谱写了钢琴曲《序曲三首》和《中国民歌主题变奏曲》。这两部作品的和声语言都比较新，复调的手法又比较熟练，而且写作都比较简练完整，几乎没有多余的音符。这仿佛是唐诗中字斟句酌的绝句，又像中国的写意画。在1949年新中国即将诞生时，他感到前所未有的欢欣鼓舞，又谱写了交响乐《新中国交响组曲》作为自己作曲课的毕业作品。他那时身处国外，作品只能通过自己对过去现实生活的体验和对革命斗争的理解，去反映旧中国的苦难和人民对反动统治者的斗争，以及人民在斗争取得最后胜利时的欢乐。全作由《人民的痛苦》《解放》和《秧歌会》三个乐章组成。尽管这是丁善德的管弦乐处女作，但他仍尽可能地以简练的手法和完整的艺术结构，去抒发自己对祖国对人民的无限深情。在他回国后不久，《新中国交响组曲》便由上海市人民交响乐团在兰心大戏院首演。

留法归来显身手

1949年10月，从巴黎音乐学院毕业的丁善德回到了阔别三年多的上

丁善德与贺绿汀、赵元任在一起

海。当时位于天津的中央音乐学院旋即聘请他来校任教,但丁善德还是接受了贺绿汀的力邀,回母校上音工作,担任作曲系教授兼系主任,1956年又升任副院长。从1950年到1960年,是丁善德音乐创作的高峰期。他除了处理在学校繁忙的行政和教学工作,还以充沛的精力、全身心地投入自己一直在追求的音乐创作中。他先后谱写了四部钢琴作品和大合唱《黄浦江颂》及许多根据中国民歌编配钢琴伴奏的艺术歌曲。

《第一新疆舞曲》和《第二新疆舞曲》,是丁善德为音乐会专门谱写的大型钢琴独奏曲。作品在音调和旋律上直接取自新疆的民歌旋律和新疆舞蹈的节奏,特别在和声的运用上进行了大胆的创新,从而成功、完美地凸显了新疆游牧民族那种粗犷豪放又热情奔放的民族气质和性格。

儿童钢琴组曲《快乐的节日》是丁善德长期对生活的观察和积累有感而发的。作品共由五个独立成章的乐曲组成:(一)《到郊外去》、(二)《扑蝴蝶》、(三)《跳绳》、(四)《捉迷藏》和(五)《节日舞》,全曲从五个不同的侧面,反映了新中国的少年儿童幸福愉快的学习和生活。丁善德通过流畅明快的旋律和富于对比的节奏,把少年儿童在生活和节日中各种生动的形象恰如其分地塑造出来,这首经典少儿作品至今还经常在舞台奏响。

丁善德在创作中

　　钢琴曲《托卡塔（喜报）》则是应上音钢琴系主任范继森教授之邀而专门谱写的。丁善德之所以用"托卡塔"这种高难度的钢琴作品形式来进行创作，是因为此作将用作当时上音的钢琴比赛的必奏曲目。作品取材于他在江南造船厂下生活时，所感悟到的中国工人阶级那种战天斗地又热火朝天的忘我工作精神，并看到在庆功会上各车间、各部门向领导送来喜报的那种欢庆热烈的场面，于是就给新作取名为《喜报》。这首高难度的钢琴曲，具有相当浓厚的生活气息和时代色彩，结构明晰，一气呵成，而且作曲技法也很新颖独到。那时在上音的校园里到处都可听到练习这首作品的琴声，最终由同样留法归来的老师吴乐懿录制了这张唱片。

　　《黄浦江颂》是丁善德创作的唯一一部大型声乐套曲，此作也是中国作曲家第一次以上海为题材而谱写的音乐作品。作品在1959年的上海市音乐舞蹈会演中首演，当时由葛朝祉指挥，温可铮、董爱琳领唱，上海合唱团及上音学生合唱团联合献演，这也是迄今为止歌颂上海最成功的一部声乐作品。

　　丁善德虽然谱写过各种形式的大型音乐作品，其实，他谱写的艺术歌曲才是最出彩和独树一帜的，是最值得浓墨重彩地大书特书的。丁善德留法回沪到上音任教后不久，有一次在报刊上看到了一首歌颂毛主席的诗词，便据此谱写了一首男高音的独唱曲《山上的松树青青的哩》，同校的声乐教授、男高音歌唱家蔡绍序演唱后觉得非常好。因为他是四川人，喜欢四川民歌，于是就把《太阳出来喜洋洋》《槐花几时开》等四川民歌拿去请丁善德编配钢琴伴奏。蔡绍序是上海音专早期的学生,师从中国第一代歌唱家应尚能教授。蔡绍序的演唱高亢、明亮、激昂又极富感染力,表现作品能举重若轻、张弛有度,是新中国最有影响、最负盛名的男高音歌唱家之一。

《槐花几时开》这首四川民歌,原本是描写一位姑娘在高山上等待情人时,与亲娘的对话,经过丁善德编配的钢琴伴奏后,作品把姑娘从紧张、不安到欢欣的各种情绪,刻画得淋漓尽致。写意的伴奏与写实的歌词结合得珠联璧合,天衣无缝。因此,蔡绍序唱来更得心应手,把人物表现得入木三分。丁善德与蔡绍序这种探索性的合作,持续了十多年,为其量身定做的作品还有:《可爱的一朵玫瑰花》《玛依拉》《想亲娘》等。由此也形成了丁善德独特的用中国民歌编配钢琴伴奏的中国艺术歌曲。它有别于早年黄自、青主、赵元任等源自德奥艺术歌曲的样式,也不同于齐尔品和黄永熙等改编的中国民歌那种自由曲式。丁善德为中国民歌编配的钢琴伴奏,深受福雷、吕帕克和德彪西等法国作曲家的影响。他谱写的这些作品的风格与法国艺术歌曲(如《香颂》)很相近,其艺术形象看似都游离于歌曲旋律之外,但又统一于歌曲的灵魂之中。那些明快活泼、轻松宁静又隽永空灵的节奏和音调,更深化了原作的艺术内涵和魅力。

《想亲娘》是一首有三段歌词的云南民歌,丁善德用分节歌的结构,又加入了发展性的间奏,使作品呈现出三部曲式,中间有发展起伏,结尾又有再现部的曲式结构。丁善德把此歌交由著名歌唱家张权演唱后面貌焕然一新,她把"想亲娘"的凄苦、悲愁和哀伤之情,用歌声表达得活灵活现,听众无不为之动容而唏嘘不已。此后,《想亲娘》有了男女两个不同的版本。不久,张权在全国政协举办的中国著名女高音歌唱家音乐会上,又演唱了《想亲娘》,她把"娘想儿来想到老、儿想亲娘哭断肠"的那种意境表达得一览无余、淋漓尽致,得到周总理的高度评价。

而丁善德谱写的《爱人送我向日葵》,则开拓了另外一种创作模式。作者有意识地运用了朗诵性和歌唱性相结合的音调,并用钢琴伴奏中调性色彩的对比等手法来表现作品。这是丁善德专门为女高音歌唱家高芝兰量身定作的,此作以后也成了高芝兰在音乐会上的保留曲目。

丁善德的艺术歌曲情结,源于他热爱声乐、熟悉诗词又精通钢琴。他早在留法时就创作过两首声乐作品:《神秘的笛音》和《女高音与长笛》。

回国到上音任教期间，还创作了《延安夜月》《玻璃窗》《丰收山歌》《清平乐·会昌》《雪花赞》《老战士》《啊黄河》和《橘颂》等。

1981年，上音声乐系的三年级学生刘捷因为在全国高校声乐大赛中获奖，而被推选去巴西参加第十届里约热内卢国际声乐大赛。刘捷是上音恢复高考招生后的第一批学生，那时恰逢世界歌坛最负盛名的华人第一歌唱家斯义桂来校讲学半年。虽然当时刘捷已在周小燕门下学习，但他又有幸成为斯义桂最得意的弟子，从而学到了世界最先进的歌唱技巧，成为中国歌坛屈指可数的男高音歌唱家。

因为巴西国际声乐比赛规定：每位选手要演唱十四首作品，但其中必须要唱一首本国本年度新创作的歌曲。无奈刘捷是位新人，还没有作曲家为他量身定作歌曲。因此，周小燕就带着刘捷并拿着一首青海花儿样式的简谱《上去高山望平川》去见丁善德，想请他重新改编这首民歌，并配上钢琴伴奏。丁善德多次听过刘捷的演唱，对他也非常赏识，认为他是位前途无量的年轻人，因此对此事一口允诺。

几天后，重新编配的歌曲和钢琴伴奏谱送到了周小燕手中。丁善德还两次抽空亲自到琴房，给刘捷讲解歌曲的意境和处理作品时需要注意的问题等。拿到歌谱后的刘捷如获至宝，那钢琴上连绵不绝的清亮音流，生动地衬托出激昂奔放的男高音歌声。唱着这首喜欢的作品，刘捷兴奋不已，对未来的比赛更是信心十足。

果不其然，刘捷唱着《上去高山望平川》等参赛作品，夺得了那届巴西声乐大赛的奖牌，这也是中国人第一次在真正的国际声乐比赛中获奖。此后，这首令众多男高音望而生畏的作品伴随了刘捷近半个世纪，唱遍了世界许多音乐殿堂。刘捷留美后，追随法国艺术歌曲大师苏塞侬学唱过很多法国音乐作品，因此他非常了解法国艺术歌曲。对纪念丁善德座谈会上，在讨论到丁善德创作的中国艺术歌曲时，刘捷说，他对丁善德的作品是从心底里热爱和敬佩的。丁善德把最朴素的中国民歌用西洋的复调手法巧妙加以结合，使之能登上大雅之堂，并熠熠生辉。

丁善德在晚年还创作不辍，陆续谱写了《C大调钢琴三重奏》《降B大调钢琴协奏曲》以及《序曲六首》《小序曲与赋格四首》《小奏鸣曲》等一批钢琴作品。

致力于中国音乐事业

丁善德的音乐人生，除了演奏、创作和教学外，还以很多的精力致力于中国音乐事业的发展，甘于为他人作嫁衣。

1958年初，孟波由北京调任上海音乐学院党委书记兼副院长。他上任伊始，就抓音乐创作的民族化、群众化。在其影响下，上音管弦系的学生何占豪、俞丽拿、沈榕、丁芷诺、沈西蒂、张欣和朱英等组成了"小提琴民族化实验小组"，并把中国民族音乐元素改编成《二泉映月》《旱天雷》《步步高》《四季调》《烈士日记》《梁祝》等弦乐作品和四重奏。

为了向国庆十周年献礼，上海音乐学院要排演一部大型器乐作品。孟波在否定了《女民兵》《大炼钢铁》等一些选题后，责成实验小组在原弦乐四重奏《梁祝》的基础上，创作一部小提琴协奏曲。很快，深谙越剧音调的何占豪把协奏曲的旋律写出来了。但苦于实验小组的成员都没学过作曲，也就谈不上创作协奏曲了。于是，孟波就请主管音乐创作的丁善德副院长来帮助解决这个问题。

当时的上海音乐学院，因院长贺绿汀要明确保护原本已被内定为"右派"的谭抒真、杨嘉仁、范继生和桑桐等教授而受到批判。要不是陈毅的干预，贺老本人也差点被打成右派，因此那段时间他已被边缘化了。此时上音的工作实际由孟波和丁善德负责。

为能更好地完成献礼作品，丁善德就派自己的学生与实验小组的同学一起工作。但起初的陈钢并不愿意，因为他即将毕业，正在筹备毕业论文。丁善德知情后便对陈钢说："你完成了这部作品，就算是你的毕业论文了。"对于小提琴协奏曲《梁祝》的创作，丁善德耗尽了心血，他不仅亲自指导，还严格把关。

当协奏曲刚开始写时，丁善德就问何占豪和陈钢：你们的协奏曲准备取什么名字？他俩一时没有马上回答。因为外国交响音乐作品中，除了交响诗、交响曲等体裁有标题外，凡是协奏曲之类的作品几乎是没有标题的。于是，何占豪就把他所知道的理由讲了出来。但丁善德马上就说：我们中国人为什么一定要跟外国人一样？既然内容是梁山伯与祝英台，就取这个名字。何况外国也有罗密欧与朱丽叶,我们一样有梁山伯和祝英台,不是很好吗?这短短的几句话,丁善德道出了一个深刻的道理:可以向外国人学习,但不要盲目崇洋。

为了让协奏曲更有民族风格,何占豪就与陈钢商量,想在配器中加入一组琵琶演奏。但丁善德知道后,立刻指出:如果将来外国人也想演奏"梁祝",但他们不会弹琵琶怎么办?由此可见那时的丁善德已经有了国际视野。他接着又说:音乐民族化不是简单化,不是加上些民族乐器就算是民族化了。我们写作的功夫要真正地花在音乐上,要音乐的风格民族化。为了使故事和音乐更完整,何占豪和陈钢又尝试想加一段"马文才迎亲"的音乐。但在试奏这段音乐时,受到了丁善德的批评:不要把音乐写得太啰唆,不需要面面俱到。因为音乐不同于文学,不能写具体的情节,音乐的发展要遵循自身的规律。

在写"祝英台哭灵"这场戏时,起初何占豪不知怎么落笔。考虑再三后,他想尝试用原汁原味的越剧哭腔和民间戏曲中常用的"紧拉慢唱"的手法,来塑造祝英台悲痛欲绝的形象。何占豪在完成这段音乐后,怀着忐忑不安的心情来请老师把关。不料,丁善德称赞有加,认为创作完全没有必要按照外国人的手法,可以走我们自己的路。无疑,许多人为小提琴协奏曲《梁

丁善德在指导学生何占豪和陈钢写《梁祝》

祝》的成功付出过辛劳，丁善德为《梁祝》也是殚精竭虑，但他并未在作品上署名，可见他的高风亮节。难怪孟波说：没有丁善德，就没有《梁祝》。

马革顺是中国公认的合唱指挥第一人，他从小在教会成长，其音乐生涯与宗教有万缕千丝的关系。因此在新中国的历次政治运动中，经常受到审查和冲击，但他对音乐、对合唱却矢志不渝。1963年，他花了大半辈子的心血完成的一部学术专著《合唱学》，想交由上海文艺出版社出版。但那时的出版社规定：但凡要出版的书籍，必须要有著作人所在单位和领导同意并盖章。

于是，马革顺就把自己的新作交由自己供职的上海音乐学院审稿，不料就此石沉大海。后来，马革顺找到了丁善德并说明事请的原委。丁善德花了三天的时间读完了这部二十万字的著作，感到非常震惊，觉得这么好的一部著作完全是应该出版的。这本《合唱学》不仅填补了我国音乐史的空白，而且对培养未来的合唱指挥人才也是大有益处的。就这样，为了中国音乐事业的发展而敢于冒风险的丁善德签上了自己的大名，并盖上了学校的公章。没多久，多难的《合唱学》就面世了。

1964年春，比利时举办国际钢琴大赛。但当时中国与比利时还未建立外交关系，应邀的丁善德带着顾圣婴以中国人民友好协会的名义参赛。在首轮比赛中，顾圣婴弹奏了德彪西的作品，赢得了高分。但在进入第二轮比赛后，有些不友好国家的评委出于一己私利，致使顾圣婴与另一位苏联选手并列第12名。因为决赛选手只取前12名，在两位并列者中有一人要被淘汰。但对用什么办法来决定此事，大家争论不休。丁善德提出了一个很正当的理由：就是看首轮比赛的成绩来决定两位并列者的去留。此举不仅使顾圣婴进入决赛并最终获奖，也维护了中华人民共和国的尊严。

桃李满园结硕果

丁善德为新中国培养了五代作曲人才，这些作曲家后来大都成为中国音乐创作的中坚力量，这在中国音乐史上是很少见的，难能可贵。

丁善德最得意的学生莫过于复调大师陈铭志教授。他为人忠厚真诚，心中只有学术，从不争名夺利。陈铭志也培养过一大批作曲人才，但他最大的功劳是留下了一本《序曲与赋格曲集》的作曲专著。从这本专著中，大致可以了解到格律复调音乐在中国的发展概况和当前水平，专著中的13首作品，绝大多数是他去世前的新作。书中内容包括大小调体制的变革、无调性的实践、多样的调性和调试的处理手法，表达这些作曲技巧的语言既生动活泼又给人丰富的想象空间。

曾任广州星海音乐学院副院长的施咏康，也是丁善德的一位高足。他还是中国轻音乐之父郑德仁的大女婿。施咏康早在1956年的"全国音乐周"上，就以交响乐处女作《黄鹤的故事》一炮打响而崭露头角，引起了乐坛的关注。由此一发不可收，以后又陆续谱写了《第一交响曲》《圆号协奏曲·纪念》和交响乐《曙光》等，是一位多产的交响乐作曲家。

王酩是丁善德20世纪60年代的学生，毕业后任中央乐团驻团作曲家。他与歌唱家李谷一长期合作，留下了许多佳作，如人们耳熟能详的《边疆的泉水清又纯》《难忘今宵》《知音》《绒花》《妹妹找哥泪花流》等。王酩和施光南一同被誉为新中国培养的音乐家的代表人物，可惜天妒英才，两人都英年早逝。但王酩还留下了许多经典的电影音乐和器乐作品，其中最令圈内外看好的是管弦乐《海霞》。

作曲家王西麟，也是丁善德在"文革"前的学生。他的作品被公认为是中国人创作的交响乐中最接近西方经典交响的。王西麟虽然命运多舛，但对自己所选择所挚爱的音乐创作矢志不渝。他的代表作：交响乐《云南音诗》被埋没了18年后才重见天日。在一次全国性的交响乐作品评选中，正因为丁善德的据理力争，说服了各位评委，不因为他的所谓"历史问题"而与评奖的结果联系。在实事求是的基础上，唯作品的优劣是举，从而才使《云南音诗》脱颖而出荣获了一等奖。此后，王西麟又成为中国乐坛的焦点人物，全身心地投入到新的创作之中并佳作不断。

丁善德两位早年的学生汪立三、刘施任，他俩和同学蒋祖馨曾联名在1957年的《人民音乐》杂志上，发表了一篇题为《论对星海同志一些交响作品的评价问题》的文章，从而引发了中国乐坛的极大震动。此文写于1956年9月，文稿在编辑部沉寂了半年之久，最终《人民音乐》编辑部还是以极大的勇气把它刊发出来。同时还加了编者按：如何正确客观地评价

丁善德与五代学生合影

冼星海同志在交响乐创作方面的成就,是一个值得重视的问题,希望大家对此展开讨论。

由于丁善德平日一直是支持学生的学术研究和探讨的,因此汪立三等人敢于直言,表明自己鲜明的观点。汪文认为:冼星海的交响曲主要是依靠一些现存的曲调的组合去引起听众的联想,并没有很好地运用结合科学的作曲手法去塑造完整的感人的音乐形象。因此曲式不连贯、松懈冗长,这种类似"拉洋片"的做法,显然违反了音乐艺术本身的创作规律。文中还具体分析了冼星海作品中所用和声、复调和配器等作曲手法所存在的缺陷。虽然汪立三等人的文章只是指出作品中存在的一些作曲的技术问题,但也牵涉到创作方向,但总体还是肯定冼星海的。文章一经刊发后,旋即引起了圈内人士的很大反响。许多著名音乐家都撰文批评汪立三等人的文章,一时山雨欲来风满楼。最终,一个学术争论逐渐演变成一场政治论战,问题的性质全变了。

反右斗争开始后,汪立三、刘施任被打成反革命的右派分子,送往北大荒劳改。为此,贺绿汀还在学校的党委扩大会议上作了检查,丁善德也受到了批评。这也许在那个极左的年代，这是两位音乐大家的无奈举动，但我坚信，在他们的内心还是为自己能有这样的学生而感到骄傲的。

汪立三是四川人，他在校期间就创作过歌曲《蓝花花》而名扬一时，是个非常有才华的年轻人。但就是因为发表了这样一篇文章，断送了他的青春年华和最美好的前程。他的冤案在"文革"后才得到了平反，不久担任了哈尔滨师范大学艺术学院的院长。

丁善德有一个幸福的音乐之家，他有三女二子。妻子庞景瑛是位钢琴家，大女儿丁柬诺也是钢琴家，而二女儿丁芷诺则是位小提琴家，还兼任过室内乐队的指挥。由丁善德从小一手调教的外甥余隆，更是当今中国乐坛一位重要人物。他是上海交响乐团、中国爱乐乐团和广州乐团的艺术总监兼首席指挥。余隆年富力强、勇于开拓又敢于创新，是位复合型音乐家。

丁善德犹如中国音乐星空中的一颗璀璨耀眼的恒星，它照亮了后辈前进的方向。丁善德把自己的生命激情和所有的智慧才华，都奉献给了毕生从事的音乐事业。诚如司马迁所言：高山仰止，景行行止。虽不能至，然心向往之。这不正是丁善德的人生追求和艺术境界吗？

斯义桂：中国歌坛的骄傲

在百花盛开的2021年5月，宁波大学音乐学院举办了纪念歌坛巨匠斯义桂先生的学术研讨会。在历史上，宁波曾涌现出应尚能、赵梅伯、楼乾贵、葛朝祉和周广仁等许多名扬海内外的前辈音乐家，为此宁波大学将为他们建立一座音乐博物馆，并为此广泛地征集有关的史料、实物和音响资料等。

近些年来，我一直在致力于采访、搜集、整理我国前辈音乐家的史料，以期能用文字和图片留住这段中国音乐史上宝贵的风景。在华人歌坛无出其右的斯义桂也是我重点采写的对象，因而有幸受策会人俞子正教授的抬爱，与来自祖国各地的音乐家共襄此次盛会。

宁波大学是改革开放后，由以包玉刚为首的海外宁波籍实业家捐建的。在这座充满桃李争春氛围的校园里，我处处感受到了青春的活力。

斯义桂祖籍宁波奉化，1915年出生于上海。其父当年闯荡上海滩，是名扬一时的著名石匠。后在澳门路开了家石作坊，承建过上海的许多大工程。正因为家底殷实，斯义桂才有可能学习音乐。斯义桂是迄今为止世界歌坛公认的华人第一歌唱家，与林语堂、张大千被并誉为中国海外三大文化巨星。斯义桂在长期担任美国伊斯特曼音乐学院声乐系主任期间，殚精竭虑地投入教学，硕果累累，桃李满园。为了肯定他为学校作出的成就和贡献，如今的学校名人堂内，悬挂着斯义桂的巨幅油画像。

斯义桂早年曾就读于上海国立音专，首先学习小提琴，后又改学声乐，师从苏石林教授。他的学生时代正逢战乱，但热血青年斯义桂用歌声投入抗战。他演唱岳飞的《满江红》，令背上"不抵抗将军"之名的张学良听后感动得热泪盈眶。斯义桂在抗战期间，用激昂的歌声激励唤醒亿万国人的斗志，同时又将义演所得全部捐献给前线的抗日将士。当年，汪伪政权威逼利诱，要斯义桂为其服务。但明晓大义的斯义桂毅然拜别父母、泣别妻儿，逃出上海前往陪都重庆，成为上海音专青木关分院的声乐教授。抗战胜利前夕，斯义桂应宋庆龄邀约，与著名舞蹈家戴爱莲联袂在山城的国泰戏院举办晚会，所得抗日募捐达四十多万元。

斯义桂于1947年赴美留学后，因历史原因再也没能踏上祖国和家乡的土地，但他的内心却一直思恋着祖国和亲人。这从他演唱的曲目和歌声中就可见一斑。改革开放后的1979年初春，应中国文化部的盛邀，斯义桂来上海音乐学院举办为期半年的讲学，这是中国歌坛划时代的大事件。当时全国七大音乐院校的师生和中央、地方及部队文艺团体的歌唱名家，其中包括喻宜萱、沈湘、张权、蒋英、黄友葵、郎毓秀、周小燕、谢绍曾、高芝兰、葛朝祉、王品素及魏启贤、臧玉琰、楼乾贵、李光曦、李晋玮、孙家馨、罗天婵、苏凤娟和邹德华等中国歌坛的著名人物，共计五百余人齐聚上音小礼堂，共同聆听斯义桂先生耳目一新的演讲和无可挑剔的示范。

斯义桂不仅从美国带给上音18大件礼物，其中包括大量的声乐教材、乐谱、资料、唱片、录音带乃至立体声唱机和新型录音机，等等，更重要的是，他的讲学给中国歌坛带来了颠覆性的面貌，彻底改变了过去传统的歌唱理念和方法。温可铮生前多次给我讲起因斯先生的教学，从此他的歌唱状态焕然一新，达到了更高的境界。

在此次研讨会上，温可铮的夫人、91岁的钢琴家王逑深情地讲述了温可铮与老师斯义桂惺惺相惜又心心相印的故事。温可铮中学时代就展露了歌唱才华，那时他最崇拜沈湘和斯义桂这两位民国时期的大歌唱家。当年温可铮为了追随斯义桂，写下了"不当歌唱家、绝不回北平"的血书后，毅然决然地去报考斯义桂任教的南京国立音乐院。谁料，当温可铮以优异的成绩考入该校声乐系后才发现，斯义桂已在此前不久离校并前往美国深造，自己与偶像失之交臂了。但庆幸的是，温可铮又遇到了斯义桂的老师苏石林，在苏石林教授十年悉心的耳提面命下，温可铮终成为中国歌坛的翘楚。但可惜的是，在"文革"动乱期间，他遭受到了常人难以想象和忍

1979年，斯义桂、李蕙芳夫妇在上音小礼堂留影

受的迫害和折磨，几乎断送了歌唱生涯。

改革开放后，中国文艺又迎来了第二春。当劫后余生的温可铮得知斯义桂将来上音讲学的消息后，兴奋了好长一段时间。虽然这么多年来从未与斯先生谋面，但温可铮一直在聆听、研究斯先生的唱片和录音资料。如今自己当年的夙愿即将实现，能当面请教先生了。但不巧的是，斯义桂刚到上音讲学时，温可铮因演唱电影《大渡河》的主题歌而随剧组去外景地下生活，故没能在第一时间见到先生。但巧合的是，有一次斯义桂在下榻的锦江饭店里，无意中听到广播节目中有人在唱歌剧《魔笛》中的选段，觉得很不错，于是便打听演唱者，当他得知此人名叫温可铮，从此便牢牢记住了。两星期后，年近花甲的温可铮出现在斯先生的课堂上时，他的声带和演唱方法都存在很大问题。于是，斯义桂就给了他一套亲手抄写的勃拉姆斯四首严肃歌曲的谱子，上面有歌唱时所有的表情符号、歌唱的气口和声音的处理提示等。斯义桂一字一句、手把手地悉心传授，并明确告知温可铮，此部作品练成了，他歌唱存在的问题也就基本解决了。

斯义桂与温可铮一见如故，又相见恨晚。斯义桂在上音讲学期间，有一天过65岁生日，他专门请温可铮夫妇来自己下榻的饭店一起欢度。这一举动对于温可铮来说无疑是莫大的荣幸。那天晚上，温可铮夫妇带来了专门请"老大昌"食品店定制的生日蛋糕和鲜花来为斯先生庆生。席间，这

1979年，斯义桂在专家班上给男高音刘捷上课

对既是同门师兄弟又是歌坛师生的巨匠，谈论最多的还是声乐艺术。餐毕，斯义桂破例在自己下榻处又为温可铮上了一课。临别时斯义桂又真诚地对温可铮说，你老弟歌唱上有问题，可随时到我这里来解决。

1993年冬，温可铮夫妇在旅美求学期间，应邀从纽约驱车数百公里去斯义桂在康涅狄格州的寓所拜望学习。那天的相见从上午十点一直持续到深夜。两位歌坛大家无拘无束、敞开心扉地畅谈歌唱体会和声乐见解。其间，两人唱了一曲又一曲，相互鉴赏、点评，其乐融融。斯义桂为温可铮演唱水平的惊人进步感到由衷的高兴。晚上，斯义桂亲自下厨，做了一桌丰盛的饭菜。但世上没有不散的宴席，接近深夜了，两人只能无奈告别。真是相见时难别亦难，两人分别前长时间地紧紧相拥，泪流满面。当温可铮夫妇乘坐的小车开动后，斯义桂就拿着一块大白毛巾在自己的寓所前使劲地不断挥舞，直至汽车消失得无影无踪。谁料这一别竟是两人的永诀。半年后斯义桂病逝，温可铮得知后痛哭流涕，伤心了很长一段时间。

在此次活动期间，我拜谒了斯义桂在奉化老宅旁的衣冠冢。其实，斯义桂真正的墓地在美国旧金山湾的奥克兰，他的墓碑由德国著名乐评家题写：世界伟大的歌唱家斯义桂。同时我又参观了斯义桂的故居，聆听他的家人讲述他的经历。我还有幸采访到了一群喜欢收藏、研究斯义桂唱片、资料和生平的家乡人。在与他们的交流中,我感受到了他们发自内心对这位歌唱家的热爱。

本次活动还举办了一场纪念音乐会。和我同行的著名男高音歌唱家刘捷压轴,他演唱的还是那首老师斯义桂唱遍五大洲的《教我如何不想他》。

当年,斯义桂出国前灌制的《教我如何不想他》的唱片是带有明显的江浙口音和宁波腔的。但到了美国,他有幸追随世界最负盛名的意大利声乐教父兰佩尔蒂的嫡传弟子埃迪斯·沃克学习,是这位美国老人重塑了斯义桂歌唱的躯体和框架。而美国大都会歌剧中心的首席男低音歌唱家亚历山大·基普尼斯则又给了斯义桂歌唱灵魂。斯义桂一生演过《伊戈尔王子》《阿依达》等多部西洋经典歌剧,尤其是在旧金山与苔芭尔蒂、莫那科等国际巨星同台合演歌剧后,奠定了他的歌坛地位。同时,斯义桂也演唱了大量的古典歌剧咏叹调和艺术歌曲,其中他演唱的勃拉姆斯四首严肃歌曲荣获巴黎唱片协会大奖。斯义桂一直不忘演唱中国歌曲,他演唱的由齐尔品编配的中国民歌系列,还获得《留声机》杂志颁发的爱迪生唱片大奖,由此他也跻身于世界一流歌唱家的行列。在以后世界各国发行的斯义桂唱片专辑中,他的演唱已日臻炉火纯青,达到了歌人合一的境界,已完全没有了那种乡音的痕迹。他能娴熟地运用中、意、德、法、俄和英语,演唱不同时期、不同风格和不同样式的数百首经典歌曲。

此次活动,刘捷捐赠给宁波大学一盘弥足珍贵、尚未出版过的斯义桂生前最后一场音乐会的现场录音。其中有沃尔夫的十首作品、拉赫玛尼诺夫的十首作品(包括《春潮》)以及舒伯特的《致音乐》等。

刘捷是斯义桂来上音讲学时,亲自选中的八位学生中最有成就的一位。他向斯义桂学习时,基本是张白纸,过去只跟随周小燕学习过半年的中国作品。斯义桂教刘捷是先从元音U开始入手的,想以此帮助他打通声音的"管道"。斯先生感

斯义桂获得巴黎唱片协会唱片大奖的唱片

觉刘捷的声线和其他的各种歌唱条件，都与德国最伟大的男高音歌唱家翁德里希非常相近。当年，因为翁德里希英年意外身亡，致使原定的演出眼看夭折，最终是斯义桂从美国飞往德国去救了场。因为这次救场，斯义桂就此在世界歌坛站稳了脚跟，就这样斯义桂与翁德里希有了一种特殊的情结，对他演唱的作品从此钟爱有加。斯义桂要刘捷以翁德里希为楷模，由此刘捷也找到了自己学习的方向。斯义桂教授刘捷学习的曲目，也是以翁德里希曾经的代表歌剧作品如《唐璜》《魔笛》《阿黛莱苔》中的选段开始的，这也是刘捷第一次接触到的外国作品。在斯先生的教诲下，极有悟性的刘捷找到了一条属于自己的歌唱道路。

半年后当斯义桂离开上音时，刘捷已是八名正式学员中最出色的那个。此后，他在全国高校声乐大赛、巴西里约热内卢国际声乐比赛和第一届央视青歌赛上，斩金夺银，成为当时中国最年轻的、屈指可数的男高音歌唱家。

很多年后，刘捷也去美国留学了。他在学习工作之余，还常去退休后颐养天年的斯先生家中探望、学习。2018年，一直怀揣着对斯先生感激之情的刘捷自掏腰包，组织了当年斯义桂来上音讲学时的一些同学，在上海音乐厅举办了一场纪念音乐会，反响不俗。斯义桂是一位伟大的爱国者，他胸襟坦荡、光明磊落，心中唯有声乐艺术，完全没有那种文人相轻的习气和门户之见。他虽长期身在海外，但一直心系祖国，关注着中国歌坛的发展。当年贺绿汀院长聘请斯义桂为上海音乐学院的名誉教授，但斯义桂一直想回到祖国、回到母校上音执教，为祖国培养更多的歌唱人才。因此，他多次在各种场合表达了"叶落归根"的愿望。但无奈，由于有些人出于一己私利，设置了许多障碍，致使斯先生回国无望，这是他终身的遗憾，更是上海音乐学院乃至中国歌坛的损失。

周小燕：中国之莺在枝头鸣唱

周小燕是我国歌坛著名的声乐教育家和花腔女高音歌唱家，社会影响广泛。她长期担任上海音乐学院副院长兼声乐系主任，桃李满园，先后培养了鞠秀芳、张利娟、刘若娥、王伟芳、罗魏、刘捷、张建一、高曼华、雷岩和廖昌永等多代歌唱家。其中很多学生在多次国际声乐大赛中摘金夺银，为国争光。

周小燕在上海国立音专学习时，曾师从苏石林教授。旅法留学时又在多位欧洲歌坛名宿的门下继续深造。作为一代花腔女高音歌唱家，周小燕的嗓音像水晶般纯净，又像钻石般有光彩。她花腔演唱的技巧高超娴熟，而且演唱时的咬字吐词清晰工整，表达作品成竹在胸、举重若轻。其代表作有脍炙人口的抗日救亡歌曲《长城谣》，有鲜明新疆民族风的《玛依拉》《燕子》和法国歌曲《夜莺》。当年，周小燕在法国留学时，用花腔演唱的歌曲《夜莺》倾倒过无数的当地听众，更轰动了欧洲歌坛，从而赢得了"中国之莺"的美誉。1959年，为庆祝新中国成立十周年，上海拍摄了一部反映新中国文艺事业蓬勃兴旺发展的纪录影片《节日歌舞》。影片中，周小燕还是演唱她的那首保留曲目《夜莺》。随着影片的播映，她隽永甜美的歌声传遍了祖国各地，由此她也被国人所熟知。

我与周小燕先生因缘际会，相识相交长达三十多年。当年，我和胞弟李建国一同策划组织过许多重大音乐活动。每次活动前我一定会去拜访周先生，请她推荐演员和对演出提出一些建议。周先生没有任何架子，她待人接物和蔼可亲，而且非常得体。圈内一直有一种声音，质疑她的歌唱和执教能力。我想，她有一大批在国内外声乐大赛上屡屡获奖的学生，就已足够说明问题了。在与这位声乐大师的交往中,我深感她是一位把自己一生交给中国歌唱事业的奉献者。

初显歌唱才华

1917年8月28日,周小燕出生在武汉的一户名门望族,父亲周苍柏是一位爱国的银行家。他见刚出生的女婴非常可爱,其啼声清纯亮丽,便与妻子董燕梁一同给孩子取名叫"小燕"。

因为家庭富裕,周小燕的童年是在无忧无虑中度过的。作为家中的长女,她常带着弟弟妹妹们一同玩游戏、演话剧和唱京戏等。童年的她俨然已是孩子王。有趣的是,那时她常带弟妹玩男孩子们爱玩的游戏,唱戏也总是要演主角。也许后来周小燕那种好强、不服输,又敢闯敢干的性格就是从那时开始养成的。

周小燕全家在自家庄园合影

1935年，18岁的周小燕怀揣着对音乐艺术的无比憧憬，考入了上海国立音专。先跟随白俄钢琴家波利比科娃学习一年钢琴后，以声乐为主课的学生周小燕又拜在声乐大师苏石林门下学习歌唱，由此也开启了她声乐艺术事业的大门。很多年后，周小燕依然清晰地记得，进校后第一次听到苏石林在琴房教学生练唱时，传出的那美妙歌声给自己带来的震撼。

在上海音专求学期间，周小燕除了潜心向苏石林学习外，又在校外找到白俄声乐家格力诺娃当老师，从她那里开始大量接触西洋的艺术歌曲和歌剧选段。青年时代的见多识广、博学多思，都为她日后能成为一代声乐大师奠定了基础。

1937年，震惊中外的卢沟桥事变爆发了，中国至此开始了全面的抗日战争。不久，上海发生了惨烈的"八一三"淞沪抗战。城区遭受战火，除了租界都成了一片废墟。无奈，周小燕中断了在上海音专的学业回到了家乡武汉。那时的武汉城已成了一片抗日救亡歌曲的海洋，无论广场学校，还是工矿军营到处都是慷慨激昂的歌声。周小燕义无反顾地投身其中，参加了夏之秋领导的武汉合唱团并担任领唱。周小燕演唱的第一首抗日救亡歌曲是《歌八百壮士》。歌曲给武汉人民带来巨大的鼓舞，歌中唱到的"中国不会亡"，成了当时中国人民一句响亮的口号。

作为武汉合唱团主角的周小燕一直跟随团里到处演唱救亡歌曲，像《旗正飘飘》《大刀进行曲》《牺牲已到最后关头》《毕业歌》和《在太行山上》等激动人心的歌曲，受到人民群众的热烈欢迎。周小燕全身心地投入其中。当年有不少作曲家，都在第一时间把自己的新作交由周小燕首唱。譬如像夏之秋的《最后的胜利一定属于我们的》，而刘雪庵的《长城谣》后来则成了她的代表作。《长城谣》是刘雪庵为上海艺华影业公司拍摄的一部抗战影片《关山万里》谱写的一首主题歌。作品主题鲜明，旋律隽永优美，朗朗上口。周小燕的演唱，为作品增色不少。由于上海战乱，影片拍摄过半后无奈夭折。虽然影片最终没有拍成上映，但周小燕在影片开拍前录唱的这首《长城谣》却不胫而走，很快传遍了大江南北、长城内外，成了当年妇孺皆唱的一首流行歌曲。在万氏兄弟拍摄制作的卡通影片《抗战歌辑》中收录了此作。在电影《热血忠魂》中，多次出现了周小燕演唱《长城谣》的镜头。在周小燕旅法途经新加坡时，她应当地唱片公司的约请，灌制了

《长城谣》的唱片。发行后,在海外华侨中引起了强烈的反响,他们纷纷捐钱捐物支援抗战。周小燕的歌声也为抗战立了功。

1938年,夏之秋领导的武汉合唱团准备去美国募捐演出,请主唱周小燕也一同前往,但遭到父亲周苍柏的坚决反对。理由是女儿还在学习中,歌唱表演还比较稚嫩,并未达到能在世界舞台展现的地步。

周苍柏不仅是一位爱国的实业家、银行家,更是一个同情劳苦大众、倾向并拥护共产党的民主进步人士。他在血雨腥风的白色恐怖下,不顾个人安危一直在暗中长期资助中国共产党的革命运动。周小燕和她的弟妹也同样一直深受父亲的影响,对共产党有深厚的感情。周苍柏对女儿说:你在艺术上还是个未真正入门的小姑娘,现在需要好好的学习,有了真才实学才能成为真正的艺术家。他恳切地希望女儿出国留学,他认为:现在的中国在进行抗战,但战争总会结束。那时中国需要建设,就要有大批的人才为国家做点事。听了父亲的一番肺腑之言,周小燕茅塞顿开。她听从父亲的安排,带着大弟周天佑一同出国深造。

因为周小燕学习的是西洋歌唱,而西洋美声唱法的源头在意大利,所以周苍柏要送儿女去意大利。正当一切出国手续办妥,只等出发时,国际局势风云突变,意大利悍然侵略埃塞俄比亚。得知此消息的周苍柏认为:儿女决不能到法西斯国家去留学,而古典音乐发源地德国,此时也成了法西斯国家。周苍柏考虑再三后选择了法国,因为巴黎是欧洲乃至世界艺术的中心,他决定让姐弟俩改道去巴黎。就这样,周小燕怀揣着对歌唱的无限向往,和弟弟从上海乘轮船经香港、新加坡,历时一个多月才到达巴黎。

辗转巴黎深造

初来乍到人生地疏,语言又不通,姐弟俩对生活也很不适应,一时有些迷茫。正巧此时中国驻法大使馆要宴请法国总统,整个活动主要介绍中国文化。因此顾维钧大使邀请中国留法留欧的一些有成就的学生代表参加,其中有钱学森和蒋英夫妇。此时的蒋英正在德国学习声乐,那天的宴会上她演唱了几首经典的歌剧咏叹调。刚来巴黎的周小燕也有幸受邀参加,她演唱了《红豆词》和《长城谣》等几首中国的艺术歌曲,得到了与会者的好评。在此次活动中，周小燕最重要的收获是结识了俄籍作曲家齐尔品和他的中国夫人、钢琴家李献敏。齐尔品是位热爱中国的世界级音乐家，他把许多中国民歌改编成艺术歌曲。还专门出资与萧友梅一同在上海音专举办过一次中国风味钢琴小品大赛，此举对中国以后的音乐创作影响很大。

齐尔品非常看好周小燕，他带着周小燕姐弟一同去报考巴黎高等音乐师范学院。在考试前，齐尔品抽出大量时间，专门为周小燕挑选了几首应试作品进行悉心辅导。最终周小燕以一曲歌剧《蝴蝶夫人》中的咏叹调《晴朗的一天》顺利过关。进入音乐学院后，周小燕遇到了心仪的老师：布朗热教授。布朗热对她的整个音乐教学极为严格，那时她除了学习，很少有空余时间外出游玩。但布朗热经常要去欧美各国讲学，因而不能正常教学。对于歌唱还未真正入门的周小燕来说，这样的学习环境并

留法时的周小燕

不太理想。那时她的主课老师吉尔斯夫人发现了她演唱时喉音太重的缺点，其根本的原因就是她在国内演唱了太多激越的抗战歌曲，没有注意嗓音的保护，而落下了声带充血乃至小结的病根。因此，她在演唱高音时非常困难，常常会唱破，但吉尔斯并没有能力去帮助周小燕解决存在的关键难题，对此，周小燕心急如焚。

齐尔品在了解到周小燕的这种处境后，旋即又帮她转学去位于巴黎的俄罗斯音乐学院，请那里的意大利声乐大师贝纳尔迪帮她改变演唱方法。贝纳迪尔在听了周小燕的演唱并检查了她的喉部后认为周小燕需要完全禁声，不能放声歌唱，每天还是要练习，但只能在心里默唱，声音的位置和气息还是要保持歌唱状态。同时诚恳地告诫周小燕：歌唱艺术是门科学，它最大的奥秘就是怎样运用好呼吸，最好的歌唱状态就是用科学的方法、最合理地运用呼吸来带动声带自然闭合。无疑，呼吸是歌唱的根本。当然，歌唱艺术还包括声音位置、咬字吐词的处理等许多技巧，但那是要在运用好呼吸的基础上才能学好的。因此，歌唱是一门看不见又摸不着的艺术，

需要歌者用一辈子全身心的投入去探索。为了保护好嗓子,她暂时不须来校上课了,待休息养嗓半年后再说。不到学校上课的周小燕如释重负,她趁这段空闲的时间游览了巴黎和法国的一些名胜古迹。在这半年间,周小燕的歌唱虽看似未见起色,但她讲话的声音状态已恢复如初。而此时战争却爆发了。在马奇诺防线崩溃后,法国不战而降,巴黎已成了德国的天下。周小燕姐弟想离开此地回中国去,因而前往法国和西班牙的边境,想从那里转道西班牙回国,不料被德军扣住。幸好,她俩的护照和身份证件上写明了他们在巴黎的居住地,因此被立刻遣返。

周小燕甫回巴黎,惊魂未定就风尘仆仆地赶去看望老师贝纳尔迪。在了解了周小燕的这段经历后,他又用喉镜检查了周小燕的声带。令人惊喜的是,经过半年的调养,声带上的毛病消失了。于是,他又开始循序渐进地让周小燕练声,先从中声区开始练习音阶和琶音。此时周小燕的声音已一改过去那些疲态和无力的现象,歌声因此明亮又结实起来,高音也能自如地唱出,还能站稳脚跟。贝纳尔迪欣喜不已。周小燕嗓音的毛病被治愈后,他开始教周小燕演唱花腔女高音必修的曲目。经过不断的打磨,周小燕的歌声像天鹅绒般的漂亮又有弹性,令人刮目。同时贝纳尔迪还在教学中,为周小燕积累了许多将来登上舞台所要展现的经典曲目。

贝纳尔迪的出现,使周小燕的歌唱艺术产生了转折,更使她的艺术生涯有了一次质的飞跃。周小燕并不满足于从贝纳尔迪那里学到的意大利美声唱法的精髓,她还要追求更高层次的艺术境界。而法国的声乐学派,讲究的就是歌唱的诗意和内涵。为了学到法国学派的真谛,在齐尔品的介绍下,周小燕又拜师法国歌唱家佩鲁嘉。法国歌曲大多是作曲家根据精美的诗词谱曲的,其意境深邃含蓄,旋律又非常优美。佩鲁嘉每次在教周小燕学唱前,首先要她高声朗诵作品中的这些歌词,体会其意境和韵味,待到朗朗上口又感情投入时,才和乐演唱。在老师的不断用心指点下,周小燕对乐句的处理,包括音乐色彩的对比、力度强弱的调配,直至整首作品的把控,都做到了游刃有余、成竹在胸。她所诠释的法国艺术歌曲,完全出自一位东方女性的理解和视角,有别具一格的风情韵味。周小燕演绎的德彪西、拉威尔、福莱、肖松和杜帕克的作品,让人耳目一新。

由于战争,周小燕断断续续在欧洲生活学习达九年之久。其间,也遇到过许多困难、挫折和伤心事。她的大弟弟周天佑因病没能得到及时有效的治疗而命丧他国；在留法前，周小燕的小弟弟周德佑也为中国的抗战而捐躯。痛失两位最亲的弟弟，是周小燕一生抹不去的痛楚。但她化悲痛为力量，为了心中的歌唱艺术，更不负父亲的殷殷嘱托，她向着更高更远的既定目标前行。

扬名欧洲歌坛

第二次世界大战结束后，法国人扬眉吐气，巴黎也比战前更热闹繁华了。此时的周小燕已不再是一名稚气未脱的女学生，而是以一位成熟的来自中国的歌唱家的形象，频频出现在巴黎的舞台。多年的寒窗，周小燕已积累了一大批西洋经典的艺术歌曲和歌剧选段，并能准确运用英、法、意、德和俄语等原文演唱。但每次演出中，周小燕一定会身穿中国民族服饰，以极大的爱国热情用中文演唱中国歌曲。

由于周小燕在法国舞台的演出非常成功，引起许多人的关注。旅居在巴黎的中国作家萧瑜就专门为周小燕量身定作了一部歌剧《蚌壳》。此剧是以中国古代的一个神话故事题材为蓝本创作的，并特邀熟知中国音乐的齐尔品为该剧谱曲。齐尔品对这个描写蚌壳仙女与青年农夫的爱情故事非常感兴趣，因此音乐谱曲很快完成了。

1945年10月，《蚌壳》以清唱剧的形式在巴黎的国家大剧院首演。这部二幕歌剧只有两个角色，周小燕主演蚌壳精，青年农夫则请了一位法国男高音歌唱家出演。因为这是一部中国神话题材的中国歌剧，并由中国人主演，消息一经传开后，当地爱乐者纷纷踊跃购票观摩，到

周小燕在留法时的音乐会上

了上演那天更是一票难求。不负众望的周小燕身穿定制的蚌壳精服饰，非常从容完美又淋漓尽致地塑造了这个角色，得到全场观众的热烈掌声和当地媒体的高度评价。

此剧的成功，使周小燕在法国的声名鹊起，她的演出邀约更多了。不久，英国伦敦的"援华会"要筹募捐款，慕名邀请齐尔品夫妇和周小燕去伦敦举办音乐会，并明确给音乐会定位为中国作品专场。为此，齐尔品根据周小燕的演唱特点，专门又为她赶写了两首中国歌曲：一首是根据云南民歌《过年》改编的《桃花店·杏花村》，另一首是根据孟浩然的诗歌创作的同名歌曲《春晓》。这两首作品能充分体现周小燕的花腔演唱技巧。

1946年3月，齐尔品夫妇和周小燕抵达伦敦。三天后，在伦敦的白宫剧场举办了首场中国作品音乐会。周小燕和李献敏都身穿中国民族服饰亮相舞台。李献敏弹奏了四首她丈夫根据中国民间音乐改编的钢琴曲，而周小燕除了演唱自己的代表作《长城谣》和《红豆词》外，还唱了齐尔品的新作《春晓》和《桃花店·杏花村》。此外，她还演唱了黄自的《玫瑰三愿》、贺绿汀的《神女》、江文也的《恋歌》和中国民歌《农民的命运》等。周小燕的演唱赢得了英国听众和当地华侨的热烈欢迎，英国广播公司也为整台音乐会录音，并向全球播放。

此次伦敦演出的成功，使周小燕对自己的演唱更加自信了。她决定要举办一场独唱音乐会，来检阅自己这些年学习声乐的成果。正在筹备音乐会之时，联合国三个月后将在卢森堡举办一次重要会议，专门请周小燕去那里演出。周小燕当然是求之不得，她决定自己的首场独唱会就在卢森堡举行。经过近三个月的精心策划筹备，她挑选了一批既适合自己的歌唱声线又能深得听众喜爱的歌曲，准备在音乐会上演唱。

1946年7月底，周小燕首场个人独唱会在卢森堡的卡西诺剧场举行，参加此次联合国会议的代表全部出席聆听。在音乐会上，周小燕演唱了几乎所有欧洲著名作曲家的花腔歌曲代表作，同时也演唱了几位中国作曲家为她量身定制的多首力作。

两个多月后，周小燕又应邀首次去德国柏林演出，并在当地的复兴剧场举办了两场个人独唱音乐会，演唱了一套德奥歌曲。一位来自中国的年轻姑娘，能随心所欲地准确诠释德奥作品，令人感到惊讶。她的语言运用自如，歌曲意境的把控严谨。尤其对于舒伯特作品的理解非常到位，观众如痴如醉。翌日，当地的报纸连续不断地报道了周小燕的演出盛况，赞誉她为"中国的黄莺唱出了舒伯特的歌声"。此后，欧洲歌坛就称周小燕为"中国之莺"，一时她竟成了欧洲乐坛的焦点人物。

  当年的12月9日，巴黎举办"中国之夜"音乐会。除了当时的中国驻法大使，还有赵元任、竺可桢、钱三强、汪德昭和旅法女画家潘玉良等中国名流出席。周小燕和李献敏在上下半场各表演了一组节目。周小燕在上半场演唱了中国歌曲《采莲谣》《红豆词》《教我如何不想她》《花非花》《美酒美人》等，下半场则用外语原文演唱了德国、法国和意大利的艺术歌曲和歌剧咏叹调。

  在第二次世界大战胜利后到周小燕回国前的这两年多里，周小燕在欧洲的许多著名剧场演出。她用歌声为中国争得荣誉的同时，还一直有意识地探索美声唱法与中国语言、中国旋律、中国风格及中国传统歌唱美学的有机结合，从而闯出了一条有鲜明中国特色的歌唱新路。在以后漫长的音乐生涯中，周小燕不仅自己坚持走这样的道路，还教育鼓励学生们也要如此。

  因齐尔品的力荐，周小燕在回国的前夕，有幸参加了于1947年5月在捷克斯洛伐克举办的首届"布拉格之春"音乐节。这次活动是国际音乐家们的一次盛大聚会和节日。全世界一流的音乐家：英国的小提琴家梅纽因、美国的钢琴家伯恩斯坦、苏联的作曲家肖斯塔科维奇、小提琴家奥伊斯特拉赫等，都代表各自的国家在那里举办音乐会。那时的布拉格可谓群星璀璨，而周小燕和李献敏是中国音乐家的代表，能躬逢其盛，颇感荣耀。周小燕和李献敏合作的这台中国作品音乐会，也是此次音乐节的正式节目。在这场举世瞩目的音乐会上，在捷克钢琴家阿尔弗莱德·荷莱克的伴奏下，周小燕用中文分三组演唱了她平日积累保留的十多首中国曲目，观众好评如潮。在参加此次音乐节期间，周小燕还结识了许多自己心仪的大音乐家，像肖斯塔科维奇、科普兰、库勃里克、伯恩斯坦、斯特拉文斯基和福利尔等。由此，她的音乐视野、格局和境界，又提升到了新的高度。布拉格的演出，是周小燕在欧洲歌唱生涯的巅峰。

学 成 归 来

  1947年10月27日，周小燕几经周折、一路颠簸，乘飞机经香港抵达上海，也回到了她阔别九年的祖国。不久，经当年上海国立音专时的同窗洪达琦的介绍，时任上海音专校长的戴粹伦聘请周小燕回母校执教，月薪400大洋。在音专任教期间，周小燕除了潜心教学外，还在积极筹备自己回国后的首场独唱会。

  经过半年的筹划，1948年5月21日，周小燕归国汇报独唱音乐会在上海兰心大戏院拉开帷幕。仪态万方的周小燕在犹太钢琴家斯坦尼的伴奏下，一连演唱了近二十首中外作品，其中大部分是她经常在音乐会上演唱的代表作。此次她首唱了当时还在上海音专求学的进步学生桑桐创作的歌曲《林花谢了春红》，唱到那首由阿拉比耶夫作曲的法国艺术歌曲《夜莺》时全场轰动，一浪高过一浪的掌声和欢呼声震耳欲聋。音乐会非常成功，以至于香港女高音歌唱家费明仪在很多年后仍清晰地记得这场音乐会。她也是因为听了这场音乐会，受了周小燕的影响，从钢琴专业改成了声乐专业。

  在此次音乐会的听众中，有许多人是从外地赶来的。著名声乐教授王品素就是专程从南京来聆听的。她后来回忆说：周小燕的歌声是那么的动听迷人，她是用整个心灵在歌唱。在音乐会的听众中，还有一位超级声乐爱好者李家尧。他因为听了这场独唱音乐会，千方百计地要拜周小燕为师。功夫不负有心人，多年后在周小燕的呵护栽培下，李家尧从一个歌唱白丁终成长为中央歌剧舞剧院的一名专业歌唱演员。

  全国解放后，人民政府没有忘却周苍柏一家对革命的贡献。1949年6月，全国第一届文化艺术工作者代表大会举行，周恩来亲自点名邀请周小燕参加。为期一个多月的会议，周小燕和其他八百多名代表一样，聆听了毛主席和周总理的重要讲话，感触很深。周小燕和这些来自全国五湖四海的文艺工作者，都衷心表示了要全心全意地为新中国的文艺事业服务终身的愿望。

  在会议期间，周小燕第一次观摩了来自延安老区的原创歌剧《白毛女》

和《刘胡兰》，激动不已，深感文艺对社会和人民所产生的力量。周小燕喜欢听郭兰英那种既有戏曲色彩、又有浓郁民族风格的演唱。她想改变自己原本固有的演唱风格，以期适应人民群众的需求。于是她向郭兰英学唱了一首民歌《西北人民歌唱毛主席》，并把这首作品作为自己一首新的保留曲目。

在文代会快结束前的一次晚会上，出席晚会的周总理见到周小燕就说：你是从法国回来的，就给大家唱首《马赛曲》吧。岂料，周小燕原本想在晚会上演唱自己拿手的德彪西、拉威尔和福雷的歌曲，她虽然也熟悉《马赛曲》的旋律，但背不出全部的歌词，因此不能完整演唱这首歌曲。被周总理将了一军的周小燕，此刻满脸通红，无言以答。周总理见她尴尬便明白了一切，于是顺水推舟地给她解围说：我来带头，大家一起唱《马赛曲》。

这件事对周小燕触动很大。在以后的岁月里，周小燕经常能见到周总理并聆听他的教诲。周总理一直希望她能深入人民群众当中，用自己的歌声来为他们服务。尤其是作为一名教师，希望周小燕能培养出更多的"周小燕"。对于周总理的教导，周小燕一直铭记于心，把它当做自己的座右铭，并一直身体力行。

在第一届全国文代会上，中国文艺界的所有知名人物几乎悉数参加。那时还年轻的周小燕像个追星族，总拿着一本笔记本请这些文化名流题字签名。田汉给她的题词是：唱出人民的声音。茅盾写下了：为人民服务者，拜人民为师。巴金题词为：小燕先生，我们都高兴听您唱歌。而女作家丁玲则题写：人民歌唱家，最光荣的称号。为人民歌唱、歌唱人民吧！在北京的文代会上，还有许多文化名流为周小燕题词。这本弥足珍贵的笔记本，周小燕珍藏了一辈子。另外她还一直珍藏着一张与周总理夫妇一起合影的照片，在照片的背后，周总理亲笔题写：为建设人民音乐而努力。这些振聋发聩的话语，似乎已成了周小燕音乐生涯中的一盏明灯，照亮她前进的方向。

投身新中国的音乐

文代会结束后从北京回到上海的周小燕，很快就受到了任命。此时原上海国立音专已改名为中央音乐学院华东分院（上海音乐学院前身），从解放区赶来的贺绿汀接管学校并担任院长，小提琴艺术家谭抒真和革命音乐家向隅被任命为副院长。贺绿汀任命周小燕为声乐系主任，并为她配备了洪达琦和劳景贤两位副主任。

贺绿汀主持下的音乐学院，校风大变。他亲自教学生们演唱《信天游》之类的民歌，还自己拉着二胡伴奏。一时间，学校师生学唱民歌蔚然成风。贺绿汀又提出：音乐院校师生要走出象牙塔，到工农兵中去。周小燕积极响应，带领声乐系的师生到邮电、纺织、铁路和交通运输等行业工会演出。每次演出，她总是压轴，唱了一首又一首，欲罢不能，直唱得酣畅淋漓，工人师傅满足为止。

为了能使高雅音乐更好地为人民大众服务，上海成立了音乐工作团，贺绿汀兼任总团长，音乐工作团下设合唱、交响乐、民乐、管乐和舞蹈等五个分团。那个年代的音乐人才比较匮乏，贺绿汀就向周小燕建议：利用学校的师资力量来建立一个合唱分团（这是上海合唱团的雏形），并聘请周小燕任分团长。受命后的周小燕挑选了一批中青年教师和学生组团，其中有后来成为著名音乐家的王品素、黄源尹、周碧珍、张利娟、林明平、陈铭志以及周小燕的两位还在音乐学院学习的妹妹：周澂佑和周彬佑。

音乐工作团合唱分团的团址，就在东湖路上东湖电影院对面的一幢花园洋房。带着一种新时代的使命感，为配合当时的国家政策，合唱分团排演了一批应景的音乐小节目。1951年初，周小燕带领合唱分团去山东老区慰问演出。虽然此次下生活也只是蜻蜓点水而已，但周小燕第一次亲眼看到了中国农村的落后和农民生活的困苦。她觉得自己的生活太优越了，从而有一种负疚感。她深感自己应该多改造，对养活自己的劳动人民要多做些奉献。从此，所有的社会活动她总是抢先在前。在保卫世界和平的大游行中，她扛着大旗走在队伍的最前列。在为抗美援朝的志愿军捐飞机、捐大炮的活动中，周小燕积极带头，还利用暑假期间，自费去安徽的佛子岭水库义务劳动，并为广大的治淮大军放声歌唱。周小燕的这些举动，受到了政府和人民的称赞，因此她被授予"劳动模范"的光荣称号。

双 喜 临 门

正当周小燕忙于学校的教学和音工团的演出时,她又被周总理点名参加新中国组织的第一个文化代表团,出访印度和缅甸。这是一个规格很高的代表团,团长是丁西林,李一氓任副团长,团员除了周小燕,还有冯友兰、郑振铎、刘白羽、钱伟长、吴作人、季羡林和张骏祥。所有的成员在北京经过一段时间的集中学习后,于1951年9月20日离京去广州,然后坐船取道香港、新加坡,历时一月有余才抵达印度。在此次出访中,周小燕收获了爱情。在此次同行的成员中,只有张骏祥(此时他已与电影演员白杨离婚)和周小燕是单身。因为张骏祥是美国耶鲁大学毕业的电影艺术家,与周小燕的留欧经历相近。虽然两人所从事的艺术工作门类不同,但却有许多共同的语言。自相识和半年多的接触,张骏祥一直在追求周小燕。但起初周小燕并没感觉到,她也从未向恋爱方面去考虑过。但时间长了便有了好感,周小燕觉得,张骏祥外表看似有些木讷,其实却是个思维敏捷、才情过人的学问家。有了好感后,两人走得更近了。

瓜熟蒂落,水到渠成。印度缅甸之行所播下的爱情种子,在来年的春天破土发芽了。1952年5月,周小燕与张骏祥在上海结婚。婚前,张骏祥身穿中山装和身着列宁装的周小燕拍下了一张结婚照,以后一直悬挂在她家客厅里。周小燕的证婚人是贺绿汀,而夏衍则是张骏祥的证婚人。婚礼很简单,张骏祥花了30元,在周小燕舅舅家摆了一桌喜宴。婚礼只有十人参加,除了证婚人夏衍和贺绿汀,其余都是周小

周小燕与丈夫张骏祥

燕在上海的亲戚。遗憾的是，周小燕的父母当时都在武汉忙于工作而未能出席婚礼。曾一同出访印度的画家吴作人为庆贺张骏祥和周小燕新婚，专门从北京送来一幅新创的国画：《双象图》。作品画有一公一母的两头大象，出于印度之旅白象为媒而赋予画家的灵感。

因为没有婚房，婚后周小燕只能暂住在张骏祥的宿舍里。直到上海电影局的领导陈白尘被调往北京工作后，张骏祥夫妇才搬到陈白尘居住在复兴西路的小洋楼里。这幢三层楼的洋房里，三楼住着金焰和秦怡一家，张骏祥、周小燕住二楼，底楼还住着上影演员剧团的其他演员。其实，这幢楼的真正主人是孙科。当年他把这幢洋楼送给了自己的情人蓝妮。改革开放后，按照国家的统战政策，小楼又归还给了蓝妮。1996年张骏祥过世后，周小燕也就搬到了离上海音乐学院更近的复兴中路上的一幢高楼里安度晚年。

20世纪八九十年代，我经常去复兴西路44弄里的那幢小洋楼拜访周小燕，听她讲述自己的人生故事和艺术过往。那时我在上海主流媒体和全国一些有影响的报刊发表过许多有关周小燕的文章。有一次我在采访周小燕时，突然，厨房传来张骏祥老人亲昵的声音：小燕、小燕，快来喝药。由于谈兴正浓，周小燕并未去厨房喝药。此时只见张骏祥端着一碗亲自煎熬好的中药送来给周小燕喝，当时两人卿卿我我的场景，我至今难忘。在婚后的几十年间，张骏祥和周小燕这对艺坛伉俪一直相濡以沫、相敬如宾。他俩婚后育有一女张文、一子张本，孩子从小也学习过音乐，但最终都没有从事艺术工作，如今都在美国工作生活。

在成功出访印度、缅甸之后，周小燕的外事活动更频繁了。1954年，她又随中国文化代表团出访苏联和波兰。在莫斯科大剧院的演出中，有着"中国夜莺"美称的周小燕一反常态，并未演唱她过去保留的那些欧洲经典歌曲，而是演唱了新学的中国歌剧《白毛女》选段和《在那遥远的地方》《牧羊姑娘》等中国民歌，受到观众的极大赞誉。

1956年2月8日，是周小燕终生难忘的日子。这天她加入了梦寐以求的中国共产党，从此她以更高的标准来要求自己。翌年春夏之交，文化部又组团去香港、澳门慰问中国同胞。为了此次演出，周小燕精心准备了一大批中国民歌。其中有：山西民歌《绣荷包》，哈萨克民歌《玛依拉》《我的花儿》，还有一首新疆民歌《百灵鸟·你这美妙的歌手》，周小燕空灵飘逸又隽永甜美的歌声，倾倒了无数的港澳同胞。她所演唱的那些旋律优美又朗朗上口的中国民歌，港澳同胞争相学唱。有关的歌曲集和唱片，一时竟脱销了。在以后的岁月里，周小燕又代表中国出访了五大洲的许多国家。她的歌声为中国争得了荣誉，同时也增进了中国人民与世界各国人民的友谊。从某种意义上来说，周小燕不仅是大名鼎鼎的歌唱家和声乐教育家，更是一位出色称职的社会活动家。

探索声乐教学

1952年底，上海音工团解散了，下属的五个分团分别成为：上海交响乐团、上海民族乐团、上海歌舞团、上海管乐团，原音工合唱分团的大部分演员进入了上海合唱团，周小燕和王品素、陈铭志、于会泳等仍回到学校任教。翌年初春，周小燕带队去湖北招生。她慧眼识珠招来了几位很有潜力的学生，其中就有施鸿鄂。几年后，施鸿鄂被公派到保加利亚留学，师从世界著名声乐家勃伦巴诺夫，最终成为名扬歌坛的男高音歌唱家。周小燕一直对他非常关爱并情有独钟。1984年底，我和胞弟李建国一同策划组织了轰动中国歌坛的著名歌唱家音乐会，请来了北京一批中国最顶尖的歌唱家以及上海的温可铮和罗巍联袂出演。周小燕得知这一情况后，便对我说：音乐会应该要请施鸿鄂参加，因为他也是中国歌坛的一位代表人物。

周小燕在"文革"前的教学生涯中，最成功的学生当属鞠秀芳。我与鞠秀芳相熟，至今还经常去看望她，常听她讲述自己的音乐生涯。1950年，年仅16岁的苏州姑娘鞠秀芳凭着自己得天独厚的嗓音条件和超凡脱俗的音乐感觉，考入了百里挑一的中央音乐学院华东分院（今上海音乐学院）声乐系。进校后，她被安排在中国歌坛的教父苏石林门下学习，由此也打下了坚实的歌唱功底。一年后，她又被安排到周小燕班上继续深造，周小燕一直是鞠秀芳最崇拜的歌唱家，她也是冲着周小燕而报考音乐院的，因此她学习也格外用功刻苦。

那时，贺绿汀请来了一大批民间艺人来学校执教，其中就有榆林小曲的传人丁喜才。因为这位艺人目不识丁，当时学校就指派鞠秀芳去给他当助手，帮他记谱、整理教材，还跟他学唱。就这样，鞠秀芳竟爱上了陕北民歌，而且一发不可收。

作为一位既有眼光更持远见的大师，周小燕并不拘泥于传统的条条框框和墨守成规的教学方式。她认为：既然鞠秀芳这么热爱陕北民歌，而且她的歌唱声线和嗓音条件也比较适合演唱民歌，那就不必一定要强求她演唱西洋歌曲。于是，周小燕因材施教，专门为鞠秀芳开拓了一种新型的学习方法。首创在同一教室里，她弹钢琴教科学的发声和演唱及作品的处理，而丁喜才则打着扬琴，为鞠秀芳传授陕北民歌的风格和韵味。这种两位一体的教学模式，在中国乃至世界的声乐教学中都是绝无仅有的。周小燕为鞠秀芳非常合理完美地解决了民族唱法和西洋发声的最佳融合，同时又解决了她的真假声结合与转换等许多歌唱难题。在1956年"全国音乐周"的演出中，鞠秀芳大放光芒，一鸣惊人。她的一曲《走西口》风骚独领，让人耳目一新，她那种洋嗓民唱的风格，成为当时歌坛的一个话题。不久，在莫斯科举办的第六届世界青年联欢节上，鞠秀芳演唱的陕北民歌《五哥放羊》又力压群芳，一举夺魁。鞠秀芳的成功，无疑给一直争论不休的"土嗓子"和"洋唱法"如何结合的问题，提供了一个明确的答案。

我年少时，最爱听上海歌剧院的林明珍和上海合唱团的王伟芳这两位女高音歌唱家的演唱。如今旅居在澳大利亚的林明珍，在2011年来上海参加她丈夫王羽的纪念音乐会期间，我曾采访过她。那时林明珍对我说：她在上音求学时的主课老师虽然不是周小燕，但周先生非常关爱她并很欣赏她洋为中用、雅俗共赏的独特演唱风格，经常鼓励她要多唱并唱好中国歌曲。显然，林明珍这种独树一帜的演唱风格，是深受周小燕影响的。对此，林明珍对周先生一直心存感恩。说来也巧，王伟芳和殷承基（钢琴家殷承宗的弟弟）夫妇与我姨夫的妹妹同住在长乐新村的同一栋楼内。那时我每次到亲戚家做客，常能听到王伟芳和殷承基的美妙歌声。尤其是王伟芳的演唱既典雅优美、高亢辽远，又清新脱俗，一位学习西洋美声唱法的歌唱家能唱得通俗易懂，实属不易。我想，这一定是周小燕先生对学生的长期影响所形成的。但可惜的是，20世纪80年代末，王伟芳和殷承基夫妇在事业如日中天之时，去美国学习定居了。周小燕虽然吃过洋面包、喝过洋墨水，但她的骨子里却始终非常热爱中国文化。在她的音乐生涯中，一直把周总理对她的教诲作为自己的座右铭，并一贯秉持以西洋科学的歌唱发声和方法，为表演中国歌曲所用。周小燕的这种歌唱理念，深刻地影响着她的几代学生。

在"十年动乱"中，上海音乐学院是重灾区。当时学校的六位系主任都是著名音乐教育家，其中的杨嘉仁、陈友新、沈知白、范继生和陆修棠，都先后含冤而死，天才钢琴家李翠贞也自杀身亡，只有周小燕幸免于难。"文革"后期，在毛主席的过问下，身陷囹圄的贺绿汀才得以出狱回到学校。此时，家破人亡的贺绿汀见到学校的现状感叹到：上海音乐学院的元气伤掉了……但他的内心却一直热切地期盼着祖国文艺春天的再次到来，从而再振上音和中国乐坛的雄风。

培养一流歌唱人才

1973年，上海音乐学院开始招收工农兵学员。这时，学校过去的教授和名导好多已经作古，一些幸存者有些还没完全"解放"，也已开始参与教学工作。劫后余生的周小燕也就是这样开始了工作。1974年，她遇到了一位歌唱好苗子罗魏，从而也开启了她培养一大批一流男高音歌唱家的序幕。

自1984年，罗魏从意大利留学回沪，我请他参加"著名歌唱家音乐会"后，从此与他交往甚密。周小燕去世后，罗魏已从美国回上音继续执教。此次我要撰写周小燕的传记长文，罗魏非常支持。他从繁忙的教学中抽空与我长谈，讲述他与周老师的渊源。

罗魏是上海人，从小立志要像他大哥一样当一名科学家。但不料，当他68届高中毕业时，已是"上山下乡一片红"。就这样，罗魏去了吉林省双辽县插队落户。在农村的日子里，他与农民同吃同住同劳动，得到大家的好评。那时农闲和休息时，他都要打开嗓门放声高歌。他虽从未学过歌唱，却有着一副得天独厚的好嗓子，激情澎湃的歌声在当地的农民中声名远播，农民们赞誉他唱得和"铁匣子"（收音机）里的声音一样好听。由此，他引起了所在公社和县里的重视，那时每次有重大活动，他总要上台高歌一曲。

罗魏下乡后的翌年，停考多年的高校重启招生。但那时所招的学生，主要是通过组织推荐而择优录取。由于罗魏下乡后的表现一贯出色，因此他被推荐去吉林工业大学上学，而正当他在等待学校的录取通知书时，四平歌舞团先选中了他。服从组织安排的罗魏就这样去了四平歌舞团工作。那时团里的工作主要是排演京剧样板戏，罗魏主演过《沙家浜》和《智取威虎山》，但他有时也会偶尔演唱歌曲。

1974年的春节，罗魏回上海探亲。有一次老同学聚会时大家都要求罗魏演唱歌曲。在主人家的钢琴伴奏下，他演唱了几首《战地新歌》上登载的抒情歌曲，得到同学的热烈欢迎。谁料这天他遇上了一位贵人，聚会主人的哥哥是上海音乐学院的青年教师钱苑。他在听了罗魏的歌唱后，觉得非常惊异。这歌声犹如天籁般的飘逸，高音又如金子般的明亮、富有穿透力。旋即他就了解了罗魏的现状，并表示：你的嗓音条件和乐感都非常好，但还需要更规范科学的训练。过了年，我们学校就要到东北去招生了。你是否想来报考？能到上海音乐学院这个"音乐家的摇篮"学习，是罗魏从前不敢想象的。就这样，钱苑带着罗魏一同去温可铮家，请他来把脉。温可铮在听了罗魏的演唱后，也顿觉眼前一亮。他当场就对罗魏说：上音需要你这样的学生，一个月后我会带队去东北招生，希望你一定要来报考。就这样，罗魏似乎在冥冥中有许多贵人相助，使他顺利地进入了上海音乐学院。

罗魏到上音报到那天，按照学校惯例，声乐系所有的新生当天在学校大礼堂举办了一场入学音乐会。罗魏演唱了《北京颂歌》《我为伟大祖国站岗》等四首男高音作品。无疑，他的演唱水平在所有新生中是鹤立鸡群的，引起了所有声乐系老师的关注。不久，系里分配他到周小燕班上学习。周小燕也非常看好罗魏，因为他不仅歌唱条件好，而且人品和形象也都很好，正直又善良，还乐于助人。

由于罗魏过去一直学唱京剧样板戏，没有真正接触过西洋发声和歌唱。因此，他每次张口歌唱时，喉头不稳定、总往上跑，这样的唱法实际上已把他的声音通道给堵住了。周小燕在认真观察、琢磨、研究了他的歌唱状态后，制定了一整套适合他的训练方法。有一次，周小燕无意中发现罗魏在说到自己的名字时，喉头的位置竟然是正确的。于是她就把原先重点从A母音的练声改为O母音来练习。这样的训练，逐渐改变了罗魏过去错误的发声习惯。打通了他的声音通道后，教学非常顺利，罗魏的进步可谓神速。

1975年的春节，上海的各音乐文艺团体和上海音乐学院分别在文化广场举办专场音乐会。罗魏代表上音登台演出，他演唱的《满载友谊去远航》《我战斗在金色的炉台上》等四首歌曲被作为压轴节目，观众反应强烈、欲罢不能。演出的第二天，罗魏照例去周小燕家上课。周小燕非常激动地对他说：你昨晚唱得太棒了，音乐会后我家的电话几乎都要被打爆了，来电都夸奖你唱得好。希望你今后戒骄戒躁、更努力地学习。

其实，那时罗魏的音乐修养和视野都还很不够。于是，周小燕在课后就经常请罗魏在家中聆听一些西方著名男高音演唱的唱片。因为那时"文革"还没结束，听此类唱片还不能公开。于是，听唱片时要关紧窗户、拉实窗帘，播放唱片的声音也不能太响。在这样的状态下，师生一起悉心聆听大师的歌唱，在播放每张唱片的前后，周小燕总会耐心仔细地给罗魏讲解作品的背景、内涵和意义，还重点点评歌者的演唱方法，并提示罗魏将来在演唱这些作品时所需要注意的事项等。唱片听多了，加上周小燕的讲解，罗魏受益匪浅。此时，他才了解认识到：什么是真正的歌唱，从而也更努力刻苦地在周小燕先生门下学习。

周小燕对罗魏的关爱不仅只是歌唱上的培养，还体现在生活中。为了能解决罗魏夫妻分居两地的困难，周小燕多次向当时的上海市市长汪道涵请求解决这个问题。要知道在20世纪80年代初，要解决户口问题是比较困难的，因为上海全年给高级知识分子分居两地的户口名额只有5个。在周小燕不懈的努力下，此事终于有了圆满的结果。周小燕不仅帮助罗魏解决了他妻子的户籍问题，当年在国家准备第一批公派留学生出国时，也是因为周小燕的力荐，罗魏才能代表上海和北京的黎信昌、吴其晖和傅曙光一同赴意大利米兰音乐学院深造。留学期间，罗魏追随玛拉斯蒂那和蒙纳哥学得了西洋唱法的精髓。在意期间，罗魏一直与恩师周小燕保持通信，请教她歌唱上遇到的困惑。周小燕也一直回信教诲他要刻苦学习，将来报效祖国，并希望他能有机会去参加国际声乐比赛。在周小燕的鼓励下，不负厚望的罗魏夺得过意大利维奥蒂国际声乐大赛的第二名。在采访中，罗魏由衷地对我说：对于周先生的恩德，他是无以回报，更是没齿不忘的。

从意大利学成归来的罗魏，回上音后更是雄心勃勃，他想教出一流的学生来为国争光。这时，系里有位来自四川农村的学生廖昌永，因为没有老师肯教他，他非常苦恼。罗魏就把他请到自己班上，在听了他的演唱后，觉得问题很多。于是，就循序渐进地为他安排课程。经过一年半的悉心调教，廖昌永的演唱水平在同年级中已名列前茅。此时，他的歌唱通道和歌唱体系已基本建立。1989年底，罗魏接到美国波士顿大学音乐学院的入学通知，他又要赴美学习了。临行前，他把心爱的学生廖昌永托付给恩师周小燕，并斩钉截铁地保证：小廖将来一定会成功，一定会在国际声乐大赛上拿奖。周小燕笑着说：我教了儿子，现在又要教孙子了。在这一年的中秋，我在长宁区少年宫组织了一场著名歌唱家与老干部的赏月联欢，请了罗魏、刘捷和于连生等许多歌唱家参加。这天，罗魏带来了他的学生廖昌永来与我结识，原因是他很快就要去美国了，希望我以后组织演出时能经常请廖昌永参加，所得的一些报酬能贴补他的学习之用。由此可见，罗魏对自己的学生是关爱备至的。果不其然，多年后的廖昌永一鸣惊人，多次在国际声乐大赛上斩金夺银，如今已成为中国屈指可数的男中音歌唱家。

"文革"结束后，中国又恢复了高考。1978年，上海音乐学院也开始招生。此时已等待十年之久的周小燕终于又有了施展身手的平台和机会了。在"文革"后的第一届考生中，周小燕遇到了一位她难得的歌唱好苗子刘捷后，欣喜不已。

刘捷是蒙古族人，原呼伦贝尔草原上王族的后裔，1952年出生。他肯吃苦又耐劳，没有半点公子哥儿的坏习气。当年他和无数知识青年一样，在广阔的农村战天斗地。因为有副好嗓子，他被大洼县宣传队相中，从而也开启了他的歌唱生涯。

刘捷在歌唱生涯中遇到过很多贵人。当年下放大洼县宣传队的袁鸣声，是原空政文工团的独唱演员，他虽从未直接教授过刘捷的歌唱，但却深刻影响到他的歌唱理念和人生格局。当一名出色的歌唱家，一直是刘捷所怀揣和追求的目标。

自1977年恢复高考后，刘捷就千方百计地想报考中央音乐学院和沈阳音乐学院。但都因种种原因，最终与之失之交臂。正当他穿上工作服，被调入沈阳铁路局工作时，有一天无意中看到了当地报纸登载的一则广告，得知上海音乐学院正在招生，但报名很快就要截止了。一直怀着歌唱梦想的刘捷，在单位领导的支持下，星夜赶往上海。在坐了32个小时的火车赶到考场后才发现，报名日期早已截止，大学部的声乐考试也已进行到了最后一天。当坐镇考场的一位赵姓科长了解到刘捷是刚从沈阳赶来考试但并未报过名时，便有了一种恻隐之心。于是，他就网开一面、特事特办，允许他先进考场考试，留下介绍信登记再补办报名手续。这一个小小的举动，彻底改变了刘捷的人生轨迹。但由于旅途的疲劳和考试的紧张，那天刘捷演唱的《乌苏里船歌》并未发挥出最佳状态。

第二天，一夜未睡的刘捷很早就赶到上音去查看复试的名单。由于时间早还未发榜，但校园里悦耳的琴声和歌声，让刘捷心生欢喜。正巧此时迎面碰到了昨天主考官的助手杨巍，因为刘捷是全场最后一位考生，杨老师对他的印象特别深刻，就主动迎上去问他是否就是昨天的考生。在得到确切答案后又告诉刘捷：他落榜了。但杨老师认为，刘捷的歌唱潜力很大，应该能进上音深造。于是他就建议刘捷马上可以去找王品素教授，她是声乐系的党支部书记，为人正直善良又乐于助人，或许她能给你机会。

感到峰回路转的刘捷旋即就去南大楼声乐系的办公室找到王品素，向她真实地讲述了自己来上海赶考的经历，王老师感动得眼中闪烁着泪光。她要求刘捷在上午11点到3楼的琴房，届时会有系里的重要人物来定夺他的未来。

刘捷在声乐系办公室足足等待了几个小时。在11点过后，只听走廊上一阵骚动，有一群人从楼梯上来。只见王品素走在前头，身后还有一群女教师。刘捷见状赶紧与王老师打招呼。此时，工作繁忙的王品素才想起与刘捷的约定。于是她赶紧招呼另外三位女教师，一同将刘捷带进304教室，给了他一次补考的机会。

当钢琴声一响，刘捷把自己所有的疲劳和烦恼都抛到了九霄云外。那天，他唱了一首自己拿手的作品《牧马之歌》。歌毕，中间那位看似很有身份的老师连续发问，刘捷如实地一一作答。当问及他昨晚住在哪儿，刘捷回答"马路上"时，全场的气氛顿时凝固了。因为刘捷在上海没有亲戚，而当时借住旅馆都需要证明，他的考试介绍信已留给学校补办报名手续。无奈，他只能独自一人在外滩的马路上溜达徜徉，等到天明。在场的老师们都被刘捷这种热爱歌唱的精神所打动。片刻后，那位老师又要求刘捷再唱一首歌曲。于是，他又深情地演唱了一首怀念周总理的新歌，大家听后都很满意。王品素当场就与那位发问的老师商量,在得到对方"有门"的肯定答复后,她马上关照杨巍老师赶快在已发布的复试榜上再加上刘捷的名字。事后刘捷才知道,为他钢琴伴奏的老师是彭雪琼,刚才一直在发问的那位老师就是大名鼎鼎的声乐教育家、上海音乐学院声乐系的主任周小燕教授,而她旁边的那位中年教师是她的学生——女高音歌唱家刘若娥。

周小燕是一位一言九鼎的人物,她有着国际视野,爱才惜才又慧眼识珠,有独到的眼光。那些年,她一直在寻觅自己的意中人来培养,如今遇到了刘捷这样的好苗子,她是绝不会轻易放走的,因为真正的歌唱人才是可遇而不可求的。就这样,不受条条框框、繁文缛节束缚又天马行空的周小燕,破格给了刘捷一次公平竞争的机会。

因为有上音声乐系两位大人物的看好和关照,刘捷得到了这千载难逢的复试机会,他也倍加珍惜。王品素教授亲自为刘捷解决了暂时的住所和生活问题,使他能专心致志地投入考试之中。是金子总会发光,刘捷在复试中发挥出色,他的演唱令所有的考官眼前一亮,最终拔得了头筹。由此他也成为恢复高考后,周小燕的第一个得意弟子。他还有一位师妹:来自长春的朝鲜族姑娘金玉兰。

周小燕起初给刘捷上课,并不急功近利地急于让他赶快掌握歌唱技巧,而是循序渐进、潜移默化地给他灌输科学的歌唱理念和歌唱方法。周小燕不断地向他传授和讲述"要唱好歌、必先做好人"的道理和相关故事,让刘捷慢慢树立起远大的歌唱理想,并开拓更广阔的歌唱视野。在周先生门下,刘捷按部就班地接受耳提面命式的悉心培育,歌艺的进步令人刮目。

半年后的1979年初春,中国歌坛发生了一件惊天动地的大事:被誉为世界华人第一歌唱家的斯义桂来上海音乐学院讲学半年。曾经封闭的中国歌坛,因斯义桂的到来而彻底改变了原先的面貌。对于这样一位世界级大师,刘捷当然也是心向往之的,但碍于刚随恩师学习半年,想去参加大师班又怕老师会觉得自己学习不专一,因此没有报名。有一天,刘捷在琴房上课。王品素突然来找周小燕商量事情,见刘捷在场,劈头就问:你为什么不参加斯先生的选拔赛?刘捷看了周小燕一眼,便低头不语了。其实周小燕早已揣摩到了学生的心意,一向办事得体讲究又开明的周小燕就顺水推舟地说:你愿意参加就去报名吧。有了周小燕的允诺,刘捷终于搭上了斯义桂大师班的末班车，并在八位选中的学员中脱颖而出。在斯义桂和周小燕两位声乐大师醍醐灌顶式的教诲下，刘捷的演唱在同时代的歌者中已出类拔萃。

1980年初秋，全国首届高等艺术院校声乐大赛在上海音乐学院举行。在初赛、复赛和决赛中，周小燕分别为刘捷安排演唱了三首取自歌剧《魔笛》《唐璜》和《爱的甘醇》中的高难度咏叹调。刘捷的演唱举重若轻、成竹在胸，颇有大将风度，得到众多评委的好评和高分。遗憾的是，刘捷最终以微弱的劣势屈居亚军。此时，文化部原本要举办一次巴西里约热内卢国际声乐大赛的国内选拔赛。但鉴于首届全国高校声乐大赛的规格很高，它代表了当时中国青年歌唱家的水准，于是决定由此次大赛的获奖选手代表中国去巴西参赛。

为了刘捷的参赛，周小燕可谓殚精竭虑，耗费了很多心血。虽然此次准备参赛的十多首曲目，斯义桂都曾给刘捷练唱过，但要去比赛，还得精益求精、一丝不苟。于是，周小燕又从中挑选了几首既有一定难度又适合刘捷演唱的作品，同时还悉心分析每一首参赛作品的意境和内涵，并一首一首作品、一段一段乐句地严抠把关，甚至严格到所有乐句中咬字吐词的发音和归韵。由于那届巴西声乐大赛有个规定：每个参赛选手必须演唱一首本国一年内新创作的歌曲。当时的刘捷还是个新人，没有作曲家会专为他量身定制作品。无奈，周小燕就亲自去找丁善德，请他赶紧创作一首男高音演唱的歌曲。作为一位著名的作曲家，丁善德在长期的生活和采风中积累了许多音乐创作的素材。于是，他花了两个多星期谱写了一首青海花儿样式的歌曲《上去高山望平川》，作品是完全根据刘捷的嗓音特点而作的。丁善德在学校繁忙的工作间隙，两次去声乐系和周小燕一起为刘捷分析、讲解这首作品，使他最终能在巴西的赛场上淋漓尽致地表达好这首作品。

周小燕对刘捷的关爱程度，从某种意义上来说已胜过对她的亲生儿子。那时刘捷还是个穷学生，从未穿过西服。但为了出国需要，周小燕不仅为他出钱，还亲自出面请上海培罗蒙西服店的陆师傅，为刘捷缝制了一套出访西服和一身演出服，同时还把原本为儿子买的新毛衣也送给了刘捷。

此次巴西之行，原本由周小燕带队。不料临行前，她突发颈椎疾病，

1981年从巴西载誉归来后,刘捷在上海音乐厅获奖音乐会上与周小燕合影

需要卧床静养,因而未能成行。但最终不负所望的刘捷还是夺得了三等奖,这也是中国大陆歌唱家在国际乐坛上取得的第一个殊荣。三年后的1984年,中央电视台举办"首届青年歌手电视大奖赛"。此次大赛,只分专业和业余组别,并未分美声、民族和通俗三种唱法。代表上海参赛的刘捷以一曲《祖国慈祥的母亲》力压群雄而一举折桂。此时刘捷的歌唱事业已如日中天,成为中国歌坛的焦点人物。周小燕为这个自己一手培养的学生感到骄傲和自豪。

在20世纪八九十年代的出国大潮中,刘捷也曾追随法国的世界级歌唱家苏塞依去美国求学。但他每次回国总不忘去看望恩师周小燕。周先生每次都会嘘寒问暖,关心他的生活、学习和工作状况,并经常询问他有什么需要帮助、是否想回上音执教等等。但刘捷对于恩师一直感恩在心、并没有什么功利诉求,只有纯粹的师生情谊,当然也不接受任何恩惠。

2012年4月23日,此时已回国多年、成功创办沈阳音乐学院国际音乐中心的刘捷,带领他的一批学生来上海贺绿汀音乐厅举办歌剧片段音乐会。演出当天的早上,刘捷和学生们去看望95岁高龄的周小燕先生。此时的周先生年事已高且体弱多病,没有重大活动一般不出家门。这天在周小燕家里,参演的学生当场为她演唱了歌剧《卡门》和《波西米亚人》的片段。周小燕饶有兴趣地听了这些演唱,还不时地为学生们讲解在作品的把握和表达方面,所要注意的问题。当晚,周小燕还破例亲自去现场聆听音乐会,并巍巍颤颤地登台与演员们合影留念。刘捷在率队离沪前去向恩师告别，周小燕语重心长地希望刘捷能在自己所选择的歌唱道路上，不断地勇往直前、永不停步。

男高音张建一是周小燕的又一得意门生。他出生于浙江湖州，年少时就因家境贫困四处打工。但他有得天独厚的好嗓子，而走上歌坛又纯属偶然。青年时代，他在杭州的一家玻璃厂当司炉工。每天烧完大炉后全身都是灰尘，都要到厂里的浴室洗澡。每每此时他兴之所至，都会扯开嗓门放声高唱。有一次，他的歌声被隔壁正在洗澡的一位曾经的歌唱演员听到，歌唱演员赞不绝口，觉得张建一是很好的歌唱材料，希望他能去报考文艺团体当一名专业歌唱演员。受到鼓励后的张建一抱着试一试的心态去了杭州歌舞团，那天他来到歌舞团后，只见有位歌唱演员正在钢琴前练声。于是他就走上前去说明来意，并请求歌唱演员帮忙弹琴，他想练练声，再唱首歌。张建一的歌声惊倒了这位女演员，同时也引来了歌舞团的领导。这么好的男高音真是踏破铁鞋也无处寻觅的，如今竟送上门来，真是求之不得。张建一就这样顺利地进入了杭州歌舞团。不久，张建一因演唱为他量身定作的歌曲《我战斗在金色的炉台上》而一举成名。说来真是有缘，当初为他练声弹伴奏的女演员杨卫平，后来成了他的妻子，也是他歌唱生涯的第一个老师。因为杨卫平是周小燕学生李家尧的学生，就凭这层关系，无师自通又学唱心切的张建一在妻子的穿针引线下，隔三岔五地从杭州来上海向周小燕讨教。周小燕诚恳地对他说：你的嗓音条件是百年难遇的，但光凭嗓子是远远不够的，歌唱之路也是走不远的。你还要好好地学习科学的歌唱方法，不断提高自己的艺术修养。因此我希望你能来报考我们学校系统地学习音乐。1981年，经过周小燕初步调教的张建一来到上海音乐学院声乐系进修。从此他一直追随周小燕先生左右，不断地得到熏陶，不停地得到打磨，最终成为名扬中外的男高音歌唱家。

高曼华是周小燕培养的最得意的女高音歌唱家。她原本在东方歌舞团担任独唱演员，为了提高她的歌唱水平，王昆专门把她送到周小燕门下深造。高曼华原本学唱京剧、后又改唱民歌，从未接触过西洋科学的发声和歌唱。周小燕首先要改变她过去的歌唱习惯，随后又要她从歌唱时的呼吸和喉头位置的稳定做起，这样能使声音的通道畅通无阻、既积极又富有弹

周小燕在学生音乐会上

性。周小燕教育高曼华，歌唱要发自心底，而不是为歌唱而歌唱。经过周小燕多年的悉心打磨，高曼华的演唱已能拿捏自如、随心所欲了。抒情如行云流水、激昂时又高亢酣畅，尤其是演唱花腔更呈现轻盈灵巧，跳音犹如一串玲珑剔透的明珠般闪亮，达到了歌人合一的境界。在周小燕的一手安排下，高曼华先去美国旧金山歌剧中心学习，然后又去参加国际声乐大赛，最终成为在美国的签约歌剧演员。

在八九十年代，厚积薄发的中国歌坛涌现了许多国际声乐大赛的获奖者。但慧眼独具又审时度势的周小燕在考察了欧美许多国家的歌坛后发现，中国的歌唱演员、即使是国际比赛获奖者，要出演世界经典歌剧，还有很长的路要走。于是，她就梦想在中国也能搞一个歌剧中心，来专门培养排演中外歌剧的人才。

创办歌剧中心

在几经周折后的1988年春，以周小燕名字命名的歌剧中心在上海音乐学院挂牌。最初的周小燕歌剧中心一无所有，只有包括周小燕在内的四个人。白手起家的周小燕就借助外部的力量来办自己的事。1989年与江苏省歌舞团合作，排演了歌剧中心的第一部歌剧：威尔第的《弄臣》。周小燕大胆地起用了她的新学生——山东省歌舞剧院的雷岩出演此剧主角黎戈莱托。从未演过歌剧的雷岩在老师的谆谆诱导下，逐渐找到了角色的感觉。而且在唱腔的分寸把握尺度，在人物内心的表达上，都达到了成竹在胸的地步。但不幸的是在一次彩排中，周小燕不小心一脚踩空从台上摔下，造成股骨粉碎性骨折。但为了不耽误排练，她留在南京治疗，医生在她的股骨内打下了一根九寸长的钢钉。手术后她高烧刚退，就让主要演员到她病房给她们说戏指导。演出那天，周小燕坐着轮椅到现场观摩。演出后，观众和演员发现了周小燕，于是就欢呼着把她抬上了舞台。这是周小燕感到最光荣、最幸福的时刻。

在以后的日子里，周小燕歌剧中心又排演了《茶花女》《唐伯斯夸勒》《乡村骑士》和《原野》等中外歌剧。为了更好、更快地培养中国的歌唱人才，从2000年起，周小燕每年邀请世界各国的著名声乐专家来歌剧中心举办声乐大师学习班。每期的大师班，全国各音乐团体和艺术院校的青年才俊都争先恐后地来沪参加。

上海爱乐合唱团的首席男高音顾民权是上海业余歌坛的翘楚。每次大师班开班，他都自掏腰包虔诚地参加，认真聆听体会大师们的教诲。顾民权第一次参加大师班时已年逾花甲，虽然是位业余歌者，但他却把歌唱作为自己的生命和尊严的所在。有一次周小燕在台上讲课，顾民权冒昧地要求上台歌唱，想听听这位大师对自己这么多年学习歌唱的评价。当他唱到高亢忘情时，周小燕突然走上前在他背脊骨的中心位置上重重地点了一下，顾民权顿觉自己的喉咙被完全打开了，突然感到歌唱时的声音是那样的流畅了。原本就对周小燕五体投地的顾民权，此时对她更崇敬、佩服了。那天顾民权歌毕，周小燕非常真诚地对他说：作为一名业余歌者，你能唱到这样的水平真是不易。以后歌唱上遇到难题，可直接来找我。作为一位名扬四海的声乐大师，能如此对待一位业余歌者，顾民权是一生不会忘却的。在周小燕的眼里和心中，但凡热爱歌唱者她都会义不容辞地去辅导。

2016年，为中国歌唱事业奋斗了一辈子的周小燕以99岁高龄去世。遗憾的是，她没能实现教学到100岁的愿望。去世后的周小燕被安葬在上海的福寿园内，与自己心爱的丈夫张骏祥一起在那里安息。而周小燕纪念馆则建在她的家乡武汉的东湖公园内，这里曾经是周小燕家的"海光农圃"。新中国成立后，周苍柏把自己的农庄捐给了人民政府。周小燕的纪念馆建在此地也可谓魂归故里，而且与自己父亲周苍柏的纪念馆毗邻。

周小燕的一生，见证了曾经屈辱的中国已走向强盛繁荣，尤其是她终生奋斗的音乐事业更是突飞猛进。周小燕用自己满腔的赤诚和所有的生命激情，探索了一条洋为中用、适合中国歌唱事业发展的道路，同时又为国家培养了一大批歌唱家。周小燕作为中国歌坛的一面旗帜是当之无愧的。

黄贻钧：中国交响乐指挥第一人

黄贻钧是中国交响乐事业的奠基人之一，也是中国第一位职业交响乐指挥家。黄贻钧的音乐人生中创下过许多中国第一。1950年，他以中国指挥家的身份第一次登上交响乐指挥台，指挥以洋人为主的原上海工部局交响乐团（新中国成立后，改名为上海交响乐团）。从20世纪50年代中起，黄贻钧代表中国先后出访了友好国家波兰、瑞典和苏联，同时指挥过大名鼎鼎的赫尔辛基交响乐团和苏联国家交响乐团，受到热烈欢迎。80年代初，他又应邀赴德国去指挥由卡拉扬调教的

指挥家黄贻钧

世界顶级交响乐团——柏林爱乐乐团，此举为祖国争得了莫大的荣誉。晚年的黄贻钧又先后去过中国的香港、新加坡和日本访问演出，也指挥过那里有声望的交响乐团。他严谨细致、层次清晰又线条分明的指挥风格，受到各国同行和观众的好评。

1934年冬，黄贻钧应邀从苏州来到上海，参加百代唱片公司组建的中国第一支民族乐队——百代国乐队。这一支专为录制唱片的职业乐队，在两年后又发展扩编成一支中西合璧的管弦乐队。

1938年春，黄贻钧被正式招入上海工部局交响乐团。他也是最早进入该团的四位华人演奏家之一，与他同时进团的还有小提琴家谭抒真、陈友新和徐威麟。黄贻钧自进团工作后从此便再没离开，是唯一终身奉献给该

乐团的老人。

黄贻钧早年毕业于上海国立音乐专科学校。曾学习过小号、中提琴和大提琴，以后又选修过作曲和指挥。在他一个多甲子的音乐生涯中，涉猎广泛，曾担任过小学的音乐教员，民族乐队的二胡、扬琴演奏员，交响乐队的小号和圆号手，电影制片厂的作曲指挥和话剧团的艺术指导以及音乐学院的兼职教授。

我和黄贻钧是相识二三十年的忘年交。作为中国乐坛的顶尖人物，黄贻钧真诚和蔼又平易近人，没有半点大家的架子。我每次到他家拜访，他一定会亲自沏茶端水，即使在他肺部开刀后、身体尚未复原的情形下，还是如此真诚热情，令我这个小人物颇感诚惶诚恐。

黄贻钧长期担任上海交响乐团的团长。他为人正直善良、胸襟坦荡、大公无私、克己奉公、知人善用又唯才是举，得到全团所有人员的拥护和爱戴，其艺德和人品堪称中国知识分子的楷模。

受父亲影响爱上音乐

1915年，黄贻钧出生于苏州的一个书香门第。父亲黄晓山是位音乐教师，黄贻钧受父亲影响自幼就喜欢音乐。黄晓山会弹风琴，又会拉小提琴，而且还能吹奏各种管乐器，是个音乐多面手。那时苏州的大专院校中有两支学生管乐队，一支属东吴大学，另一支则是黄晓山执教的苏州工业专科学校学生管乐队。这两支学生乐队经常在苏州的游艺会演出中相遇，难免会有打擂之意，黄晓山调教的乐队水准更胜一筹。

黄贻钧从记事起，就与音乐结下不解之缘。到了上学的年龄，他放学回家的第一件事就是摆弄家里的风琴和小提琴，最初的学习是自己摸索，无师自通。直到正式学习小提琴后，父亲成了启蒙老师。学习的教材是正规音乐院校的课本《霍曼小提琴基础教程》，后来黄晓山又把《外国名歌101首》中的一些歌曲，改编成小提琴曲供黄贻钧练习演奏。

1933年夏，18岁的黄贻钧从江苏省立苏州中学高中师范科毕业，被分配到苏州的善耕小学任教。这是一所六年制的完全小学，校长韩履周是一位办学有方的老教育家。韩校长慧眼识珠又知人善用，他觉得黄贻钧担任一般的任课老师是大材小用了，他虽不是音乐专科毕业，但有音乐的天赋和能力，于是就破格请他教授全校学生的音乐课。不负厚望的黄贻钧不仅把音乐课教得有声有色，而且还把该校的课余音乐活动搞得风生水起，煞是热闹。

黄贻钧在教学之余，还积极参加校外的文艺活动。他加入苏州艺社（当地专演话剧的团体）的乐队后，在参演一台由丁西林导演的独幕话剧《一只马蜂》时眼界大开。他见到了从上海赶来参演的影剧明星魏鹤龄、刘莉影等，还有幸结交了同样也是从上海赶来临时帮忙的乐队同道王为一。由于这两位年轻人志趣相投，很快成了无话不谈的挚友。黄贻钧不失时机地委托王为一帮他在上海寻找合适的工作，以期最终能报考当时中国唯一的音乐高等学府——上海国立音专。他想通过勤工俭学的办法进入那个自己梦寐以求的地方学习。

机缘很快就到来了。1934年冬的一个晚上，素昧平生的陈中专程从上海到苏州来找黄贻钧，说是受王为一之托介绍他去上海工作，参加百代唱片公司的国乐队。这从天而降的喜讯，令黄贻钧又惊又喜。他终于有机会能展现自己的音乐才华了，而且离报考上海音专又近了一步。

于是第二天一早，黄贻钧就兴冲冲地向韩校长请了事假，想跟随陈中先到上海，待适应了新的工作后再回苏州办理辞职手续。通情达理的韩校长爽快地答应了他暂离学校的请求。就这样，心怀鸿鹄之志的黄贻钧将从上海迈开大步，去奔向自己心中的音乐圣殿。韩校长的网开一面，黄贻钧记了一辈子。在以后的岁月里，黄贻钧多次去看望过他。半个世纪后的1985年，黄贻钧还委托自己的老伴专程去苏州探望已卧病在床的韩校长。

从百代唱片公司起步

20世纪30年代的上海是十里洋场，灯红酒绿。这是一个光怪陆离，中西文化碰撞交汇的社会。那里既有许多中国传统戏曲的演出场所，又有在西洋刚刚兴起的电影院、歌舞厅和夜总会，还涌现了大量的私人广播电台和雨后春笋般崛起的电影制片公司。更有三家引人瞩目的唱片公司：英法合资的百代唱片公司、美商的胜利唱片公司和华资的大中华唱片公司。其中当数百代公司的社会影响最广泛，其唱片出品的规格、品种、样式和销路也最好，深受人们的喜欢。

邀请黄贻钧来沪加盟百代唱片公司的国乐队，是因为当时乐队的演奏员紧缺。而黄贻钧既会演奏二胡、扬琴，还会西洋的吉他和小提琴，他是可以派上大用场的。百代公司的国乐队是由聂耳组建的，当年他自己谱写的民乐曲《金蛇狂舞》《翠湖春晓》《昭君和番》和《三国情侣》也都是为这个乐队量身定制的。这些乐曲通过这支国乐队的演奏录音后被灌制成黑胶唱片发行，影响甚广。

黄贻钧到达上海的第二天，就开始了在百代国乐队的工作。他一面工作一面学习，前后在乐队勤勤恳恳地工作了两年零八个月。其间，他结交了一些后来影响他一生的音乐家。譬如留法归来的任光，乐队的组织者聂耳以及后来接替任光、同样也是旅法的冼星海。此外还有乐队的同道王为一、林志音、陈中、徐骏佳、陈梦庚、秦鹏章和杨光曦等，以及后来客串加盟乐队的三位上海音专的在读生：章彦、朱崇志和杜矢甲。

百代国乐队不仅要担任歌曲演唱录制时的伴奏，有时还要为唱片的补白去专门演奏一些量身定做的小曲子。百代唱片公司的音乐部在公司的运行中，占有很重要的地位。任光是音乐部的第一位主任，那时他刚从法国归来，就已春风得意，因为他谱写的电影主题歌《渔光曲》和民乐合奏曲《彩云追月》正风靡一时，由此他也成为当时中国乐坛的风云人物。任光一口绍兴官话，为人真诚热情又乐于助人，他经常为黄贻钧在音乐上的一些困惑解疑释难，使之受益匪浅。聂耳年长黄贻钧三岁，两人虽相处时间不长却很投缘。黄贻钧非常仰慕聂耳的才华，也很赞同他的创作理念。尤其是他的音乐作品是最早歌颂劳苦大众、抨击社会黑暗的，这在那个时代是难能可贵的。对于聂耳意外的英年早逝黄贻钧悲痛不已。提起冼星海，黄贻钧也肃然起敬。在百代国乐队一同工作时，黄贻钧经常向他讨教自己在自学作曲时碰到的难题，冼星海是有问必答，不仅耐心而且诚恳。在冼星海离开百代公司、专职从事电影配乐期间，两人的交往从未中断过。冼星海多次邀请黄贻钧参加他临时组建的乐队，为他谱写的电影音乐演奏录音，其中有《夜半歌声》《壮志凌云》《时势英雄》等影片。

百代国乐队的工作，除了合伴奏、合唱歌外，就是民乐合奏。每天工作的时间并不多,只有在灌制唱片时要连轴转。这样的工作环境,黄贻钧可以自由支配的时间就相对比较多。初到上海后不久,陈中就介绍他和自己一起自费跟随马思聪学习小提琴,每星期一次去马思聪在吕班路(今成都南路)的万宜坊家中学琴,教材是小提琴学习的中级课本:《马扎斯》。但由于马思聪的演出和社会活动频繁,经常要离开上海,这样的学习也只能三天打鱼两天晒网,断断续续,一年后便终止了。但黄贻钧还是在学琴中体会到了小提琴的许多精髓和奥妙,这对他以后指挥交响乐队大有好处。

停学小提琴后不久,黄贻钧又和秦鹏章自费进上海音专的专选科,跟随黄自先生学习作曲。每星期一去江湾的黄自寓所,从学习普劳特所著的《和声学》开始,以后又涉及简单的曲式和配器等。这样的学习雷打不动,直到因1937年的"八一三"淞沪抗战爆发而结束。

随着百代唱片公司的声名日隆,其业务范围也更宽泛了。有时为了唱片录制的需要和效果,伴奏乐队必须要用西洋管弦乐。无奈之下,公司只能临时请来工部局交响乐团的外国乐手来客串,这些乐手的要价很高,每人每小时5块大洋。为了节省开支,也为了公司长远的发展,百代决定由公司出学费,请来西洋乐器演奏高手来教授国乐队的乐手们兼学一样西洋乐,主要学习比较容易入门的管乐和打击乐。黄贻钧选择学习小号,这也为他以后能考入上海音专打下了坚实的基础。经过一段时间的训练,乐手们的学习都有了很大的起色。于是公司又请来外国教师来教授乐队的合奏课。所学所演的第一首曲目就是舒伯特的《未完成交响乐》,大家的演奏有模有样,有板有眼。

国乐队的乐手们自从学习了西洋乐器的演奏后如虎添翼,他们天衣无缝、中西合璧的伴奏,能为唱片的出品增光添彩,也常会取得意想不到的效果。那时上海拍摄的故事影片很多,而其音乐的录音基本都是在百代唱片公司完成的。因为百代有最好的录音棚和一流的专业技术人员及一支出色的中西合璧的伴奏乐队。

当年的电影音乐录音前,似乎有个约定俗成的不成文规矩:主创人员和伴奏乐队及录音师必定要碰头沟通,进行深入交流,黄贻钧作为国乐队的骨干每次都会参与其中。在为影片《新女性》录音前,导演孙师毅出面做东,邀请任光和影片的曲作者聂耳、主演陈燕燕以及乐队的黄贻钧、林志音、陈中和秦鹏章在燕云楼聚餐。在饭局上，大家无拘无束地探讨了有关录音的一些问题。在饭前，聂耳还十分投入地把自己谱写的《新女性》主题歌轻声地唱给大家听。在正式录音前，聂耳还多次给陈燕燕讲解歌曲创作的初衷、背景及其内涵。为了能使陈燕燕更好地进入音乐角色，聂耳一丝不苟、一字一句地为她调教。

《天伦歌》是旧上海家喻户晓、妇孺皆唱的一首非常流行的歌曲。此歌是费穆导演的电影《天伦》的主题歌，由钟石根作词、黄自作曲，中国歌坛四大名旦中的郎毓秀演唱。歌曲感情真挚，催人泪下。但整部影片的配乐，除了主题歌的作曲外都是由黄贻钧完成的，他在编配这首主题歌时突发奇想地采用增减乐器来变化音色，同时又在钢琴弹奏的主旋律中选取其流畅、机动式的声部，由琵琶奏出，别出心裁的编配丰富了伴奏的色彩。

当年的百代唱片公司主要出品戏曲和流行音乐唱片，其中以京剧和流行歌曲为主。该公司非常注重唱片制作的质量，因为这是赖以安身立命的根本。早年百代公司曾录制过一张京剧《甘露寺》的黑胶唱片，唱片中的乔玄由大名鼎鼎的马连良演唱。其中有一句唱词唱到刘备的二弟关羽为寿亭侯。当年的京剧在上海滩非常流行，再加上马连良是京剧大家，因此唱片一经发行后一路畅销。但不久便有一位研究历史的学者，来信指出唱片中的严重失误：所谓关羽的寿亭侯，确切地说应是汉寿亭侯。这里还有一段真实的历史典故：当年关羽千里走单骑，为的是保护两位嫂子早日与大哥刘备团聚。曹操为了策反关羽，不但不计较他过五关斩六将，而且还赏封他为寿亭侯，但关羽坚决不从。无奈，深知关羽为人的曹操，不得不在寿亭侯前加上个"汉"字，关羽这才受封。显然，这说明了关羽是归汉不降曹的。公司发现问题后，旋即就将这批库存的唱片全部销毁，而且把已发行在民间的唱片也尽力回收。事后马连良又重新录制了新版《甘露寺》。

电影音乐的录音在百代唱片公司中也占了很大的比重。20世纪30年代初，紧跟世界电影潮流、又引领中国电影发展的上海电影事业，迎来了有声片的崭新时代。这是一个重要的转折，从此电影音乐举足轻重，成了影片成败的关键之一，因而百代国乐队有了更多更好施展拳脚的机会。拍摄过《小城之春》《城市之夜》《人生》和《狼山喋血记》的一代名导费穆是一位深刻影响中国电影进程的艺术大家，也是中国第一个起用民乐为其影片配乐者。而第一个用西洋管弦乐队来为中国电影配乐的袁牧之是位革命电影艺术家。他曾执导、主演过《马路天使》《都市风光》《桃李劫》和《风云儿女》等影片。在激战正酣的抗战中，他毅然投身革命、奔赴革命圣地延安，与有着同样追求的电影摄影家吴印咸一同创立了延安电影团，并拍摄了具有珍贵史料价值的纪录影片《延安与八路军》。

此外，百代唱片公司也录制过一些器乐作品唱片，其中大都是中国民乐合奏曲，也有少部分的西洋交响乐。有一次，上海工部局交响乐团请百代公司录制一张有中国风情的交响音乐唱片。其中有一首新创的管弦乐《北平胡同印象记》，此作是由上海音专的俄籍作曲教授阿甫夏洛穆夫在体验北平的胡同生活时创作的。此君非常热爱中国文化，为了让更多的人了解中国人的真实生活，新作记录了曲作者漫步于北平胡同间的深刻感受。乐曲中有市场的喧闹声、吆喝声和坊间的悠悠京胡和阵阵大鼓。这首乐曲中，作者在西洋乐队中首次用到了中国的京胡和大鼓，因而黄贻钧有幸被乐团的指挥梅百器相中，担任大鼓的演奏。起初，平生第一次担当如此重任的黄贻钧有些受宠若惊，过于紧张使他敲击鼓点时，一直未能与乐队和乐曲合拍。经过梅百器多次的指点和调教，再加之他反复苦练，终于成功地找到了契合点。录音任务顺利完成，这是黄贻钧第一次与上海工部局交响乐团合作。他更没想到，自己今后的一生都会在这个乐团度过。

百代国乐队除了录制过聂耳的民乐作品外，还录制了许多中国传统风格的民乐曲，如《高山流水》《朝天歌》《鹧鸪飞》等，以及任光创作的《彩云追月》《晚来香舞》。黄贻钧自追随黄自学习作曲技法后，也有感而发地谱写了两首民乐合奏曲。处女作是《打更曲》，这是黄贻钧一直记忆犹新的生活经历，作品的旋律性不强，表现打更的场景，主要用了模拟打更的打击乐器。因此曲中的节奏感很重要，初生牛犊不怕虎的黄贻钧第一次创作就没有被传统国乐的条条框框所束缚，他大胆地在乐曲中加入了西班牙吉他的弹奏，给人耳目一新之感。最意想不到的是，这首随意性很强的小品竟受到了百代公司老总德高的称赞并点名要灌制唱片。《打更曲》发行后，多家广播电台把它作为开播曲，影响很大。

民乐合奏曲《花好月圆》是黄贻钧的成名代表作之一，此曲堪比任光的《彩云追月》。这两首风格截然不同的作品，迄今仍是中国民乐经典作品中的经典，久演不衰、常演常新。黄贻钧自从苏州来到上海的百代唱片公司后，所有的工作和学习都与自己一直向往的音乐有缘，因此心情长期处于亢奋状态。1937年的夏秋之交，黄贻钧在接到上海国立音专的录取通知书后更是欣喜若狂，他实现了多年来梦寐以求的夙愿，激动的心情再也难以平复，深埋在心底和涌动在脑海的音符此刻似乎都要喷涌而出。无法抑制内心强烈创作欲望的黄贻钧，一气呵成地写下了奔腾在心中已久的欢快隽永、热烈奔放的旋律。这些从心中流淌出来的音乐，很快就被他编配成一首民乐合奏曲。由于当年百代国乐队乐手的局限，因此黄贻钧在新作的编配中只用了笛子、二胡、琵琶和扬琴等四件乐器，乐曲的配器简洁明了。主旋律反复演奏四遍，头尾基本运用了齐奏的样式，中间的两遍采用了不同乐器的问答式轮奏，其中还夹杂着锣和鼓的衬托，以增添欢乐的气氛。此作是先有旋律后有曲名的，因为乐曲充溢着欢快、愉悦的情绪和对美好未来的憧憬，好友陈中在作品录成唱片前，就为其取名为《花好月圆》，意喻一切都美满。

新中国成立后，北京中央广播文工团的指挥彭修文用轻音乐的形式，把黄贻钧的民乐合奏曲改编成同名的大型民族管弦乐曲，同时被改编的乐曲还有任光的《彩云追月》。几年后，上海交响乐团的大管演奏家关英贤又分别把《花好月圆》和《彩云追月》改编成由西洋管弦乐队演奏的单乐章管弦乐，从此这两首作品成了上交久演不衰的保留曲目。以后，《彩云追月》又被钢琴大师殷承宗改编成钢琴小品在各种音乐会上演奏。海政文工团的作曲家付林还将《彩云追月》的旋律填上歌词，成为一首委婉动听的抒情歌曲。无疑，《花好月圆》和《彩云追月》的旋律，给几代国人留下难以磨灭的深刻印象。

当年，黄贻钧还把刘天华创作的一首二胡名曲《除夜小唱》改编成管弦乐曲《良宵》。这首作品也是黄贻钧的代表作之一，乐曲生动地描绘了人们欢聚守夜、共度良宵的愉快场景。此作蕴含鲜明、浓郁的民族特色，将炽热的中华风情用西方化的音乐语言表达出来。作品不仅受到广大人民群众的喜爱，就连许多外国交响乐团来华演出，都会加演这首中国作品。

音乐生涯的开启

1937年10月，黄贻钧成为上海国立音专管弦系的小号本科生，从此也开启了他真正的音乐生涯。就在黄贻钧完成他的民乐合奏曲《花好月圆》的唱片录制后不久，因淞沪抗战的爆发，百代唱片公司也被迫暂停运行了。

淞沪抗战后的上海，租界外的许多建筑，大都已被战火毁坏。上海音专在江湾新建不久的校舍也未能幸免，已在战火中化成一片废墟。此时的上海音专被迫又迁至法租界的临时校址。当年上海音专管弦系的绝大部分教师，都是上海工部局交响乐团乐手兼职的。黄贻钧在校的主课老师是工部局乐团的小号首席杜勃洛伏尔斯基，他是俄籍犹太人，是俄国十月革命后流亡到上海的。他的演奏技巧高超，吹奏的音乐动人自如，高音随心所欲，他是黄贻钧一生中见识到的最好的小号演奏家。

黄贻钧的小号学习非常顺利，他吹奏小号的音色和乐感都非常出色，但演奏技巧还有些缺憾。主要是由于他吹奏单音时的吐音速度一直未能达到最高的境界。因此，他要吹奏一些世界经典曲目中难度较高的小号solo（即独奏或领奏）时，就显得有些力不从心了，有些难度很大的作品甚至不能胜任。

黄贻钧在上海音专学习期间，因杜勃洛伏尔斯基的力荐，被招入上海工部局交响乐团担任第三小号手。有一次乐团排演里姆斯基·柯萨科夫的交响组曲《撒旦皇》时，考验就来了。这部作品在结尾有一段音乐，要求乐队中的三位小号手，依次单独吹奏出一句四分之二拍的两小节旋律，来表现撒旦皇凯旋时号角争鸣的情景。在此曲上演前的合练中，在第一、第二小号独奏完各自的旋律后，轮到黄贻钧进入自己的音乐角色时，他却因独奏的速度未能与其他两位小号手的速度一致而影响了整首作品的表达和完整性。在这部作品正式演出，轮到黄贻钧的这段独奏时，他只能请自己的老师杜勃洛伏尔斯基代劳吹奏了。

黄贻钧除了在音专主攻小号外，还选修了中提琴和大提琴。他的中提琴老师利佛斯克利是工部局乐团的第二小提琴首席，而大提琴老师舍甫蹉夫则是名扬世界的大提琴演奏家、工部局乐团的首席大提琴。他俩都是兼职教授,但授课却从不懈怠马虎,十分较真负责。在名师们的悉心培育指点下,刻苦好学的黄贻钧,琴艺已达到了专业水准。这些经历都是他日后能成为中国顶尖指挥家的铺垫和积累。

视唱练耳与和声学,是上海音专学生必修的共同课。黄贻钧的视唱练耳课老师是留法归来的音乐理论家陈洪,学习的教材是他从法国带回的。和声学的老师是李惟宁,他所教授的课本是俄国里穆斯基·柯萨科夫的《和声学》,与黄贻钧原先跟黄自学习的教材有许多不同。学习了两个不同版本的和声学教材,对黄贻钧进入电影音乐的创作大有益处。

当年上海音专的教学体制是实行学分制和学年相结合的,对各门课程的要求都很严格。由于黄贻钧在校就读时就一面学习、一面谋生,这就难免会影响他的学业。原本四年的课程,黄贻钧花了五年时间。1941年太平洋战争爆发后,原先的英法美租界都已不复存在了,上海音专也无奈地准备内迁重庆。但此时的黄贻钧还有两门必修课尚未修完,但他又不打算随校去重庆。于是这年底,学校就发给黄贻钧一纸毕业证明(不算正式文凭)后,就结束了其在校的学习生涯。但黄贻钧在音专学习期间有幸结识了邓尔敬、李德伦、韩中杰、陆洪恩和陈传熙等一批日后成为中国乐坛栋梁的大家,其中很多人成了他一生的挚友。

1939年,24岁的黄贻钧与相识多年、自己胞妹的同班同学张冰虹喜结连理。当年双方家庭的经济状况都比较拮据,结婚所用是黄贻钧在百代国乐队工作时的所有积蓄,其中包括最后一笔公司遣散费:三个月的工资。结婚典礼在上海中社礼堂举行,证婚人是黄贻钧的老师陈洪先生。尽管婚礼办得非常朴实,但黄贻钧也因此耗尽了所有的积蓄,甚至还背上了一些债务。婚房是临时租借在离上海

黄贻钧、张冰虹夫妇

工部局交响乐团不远的一处石库门里弄，房间是底楼的一间后客堂，又潮又暗、白天都要开灯，但黄贻钧总算也有了一个自己的家。妻子张冰虹贤惠善良能干，又善解人意，婚后两人育有三子。妻子张冰虹长期在家相夫教子，事无巨细地把家里打理得井井有条，使工作繁忙的丈夫没有任何的后顾之忧。

虽然黄贻钧结婚时，还是上海音专的一名在读生，但他已谋得了在工部局乐团的乐手一职，也有了固定的收入。但在那个战火纷飞、民不聊生的战争岁月里，物价飞涨，货币又不断贬值，要想靠黄贻钧的工资来维系一家人的生活，显然有些杯水车薪了。

为了生活，黄贻钧与一班精通音乐的好友，组织起一个"乐艺社"。对外像一个音乐团体，实则是专为有钱人家的婚嫁喜庆服务。但当时的社会经济萧条，这种赚钱的活儿并不多，因而此举根本解决不了大伙儿养家糊口的问题。

但好在当年的电影和话剧正在蓬勃兴起中，其配乐、演奏和指挥工作正是黄贻钧的所长。但黄贻钧这匹千里马还要有像费穆这样的伯乐来赏识，才有用武之地。无疑一代名导费穆就是黄贻钧从事影剧音乐作曲的引路人。他编导的影片《天伦》和话剧《杨贵妃》，都大胆地邀请当时还名不见经传的黄贻钧来配乐，这也是黄贻钧首次涉足影剧作曲。

大导演费穆博学多才又通晓音律，而且为人豪爽、喜欢交友，与黄贻钧是无话不谈的艺坛知音。费穆长期与黄贻钧合作，好多作品都请他来配乐。1939年夏，费穆编导了由民华影业公司投拍的古装影片《孔夫子》，请黄贻钧配乐。此片有强烈的人文气息，影片中的孔夫子涉身战火之中，仍周游列国阐述己志。影片用以古喻今的手法来表达对当时中国时局的担忧，以此来唤醒国人。

为了能更准确地再现这位两千多年前的杰出人物，黄贻钧在音乐的把控和塑造上费了很多心思。尤其在对孔子这个人物的音乐塑造上用了浓烈的悲壮色彩。为了尽量还原那个时代的风貌，他觉得在配乐时西洋乐器已自不能用，即使国乐中的胡琴之类也是以后的年代从西域流入华夏大地才成为国乐的，显然与年代不符而不合适。在权衡再三后，黄贻钧选用了七弦琴、箜篌之类的古乐器来演绎音乐。营造的旋律显得古色古香又肃穆庄重，收效不错。此外，黄贻钧还特邀好友秦鹏章为费穆在片中作词的主题歌《孔圣颂赞》谱曲，此歌为影片的成功增色不少。

《小城之春》是费穆先生的代表作。这是一部极富艺术色彩的影片，其音乐也是由黄贻钧谱写的。影片中的人物不多，导演显然不是在刻意地去追求故事情节的新奇和片中人物命运的起伏，而是用很大的篇幅来竭力反映、刻画人物的心灵和情感世界。这样的导演手法，无疑给黄贻钧的音乐表现提供了更大的空间。在影片中，黄贻钧努力追求音乐情调与整体风格的统一，用抒情的音乐主题来展现故事情节和气氛。在音乐的配器上，黄贻钧在弦乐的演奏中多次穿插进钢琴弹奏的主旋律。另外，他还在影片中天衣无缝地加入了两首由王洛宾采撷得来的新疆民歌《在那遥远的地方》和《可爱的一朵玫瑰花》，恰如其分地渲染、烘托了故事情节的发展。费穆一直认为：电影音乐不单单是影片的陪衬，而是电影艺术创作过程中一个不可替代的有机组成部分。他的这种理念深刻影响了黄贻钧的电影音乐创作。

黄贻钧的影剧配乐生涯长达十几年，从抗战中期一直持续到新中国成立之初。其间，他曾为七十多部电影和话剧谱曲、配乐、演奏和指挥。黄贻钧几乎与当年所有的影剧名导都有过很好的合作，其中影响较大的影片有：卜万苍编导的《貂蝉》《西施》，马徐维邦编导的《麻风女》，杨小仲编导的《隋宫春色》，吴永刚编导的《忠义之家》，汤晓丹导演的《天堂春梦》，应云卫导演的《喜迎春》，方沛霖导演的《风月恩仇》，岳枫导演的《森林大血案》，桑弧导演的《哀乐中年》等经典作品。新中国成立之初，已担任上海交响乐团团长兼首席指挥的黄贻钧仍在繁忙的工作之余，又为孙瑜编导的影片《武训传》，石挥自导自演的影片《我这一辈子》《鸡毛信》，以及林农、谢晋合作导演的影片《一场风波》谱写音乐。

当年电影配乐及录音的节奏很快。黄贻钧在接到电影作曲的任务后，一定要赶在第一时间抓紧谱曲。他在每写完一段总谱后，就分别由陈传熙和韩中杰协助抄写分谱，这样工作效率更高。那时的录音经常是通宵达旦，由于乐手们的演奏水准很高，所以只要把新作练上一遍就能马上实录。录音完成后，乐手们就抓紧时间休息，因为第二天还要照常上班。

在抗战时期的上海孤岛，电影的制作却一反常态地在不断发展中。制作一部故事影片只要七至十天就能完成，配乐的影片多了，黄贻钧的工作也更繁忙了，但收入也在相应增加。有了一定积蓄的黄贻钧，慷慨无私地资助过许多在音专读书时的同窗好友，并为自家购置了一幢靠江苏路愚园路口的一条新里中的三层小楼，从此他在此楼度过了一生。

诚然，当年影剧配乐的竞争是相当激烈的。我国早年的革命音乐家聂耳、冼星海和学院派的音乐大家黄自、贺绿汀、刘雪庵、陈田鹤、江定仙等都曾涉足影剧的作曲配乐，而且经典作品很多。与此同时，正在兴旺发达的上海电影事业也催生出一批专门从事电影音乐创作的作曲家，其代表人物有：陈歌辛、黎锦光、姚敏、严华、李厚襄、严工上、严折西和梁乐音等，他们大都无师自通，是在创作中学习作曲，在作曲中摸索创作。他们谱写电影音乐的最大亮点就是贴近百姓生活，反映时代风貌，而且这些作品旋律优美、通俗易唱又朗朗上口。这些传唱至今的电影插曲当年被人们称作"时代曲"，也就是我们今天所说的"上海老歌"。黄贻钧在与如此众多的大家和名流的角逐中，不仅能在十多年间始终分得一杯羹，而且还占据很大的优势，这都得益于他的为人和音乐才华。

黄贻钧谱写的电影音乐，最擅长的是用音乐来塑造片中人物和渲染、衬托电影的画面和情节。虽然他所谱写的电影插曲远不如陈歌辛、黎锦光们的作品那样流传广泛，但也不乏许多传世的经典。譬如：李萍倩执导的影片《浮云掩月》。此片讲述了一对夫妻由于第三者的出现而产生婚姻危机的故事，这是一部有教育意义的艺术影片，由龚秋霞、王丹凤和严俊主演。片中的主题歌《莫忘今宵》由主演龚秋霞演唱，歌曲的音域比较宽，演唱有一定难度。但好在龚秋霞是学习过美声唱法的，诠释此作得心应手、游刃有余。胜利唱片公司在影片上映的同时，还灌制了《莫忘今宵》的黑胶唱片。随着影片的公映和唱片的发行，歌曲很快传遍大江南北，还流传到南洋。

歌舞影片《莺飞人间》是导演方沛霖为当红歌星欧阳飞莺量身定制的一部影片，影片的音乐是由黄贻钧独立完成的。但片中的12首插曲分别由陈歌辛、黎锦光、姚敏、李春华和侯湘等分别参与谱曲。黄贻钧也在其中创作了《雨蒙蒙》《春天的花朵》《梅花操》等三首插曲。片中的歌曲《香格里拉》《自由地歌唱》经欧阳飞莺的演唱后，流传甚广。影片在全国各大影院上映后盛况空前,每天上映四场还连满四个多月。此外黄贻钧还为其他影片谱写过《红灯绿酒夜》《青山翠谷》《子夜歌》和《楼东怨》等插曲。

黄贻钧最难以忘怀的是,他组织过当年上海滩鼎鼎有名的电影"配音帮"。这虽不是一个正规的音乐团体,但确是一支长期合作的高水准音乐演出团队。所有的13名成员都是他在上海音专时的校友和老师,黄贻钧自任乐队指挥,小提琴由谭抒真、马思宏、毛楚恩、窦立勋、秦保斯基担任,大提琴由舍甫蹉夫、低音提琴由乌西斯基担纲,以及陈传熙的双簧管、韩中杰的长笛、秦鹏章的单簧管、布计平的小号、比恩采尼的圆号和陆洪恩的定音鼓。这个"配音帮",几乎垄断了当年所有电影的录音演奏工作。

1939年10月,还在上海音专学习的黄贻钧经老师杜勃洛伏尔斯基的力荐,正式进入上海工部局交响乐团当第三小号手,这是一个令多少音专学生梦寐以求的美差。那时的中国正处在战火纷飞的年代,原本工部局乐团的一些乐手,为躲避战乱而离开上海回国,一时五十多人编制的乐团缺了不少乐手。这也正是中国乐手能进入原本由外国人一统天下乐团的缘由之一。另外还有一个重要的原因是:每年工部局董事会开会讨论来年的财政预算时,总有不少人提出要解散旗下的那支只为少数人服务的交响乐团,理由是其社会效应和支出的比例悬殊太大,因此乐团没有存在的必要。为此该团的管理层就想出一个妙招,廉价雇佣可以胜任乐团工作的中国乐手,以此来平衡乐团的开支。当年中国乐手的工资每月只有20块大洋,而顶尖的外国同行工资是其50倍之多,最少的也有十几倍。黄贻钧进团时只招募了4名中国乐手,以后又陆续增加到13位之多。在这个乐团里,华人与洋人的待遇是完全不同的。洋人享受免费医疗,而华人因病因事请假,非但没有工资和医疗费用的报销,而且还要自费找替工来完成乐团的演出。有一年,黄贻钧患肋膜炎,医生希望他能休养一个月,于是他拿着医生的证明去向指挥、意大利人梅百器请假。但梅百器却说:请假可以,但必须先找到吹小号的替工,否则不能准假。那时年轻气盛的黄贻钧气不打一处来,他扭头便回苏州老家休养去了。待病愈回沪去团里上班时,才得知因为他的私自离开,而引得梅百器大发雷霆,至今气还未全消。无奈,黄贻钧只能低声下气地去向这位位高权重的洋人认错赔礼。梅百器先把黄贻钧大骂了一通,然后还要扣下他的一个月工资。但为了能在这个当时中国顶尖的

黄贻钧：中国交响乐指挥第一人

黄贻钧、谭抒真与外宾

乐团继续工作生存，黄贻钧也只能忍声吞气。

虽然梅百器的为人处世作风粗暴专制，但他毕竟是音乐大家李斯特的嫡传弟子，是有很高音乐造诣的。在工部局乐团工作的那些岁月里，在梅百器的调教下，黄贻钧确实学到了许多对他今后站在指挥台上有用的东西。太平洋战争爆发后，工部局交响乐团被日本人接管了。黄贻钧和谭抒真等一些爱国的华人乐手，不愿意再为日本人服务而离开了乐团。直到抗战胜利的1945年秋，黄贻钧才重返乐团，此时该团已更名为上海市政府交响乐团。

中国交响乐指挥第一人

1949年5月上海解放，上海军管会很快就正式接管了原国民政府的上海市政府交响乐团，同时把该团更名为：上海市人民政府交响乐团。最初军管会派到乐团的军代表是黄沅和联络员桑桐，不久又改派罗浪（后调任北京组建中国人民解放军军乐团，并担任新中国开国大典中军乐演奏的总

黄贻钧、贺绿汀与众音乐家们

指挥）为军代表。黄贻钧和韩中杰这两位老团员负责团里日常的排演工作，意大利人富华仍留任乐团指挥。

1950年4月，乐团设立团务委员会，黄贻钧被任命为乐团第一副主任（无正职）和副指挥，由此他也成为中国最早的专业交响乐指挥家。1954年1月，上海文化局所属的四个音乐文化团体——交响乐团、合唱团、民族乐团和管乐团合并成立"上海乐团"，由贺绿汀任团长。黄贻钧任副团长兼交响乐队队长、常任指挥，陆洪恩被任命为交响乐队的副队长。在通过严格的考试后，陆洪恩和陈传熙也由原来的演奏员升格为乐队的副指挥。

1956年底，上海乐团被撤销，各乐队分别恢复原先的建制。此时原上海人民政府交响乐团已被正式命名为"上海交响乐团"。黄贻钧任团长兼首席指挥，陆洪恩任副团长兼指挥。早在四年前，韩中杰和秦鹏章就去了北京组建中央歌舞团（中央乐团的前身）。两年后陈传熙又被正式调往上海电影乐团，至此黄贻钧肩负的担子也更重了。

上海人民政府交响乐团在解放后的首次亮相，是在原跑马厅举行的上海各界人士庆祝解放的群众集会上。黄贻钧以第一个中国指挥家的身份，

黄贻钧与李德伦、韩中杰及上海交响乐团指挥家们

在集会上指挥乐团演奏了黄自的交响乐《都市的晨光》。由于那时中国人创作的交响乐很少，因此根据需要，黄贻钧和郑德仁等就把《咱们工人有力量》《解放区的天》和《东方红》等一批革命歌曲改编成管弦乐来演奏，受到了与会广大人民群众的热烈欢迎。

1950年10月8日，黄贻钧正式登上兰心大戏院的指挥台，执棒指挥了有"远东第一乐团"之称的上海人民政府交响乐团，在音乐会上演奏了三部新创作的中国交响作品，曲目有张赫的《快乐的农村》、王云阶的《江南组曲》和黄贻钧自己所作的《中国民歌选奏》。在黄贻钧的激情挥舞下，整场音乐会高潮迭起，赢得圈内外的好评。诚然，黄贻钧并没有系统地学习过指挥学，他是从乐队演奏员成为乐队指挥的，从指挥自己的作品开始，开启了他的指挥生涯。因此黄贻钧一直谦称自己只是一个土生土长的指挥，然而就是这位"土指挥"，为中国在世界乐坛赢得了极高的荣誉。

由中国人正式指挥西洋交响乐团，在中国音乐史上是里程碑式的大事件。在那个年代，也只有马思聪、冼星海留法学习作曲时兼学过指挥，此外还有留美学习指挥的黄飞立。但马思聪也只在抗战时期的陪都重庆，指挥过由清一色的华人临时组建的中华交响乐团举办的几场音乐会，他真正的音乐生涯还是以小提琴和作曲为主。而冼星海只指挥过延安鲁艺的一支编制严重不足的中西合璧乐队去演出《黄河大合唱》。黄飞立留美归国后一直在中央音乐学院执教指挥学，没有舞台演出的经历。直至1956年后，中国派出了李德伦、韩中杰、严良堃和黄晓同等留苏学生，去苏联的音乐院校专攻乐队指挥。几年后待这批学子学成归来后，中国才真正有了一批能驾驭西洋管弦乐队的指挥。

黄贻钧先生生前曾对我说起过他第一次执棒指挥时的感受：当第一次踏上指挥台的那一瞬间，心里无比激动。他用所有涌动着的激情，挥舞着双手去指点乐团诠释中国音乐时，浑身充满了翻身的感觉。此时此刻也唤起了他过去在工部局乐团工作时的一些回忆，想起了当时乐团在帝国主义的统治下，中国人处处受歧视的情景。更想起冼星海从法国归来后，想自费恳请工部局乐团来演奏他所创作的作品，并由自己来担当指挥，但在当时中国人处处受欺压的社会里，冼星海的愿望无疑是遥不可及的天方夜谭。

虽然黄贻钧早在1942年就随德籍犹太音乐家弗兰克尔学习过作曲指挥，此前他在上海音专求学期间，也选修过指挥学课程，但毕竟没有系统地学习。只是在自己创作的影剧作品的演奏中指挥过乐队，因而在实践中也算积累过一些指挥经验。但黄贻钧深知这是远远不够的。指挥是一支乐队的组织和领导者，也是上演作品的诠释者，是所有音乐表达的灵魂。要想提高乐团的水平，首先要提高指挥的素养。因而黄贻钧不管工作怎样繁忙，都会不失时机地向来华访问演出的外国指挥家们揣摩学习。

1955年夏，有位苏联青年指挥家来沪举办短期的指挥训练班。这位指挥家非常强调背谱指挥的重要性。因为这样做能在演出时使思想更集中，通过指挥的双手和面部表情来准确传达乐曲的意境。黄贻钧非常赞同这样的指挥理念，因为他了解富华在指挥柴可夫斯基的《第四交响乐》时，这首长达四十多分钟的作品是不看谱指挥的。黄贻钧认为，外国音乐家能背谱指挥，中国的指挥也一定能做到。其实早在1953年，他就开始根据乐曲的内容和结构，分析研究出一套自己独到的背谱指挥方法。那时他就尝试背谱指挥并在上海交响乐团演奏过贝多芬的《第五交响乐》、德沃夏克的《新世界交响曲》及柴可夫斯基的《第六交响曲》等。用笨鸟先飞的背谱指挥方法，来弥补自己先天的一些缺失和不足，这也是黄贻钧能长久地屹立在指挥台上的独门秘诀。

1957年，黄贻钧终于有机会去北京，追随在中央乐团开办指挥训练班的德国指挥家戈斯林学习乐队指挥学，时间长达半年多。戈斯林博学多才又治学严谨，在长达四十余年的指挥生涯中，形成了一套自己独特的教学方法和体系。他的教学不仅强调规范的形体动作，还身先垂范诠释许多世界经典交响作品的演绎手法。他的教学深刻影响了黄贻钧那一代指挥家。尤其他在讲课时，既谈论指挥学本身，也分析交响乐作品。他认为：指挥在艺术上是否能获得成就，有两个重要的条件。其一是指挥的艺术想象力，其二就是表达这种想象力的技术。艺术想象力是个美学和哲学问题，这都是靠指挥自身的文化艺术修养而决定的。至于表达艺术想象力的技术，戈斯林认为有三个方面很重要：首先要找到演绎作品的灵魂和其深刻的思想内涵，并把握作品的风格；其次要对作品有严谨的谋篇布局；最后是具体的乐句处理和音乐速度的变化及力度的控制等，都要恰如其分。黄贻钧觉得戈斯林对指挥学的见解很概括也很集中，他更明白了指挥在音乐艺术创作中的作用和要求，也更坚定了他学好指挥艺术的信心和决心。

1957年3月至1958年7月，苏联著名指挥家、斯大林金奖获得者迪里济耶夫作为苏联援华专家来沪工作。他在上海音乐学院执教的同时，还兼任上海交响乐团的总指导，并专门为黄贻钧、杨嘉仁、陆洪恩和陈传熙等四人进行一对一的专门辅导。黄贻钧通过多位外国指挥家的授艺而获益匪浅。他在博采众长的基础上，通过舞台的实践，指挥艺术日渐炉火纯青。

1955年，芬兰作曲家西贝柳斯诞辰90周年。因芬兰和中国是友好国家，因此文化部建议在上海举办西贝柳斯专场音乐会，由上海交响乐团担任演出。对中国举办这样的活动，芬兰方面非常重视，并派出该国著名指挥家西米拉来沪加盟参演。西贝柳斯作品音乐会共演出两场，第一场由西米拉单独指挥，第二场则分别由黄贻钧和西米拉各自指挥半场演出。为了能更全面地展现西贝柳斯的音乐成就，黄贻钧受命指挥演出西贝柳斯的一首早期交响作品《萨卡》。此作很少有人问津，更少演出，国内没有此作的总谱。而西米拉从芬兰带来的乐谱此时又遗忘在北京的芬兰使馆。等黄贻钧拿到从北京寄来的《萨卡》总谱时，离正式演出只有一天时间了。但黄贻钧硬是顶住了压力，他通宵达旦地读谱，并花了一个小时与乐队合作排练此作。到公演时，黄贻钧共成功指挥了西贝柳斯的四首交响作品，受到了西米拉的高度评价。

　　1958年6月，苏联三大交响乐团之一的苏联国家交响乐团访华演出。该团有100多位演奏家，指挥伊万诺夫和阿洛索夫及钢琴家巴斯基洛夫、小提琴家皮卡伊增等都是苏联国宝级的艺术大家。该团在上海访问演出时将出演四套不同的曲目，其中大部分是苏联著名作曲家的交响作品，也有中国作曲家马思聪、贺绿汀的作品。黄贻钧有幸应邀指挥该团演奏柴可夫斯基《第六交响乐》的第三乐章和《小提琴协奏曲》中的第三乐章，受到了苏联同行的赞扬和上海人民的热烈欢迎。

　　上海交响乐团在黄贻钧主政的时代，既排演过许多人们耳熟能详的世界经典交响作品，也上演过一些中国作曲家创作的民族交响乐。1960年，人民音乐家聂耳逝世25周年、人民音乐家冼星海去世15周年，为此京沪两地举办了多场纪念音乐会。在上海纪念聂耳、冼星海的音乐会上，上海交响乐团首演了冼星海的交响作品《第一交响曲——民族解放》，这首作品是冼星海在中华民族生死存亡的年代里于莫斯科完成的。这是冼星海的第一部交响作品，也是中国音乐史上第一部民族交响乐。作品具有鲜明的民族风格音调，其中还用了中国各地的许多民歌和戏曲音乐元素及中国打击乐。但冼星海这部交响乐是他随延安电影团去苏联为延安拍摄的纪录影片《八路军在延安》作后期录音剪辑工作时，在第二次世界大战时的异国他乡的艰难环境下，拖着久治不愈的病体写就的。按照音乐创作的通常惯例，尤其是器乐作品，曲作者应该在作品完成后就要听取乐队演奏新作后的音响效果，再进行修改或润色，使作品更加完善。但因当时苏联大部分国土已被德国法西斯侵占，而此时冼星海又身处中亚，不可能奢望有管弦乐队来演奏此作。平心而论，《第一交响曲》是冼星海的交响乐处女作，他的英年早逝也使他还来不及对自己的作品有全面的修改和调整，因此作品难免会有遗憾和不足。早在两年多前，就有上音作曲系的三位学生对冼星海的这部交响作品提出过一些质疑。从某种意义上来说，当年对冼星海的作品是不容怀疑和更改的。黄贻钧面对这首内容丰富但乐曲又比较冗长的作品，丝毫不敢懈怠。为了全面、准确地展现冼星海的创作思想内涵和完整的音乐结构及统一的音乐风格，能在舞台上更好地表达这首作品，黄贻钧在构思诠释此作时是动足了脑筋。他带领全团加班加点、克服许多困难，在较短的时间内完成了排练。就这样，黄贻钧执棒的《第一交响曲》成功地在上海文化广场演出，并深深打动了在场的观众。几天后，上海人民广播电台连续四天来上海交响乐团录制这部作品。

以后，黄贻钧又指挥上海交响乐团分别演奏了冼星海的《中国狂想曲》《第二交响曲》，贺绿汀的《晚会》《森吉德玛》，李焕之的《春节组曲》，丁善德的《长征交响曲》《新疆舞曲》，桑桐的《幻想曲》，王云阶的《抗日战争交响曲》，瞿维的交响诗《人民英雄纪念碑》《白毛女序曲》，朱践耳的《节日序曲》《英雄的诗篇》，李伟才的《小放牛》和葛炎的《马车》等。

1962年初夏，黄贻钧应邀赴京指挥中央乐团演出三套四场交响音乐会，为此黄贻钧在赴京演出前做了大量的案头工作。他到达北京的第二天，就前往中央乐团排练。此次演出分为三套节目进行，第一套节目是由上海交响乐团的女钢琴家顾圣婴弹奏柴可夫斯基的《第一钢琴协奏曲》，第三套节目由中央乐团的殷承宗独奏拉赫玛尼诺夫的《第二钢琴协奏曲》，这两位独奏的年轻钢琴家都是国际钢琴大赛的获得者。第二套节目则是中国交响乐作品的专场音乐会，要连演两场，上演的曲目有丁善德的《长征交响曲》和瞿维的《白毛女组曲》等。这三套音乐会的曲目，黄贻钧都是背谱指挥的。7月8日，中国交响乐作品音乐会在北京民族宫礼堂举行。演出这天高朋满座，群贤毕至，一票难求。李焕之、李凌、时乐濛、黎国荃、李德伦、韩中杰、严良堃、秋里和瞿希贤等在京的音乐家都到现场聆听，并祝贺演出。

1964年，是新中国建国15周年。在经历了三年困难时期后，我国的国民经济已全面好转，整个社会又呈现出一派欣欣向荣的大好局面。这年第五届的"上海之春"开幕式上，上演了一台表现共产党人领导中国人民进行革命斗争并夺取政权、建设社会主义的大型歌舞节目《在毛泽东旗帜下高歌猛进》。这台节目有两千多人参演，几乎包揽了上海所有的专业和业余的音乐舞蹈团体。市文化局领导孟波和许平担任总策划，演出由黄贻钧和司徒汉分别担任现场指挥。这台节目从3月开始构思到5月初演出，黄贻钧在两个多月内参与了整台节目的编排。从艺术构思到音乐的处理、配器和试奏排练等，他在全过程中是天天连轴转。虽然工作很辛苦，但黄贻钧的内心却是美滋滋的，感到十分光荣。这台节目在当年5月21日彩排，23日和24日在上海文化广场连演两场。在这届"上海之春"闭幕后，因节目精彩又影响广泛，在广大群众的强烈要求下，又破例连演了七场。

上海这台大型歌舞节目成功上演的消息，很快就传到了北京。6月18日，时任国务院副总理兼外交部部长的陈毅元帅在陪同坦桑尼亚第二副总统卡瓦瓦访问上海时，就提出要亲自陪同外宾观摩《在毛泽东旗帜下高歌猛进》这台歌舞节目。非洲朋友在看了这台节目后非常感动，他们认为：中国人民和非洲人民一样遭受过帝国主义的压迫，并为翻身当家做主的中国人民能取得如此伟大的成就而感到鼓舞。陈毅元帅在送别外宾后，就专门与这台节目的主创人员座谈。他希望节目中的有些内容可做些充实和调整，并指示：演出的班子不要散，请总理来看一次。

7月13日，周恩来总理和陈毅外长在出访友好国家的归国途中停留上海时，专门观看了歌舞节目《在毛泽东旗帜下高歌猛进》。那时北京正在筹划一台庆祝国庆十五周年的文艺晚会，周总理在看过上海的这台节目后感到非常欣喜。当晚他和陈毅在锦江俱乐部接见了孟波和许平，大家都吃了一碗赤豆汤作为宵夜。这天周总理说：《在毛泽东旗帜下高歌猛进》这台节目总体很好，但有两处地方要增加和删改：一是节目中没有重点突出事关中国革命生死存亡的"遵义会议"；二是节目的内容演到新中国成立为好，后面的章节可删除。但纵观整场演出，反映革命历史的歌曲似乎少了些，我看可以把前不久空政文工团在北京演出的"革命历史歌曲演唱会"融入这台节目中，在融合这两台节目的基础上，搞一台全景式的反映中国革命历史和中国人民精神风貌的大型音乐舞蹈史诗作为国庆献礼剧。

周总理一行回京后，他旋即就在7月18日的国务会议上正式提议要创作一部大型歌舞节目向国庆十五周年献礼。7月31日周总理亲自点将，初步拟定以周扬为首的大型音乐舞蹈史诗《东方红》的十三人领导小组。为了能更好地圆满完成这一任务，周总理还亲自出面调集了当时国内一流的编导、作曲、指挥、歌唱和舞蹈家聚集北京。

《东方红》由陈亚丁、周巍峙负责编导组，黄贻钧和司徒汉及北京的黎国荃、严良堃、胡德峰、何仿等六人为执行指挥。来自中央直属和全国各地方音舞团体及解放军各文工团以及首都业余文艺团体的三千多名演员参演。《东方红》共分六大板块演出，黄贻钧是第一个出场的指挥，他执棒的是序曲《葵花像太阳》和第一场《东方的曙光》。在赴京加入《东方红》剧组排练的那些日子里，黄贻钧几乎一刻也没休息。他除了主要为乐队排练外，还要改乐曲写配器，甚至抄写分谱等，忙得不亦乐乎。直至抵京后的9月6日，他才第一次外出购买了些生活用品。黄贻钧这种认真负责又事无巨细的工作作风，受到大家的好评和尊重。

《东方红》是边排练、边修改、边审查的。从9月16日夜起，《东方红》连续在人民大会堂共预演八场带观众的彩排。周总理连看五场演出，每次看完还要主持座谈会，征求各方意见后再及时修改。周总理为这台节目的成功演出，耗费了巨大的精力和心血。9月25日，周总理陪朱德委员长观演，翌日又陪国家主席刘少奇莅临审查，作最后的一次定稿。9月30日晚，音乐舞蹈史诗《东方红》进行了最后一次联排。这台气势恢宏、参演人数空前绝后的大型音舞节目，在短短的不到两个月的时间里便大功告成，等待正式演出了。

1964年10月1日，是中华人民共和国成立十五周年的大喜日子。这天早晨，黄贻钧有幸和《东方红》剧组的部分主创人员应邀上天安门城楼的观礼台，观看盛况空前的大游行。翌日下午2点，《东方红》剧组的所有参演者进入人民大会堂，开始准备当晚的首场演出。这天，刘少奇、朱德、周恩来、董必武、邓小平和陈毅等党和国家领导人现场观摩了这台大型的音乐舞蹈史诗。

毛主席在10月6日的第四场演出时，也亲临人民大会堂观演。陪同观看的还有在京的几乎所有党政军领导人和出席此次国庆庆典的外国领导人。10月10日晚，周总理接见了《东方红》剧组的主创人员。那天，神采奕奕的周总理在周巍峙的介绍下与黄贻钧亲切握手致意。总理亲切又平易近人的形象，黄老铭记了一辈子。由于《东方红》的演出出人意料的火爆，原定的多场演出根本满足不了广大人民群众的需求。于是周总理指示：要尽可能地多加演几场。最令黄贻钧难以忘怀的是10月16日的全体《东方红》参演人员的总结大会，原本会议定在下午2点举行，但3点过后，周总理才陪同毛主席一行来到现场。总理刚到旋即就当场隆重宣布：就在刚才的3点整，我国自己设计制造的第一颗原子弹已爆炸成功。总理话音刚落，全场就沸腾起来了。大家欢呼雀跃，喜悦之情再也抑制不住了。此时大家才明白中央领导为何会在3点过后才到现场接见的原因。

10月19日晚，《东方红》在人民大会堂举行最后一场演出。那天，北京电视台（中央电视台前身）和中央人民广播电台进行了实况转播。在经历了两个多月紧张而又热烈的演出活动后，黄贻钧于10月27日离京返沪。在此次参演中，黄贻钧有机会指挥了由多支庞大而优秀的合唱团和中西合璧的管弦乐队组成的大型乐队，并进行了二度创作。更重要的是黄贻钧在这一过程中，受到了一次生动形象的党史教育，受益终身。由此他也认识到了一个真理：真正的传世经典艺术作品应该是由深刻的政治内容和完美的艺术形式相结合的。

黄贻钧作为中国第一代交响乐指挥家，曾七次代表国家出访演出。1956年，黄贻钧第一次随中国代表团去北欧的瑞典和芬兰访问演出。在芬兰，他有幸应邀指挥欧洲的著名乐团——赫尔辛基交响乐团的一场交响作品演出。在音乐会上，黄贻钧指挥了芬兰作曲家西贝柳斯的《D大调第二交响曲》和中国作曲家施咏康的交响诗《黄鹤的故事》以及柴可夫斯基的《第一钢琴协奏曲》，由同访的中国钢琴家吴乐懿钢琴独奏。音乐会取得了圆满成功，黄贻钧的指挥风格也得到了当地观众的认可和好评。

1958年秋，根据中苏文化协定，黄贻钧成为第一个赴苏访问演出的中国指挥家。此行虽然是一人出访，但代表的却是新中国。因此黄贻钧在行前认真地做了大量的演出准备工作，对访苏上演的曲目已烂熟于心。为期三周的巡演将在苏联的三地举办五场交响音乐会。10月17日，黄贻钧在首站塔什干，指挥当地的管弦乐队上演了两场中苏作曲家的交响音乐会。曲目有中国作曲家马思聪的《三林之歌》、施咏康的《黄鹤的故事》以及柴可夫斯基的《第一钢琴协奏曲》和交响幻想曲《弗兰切斯卡·达·黑米尼》等。

访苏的第二站在达古比雪夫城，黄贻钧也指挥了当地的交响乐团演出了两场交响音乐会。但上演的曲目与前一站完全不同，是肖斯塔科维奇的《第一交响曲》、李斯特的《第二钢琴协奏曲》以及中国作曲家冼星海的《满江红组曲》等。

10月31日，黄贻钧在莫斯科指挥了名扬世界乐坛的苏联国家交响乐团。该团5个月前访问中国时，黄贻钧已有幸与其有过多次接触、并应邀指挥该团上演过两首交响作品。他已对该团的演奏风格和能力是有所了解的。此次莫斯科音乐会上演的曲目，也都是前两站演过的作品。那天在莫斯科音乐院音乐大厅的演出中，黄贻钧以其潇洒大方的形体、清新自然的图式和准确干净的拍点，胸有成竹又从容不迫地驾驭了这支世界顶级交响乐团，从而也足以证明他炉火纯青的指挥艺术。精彩纷呈的演出结束时，全场的观众发出的欢呼声和掌声，一浪高过一浪。黄贻钧谢幕六次仍欲罢不能。翌日，全苏最有影响力的《真理报》和《消息报》及其他许多主流媒体都接二连三地发文盛赞黄贻钧的指挥艺术。这场演出的实况被破天荒地拍摄成新闻纪录影片播映，黄贻钧指挥的两首中国作品《山林之歌》和《黄鹤的故事》还被灌制成黑胶唱片发行。在此次访苏演出中，除了协奏曲，黄贻钧都是背谱指挥的，他为祖国争得了极大的荣誉。

经受暴风雨的考验

在1966年初夏到来的那场长达十年的风暴里，黄贻钧受尽了各种苦难，也被剥夺了六年登台指挥的权利。在十年中，黄贻钧被抄家、批斗和殴打，还接受下乡和去"五七干校"劳动改造。但他始终坚信：光明终究会战胜黑暗，中国文艺的春天也一定会到来的。

阅尽人间春色的黄贻钧在"文革"中对名利荣辱不惊，更不计较个人得失，即使安排他看管团里排练和演出期间在剧场门口的自行车，他也毫无自卑感并尽心尽力。自行车在那个年代是人们最主要的出行交通工具，当时上海交响乐团和上海合唱团已合并为上海乐团，每次演出都有上百辆自行车要看管。但不管刮风下雨还是烈日当空，抑或风雪严寒，人们总能在上海音乐厅、美琪大戏院和市府礼堂等剧场门口和街边，看到一位瘦高的老人在临时看管演出者骑来的自行车。虽然当年电视还未普及，但黄贻钧经常在舞台亮相，许多观众和乐迷对他还是有很深印象的。时间久了，看管自行车的黄贻钧还是被有些观众认出来了，大家一传十、十传百，黄贻钧看管自行车成了人们饭后茶余的谈资。那时每次演出前后，总有许多热情的观众会专门去看望他,向他嘘寒问暖,与他谈天说地。这使黄贻钧感到非常欣慰,觉得广大观众并没有忘记他。其中有一位上音学合唱指挥的在校生赵家圭,他一向非常仰慕黄贻钧。得知黄老在为乐团每次演出看管自行车时,从此他为了能多接触而走近黄贻钧,就不放过任何一次上海乐团的演出机会。每次他早早来到剧场门口,主动与黄老天南地北地阔谈,想从中学习自己想要得到的知识和技能。这样的交往随着时间的推移,两人成了一对谈论指挥艺术的忘年交。看管自行车是黄贻钧人生中的一段难忘经历,正因为有这段经历他更珍惜以后的音乐人生。

到"文革"的中后期,当时只有八个样板戏的局面似乎有些松动。那时北京已上演了钢琴协奏曲《黄河》、钢琴伴唱《红灯记》和交响合唱《沙家浜》等新作,上海也准备排演交响乐《智取威虎山》和钢琴协奏曲《红色娘子军》。

1972年的春夏之交,离开指挥台六年的黄贻钧终于可以重新执棒指挥了。不料他接受乐队排练后不久,突患急性胸膜炎。先是低热,以后又高烧不退,且多次反复,得病的原因很可能是他长期的积劳成疾所致。医生叮嘱他要静心安养,但此时新作上演已迫在眉睫,黄贻钧怎么能甘愿在家休养呢?为了不放过这千载难得的上台机会,黄贻钧说服了医生,也征得了家人的支持,坚持到团里正常排练,边工作边休养。

那年上海的国庆晚会安排在文化广场举行,压轴曲目是吕其明的管弦乐《红旗颂》,由上海乐团和上海电影乐团合作演出,黄贻钧指挥。其实这首管弦乐与黄贻钧颇有些渊源,这首曲目的名字当年也是由他提议而定下的,而此作十年前在"上海之春"音乐节上首演也是他指挥的。那天文化广场的演出座无虚席,当报幕员宣布"压轴曲目《红旗颂》、指挥黄贻钧"时,台下顿时响起了经久不息的雷鸣般掌声。此刻登上舞台的黄贻钧激动无比,他的双眼都已湿润了。这么多年来他在舞台上得到过无数次的喝彩和掌声,但此次的意义却完全不同,因为离开舞台这么多年,广大的群众却从未忘记过他。刹那间,六年来的痛苦和磨难顿时化为激情,随着昂扬奋进的旋律递进,观众的心也随着动人的乐曲在激烈地跳荡。此时此刻,台上演员和台下观众那种心与心的交流、情与情的互动,达到了鼎沸。

从1972年10月黄贻钧重新登上指挥台,到1976年"文革"结束的那些年，黄贻钧主要指挥了交响乐《智取威虎山》《沙家浜》《白毛女组曲》和钢琴协奏曲《黄河》等。

矢志不渝、献身音乐

1978年底，黄贻钧重新出山再度执掌上海交响乐团。但此时的乐团已是百废待兴，原本团里的指挥，有的去世，有的已调走，只剩下他一个光杆司令。为了补充新鲜血液，乐团急需招募有才华的指挥。正当黄贻钧四处打探、寻觅自己合适的接班人却一时无果之际，上音的钢琴教授张隽伟引荐了一位年轻指挥侯润宇，让黄贻钧眼前一亮。侯润宇年少时，就夺得过云南省钢琴大赛桂冠。他为了心中更大的抱负，13岁就千里迢迢只身来上音求学。先修钢琴，后攻指挥，师从留苏指挥大家黄晓同教授。

侯润宇大学毕业时，正逢"文革"初期。他因专业出众，而有幸成为新组建的"五七"音训管弦乐队的指挥。就在这期间，侯润宇得到了大量的乐队指挥实践。由此不仅熟悉了国粹京剧的音乐，还抽出更多的时间去研读、背诵许多著名古典交响乐的总谱，这也为他将来能成为中国一流的指挥家，打下了坚实的基础。

黄贻钧与侯润宇第一次约见，是在黄老家的客厅。大家一番寒暄后，便直奔主题。侯润宇应邀即兴弹奏了贝多芬整套的钢琴奏鸣曲《热情》，他娴熟无瑕的演奏技巧和对作品深刻独到的诠释，令黄贻钧心中窃喜。由于两人的人品、性格和对音乐的理解、追求都极其相似，由此产生了许多聊不完的话题，大有一见如故又相见恨晚之感。

不久后的"八一"建军节，黄贻钧又专程去上音大礼堂现场观摩、考察侯润宇驾驭乐队的真实能力。而并不知情的侯润宇像往常一

黄贻钧与指挥家黄晓同（中）、侯润宇（右）

样,一丝不苟地指挥着音训班大乐队,演绎管弦新作《八一交响诗》和钢琴协奏曲《黄河》。侯润宇的指挥,严谨工整又不失激情洋溢。他掌控乐队时,无论在乐曲的布局还是乐队演奏的表情、音乐的速度,抑或强弱对比等内容的处理上,都拿捏自如、成竹在胸,大有不凡的将军气度。

演出过后没几天,侯润宇被借调到上海交响乐团工作,单独担纲几台中外交响音乐会的指挥。对这千载难逢的机会,侯润宇是喜出望外又格外珍惜。他对所有即将上演的作品,仔细斟酌、反复推敲,做足了案头工作。为此,他还多次去黄老家求教。黄贻钧对这位才华横溢又如此好学的年轻人,更刮目相看了。他毫无保留地把自己这么多年的指挥心得和对音乐的见解和盘托出。黄老认为:任何一个好指挥,在忠实表现原作的前提下,都应有自己鲜明独到的风格。因为指挥的个性和指挥造诣,直接影响作品的再现,更影响乐队的特点和整体水准。黄老还特别告诫:我们中国指挥,尤其在诠释外国经典作品时,千万不能依样画瓢式硬搬模仿,而是一定要展现我们中国乐队独有的演奏特色。黄贻钧这些发自肺腑的教诲,深刻影响着侯润宇的音乐人生。

小试牛刀的侯润宇,在指挥几场音乐会获得成功后,于1977年顺理成章地成为上海交响乐团的常任指挥。此后,他一直协助黄贻钧,为打造中国第一、亚洲一流、世界先进的上海交响乐团而倾其所能。

黄贻钧在觅得得力助手侯润宇的同时,又狠抓乐团的重建和发展。当时乐手的演奏和表现能力还远未达到"文革"前的状态,而此时又因港台和欧美的流行音乐冲击大陆音乐市场,交响乐的观众数量已大不如前,最差的一场演出观众只有两三成。但黄贻钧对交响乐暂时的低谷期并不气馁,为了上海交响乐团的建设和发展,他呕心沥血、殚精竭虑。

黄贻钧始终认为:交响乐团还是应该发挥自己的特点,不能一味去迎合观众,而是要去培养观众,要普及交响乐,还要尽快地提高乐队的水准。黄贻钧用了"走出去"和"请进来"的办法,"走出去"是他向外国高水准的指挥学习,"请进来"是邀请外国优秀的指挥来乐团工作。同时还带领乐团多次去复旦、上海交大、同济和华师大等高校演出,向大学生普及音乐知识、介绍世界名曲。并恢复了"文革"前举办的普及音乐会,黄贻钧亲自带队向中小学生们介绍交响乐队的各类乐器、讲解小型乐曲,同时还指挥演奏中外通俗管弦乐作品。通过这样的努力，培养出了一大批交响乐的爱好者。几年后乐团便尝到了甜头，上海交响乐团的交响音乐会又重新受到观众的热烈追捧。仅1982年的7—8月间，上交就演出了26场中外交响音乐会，观众达21 000多人。

1984年底，年届古稀的黄贻钧退居二线，但仍担任乐团的名誉团长和音乐总监，他虽已不在其位，但心还时时牵挂着乐团的命运。谁料五年后，75岁的黄贻钧不得不再度挂帅。那时上海交响乐团的音乐总监陈燮阳提前一年离任去香港定居，副总监侯润宇正在德国讲学演

黄贻钧指导小音乐家王健和王晓东

出，一时也不能回国，原常任指挥曹鹏此时已调任上海乐团音乐总监，此时乐团已群龙无首。无奈，黄贻钧在1990年初又走马上任了。他为乐团重新搭建了领导班子并规划安排了乐团上演的曲目。他认为乐团在当时的状况下，要顶住困难，学习国外先进乐团的办团理念，乐团只要有一名驻团常任指挥，再配上一名青年助手，其他的指挥可采取临时聘用的客席制。

黄贻钧指挥艺术的巅峰是在他音乐生涯的晚期。1981年初，黄贻钧应卡拉扬之邀赴德国柏林指挥被誉为世界一流乐团之冠的柏林爱乐乐团。此次的出访，是对1979年10月柏林爱乐乐团访华演出的回访。随黄贻钧同行的还有中央乐团的琵琶演奏家刘德海。

改革开放后的1979年，中国的国门已经打开。那时卡拉扬率柏林爱乐乐团来华演出，在北京举行了三场不同曲目的音乐会。黄贻钧和当时中国几乎所有的指挥家都齐聚北京观摩了这三场演出。柏林爱乐乐团是个百年老团，而执棒该团的卡拉扬又被世界乐坛称作"当今世界最伟大的指挥家"。该团在其严格、科学的训练下，积累、上演过大量的经典古典交响乐

和近代作品。观摩该团演出显然就是中国作曲家和指挥家一次难得的学习机会。黄贻钧不仅在剧场聆听观看演出，而且还多次去中央乐团的排练厅，现场体验乐队排练时的感受和指挥的风采。

1981年1月29日，黄贻钧一行乘机抵达柏林。翌日下午，卡拉扬就在该团的演出排练大厅会见了中国同行。那天，卡拉扬正在录制普罗科菲耶夫的《古典交响曲》唱片。当卡拉扬看到黄贻钧到来后，便请他一同上演奏台，介绍他与乐队的成员见面，并发表了热情洋溢的欢迎词。两天后，卡拉扬邀请黄贻钧一行来到柏林爱乐音乐厅，欣赏由他指挥的交响音乐会。那天乐团演奏了勋伯格的《升华之夜》和贝多芬的《第七交响曲》。乐团的演奏是如此辉煌和令人振奋，黄贻钧全身的热血都为之沸腾。这正应验了"此曲只应天上有，人间难得几回闻"，黄贻钧已完全被卡拉扬这位指挥大师的艺术魅力所深深折服。

黄贻钧非常看重此次与柏林爱乐乐团的合作机会，因为他是该团成立99年来第一位合作的中国指挥家。黄贻钧早在得知柏林之行的消息后，就已经做了大量的准备工作。此次上演的三场音乐会，出演的是同一套曲目：鲍罗丁的《在中亚细亚草原上》和中国作曲家吴祖强的琵琶协奏曲《草原英雄小姐妹》及德沃夏克的《新世界交响曲》。黄贻钧为了避开欧洲作曲家的作品，而煞费苦心地选择了两个草原题材和一个新大陆，由此来表现音乐的东方情调和色彩。

柏林爱乐乐团是一支训练和演奏素质都超一流的乐团，该团对黄贻钧的此次合作非常重视，在演出前安排了两次排练。柏林爱乐乐团的乐队有首席四人、第一首席三人、首席一人。按惯例，第一首席可以不参加一般的音乐会，只有重要的演出场合才会现身。但黄贻钧执棒的这三场音乐会，乐团所有的成员都悉数参加了，可见他们对这位中国指挥家的尊重。

黄贻钧执棒的柏林音乐会，效果一场比一场好。在两千多人的剧场里，座无虚席的观众对这位中国老人和有着东方神韵的音乐，多次报以发自内心的欢呼和掌声。原本柏林爱乐乐团的演出，是不加演任何作品的，但此次却一反常态，刘德海每次演出都会加演两首琵琶小品：《雪中森林》和《春江花月夜》。这两首小品的乐队总谱都是黄贻钧在国内谱写好的，来柏林后已与乐队合练过。黄贻钧在柏林的演出风骚独领，每次演毕都要谢幕

黄贻钧指挥柏林爱乐乐团

　　五六次。在第二场演出结束时,有位德国老人走上舞台向黄贻钧送上鲜花和一瓶德国葡萄酒,祝贺演出成功。这位老人说他喜欢收藏指挥棒,眼下已收藏了世界各国许多指挥家的指挥棒,唯独没有中国指挥家的,因此他希望能得到黄老的这根指挥棒。对这样热爱音乐的观众,黄贻钧二话没说就在自己的指挥棒上签上名,旋即就送给他了。老人万分高兴,又回赠给黄贻钧几枚德国古钱币。不辱使命的黄贻钧此次柏林之行,不仅为中国乐坛争了光,他的音乐生涯也由此达到了最高峰。

　　黄贻钧的指挥生涯在年逾花甲和古稀后又焕发出勃勃生机。继1981年名扬欧洲乐团后,他又应邀指挥了中国香港、新加坡和日本的著名乐团,在那里上演了多套中外经典交响音乐并赢得了赞誉。1987年的上海各界庆祝国庆文艺晚会,是黄贻钧在重要演出中最后一次的亮相。这场演出在上海万体馆举行,开幕曲是吕其明的管弦乐《红旗颂》。由上海交响乐团、上海乐团、上海电影乐团、上海舞剧院乐队、上海歌剧院乐队和上海芭蕾舞团管弦乐队联合演出。这支近三百人的管弦乐队由黄贻钧来指挥是众望所归,也非他莫属。在他热情奔放的引领下,气势磅礴又隽永动人的乐曲通过电波和荧屏的直播,走进千家万户。这也给黄贻钧的音乐人生画上了一个圆满的句号。

晚年的黄贻钧体弱多病,自肺气肿开刀后连走路也已气喘吁吁。但他即使躺在病床上,念念不忘的还是上海交响乐团。他在生命的最后时刻还给乐团留下了三封有关乐团建设和发展大计的信,并三度写下遗嘱:身后丧事不办、骨灰撒海。1995年10月11日,黄贻钧去世,一年后,上海交响乐团在上海音乐厅举办了一场纪念黄贻钧的音乐会"将欢乐留在人间",破天荒地由七位著名指挥家轮流执棒演出,由此也可见黄贻钧在中国乐坛的地位。那天我和胞弟李建国收到黄老的儿子黄天熊寄来的两张门票,去聆听了这场感人至深的交响音乐会。当看到大屏上的黄贻钧遗像,又听到《花好月圆》和《良宵》那不朽的乐声,慈祥的老人仿佛还活在人间。

黄贻钧家庭音乐会

李德伦：此生不负指挥情

李德伦是新中国培养的第一位指挥家，早期曾在上海国立音专学习大提琴。1952年，他有幸被选中派往苏联莫斯科音乐学院学习乐队指挥，同行的还有学习作曲的吴祖强，他俩是中国最早的留苏学生。1957年学成归来后，李德伦长期担任中央乐团的首席指挥，直至其生命终点。无疑，李德伦的音乐生涯是紧系着中央乐团命运的。

中国的现代音乐教育至今也只有近百年的历史，因此作为小众艺术的交响乐起步就更晚了。排除当年由洋人组成的上海工部局交响乐团，中国的交响乐团和指挥更是凤毛麟角。但随着新中国国力的强盛和音乐的普及，交响乐团也开始在祖国各地林立。中国最早学习乐队指挥的是解放前夕留美的杨嘉仁和黄飞立，但遗憾的是那时中国并没有本土的交响乐团可供他俩指挥。因此杨嘉仁和黄飞立分别选择在上海音乐学院和中央音乐学院教授乐队指挥，且桃李满园，对中国交响乐指挥的培养和事业的发展功不可没。留法学习小提琴和作曲的马思聪也曾在巴黎音乐院学习过指挥，但他主要的音乐生涯和精力都用于小提琴和作曲，只是在抗战胜利前后的陪都重庆客串指挥过由清一色华人组成的中华交响乐团。而黄贻钧则是中国第一个职业指挥家。他当年在上海国立音专学习小号，后又成为上海工部局交响乐团中最早的华人演奏员之一。在旧上海，他组织一支由上海音专师生组成的小型管弦乐队，专门为电影配乐演奏。黄贻钧既担任作曲配器又兼任乐队指挥，从而有了在指挥中学习指挥的经验和感觉。上海解放后，他在原上海工部局交响乐团群龙无首的状况下，毅然接过指挥棒，从此带领上海交响乐团走向新的辉煌。黄贻钧和李德伦、韩中杰及严良堃、陆洪

指挥家李德伦

恩、黄晓同等前辈指挥家,开创了中国交响乐事业的新篇章。但我总感觉到,在中国人民的心目中,李德伦似乎更像是一面大旗。

对于大名鼎鼎的李德伦,我从小就在各种报刊书籍、唱片和演出节目单中知晓,可谓如雷贯耳。但真正与他面对面接触,是在1984年的初冬。当时我和胞弟李建国等同道一同策划组织在上海举办"中国著名歌唱家音乐会"。被邀参加音乐会的歌唱家,除了上海的温可铮和罗巍,其余都属北京的文艺团体。为此,我和胞弟一同赴京面请并办理歌唱家的来沪演出手续。到京后的第一站,我们就去了北京和平里的中央乐团。在我二舅同门师兄刘秉义的陪同介绍下,很顺利地邀请到了魏启贤、臧玉琰、刘淑芳、孙家馨和罗天婵等歌唱家。就在去乐团办公室办理演出合同时,我第一次见到了心仪已久的李德伦先生。我冒昧地向他作了自我介绍并说明来意。这位和蔼可亲的长者对我们的活动充分予以肯定,并指出:在当下流行音乐已占领大陆音乐市场的状况下,能举办这样高规格的严肃音乐会来弘扬中国文化,是需要极大勇气、也是难能可贵的。那天李德伦还对我说:是否有机会能组织中央乐团的整套节目到上海公演。乐团的报酬可以不计,只要来回路费和住宿能收支平衡就行……我当场表示:尽自己所能促成此事。但这么多年过去了,因百多人演出的费用庞大,一直未能筹措到相应的赞助而未兑现诺言,甚为遗憾。

在我成为职业的音乐制作人和乐评人后,为组织大型音乐活动同时兼顾采访音乐名家写专栏乐评,而经常往返于京沪,与李德伦也有过多次的促膝长谈。记得第一次去李德伦家采访,是由韩中杰的女婿、温可铮的侄子温欲耕陪同的。李德伦的家就在中央乐团旁和平里西街家属8区。他的家与北京的许多文化名人的家一样,朴实无华又充满文化气息。由于那个年代住房紧张,即使李德伦是中央乐团的团长兼首席指挥,全家也都挤在一套不足70平方米的三居室中。李德伦的书房除了一架立式的德国柚木钢琴,四壁周围都摆满了乐谱、书籍和唱片CD等,显得很逼仄。

李德伦的居室虽不很宽敞，但有一个幸福的家。妻子李珏出身名门，是他就读上海国立音专管弦系时高一届的校友，小提琴专业。两人在学生时代就相识相恋、情投意合。婚后更如影随形、相濡以沫、相守终生。女儿李鹿、李燕和儿子李苏，从小就受到过良好的音乐熏陶，也都学习过钢琴，但最终也只有儿子李苏从事音乐专业，吹奏小号。

李德伦的人品和艺德，在中国乐坛是有口皆碑的。而北京的乐人更是昵称他为"李大爷"。这里既有把他当作邻家慈祥可亲的老大爷，更蕴含着肯定他的艺术水准是"大爷"级的意思。李德伦性格豪爽、快人快语，在与他的几次长谈中，更深感他的胸襟坦荡、为人正直善良且淡泊名利，心中唯有音乐，是一位为了追求事业可以牺牲所有的音乐大家。

战乱中成长

李德伦1917年6月6日出生在北平的一户回族官宦之家，祖籍河北沧州。就在他出生的第二天，北平上演了一出辫帅张勋复辟帝制的闹剧。李德伦的父亲李宏春原本是名律师，因在京城成功办了几件大案而声名鹊起，被主持京师军警督察处的晚清宿将马龙标相中而招至麾下担当副手，专门负责替他办案。由此李宏春有了稳定的高额收入，家人都过上了优渥的生活。有了军督处这个平台，他还结交了陈独秀、孔祥熙和马鸿逵等不同党派信仰、三教九流的朋友。李宏春有兄弟三人。大哥李际春系保定讲武堂出身，是与东北王张作霖换过帖子的拜把兄弟，又是李香兰（日本名：山口淑子）的义父；二哥李荣春则是老家沧州的大地主。

李德伦的兄弟姐妹有十人之众，他是家中长子、排行老二。大姐李菊同和大妹李菊坪后来也都从事文化艺术工作。母亲铁桂兰曾就读过女子师范学校，是民国初年的第一代女性知识分子。她15岁嫁给李宏春后，便在家操持家务、相夫教子。李德伦两三岁时，知书达理的母亲就教他唱《春之花》，这是当年的学堂乐歌。待李德伦逐渐长大后，母亲有空就弹着家中的那架风琴，教儿女们学唱歌。

李德伦生于"五四"新文化运动前后，成长时又逢军阀混战，后又受到过"一二·九运动"的洗礼。在当年新旧体制交替、中西文化冲撞交融的特殊年代，孕育造就了像聂耳、冼星海、贺绿汀、黄贻钧、李德伦那样忧国忧民又学贯中西的一批音乐大家。

李德伦全家因父亲官运的沉浮，而在京津冀及东北多地来回搬迁。李德伦曾在天津上过小学，回北平后父亲干脆请来一位前清的秀才来家教姐弟三人学习，课程与当时学堂的教材相同。另外父亲还请好友、曾留洋的北师大附中教师来家教授英语。这位教师在教英语时，还会经常讲述西方国家的文化和音乐知识，令三个孩子眼界大开。

李德伦在北平的家，与京剧谭派大师余叔岩同在一个胡同。李宏春是戏迷也是票友，与余叔岩、杨小楼和马连良过往甚密，甚至京剧大家李少春还曾拜李宏春为干爹。李德伦儿时就目睹过父亲在马龙标的生日堂会上演唱《四郎探母》。但凡当时北平有京剧新戏上演，李宏春总会带着李德伦去观赏。另外李宏春还在梅兰芳开在珠市口的开明戏院买了一个固定的包厢，每个星期四晚上，李宏春就带着全家去那里看戏。那时李家已有一台手摇唱机，各种京剧唱片齐全。李德伦受父亲的影响，从小也是个戏迷。听京剧唱片是他每天必修的功课，久而久之好多经典的唱段，他都模仿得像模像样、有板有眼。

李德伦的父母都是电影迷，那时他们在北平的家离开明剧院很近。只要剧院有新片上映，全家就会前去观影。当年的电影在中国还处于无声片时代，剧院有专门为默片旁白和配音的乐队。配音的乐手大多是十月革命后流亡到中国的白俄。配音的乐手一般只有钢琴、小提琴和管乐等两三人，但也有高档的电影院，其乐队就比较大而全了。喜爱音乐的李德伦，没事就往电影院跑。许多影片他看了无数遍，片中的音乐他都能倒背如流了。这就是最早播撒在李德伦心田的音乐种子。

李德伦九岁时，时局更加动荡了，父亲在北平已没了立足之地。无奈，全家先去东北投奔母亲的哥哥，后来又回到河北沧州丰润县的老家。在辗转多地的几年间，李德伦的学业被耽搁了，但他的人生阅历和眼界，却远超过同龄人。

1930年夏，李德伦全家离开丰润又回到了北平。此时已家道中落的李德伦，却出人意料地以优异成绩考入当年北平最好的中学之一——北师大附中，由此也结束了他无忧无虑又放荡不羁的童年生活。

师大附中的校园生活，对李德伦来说是一片新的天地。他虽从未连续在一所学校学完全部小学课程，但他从小就接触社会、见多识广，加之天资聪慧又勤奋好学，中学课程的学习显得很轻松。李德伦对国文和音乐课很感兴趣。国文老师不但教唐宋八大家，而且诗词曲赋样样精通，还精于篆刻，对李德伦影响深刻。在中学的音乐课上，李德伦第一次认识了五线谱，还学习到了很多其他的音乐知识。音乐老师经常在课堂上让学生们欣赏经典音乐，从而让他们领略世界名曲的艺术魅力。晚年的李德伦还清晰地记得：当年老师在课堂上用钢琴弹奏贝多芬的《月光奏鸣曲》，他陶醉其间，似乎一个美妙新奇的艺术境界在呼唤感召着他。藏书颇多的学校图书馆也是李德伦经常光顾之地。那时学校的老师有一个很好的传统，就是愿意把家中的图书捐给学校图书馆，让更多的人能感受知识的力量。李德伦在课余时间读到了许多五四时期的白话文名著，有鲁迅、茅盾和巴金的小说。他读的最多的外国名著，是林琴南翻译的"林译外国名著"。

1931年的夏秋之交，沈阳发生了震惊中外的"九一八"事变。不久，李德伦的大伯李际春受日本大特务土肥原贤二的指示，收买当地的地痞流氓发动了"天津事变"从而沦为大汉奸受到通缉。此时李德伦一家正巧在天津的李际春家暂住而受到牵连，从而东躲西藏长达一年之久。翌年暑假刚过，李德伦就只身一人先回北平。他已经一年没上学了，校方在了解他的处境后，决定网开一面，让他跟随下一年级的学生重读初二。李德伦的新同学姚圻，是清朝著名文学流派安徽桐城派领袖姚鼐的后代。他有很深的文学修养，而且与李德伦惺惺相惜。两人在一起时经常谈论中国的现代文学。他还借给李德伦许多左翼的外国进步小说阅读，其中有高尔基的《母亲》，屠格涅夫的《贵族之家》《父与子》《前夜》及肖洛霍夫的《被开垦的处女地》《静静的顿河》等。

那时的李德伦虽然还没有接触像交响乐那样的古典乐，但他喜欢听小曲，尤其是舒伯特的小夜曲。他还买来《外国名歌101首》和丰子恺编著的《西洋音乐小史》放在床头经常翻阅。有一段时间，李德伦对中国民歌产生了兴趣。他到处收集，还学唱北平的各种曲艺小调给同学们听。

1935年秋冬，日寇已占领了华北大部，并在平津策划组成"冀察政务委员会"的汉奸卖国政府。平津的学生震怒了，在中共地下组织的领导下，爆发了影响深远的"一二·九"学生运动。此时已深受共产党影响的李德伦义无反顾地和无数爱国学生一样，冒着严寒、顶着高压水龙的冲浇上街游行。他不惧暴力、冲锋在前，经历"一二·九"的考验后，李德伦更坚定了投身抗日救亡运动的信念。不久，他又参加了由平津爱国青年学生组织的"中华民族解放先锋队"（以下简称"民先"组织）。由此他接触了更多的进步学生，也读到了一些马克思主义的书籍，如米丁的《新哲学大纲》、艾思奇的《大众哲学》等。

因李德伦的同班同学都参加了"一二·九运动"和"民先"组织，而引起当局的注意和不满，绝大多数同学被开除学籍。李德伦有幸因老师担保而保留学籍，但被降了一次级。就这样，在师大附中的六年中学生涯，李德伦整整用了八年时间完成。李德伦在这八年间，对音乐的喜爱更执着了。他除了聆听学校举办的各种音乐会外，北平市的音乐会他也一场不落，其中包括世界著名男低音歌王夏里亚平的独唱会。但对当时李德伦影响最大的还是吕骥。那是1936年冬，绥远抗战正酣。革命音乐家吕骥受党的委托从上海来北平组织当地的抗日救亡歌咏运动。作为积极投身抗日救亡的爱国青年李德伦，有幸受"民先"组织的安排负责接待吕骥。两人有了较长时间的接触，李德伦也因此受到了革命思想的教育，从而第一次认识到：音乐应该为人民和祖国服务。吕骥甫到北平就组织起以大学生为主的"北平歌咏联合会"，他亲自教唱《聂耳挽歌》《五月的鲜花》《新女性》以及一些苏联革命歌曲。这支歌咏队很快影响了整个北平城，一时间全城到处可以听到抗日救亡的歌声。

李德伦真正开始学习音乐起步较晚。他上高中时才开始跟随学校的音乐老师学习钢琴。与此同时，他还和一位同样喜爱音乐的好友合伙花了五块大洋，买到了一把日本产的铃木小提琴。两人就此轮流自学，后来这位好友去了延安，小提琴就归李德伦独有。于是，他开始向大学部的张鸿钧学琴，每个礼拜学习一次，每次学费一块大洋。李德伦宁可省吃俭用，也愿把钱用在昂贵的学费上。

1938年，21岁的李德伦考上了北平的辅仁大学。原本他想选择音乐专业，但遭到家人的反对，只能改读历史系。刚进入辅仁大学时，李德伦又在学校找到了一位小提琴老师马文升，他和张鸿钧老师都是流亡在北平的白俄小提琴家奥洛普的学生，因此李德伦的小提琴学习还是比较严谨规范的。

辅仁大学原本就有一支军乐队，就在李德伦入学后不久，学校的外籍教师从德国搞到一批乐器，想在军乐队的基础上再成立学校的管弦乐队。经过一段时间的筹备和考核，管弦乐队各个声部的乐手已基本配备齐全，李德伦担当第二小提琴手。因为辅仁大学是所教会学校，因此乐队要经常参与一些宗教活动，但也会排练一些古典音乐会的节目。譬如海顿的《伦敦交响曲》、莫扎特的《小夜曲》等，为了写好这些演出节目单，李德伦还花大功夫去北平的图书馆查阅英文资料。李德伦有个同学的家中各种古典音乐唱片应有尽有，他知情后就想方设法地去他家聆听。当年的李德伦虽然还没学过作曲，不懂曲式和声、也看不懂总谱，但他对音乐熟能生巧而且无师自通，对交响乐的变化、结构都早已了然于心。光凭听觉，他就能辨别出古典音乐作品的主题和各个部分。这些对他日后能成为一代指挥大家是至关重要的。

冰冻三尺非一日之寒，李德伦的音乐知识和认知，就是这样一点一滴积累起来的。他不仅聆听巴赫、亨德尔、法朗克的管风琴音乐会，还欣赏中国音乐家老志诚、赵年魁和李顿的三重奏音乐会。平时他经常阅读一些经典的音乐书籍，还和学校一些志同道合的同学探讨音乐，乐此不疲。

李德伦在辅仁大学学习的日子，正处于抗日战争的相持阶段。校园里年轻学子的抗日热情远没当年那样高涨了，他们有些沉湎于谈情说爱，甚至在花天酒地中生活。李德伦对这种现象很是担忧，但此时他又与"民先"组织失去了联系。于是，他就主动联络进步同学，自发组织读书会，学习马克思的《资本论》和其他一些进步理论读物。

走上音乐之路

1940年初，李德伦收到好友冯灿文寄自上海的来信，信中告知他已考上上海国立音专。这封来信深深触动了李德伦，因为要想成为一位真正的音乐家，一定要去上海音专深造，这是当年中国唯一的一所正规音乐院校。在母亲的支持下，经过半年多的准备，李德伦背着学校和父亲，利用暑假时间，只身一人前往上海报考国立音专，这也是他独自第一次出远门。

太平洋战争爆发前的上海国立音专，校址租在法租界高恩路（今高安路）的一幢四层小洋楼，此时门口已不挂校牌，但教学活动仍在正常进行。一百多位学生却有几十位老师，因为音专是国立学校，学费不高，办学经费主要由重庆国民政府拨款。李德伦到上海没几天就要投入考试了，原本李德伦从北平带着一把铃木小提琴想报考小提琴专业或作曲，但那一年选择作曲和小提琴的考生很多，而且水平很高。李德伦觉得自己对这两个专业的考试没有把握，于是临时决定改考大提琴专业。虽然李德伦从未学过大提琴，但他在辅仁管弦乐队中曾经临时顶替过大提琴手。因为小提琴和大提琴的演奏原理基本相似，但指法却不一样。小提琴演奏是一个手指头一个音，而大提琴把位是两个手指头间距一个音。

当年考生可以自由选择考试的曲目，李德伦选了一首平日里在唱片中百听不厌的《希伯莱旋律》。考场设在学校四楼的一间大教室里，校长萧友梅和教务长陈洪（此时黄自已去世多年）及学校主要老师坐镇。所有的考生无论什么专业，都在这间大教室里应考。这天李德伦应考的大提琴还是临时向其他考生借用的，他只是在考试前把自己应考作品的主题部分练了一下。由于李德伦的音乐感觉非常好，虽然大提琴的技艺平平，但有很大的发展空间，考试还是顺利通过了。

拿到音专的录取通知书后，李德伦第一时间就给家里报喜，同时请家人去辅仁大学办理退学手续。当年上海音专的各个专业均分为初、中、高三个级别，每一级别的学习时间不能超过三年，如若超过时间未能升级的，就改行或转入师范班。李德伦是从大提琴初级班开始学习的，但他有幸能拜在流亡中国的白俄大提琴艺术家舍甫蹉夫门下学习。因为学习，李德伦需要一把大提琴，于是就写信要父亲寄钱来购买。在舍甫蹉夫的帮助下，李德伦花了一百大洋买到了一把德国造的旧琴，但此琴音色非常优美，是把好琴，后来李德伦把琴带到了延安。虽然老师对李德伦的学习要求非常严格，但又很关心他的生活。为了减轻他购买乐谱的经济负担，老师亲手为他抄写各种乐谱，到他毕业时这种手抄的乐谱堆起来足有十几厘米高。严师出高徒，李德伦的琴技进步神速，三年的课程一年就完成了，从而升入中级班。

音乐大家陈洪在学校专教"视唱练耳"。他对学生的要求几近严苛，他强调识谱、节拍要绝对迅速准确，而且在表情力度上还要配合。李德伦从陈洪身上学到了"节奏唱法"，就是把休止符也唱在拍子里，按照这种方法拍子是绝不会唱错的。熟悉掌握了这种唱法，对李德伦以后当乐队指挥用处极大，无疑，陈洪对李德伦能成为一个大指挥家起过重要作用。此外陈洪还专门教授李德伦一些基本的作曲技法，譬如曲式、曲体等等。

李德伦在国立音专学习期间，主课老师舍甫蹉夫除了教他大提琴外，还传授他许多乐理知识和作曲技法。在学校里，李德伦除了有同一专业的好友纪汉文外，他还和高年级的同学陈传熙、窦立勋、马思宏、陆洪恩、黄贻钧等相熟相交。由于当年的中国，除了上海、北平、天津和广州等几个大城市，其余地方音乐水平都很低，那里的学生要想报考上海音专，几乎是不可能的事。于是政府规定，各省区每年可保送一两名学生免试进入音专学习。陈传熙就是广西保送来音专的。他虽钢琴基础比较差，却有查哈罗夫这样的名师指点、再加之自己的勤奋好学，到毕业时，陈传熙已能随心所欲地弹奏肖邦、巴赫、德彪西和舒曼等音乐大家的一些有难度的经典作品。当年的李德伦和陈传熙及窦立勋在学校是形影不离的好友，人称桃园三结义。后来马思宏也加入其中，被称作五虎将中的赵云。

在上海，李德伦还结交了一位比他年长十岁的挚友谭抒真。此人不仅是中国最早的小提琴艺术家之一，而且还会做琴、修琴。那时上海有很多逃难来的犹太人，他们带来了许多破旧的小提琴，谭抒真专门收购这些旧琴。这些旧琴经他捣鼓后立马焕然一新，能卖出个好价钱，其中不乏外国名琴。谭抒真经常把卖琴得来的钱请一批志同道合的音乐人来家聚会吃羊肉。后来这批经常吃羊肉的音乐人，在黄贻钧的组织下，成立了一个小型的管弦乐队专门为电影配乐，人称电影帮，李德伦在其中拉大提琴。这样的经历不仅丰富了李德伦的音乐生涯，而且还使他有不菲的收入。除了自己的学业和生活能自给外，他还有余钱能购买乐谱、音乐书籍和聆听各种音乐会。

李德伦刚到上海报考音专时，正赶上工部局乐队在兆丰公园（今中山公园）举行夏季音乐周的最后一场露天音乐会。这是他第一次现场聆听交响音乐会。音乐会先是演奏了柴可夫斯基的《胡桃夹子》中的一段"阿拉伯舞会",随后又有单簧管协奏曲《野蜂飞舞》,紧接着又上演了德沃夏克的交响曲《新世界》,最后压轴的是格里格的《钢琴协奏曲》。担任钢琴独奏的是上海音专的学生吴乐懿,她年轻漂亮又琴技出众,也是查哈罗夫的高足。这场音乐会让李德伦感到既兴奋又震撼。此时他才真正感受到:过去听唱片的感觉,远不能与聆听现场音乐会相比拟。此后,但凡工部局交响乐团有音乐会上演,李德伦有空一定会去现场观摩。那时乐团指挥帕器对上海音专的学生十分友好,乐队的排练和走台,他都允许学生来现场观看学习。这些经历为他以后从事指挥生涯打下了坚实的基础。

"珍珠港事变"爆发后,日美公开宣战。由此日本侵略者公然开进了上海的租界,并接管了工部局交响乐团,并将其改名为上海管弦乐团,来专门演奏美化日本侵略者的音乐。当时还在音专学习的李德伦,想组织一支华人交响乐团来与之抗衡。因为他有一位爱好音乐又很富裕的朋友曹石峻,在其引荐下,李德伦又认识了梵蒂冈驻中国红衣大主教于斌的秘书郁昕祖。此人也是天主教徒,更是交响乐的爱好者。

由于曹石峻愿意出资、郁忻祖也愿意把家中的大房子用作排练场,李德伦就开始网罗各种音乐人才组成乐队。最初只是一个室内乐队,除了李德伦的大提琴,还有谭抒真、马思宏的小提琴,尹政修的长笛,王端伟的黑管和朱永镇的低音提琴等。很快陈传熙、纪汉文、刘君瑞、秦鹏章、黄贻钧、韩中杰、司徒华城、司徒海城、司徒兴城、马思芸、马思琚、郑德仁、戴天吉、黄飞然、窦立勋、陆洪恩、董少元、董少林,还有后来成为他人生伴侣的李珏等陆续加盟,成为一支有一定规模的交响乐团。李德伦还请来自己的和声课老师弗兰克尔担任指挥,后来又有俄籍音乐家阿夫夏洛莫夫来团指挥。这支由李德伦一手组织的乐团在完成几场公演后,于1944年定名为"中国青年交响乐团",顾名思义这个团是由青年音乐精英组成的。

随着乐团声誉日隆,引起了日寇的垂涎,于是就来插手该团的事务,从而达到控制乐团为其美化侵略行径服务的目的。李德伦看透了日寇这种卑劣的伎俩,于是就宣称自己是不登大雅之堂的业余团体。但终因日寇的一再威逼,乐团只能解散。但到了日本败局已定的1945年春,李德伦又重新招集乐手开始活动,同时排演一台全新的交响音乐节目来迎接中国抗战的胜利。

　　李德伦在音专学习和在上海工作生活的六年间，除了学到了安身立命的音乐本领外，还积累、储备了将来成为音乐大家的各种知识和能量。在上海的日子里，他不仅丰富了人生阅历和感悟，还开阔了视野、提升了格局和境界，更重要的是收获了爱情。

　　当年上海音专的学生中，男生大多数来自全国各地，而女生则基本是上海本地且出身名门的闺秀。李德伦一生没有轰轰烈烈的爱情，但在学生年代与同校同样学习音乐的三位女生有过交集。但与前两任似乎有过朦朦胧胧、似是而非的爱恋，但他又没有勇气把内心的感受完全表白。这两次从未道破真情的所谓恋爱，最终无疾而终。而李德伦与李珏的交往，却是日久生情，水到渠成的。

　　学习小提琴的李珏出身书香门第，祖籍湖南长沙。父亲李佩夫是庚子赔款的留美学生，攻读土木工程。母亲田德华名门出身，毕业于北师大的美术系。李珏兄妹六人，她排行老四，因年幼时在北方生活过，因而讲得一口标准的普通话。她爱唱京剧，而且唱得有模有样，还经常登台票戏。她虽比李德伦高一年级，但实际年龄却要小他七岁。李珏个儿不高但清秀美丽，平日打扮要比音专的其他女生朴实得多。

　　起初，李德伦对李珏的感受只是觉得这个女孩很可爱，并没有其他非分之想。但随着交往的深入，才真正察觉到她的秀外慧中，从而有了爱慕之心，于是就想方设法与之接近。李珏最初对李德伦并没有十分深刻的印象，只是觉得这个北方学生很朴实。自从参加李德伦组建的"中国青年交响乐团"后，才感觉到他的艺术才华和对音乐的执着，心中产生了好感。在乐团的排演中，李德伦经常借机与李珏一同去借乐谱、抄乐谱、联络演出人员和租借演出场地等。两人交往的机会更频繁了。此时情窦初开的李珏似乎已感受到李德伦对自己有不一样的动机和一种特殊情感，心中有一种从未有过的喜悦。此时李德伦投射过来的爱情火苗，已点燃了李珏心中的激情。李珏情感的变化，很快就被她父母觉察了。父母对于她和李德伦的爱情并不支持，但爱情的力量是阻挡不住的。

　　1943年秋的一个晚上，李德伦送李珏从排练场回家，两人同乘一辆三轮车。这天李德伦鼓足勇气把一本题名为《怀玉集》的日记本送给李珏，并同时表明了自己内心的真情独白。对这突如其来的求爱,从未有过恋爱经历的李珏早已红晕飞上脸庞,她沉默许久,不知所措。虽然没有表态,也就意味着默认,此时无声胜有声。在看了李德伦那些直抒胸臆的深情话语后,李珏被感动了。她觉得这是一个可以信赖可以依靠的人。在说服了父母后,李珏和李德伦确立了恋爱关系,几年后他俩在延安完婚。

20世纪30年代,话剧开始在上海风行。好多学贯中西的艺术家创办了多家私人话剧团,其中有黄佐临的"苦干剧团"、黄宗江的"华艺剧团"和费穆的"上海艺术剧团"等。李德伦最初参加的电影帮乐队,

年轻时的李德伦、李珏夫妇

就是专门为费穆执导的话剧和电影配乐的。黄宗江与李德伦是从小在北平一起成长的发小,他排演的几部话剧中,都曾邀请李德伦在戏中客串角色。1942年早春的一天,黄宗江来找李德伦,想请他担任苏联在沪的呼声广播电台的中文播音员,还要制作一部广播剧《俄罗斯人》。但当时李德伦学业繁忙,课余时不仅要为影剧配乐,还要组织交响乐队等,分身无术。于是他就请自己的五妹来顶替。谁料,五妹一口京片子,她担当播音非常出色。由此她的表演才华意外地被名导黄佐临发现,便邀请她到苦干剧团来尝试几个角色。那时黄佐临的剧团经常在兰心大戏院演话剧。李德伦从话剧《福尔摩斯》开始,第一次站在乐池的指挥台上,指挥乐队为演出配乐。以后,李德伦又陆续为《大马戏团》《荒岛英雄》《牛郎织女》和《秋海棠》等话剧配乐指挥。能无师自通地执棒指挥,完全得益于他平日学习的积累和钻研精神,而且能在实践中感悟指挥,使他的指挥技艺日渐完臻。很多年后,李德伦在一篇回忆文章中写道:也真是有缘,以前拉琴演戏也都兴

致盎然。然而一捏上指挥棒，便有一种莫名状的兴奋，心想将来定要学好这门本领。

苦干剧团在1943年夏正式挂牌，黄佐临非常看好李德伦，除了请他配乐指挥外，还安排他客串演出一些角色。虽然都是些小配角，但李德伦演得非常逼真，由此可见他对艺术的悟性。那时每次排新戏，都有一些名家来做讲座。其中黄佐临的中外戏剧史，音乐家沈知白和卫仲乐的音乐讲座，都使李德伦受益匪浅。

中国共产党的抗日组织从未在上海停息过活动。李德伦在北平时就是个进步的热血青年，与党组织有很多联系。但到上海求学后，所有的组织联系都已失去。但他在苦干剧团有位好友白文，是中共地下组织成员。在其组织遭到破坏后他已暴露，要立即撤离。行前白文觉得李德伦是个进步青年，就以党的名义把苦干剧团的工作托付于他。目的是希望他一定要时刻当心剧团不要被日寇和汪伪拉下水，另外还要防范被蒋介石集团所利用。同时嘱咐他：万一有紧急情况可以找董乐山。那时董乐山是圣约翰大学的学生，他经常以票友的身份来剧团，其实是来联络工作的。有了董乐山这条线索，李德伦找到组织有望了。

上海国立音专自萧友梅校长1940年底病逝后，由李惟宁接替校长，但李惟宁后来倒向了汪伪政府，成了汉奸。抗战胜利后，他被学生赶走后去了美国。此时音专出现了一个真空期，国民政府还未及时接替，学校就由学生会临时负责运行了半年多。在这段时间里，学生们组织起合唱队和乐队，举办了许多场音乐会。除了演唱黄自的《旗正飘飘》《中华江山谁是主人》，贺绿汀的《游击队歌》和刘雪庵的《长城谣》等抗日救亡歌曲外，也演奏莫扎特的《小夜曲》和柴可夫斯基的《小夜曲》等器乐作品，都是由李德伦指挥的。

1946年初，原上海国立音专的老师戴粹伦从重庆回到上海，担任上海音专校长，此人在政治上是倾向国民党的。他上任后就对原有的学生进行"甄别"，目的是给学生洗脑。同时又出了个主意，让高年级的学生提前毕业。李德伦就这样提前一年和李珏、纪汉文、司徒海城、钱挹珊等一同毕业。李德伦的考试很仓促，既要考主课还要考理论。理论的主考官是他的主课老师弗兰克，这只是过过场而已。而专业考试的考官由戴粹伦、富华和外籍大提琴家杜克生担任。考试的曲目是巴赫的《第一组曲》、弗朗克的《即兴曲》和圣桑的《协奏曲》等大提琴作品。那时李德伦的社会活动繁忙，练琴的时间有限，他的爱好也已转移到乐队指挥，但好在凭借他平日的功底，考试还是顺利过关。因为是新旧政权交替的非常时期，音专的毕业文凭要学生一年后再来校领取，但一年后的李德伦和李珏早已去了延安。

抗张胜利后不久，上海的音乐家们自发组织起"上海音乐家协会"。这个看似没有政治色彩的民间团体，实质是由中共地下组织领导的。德高望重的马思聪被推选为协会主席，李德伦和丁善德、瞿希贤、马思宏、谭抒真、曹石峻等被选为常务理事，上海音专的学生基本都是会员。在参与上海音协工作时，李德伦拉近了与瞿希贤的距离。此人是上海音专毕业的女作曲家，新中国成立后，她成为中央乐团的驻团作曲家，改编并创作了《牧歌》《半个月亮爬上来》《阿拉木汗》和《全世界无产者联合起来》等大量的合唱作品。当李德伦了解到她是中共地下组织成员时，便把自己过去的经历和希望恢复组织联系的想法向她和盘托出。瞿希贤当即就希望李德伦能把这些写成书面材料以转呈给上级。谁料，李德伦不慎将写好的材料丢失，一时很难找回，若落入国民党当局之手将后果不堪。在李德伦把此事向瞿希贤如实汇报后，组织很快决定安排他离开上海去香港暂避，但李德伦坚决要去延安。

李德伦想去延安的这一想法缘于不久前的一次经历。有一次，黄佐临要带李德伦去一个地方见见世面。这天他俩来到思南路上的周公馆时，李德伦才知是要面见中共副主席周恩来。在进入公馆后他看到客厅里坐满了各路进步文化名人，有叶圣陶、田汉、郑振铎、欧阳山尊、巴金、柯灵、于伶、洪深、梅兰芳、周信芳、白杨和金焰等。大家围坐着聆听周恩来对当下时局的看法和党应对的方针政策，他的话语深入浅出，既生动形象幽默又鞭辟入里，直击问题要害。李德伦听后感悟良多，印象深刻。周恩来思路敏捷，记忆力非凡，有过目不忘的本领。因为第一次见李德伦，就详细询问了他的状况，知情后的周恩来对他说：希望你能去延安，那里已组建一支管弦乐团，需要你这样的人才。那天天公不作美，就在散会时突然下起了倾盆大雨。好在周公馆有两辆汽车，就分批送他们回家，李德伦最后一批离开，但此时已到了饭点，他就在那里吃了一顿美味的包子。

组织安排李德伦去延安的前两天,他的父亲李宏春在北平病逝。但为了实现自己多年的理想,他没有回北平奔丧。李德伦要去延安之事,朋友圈里只有李珏一人知晓。他自信地对未婚妻说:少则三年、多则五年,我一定骑着高头大马来迎娶你。李珏也动情地表示,她会一直等待的。

投奔延安

1946年11月7日,李德伦带着一箱乐谱、一把心爱的大提琴和欧阳山尊捐赠的几件乐器,从上海乘火车先到南京,随后在那里搭乘"军调处"的美国空军飞机抵达延安。当李德伦在飞机上看到延安的宝塔山时,喜悦之情难以言表。初来乍到的李德伦对革命圣地的一切都感到那样的新鲜。这是一个全新的世界:没有剥削、人人平等。其实早在抗战胜利之初,中共中央就已开始战略部署,把延安的许多骨干派往新开辟的东北根据地。其中鲁艺的大部分师生也都去了东北,包括吕骥、马可、张鲁、瞿维、向隅、李劫夫、寄明等音乐家。而还留在延安的一些原上海音专的学生和新近去延安的音乐家,又重新组建了一支中央管弦乐团,由贺绿汀任团长,孟波负责乐团的具体事务。李德伦被分配到乐团,既当指挥又做教员。这支乐团乐手的水准参差不齐,首席和声部长都是科班出身,但一般乐手都是学过民乐再接触西洋乐器的,而且年龄都已偏大,用正规的方法教学很困难。那时国共谈判破裂、内战一触即发,整个延安都在坚壁清野。因此在这样的情形下,乐手们的学习已不太投入了。但李德伦的教学依旧使出浑身解数,满腔热情又尽心尽责。经过他半年多的调教,乐团的面貌已焕然一新,不仅创演了新歌剧《兰花花》,还排演了《前线》《送公粮》《兄妹开荒》等小戏和《胜利花鼓》《拥军花鼓》《大生产》等歌舞节目。这些演出极大地鼓舞了延安军民抗击国民党军的斗志。

李德伦到延安一个多月后,周恩来也从南京撤回延安。有一天,两人在党中央的所在地杨家岭碰面。周恩来非常关心李德伦,详细询问他来延安后的生活和工作状况,还问到了他的未婚妻李珏。当得知李珏还在上海时,周恩来表示会尽快安排把她接到延安,李德伦听后心存感恩。

1947年2月27日,在李德伦和中央管弦乐团撤离延安前的一天,他们到杨家岭听周恩来作报告。这天，周恩来讲述了国内最新的形势和要执行的任务，并断言：眼下暂时撤离延安是为了更快地取得全国胜利。周恩来还针对乐团讲到了知识分子和文艺革命等问题，对大家的触动很大。会后周恩来请大家到大食堂吃饭，李德伦在饭桌上又聆听到周恩来那席关于音乐的讲话：你们搞西洋音乐的，既不要拘泥于传统的束缚；更不能全盘照搬国外模式。我们要吸取西洋音乐的精髓，融入我们的音乐，从而创造中国的新音乐，来为祖国和人民服务。周恩来的这番教诲，一直深刻影响了李德伦以后的音乐生涯。

翌日一早，李德伦和中央管弦乐团一行离开延安前往陕北葭县参加土改工作，至此也开始了他们两年多走向北平、走向全国胜利之路。因为乐团有很多大的乐器，所以上级派了一个骡子运输队跟随。但不幸的是，在行军途中一把低音大提琴被人一屁股坐坏了。而孟波爱人严金萱的小提琴则在行进中丢失了，急得她直哭。

在葭县土改时，李德伦终于与分别四个多月的李珏重逢了。不久前，在周恩来的关怀下，李珏从上海与父母不辞而别，在几经周折后才来到延安。但此时胡宗南部正准备大举进攻延安，延安居民也在有序地准备大撤退。即使在这样的困境下，延安军民战胜国民党军的信心十足，在城市的生活依旧井然有序。初到延安的李珏因为能唱京剧又会演戏，因此被暂时派到延安评剧院工作。因为李珏对许多京剧传统剧目都烂熟于心，因此她饰演剧院的保留曲目《打渔杀家》《宇宙锋》《玉堂春》中的角色，演来得心应手、表现不俗，因此剧院想长期留用她。但因周恩来的出面干预，李珏在延安大撤退时，才去了陕北的葭县与李德伦团聚，并参加了中央管弦乐团。由于战局的不断变化和敌人的步步紧逼，李德伦他们这个管弦乐团带着乐器，又从陕北出发，横过山西省到冀西，最终到达太行山。这支队伍边行军边演出，一路留下了他们的汗水，也留下了他们的歌声、琴声和笑声。

在中央管弦乐团转战陕晋冀三省期间，乐团新编了三套节目。他们每天基本都是清晨起来行军，晚上到一处新地方就搭台演出。当地的百姓非常喜欢这些节目，有些山沟里的群众一生从未看过演出。每次乐团演出都是欲罢不能，往往是一套节目演完，群众观演的热情依然高涨，因此再加演一套。原本设想每地只演出一套节目，实际都是三套节目一场演完。虽然这样的演出时间很长，乐团的同志比较累，但能看到受人民群众如此欢迎，心里却是甜滋滋的。

经过四个多月的辗转跋涉，中央管弦乐团一行来到了河北省平山县的西柏坡。这里山清水秀、两边是山，滹沱河从山下的一块盆地中穿过。西柏坡是当时党中央的临时所在地，这里正召开全国土地会议，举世瞩目的党的七届二中全会也将在这里举行。乐团成员在这里一边学习一边排练节目，到了星期六晚上给首长和部队官兵演出，地点有时在西柏坡，有时在陈家峪。乐队除了演出音乐节目外，还排演了京剧《打渔杀家》和《苏三起解》。除了李珏和少数几位演过戏的演员饰演角色外，其他从未演过京剧的同志，也来客串演出。

经历了四年多爱情的考验，李德伦和李珏的婚姻经中央组织部批准后，在7月1日成婚。这天晚上，李德伦、李珏和乐团先在西柏坡演出。结束后，乐团给他俩安排了一间比较好的民房，又准备了一些花生、瓜子、枣子、核桃等坚果，大伙儿在新房闹腾了一阵子，就算完婚了。

在撤离延安到进军北平的这几年间，中央管弦乐团一直辗转在陕北和晋冀一带。除了为军民演出，还参加当地的土改运动。1948年初夏，乐团又回到了河北的平山县。从当年的7月1日起，组织决定该团与晋冀鲁豫的人民文工团合并，成立华北人民文工团，由李伯钊和贺绿汀担任团长。几天后，李德伦的大女儿出生了，因为生在鹿县故取名李鹿。不久华北人民文工团去了刚解放的石家庄，在那里开始正规剧场的排练演出。乐团不仅上演了贺绿汀作曲的管弦乐《晚会》《森吉德玛》《新民主进行曲》和沈知白作

新中国成立后李德伦夫妇和大女儿游览颐和园

曲的《月夜》及莫扎特的《小夜曲》等，还排演梁寒光新编讲述共产党领导农村土地改革运动的歌剧《赤叶河》等。这些节目都由李德伦指挥，李珏在乐队中担任第一小提琴手。当年年底乐团正在石家庄连续上演《赤叶河》时，突然接到上级通知：因为北平已经和平解放，要求乐团立即出发去北平，有接管任务。

华北人民文工团刚进北平城时，一面在国民剧场（现今的首都电影院）定点演出团里的一批管弦乐保留作品，同时又侧重开始全面接管原国民政府时期留下的当地的一些文艺团体。接管工作由贺绿汀总负责，李德伦具体操办。最先接管的是傅作义旗下的"剿总"军乐团，该团最早是由袁世凯在天津小站练兵时组建的军乐团发展而成的，历史悠久。另一支是日伪时期，日寇在北平的铁路局组建的军乐团。这两个军乐团被接管合并后不久，又被即将参加新中国开国大典演奏、正急于招募乐手的中国人民解放军军乐团相中而被全体挖走。

作为解放之初北平最大的综合性文艺团体，华北人民文工团接管了国民党的演剧队，招募了社会上许多有影响的影剧编导和演员，再加之原文工团的一些骨干，成立了总团旗下的话剧团，也就是后来的北京人民艺术剧院。在此基础上，李德伦又请来沈湘和他带来的北师大音乐系的师生，成立歌剧团，这也是中国歌剧舞剧院的雏形。此外李德伦还从刚解放的广州，招募原国民政府中华交响乐团的一批有相当水准的乐手，包括指挥黎国荃，再加上原文工团的管弦乐队，此时已能组成一支声部相对齐全的双管乐队。另外文工团还把许多散落在民间的京昆艺人集中起来，成立昆剧团，也就是后来的北方京昆剧院。无疑，华北人民文工团为孕育在京的一批文艺团体起过很大作用。

在新中国成立前夕，北平召开了中华全国文学艺术工作者第一次全国代表大会。那时无论解放区、还是国统区的音乐大家都悉数与会，共商国是。李德伦也有幸参会，在会议期间，他见到了许多旧时的老友，最重要的是聆听了毛主席和周总理的讲话，从而明确了文艺工作的任务和方向。

1951年1月8日，李德伦终于加入了盼望许久的中国共产党，这是他人生中的一件大事。入党后的李德伦以更高的标准来要求自己，他的工作热情更高涨了。作为华北人民文工团歌剧团的副团长兼指挥，李德伦除了要为歌剧话剧伴奏，他还经常策划组织音乐会，为人民群众送去精神食粮。

1951年夏，为参加在民主德国举办的世界青年联欢节，中国要组建一支青年艺术团，其中还要成立西洋管弦乐队，为此全国各地的优秀演奏员都来京参加组队的遴选。李德伦在原上海工部局交响乐队结识的老友韩中杰、陈传熙、杨秉荪、司徒海城和秦鹏章都被调入乐队成为骨干。李德伦原本已内定为这支乐队的负责人要一同出访东欧。但无奈他此时正在为李伯钊（杨尚昆的夫人）编剧、焦菊隐导演的新编话剧《长征》的排演，指挥乐队伴奏而分身乏术。另外，他已内定还要指挥多场交响音乐会，因此只能与此次出访失之交臂。

公派留苏深造

20世纪50年代，是中苏两国的蜜月期。那时为了帮助同是社会主义阵营的中国的建设，苏联除了派遣大批专家援华，另外还有许多中国青年去留苏深造。从1952年起，中央决定开始派遣大批学生留苏，而在国内进行选拔。那时留苏的条件：一是政治先进，二是业务过硬，三是研究生的年龄也不能超过35岁。李德伦完全具备这些条件而入选其中。

在留苏前，被选中的学生要在京进行一年的语言和政治的强化训练。当时学俄语不是一个单词一个单词地学，而是一组一组的词组死记硬背。这看似是一种速成法，虽学得快，但也忘得多。好在李德伦的学养功底好，学科涉猎又宽泛。因此他的学习相对轻松。就在李德伦动身前往苏联的前一个月，继刚进北平时二女儿李燕出生后，儿子李苏也降生了，这真是双喜临门。

当年出国留学生的所有服饰，都是由国家统一制作发放的，自己只要准备内衣内裤和衬衫即可。1953年8月，满载着祖国人民期望的一千多名莘莘学子乘坐专列踏上了征程。火车到了满洲里，换乘苏联火车离开祖国向横贯亚欧大陆的莫斯科进发，一路上，留学生们将沿途各种地貌的风光尽收眼底，车厢里在反复地播放苏联歌曲《列宁山》《遥远遥远》，大家和着音乐也跟着哼唱，以此来排遣漫长旅途的辛劳和思乡之情。

经过一个星期旅途的颠簸，列车终于到了莫斯科。到车站来迎接新生的是一批年前留苏的革命烈士后代，其中有后来的共和国总理李鹏、副总理邹家华，叶挺之子叶正大、叶正光等。李德伦和吴祖强、郭淑珍被分配到莫斯科音乐学院。李德伦学指挥、吴祖强学作曲、而郭淑珍则学声乐。李德伦刚入学时，他的主课老师阿诺索夫正巧不在莫斯科，因此由另一位指挥教授金兹布尔克来临时替代对他进行口试。由于当时李德伦的俄语还不太流利，所以请同行的一位朝鲜族同学帮助翻译。通过对话，老师了解到李德伦的音乐基础还远远不够，因此建议他各门课程都要学习。

　　开学后，作为研究生的李德伦还要进修本科的基本乐科、和声学与配器法等。其中有些课程李德伦在上海音专都学过，但苏联的教育与当年国内学的并不一样。譬如：基本乐科要做大量复杂的习题，而当时国内上课只是讲些理论。为李德伦补习和声的老师，每次上课总用一本斯波索宾的《和声学》做教材，讲完一段后便要求李德伦回去做习题。但由于这本教材本身存在一些错误，李德伦做题发现后与老师沟通，使以后的教学更顺畅。李德伦对于配器法是有过很多实践的，因此学来已驾轻就熟。

　　开学一段时间后，李德伦的主课老师阿诺索夫出访讲学归来。这是一位在世界乐坛有一定影响的指挥家。他第一次见到李德伦时并没有像其他老师那样直接考问，而是让其随意选择一段曲子试着指挥。早过而立之年的李德伦已有十多年的指挥实践，而且在出国前又进行了一些准备，指挥过中央歌舞团演奏贝多芬的《第一交响曲》。这支管弦乐队的前身是由韩中杰、陈传熙等组建的中国青年艺术团管弦乐队，是当时北京最好的管弦乐队。几年后，该团又被改名为中央乐团。看了学生的指挥后，阿诺索夫说：你是会指挥的，但就是指法不太规范，只要学院化一些就行了。其实所谓的学院化其实就是要求：指挥的图式，也就是举手指挥和形体的整套动作，要变得更清楚、更规范化些，给乐手以更明确的指示。上完两堂课后，阿诺索夫又去捷克指挥演出了。

　　在这两个月的时间里，李德伦学习上没了主课老师，就苦练自己的短板：钢琴。学校的钢琴老师巴贝妮娜对学生既认真严苛又诲人不倦。李德伦只是在上海音专求学时练过一阵钢琴，以后基本没有再碰过。这么多年过去了，他的学习似乎要从头开始。那时钢琴课每周三堂，要完成老师布置的作业，必须加班加点地苦练。那时李德伦虽然在莫斯科音乐学院上学，

1956年春,在莫斯科红场的李德伦

但他和其他一些留学生的宿舍却被暂时安排在莫斯科大学。从宿舍到学校,要坐电车,然后换乘地铁,再步行一大段路程。而莫斯科大学的宿舍只有一架钢琴,留学生都抢着练习。而去音乐学院练琴,必须早出晚归,要抢在教室没人的上课前或下课后,才有机会练习。为了能有更多的时间练琴,李德伦就这样每天早出晚归,乐此不疲。

但好在这种境况很快得到了改变。过了一段时间后,音乐学院腾出了几间学生宿舍,李德伦和吴祖强一同搬回学校。宿舍在半地下室,空气虽不太流通,但能住在校园,就有更多的学习时间。就在李德伦回校居住后不久,阿诺索夫也从捷克演出归来了。

教钢琴,通常要用两架钢琴同时弹奏同一首作品中的不同旋律、声部,当作一支乐队供学习者指挥。最初,阿诺索夫并未马上纠正规范李德伦的指挥手法、动作和形体等,而是想在循序渐进的教学中、在无形中不断帮助他纠正和规范。阿诺索夫教李德伦的第一首作品,就是他俩初见时指挥的那首贝多芬的《第一交响曲》。学贝多芬的作品,一定要知晓其作品创作的背景和初衷,以及对曲作者本身的了解。李德伦对这些知识不仅如数家珍,还一一解答了这首作品的调性、和弦、曲体分析和谋篇布局等技巧性问题。老师十分满意,并笑着对李德伦说:你不错,都懂了。此后,他就教李德伦更难的作品了。譬如：里姆斯基-柯萨科夫的《天方夜谭》。此作的第四乐章有个三对二的问题，指挥时节奏很难准确把握。但好在李德伦曾在上海做话剧配音时用过其中一段音乐，他当时指挥时讨教过上海工部局交响乐团的切尼科夫如何处理这首乐曲。如今重新学习这首作品，心里是有些底气的。两个对三个的问题，经阿诺索夫深入浅出的具象化点拨，顿悟的李德伦迎难而解，最终能随心所欲地驾驭这首作品。以至于后来的同门师兄在学习这首作品时，老师就请李德伦为他们示范。

当年的留苏学生，无论是生活还是学习条件，都是比较艰苦的。那时本科生每人每月400卢布生活费，研究生有600卢布。为了能节约开支，起初留学生们往往上街买些面包香肠，回来和着茶水当饭吃。但长此以往，身体缺乏维生素，最终大家还是要回学校的食堂就餐。

李德伦在生活上的问题都能克服，因为他是学音乐的，关键在学习上要买乐谱、听唱片、观摩音乐会和各种演出，这些都是需要花钱的，因此平日生活很节俭。阿诺索夫对李德伦的生活很关心，经常请他到家里来聚餐，并且把自己的乐谱都无偿地借给他用。听唱片和录音是李德伦每天的功课，那时他几乎每天都要到学校的录音室去聆听。但那里的唱片，除了大家耳熟能详的经典外，冷门的曲目很有限。像李德伦学柴可夫斯基的《东里米尼的弗兰西斯交响诗》时，因为听不到录音资料，就没有感性认识，只能照着总谱和老师的指点来比画。虽也能凑合，但他总觉得这样的指挥意犹未尽。于是他就想买一架唱机，只要借到唱片就能在宿舍随意聆听，还能节省很多时间。但李德伦又苦于手头没有余钱。正巧文化部的周巍峙来苏联公干，两人见面后李德伦说明缘由向他借了钱买了一架唱机。

当年的苏联也很闭塞，李德伦所能借到的唱片基本都是俄罗斯的作品，而且其中还有很多歌剧舞剧的音乐。后来李德伦得知中国驻苏大使馆的文化参赞戈宝权有很多美国的交响乐唱片，这些唱片都是伍修权在朝鲜战争时期参加在美国纽约的联合国大会时购买的。这些唱片是世界一流的指挥家指挥世界顶尖的交响乐团演奏的世界经典名作，令李德伦听后爱不释手、眼界大开，由此也极大地提高了他对交响乐的认知。后来李德伦回国前，又把这架唱机留给了低年级的黄晓同。指挥家郑小瑛曾经回忆：那时她在莫斯科音乐学院留学时，曾在学校资料室借过一套贝多芬的九部交响乐总谱，发现乐谱上标注着许多记号和汉字，后来得知这是李德伦在学习时标注的，由此可见他当年学习时的刻苦用功。

李德伦留苏的当年秋天，他就聆听了苏联国家交响乐团的音乐会。指挥是该团的首席伊万诺夫，曲目是柴可夫斯基的《第五交响乐》和《小提琴协奏曲》，但让李德伦真正钦佩不已的却不是指挥，而是在协奏曲中担任独奏的奥伊斯特拉赫，此人是当年公认的世界第一小提琴家。此外他还聆听过许多场由苏联和东欧指挥家指挥的交响音乐会，其中包括老师阿诺索夫。

第一学期快结束时，阿诺索夫就让李德伦去参加一场音乐会，指挥学校歌剧馆乐队演奏莫扎特的《A大调钢琴协奏曲》。担任钢琴独奏的是一位苏联同学，尽管李德伦在国内已指挥过不少音乐会，但如今在一个古典音乐氛围浓厚的国度，又当着老师和众多学生的面，第一次指挥不太熟悉的钢琴协奏曲，难免会有些紧张。虽然演出不太理想，但他还是受到老师的鼓励，在经历这场演出后，李德伦的信心开始增加，后来演出时紧张的情绪不再出现了。

那一年寒假过后，老师又让李德伦和另一位朝鲜同学一同去参加莫斯科州立乐团的演出。李德伦指挥上半场音乐会，曲目有贝多芬的《第一交响曲》和中国留苏学生、女高音郑兴丽演唱的几首经典歌剧选段。1954年10月1日，李德伦在莫斯科工会大厦剧场和苏联当红指挥家康泽拉申同台指挥一场庆祝中国国庆节的中苏交响作品音乐会。李德伦指挥了中国作曲家马思聪、贺绿汀和刘铁山、茅沅的管弦乐曲，而康泽拉申则指挥了鲍罗丁的《第二交响曲》和柴可夫斯基的《斯拉夫进行曲》。

1955年2月18日，在阿诺索夫的极力推荐下，李德伦有幸在学校的音乐厅指挥了莫斯科爱乐乐团的一场交响音乐会。曲目有勃拉姆斯的《第一交响曲》，担任小提琴独奏的是奥伊斯特拉赫的爱徒、中国留苏学生卢迅。音乐会非常成功，学校的师生对李德伦的指挥也给予了很高的评价。

1955年深秋，李德伦应苏联文化部门的邀请，去苏联的三个边远城市进行巡回演出，所有上演曲目都是由李德伦选定的。演出的首站在靠近西伯利亚的莫洛托夫，李德伦指挥当地的管弦乐队上演了肖邦的《第一钢琴协奏曲》和贝多芬的《第五交响曲》，钢琴独奏是由同行的一位苏联女钢琴家巴洛娃担任。此次巡演每人每天有伙食费30卢布,另外每场主要演员还有500卢布的报酬,但中国留学生是要把所有酬金上交中国使馆的。第二站演出是在新西伯利亚的音乐厅举行,第三站则去了斯维尔德洛夫斯克(沙皇时代的叶卡捷琳堡)。上演的曲目有中国作品,也有苏俄和西欧经典之作。大量的舞台实践,使李德伦在课堂上学到的指挥技艺得到了真正检验。

1956年初春,李德伦又应邀去波罗的海的爱沙尼亚塔林指挥了两场曲目相同的音乐会。其中他与苏联著名小提琴家施柯尔尼柯娃合作莫扎特的《D大调小提琴协奏曲》,这首作品对李德伦来说是首演,但演得很成功,受到当地媒体的普遍好评。就在演出结束返回莫斯科后不久,李德伦又应邀再次指挥莫斯科州立乐团,此次演奏的曲目是弗兰克的《交响曲》和肖邦的《钢琴协奏曲》。一个月后,李德伦迎来了他留苏期间最重要的一场演出,此次他指挥苏联顶尖的国家交响乐团,在莫斯科音乐厅上演李斯特的《前奏》和弗兰克的《D小调交响曲》及拉威尔的《左手钢琴协奏曲》。其中拉威尔的这首作品非常冷门,在全世界和苏联都很少演出,而且作品难度较高,在莫斯科又找不到有关的音响资料。可巧的是,李德伦碰到了正在出访欧洲的中国音乐家赵沨,并向他说起过此事。有心的赵沨到法国后买到了拉威尔的这张唱片后,便旋即托人转交给李德伦。有了这张唱片的帮助,李德伦有了感性认知,从而能在舞台上很好地诠释这首作品。

自莫斯科音乐会成功举办后,李德伦原本应邀去苏联的明斯克演出。但此时国内正组团参加即将在捷克首都举办的"布拉格之春"音乐节,李德伦被指定要参加此次中国代表团。该团的所有成员都从国内出发,只有李德伦直接从莫斯科前往布拉格。此次中国代表团没有带乐队,只有几位独唱独奏演员,其中有钢琴家吴乐懿、女高音陈瑜、男低音杨彼得、圆号韩铣光、长笛李学全及几位民歌手和两位钢琴伴奏郭淑禹、巫漪丽。

因为中国参加"布拉格之春"是临时决定的,而音乐节的所有节目早在一年前就已排定,于是组委会就千方百计地腾挪场地来给中国艺术家展示才艺的空间。安排给李德伦指挥的布拉格"FOK"乐团,是专门为电影配乐的,虽不是捷克顶尖的交响乐团,但也训练有素、水平不俗。李德伦驾轻就熟的指挥,给布拉格观众留下了深刻的印象。在捷克访问演出的五十多天里，李德伦收获最大的是：聆听到了捷克国家交响乐团演奏的斯美塔那和德沃夏克作品专场音乐会。这两位捷克最伟大作曲家的作品，让李德伦又一次领略到了交响音乐的魅力。

参加布拉格音乐节后，李德伦又回到莫斯科继续学业。苏联国家演出公司又特别看好李德伦，故又请他在毕业回国前再作一次范围更广的全国巡演。巡演从1956年10月中旬直至翌年的初春，演出先从莫斯科预演，然后去了乌克兰的哈尔科夫，阿塞拜疆的巴库，靠近高加索的基斯洛沃茨克，亚美尼亚的埃里温和高尔基城、古比雪夫、雅洛斯拉夫，拉脱维亚的维尔纽斯及列宁格勒、雅尔塔、辛菲罗波尔、埃夫塔波尔等地。李德伦的足迹几乎踏遍了整个苏联的东西南北。大量的舞台实践，使他不仅开阔了视野，积累了一大批经典曲目，更对自己的指挥事业充满了自信。

李德伦留苏的最后演出，是参加1957年8月12日在莫斯科举办的第六届世界青年联欢节。原本此时他已毕业准备回国，但文化部要他留在当地参加中国代表团并担任指挥。在此次联欢节上，李德伦和老师阿诺索夫、小提琴大师奥伊斯特拉赫和中国钢琴家傅聪一同举办了一场高规格的交响音乐会。上半场有李德伦指挥苏联国家交响乐团演奏贝多芬的《第一交响曲》和傅聪担任钢琴独奏的莫扎特的《钢琴协奏曲595号》。下半场则有阿诺索夫指挥奥伊斯特拉赫演奏柴可夫斯基的《小提琴协奏曲》和一首匈牙利作品。几天后，李德伦又和傅聪加演了一场音乐会。除了傅聪弹奏了肖邦的《第二钢琴协奏曲》，李德伦还指挥了柴可夫斯基的两首交响作品。音乐会充分展示了中国青年艺术家的风采，为中国人民赢得了荣誉。

李德伦毕业前的最后一学期，在阿诺索夫的鼓励下，他考取了莫斯科国家交响乐团的实习指挥。在这半年多的工作中，他有幸能指挥这样一支高水平的交响乐队，并演奏过贝多芬的《艾格蒙特序曲》《第五交响曲》和《钢琴协奏曲》等许多经典交响乐作品。这种学以致用的实践，使李德伦的指挥技艺能迈向更高的新台阶。

1957年夏，李德伦四年的留苏生涯结束了。作为中国第一个公派留苏的研究生，他不仅学到了西方交响音乐指挥的精髓，更有过大量的舞台实践经验，还见识聆听过世界一流的交响音乐会。所有这些都为李德伦日后能成为中国顶尖的指挥艺术家奠定了坚实的基础。

中央乐团的指挥生涯

当年9月的一个上午,李德伦告别恩师和同窗好友,乘火车离开莫斯科返回阔别四年的祖国。这一路上,李德伦的心情一直不能平静:有对苏联留学生涯的留恋和不舍,但更多的是对祖国未来交响事业的憧憬。他最大的愿望就是期盼中国交响事业发展,从而提高中国人民的精神文化修养,净化人的心灵,以期提升整个国家的文明水平。

李德伦一回到北京,正逢"反右"运动的开始,他也无形中被卷入其中。由于他在留苏期间有过一些过激言论,但这些出自李德伦生活和学习中无意却又发自内心的真实话语,却被人打成小报告,从而让他受到批判。所幸未能上纲上线,李德伦被内定为人民内部矛盾、控制使用。

李德伦出国前是中国歌舞剧院的指挥兼歌剧团的副团长。那时北京还没有一支真正的交响乐团。1956年7月,在原中央歌舞团管弦乐队的基础上,成立了中央乐团,音乐家李凌担任首任团长。最初乐团的指挥是民主德国的指挥家戈斯林和上海来的韩中杰及张宁和。但此时戈斯林已回国,韩中杰也正被派往苏联留学,因此中央乐团急需指挥。李凌希望李德伦尽快来团担当重任,但刚回国的半年间,李德伦仍在中国歌舞剧院工作。

这年年底,苏联小提琴大家奥伊斯特拉赫来华访问演出,准备与中央乐团合作举办音乐会。但不巧的是,此时中央乐团的乐队正跟随英国来华演出的兰伯特芭蕾舞团在国内巡演而分身乏术。无奈,只能把中央乐团还留在北京的一些乐手,以及借来的北京其他文艺团体的部分乐手组成了一支中型的管弦乐队,来为苏联小提琴大师的演出协奏,李德伦成了当仁不让的指挥人选。因为在苏联留学期间,他与奥伊斯特拉赫有过多次接触,对其演奏和曲目都相当熟悉,因而音乐会非常成功。紧接着,苏联新西伯利亚歌剧院也来华演出,除了演出歌剧《奥涅金》外,还举办了两场音乐会。为了表示中苏友好,李德伦被破例应邀与苏方指挥布赫宾德轮流指挥《奥涅金》,这也是李德伦第一次指挥西洋歌剧全剧。

1958年1月,李德伦正式调任中央乐团担任常任指挥。他到任后指挥的第一首曲目是:柴可夫斯基的《第六交响曲》(又名《悲怆》)。这首作品他在苏联指挥过许多次，已烂熟于心。谁料在北京的公演盛况空前，一般音乐会基本都是上演两三场便鸣金收兵，但此次由李德伦指挥的柴可夫斯基专场音乐会却连演连满13场。首演便一炮打响后。北京的主流媒体连续报道和评论此次音乐会，一时李德伦成了中国乐坛的焦点人物。

李德伦作为乐坛的常任指挥，负责乐团的演出规划。他排演音乐会选择的曲目非常注重古今中外的搭配。虽然那时中国创作的交响乐作品并不多，但每场演出还是保持一定的数量，他选择的外国作品也尽量能符合中国人民的审美情趣和价值取向，而且基本不重样。在每次新作上演时，李德伦一定会在演出前亲自讲解乐曲的创作背景及幕后的一些轶事，无疑李德伦是中国普及交响乐的第一人。

在初到中央乐团工作时，正是中国的"大跃进"年代。那时在京的文艺团体都纷纷组成小分队，去工矿、农村、部队和基层巡演。1958年春，成立不久的中央实验歌剧院要排演意大利作曲家普契尼的歌剧《蝴蝶夫人》，但此时剧院的乐队和指挥却分散在四处演出，于是只能请李德伦带领中央乐团来救场帮忙。这部歌剧的演员阵容很强大：由留苏归来的郑兴丽和沈湘的夫人李晋玮饰演女主角，楼乾贵和李展担纲男主角，此外还有歌唱家李维勃、苏凤娟等在剧中扮演角色。《蝴蝶夫人》的剧情通俗易懂，唱段也很优美，故在京津两地上演后不断地一再加演。作为舶来品的西洋歌剧，能得到中国观众的热烈欢迎，李德伦的内心充满着喜悦，也更增加了他的一份社会担当。

1958年5月中旬，李德伦的老师阿诺索夫率苏联国家乐团来华访问演出，首站在北京。此次演出由指挥大家伊万诺夫领衔且阵容强大，乐队和合唱队多达一百多人，共上演七套节目。其中有一场音乐会，苏方特意安排曾留苏的李德伦和郑兴丽一同演出，此举也是为了表示中苏的友好。李德伦不仅应邀指挥了苏联国家乐团的演出，还担任了首场音乐会的报幕兼讲解员。能再次与世界顶尖的交响乐团合作，使李德伦的指挥艺术境界又得到了提升。更重要的是通过此次演出和他以往在苏联的很多演出，使他感受到：苏联的交响乐团上演的曲目绝大多数都是本国作曲家的作品，因为重视本民族的音乐，所以他们的交响乐发展进入了良性循环。由此李德伦更强烈地意识到：一个国家的交响乐发展，首先要表现自己国家和民族的作品。这样不仅能提高中国作曲家的创作欲望和信心，同时也增强他们的社会责任感。对待外国经典也不应只停留在欣赏或借鉴上，而是应该更努力地去向人民群众普及。只有向大众普及，并提高、激发他们欣赏热爱音乐的热情，我国的交响乐发展才有了根本。

1958年冬，李德伦第一次以中国指挥家的身份应邀去芬兰指挥赫尔辛基交响乐团。此次出访是对前不久芬兰指挥家汉尼卡尼来京指挥中央实验歌剧院的回访。文化部原定的人选是歌剧院的常任指挥黎国荃，但他此时却在紧锣密鼓地为中央芭蕾舞团出访缅甸赶排芭蕾舞《天鹅湖》的音乐，显然分身无术。此外，黎国荃也从未单独指挥过整场交响音乐会，尤其是此次要一人前往北欧独当一面，而且指挥的曲目他过去也从没接触过。在权衡再三后，文化部最终决定派李德伦去芬兰。

李德伦在去芬兰前准备了一些演出曲目，其中有自己拿手的柴可夫斯基的《悲怆》、留苏同窗吴祖强的新作——交响音画《祖国》等。也有芬兰方面指定的曲目，如莫扎特的《A大调钢琴协奏曲》、勃拉姆斯的《第一交响曲》。芬兰的首场演出，是在赫尔辛基大学的音乐厅举行。音乐厅的舞台非常大，指挥要绕一大圈才能登上指挥台。这场演出是李德伦第一次在西方国家亮相，他心想着一定要为中国人民争光。果不其然，在自信满满的李德伦潇洒自如又举重若轻的指挥下，乐团把上演的曲目展现得淋漓尽致，热烈的掌声和欢呼声此起彼伏，李德伦用自己生命激情诠释的音乐征服了全场的观众。翌日，媒体的好评如潮。

因为李德伦的首演非常出彩，赫尔辛基的另一支广播乐团也来请他排练一些交响作品。在芬兰演出所得到的报酬，李德伦全买了乐谱、书籍、唱片和一架中国没有的钢片琴。回国后，他除了把一张托斯卡尼尼的唱片送给上海交响乐团的黄贻钧外，其余的都捐给了中央乐团。

1959年的国庆，是新中国建国10周年的大庆。中央乐团为了准备献礼节目，从开年就忙乎起来。好在年前严良堃已从苏联留学归来，因此乐团有了两位常任指挥。经分工后，由李德伦排练两部中国作曲家的作品，其中有罗忠镕的新作《第一交响曲》。此作是根据毛主席词作《浣溪沙·和柳亚子先生》的意境谱写的。作品中采用了一些新的作曲手法，其中有借鉴肖斯塔科维奇作品中的某些技巧，但主题音乐还是采用了《东方红》的基调。另外还有马思聪的《山林之歌》，这首作品李德伦早已烂熟于心并指挥过多次。而严良堃则指挥贝多芬的《第三交响曲》和普罗科菲耶夫的《第七交响曲》这两部外国作品。因为严良堃还学过合唱指挥，李德伦就把贝多芬的《第九交响曲》这部交响大合唱交由他来指挥。

中央乐团在庆祝国庆10周年的系列演出中，最重要的是在人民大会堂为毛主席和中央领导及各国来华庆贺观礼的元首贵宾演出的那场交响音乐会。李德伦指挥了一支五百多人的庞大管弦乐队来演奏贝多芬的《艾格蒙特序曲》和中国作曲家李焕之的《春节序曲》。这支以中央乐团管弦乐队为班底的大乐队成员，分别来自中央歌剧院、总政歌舞团、中央广播文工团、北京电影乐团和华北军区歌舞团的乐队。而严良堃也指挥了以中央乐团合唱队为核心，并集聚了北京的所有专业合唱团体而组成的一支超大型的合唱团，演唱了气势磅礴、催人奋进的大型声乐作品《祖国颂》，受到了中外观众的高度评价。

中央乐团因为李德伦的到来，利用在乐团排演的空余时间，开始接受北京电影制片厂和八一电影制片厂的电影配乐任务，并先后为人们耳熟能详的《英雄虎胆》《回民支队》《突破乌江》《风暴》《青春之歌》《革命家庭》和《烈火中永生》等几十部影片配乐。由于李德伦早在上海音专求学时就已参加了电影配乐的演奏和指挥，如今重操旧业，他更是得心应手、成竹在胸。

但在现场录音的过程中也碰到过各种意想不到的困难。譬如在录瞿希贤谱写的《青春之歌》的音乐时，因为曲作者是第一次为电影配乐，经验不足，她写的音乐虽然大多与电影画面很贴切，但在录音时却发现音乐写短了。影片有十多分钟的画面，只有背景、人物活动而没有对话，这是需要用音乐来烘托和填补的。但此时录音工作已近尾声，再请曲作者来补写音乐已来不及了。于是李德伦凭着自己的音乐功底和过往的经验，临时即兴把原曲中的一些抒情优美的音乐元素，加以串联后变奏发展，作为空白画面的补白。影片公映后，音乐天衣无缝，看不出任何瑕疵破绽，给影片增色不少。

又如在录电影《革命家庭》配乐时，也曾留苏的作曲家瞿维把电影音乐写得很复杂，近乎交响化，音乐中有许多调性和配器的变化。如何把这些音乐与电影画面及氛围能做到严丝合缝,是有很大难度的。李德伦硬是带领着乐队花了九牛二虎之力才得以完成任务。

另外在录制金山导演的电影《风暴》配乐时,虽然曲作者刘炽谱写的歌曲常给人惊鸿一瞥的感觉,但他很少谱写电影音乐,对此不太熟悉,因此谱写的音乐中有些段落的感情色彩和情绪与故事情节、气氛不太吻合。对艺术一贯一丝不苟且精益求精的李德伦,在完成录音后心里总觉得意犹未尽。为了艺术的严谨和完美,他认为有些音乐段落应该修改重写。于是李德伦直接与曲作者沟通并阐明了自己的看法和主张,刘炽也欣然同意。但要重写音乐重新录音是需要一笔经费的,无奈李德伦又出面向主管电影的领导夏衍说明此事的原委。夏衍在了解了情况后,支持了李德伦的此举,由此也开创了一部影片两次录音的先例。中央乐团的乐队在李德伦的带领下,在电影配乐的实践中既得到了锻炼,又为乐团增加了不菲的收入。

20世纪60年代初,是"极左"思潮风行中国艺坛前的短暂春天。1961年10月,李德伦指挥中央乐团为刚从国外参赛获奖回国的青年钢琴家洪腾和鲍蕙荞举办钢琴独奏会。音乐会上,她俩分别弹奏了有相当难度的参赛曲目:贝多芬的《第四钢琴协奏曲》和肖邦的《第一钢琴协奏曲》。

中央乐团建团后的百场星期音乐会由李德伦等策划,被安排在1962年的春节举行。这台音乐会连演了九场仍无法满足观众需求,节目以乐团合唱队的声乐作品为主,管弦乐队伴奏,体裁基本都是革命歌曲。与刚组建的东方歌舞团上演的"亚非拉作品音乐会"遥相呼应。当年的夏天,中央乐团在李德伦的建议下,邀请黎国荃、黄贻钧和黄晓同三位京沪指挥家来团进行学术交流,由此也给乐团带来了一股新风并积累了一批新的曲目。不久,李德伦又带领中央乐团的管弦乐队巡演东北。由于长期劳累,他病倒了。后经医生诊断为肝炎,需要长时间的安心静养。李德伦这一病就是一年多,直至1963年9月他才重新出山。

病愈后复出的李德伦,很快便察觉到中国乐坛的氛围有些严峻了。过去一直喋喋不休的中国音乐的"土洋之争",此时又旧话重提。尤其是有关交响乐及其乐团是否有存在之必要、交响乐究竟该为谁服务、它的未来和发展方向又在何方等尖锐话题,众说纷纭又莫衷一是。其实早在新中国建立之初,以吕骥为代表的革命音乐家就明确表示过:新中国的音乐发展方向，应以革命群众歌曲为主；其余来自西方的音乐舞蹈样式可适当发展，但不能喧宾夺主。吕骥还多次强调过：西洋管弦乐队要以舞蹈和歌曲伴奏为主，排演交响乐为辅，不可本末倒置。像吕骥这样的音乐家在中国音协领导层中是占大多数的。

如今在这样的形势下，中央乐团为了自身的生存和发展，在团长李凌和首席指挥李德伦的策划带领下，也开始尽量地上演中国作曲家的作品。为此李德伦还专门向上海的老友黄贻钧索要了小提琴协奏曲《梁祝》的总谱、朱践耳的弦乐合奏《翻身的日子》，以及鲍元恺的《炎黄风情》等一批通俗易懂、人民群众又喜闻乐见的管弦乐作品，经中央乐团排练后到北京市郊的农村、工矿和部队演出，受到热烈的欢迎和广泛的好评。

在中国音协大力提倡革命群众歌曲演唱的特殊时期，沈阳的李劫夫率先响应并创作了歌曲《我们走在大路上》，很快上海的孟波也紧跟着谱写了歌曲《高举革命大旗》。这两首作品面世后一时形成了南北呼应，全国各地到处在传唱。此时的空政文工团在司令员刘亚楼的提议下，举办了一台"革命历史歌曲演唱会"，反响不俗。不久后的"上海之春"也上演了一台名为"在毛泽东旗帜下高歌猛进"的音舞晚会，得到周恩来总理和陈毅外长的高度评价。后来这两台节目中的许多作品被合并串联后，成了划时代的音乐舞蹈史诗《东方红》的雏形。

为了贯彻党中央对中国文艺要革命化、民族化和群众化的指示，中央乐团的驻团作曲家瞿希贤谱写了大合唱《全世界无产者联合起来》，并改编了《牧歌》《半个月亮爬上来》《阿拉木汗》和一些正当红传唱的革命歌曲作为大合唱作品。另一位驻团作曲家田丰也为毛主席诗词谱写了几首合唱作品。此刻就连过去一直演绎外国作品的刘淑芳也开始演唱新作《毛主席走遍祖国大地》等歌曲。在毛主席发出"向雷锋同志学习"的号召后，中国的许多作曲家谱写了一大批歌唱、学习雷锋的歌曲，中央乐团也挑选了部分适合的曲目改编成合唱作品搬上舞台。中央乐团上演的声乐作品音乐会大受人民群众的欢迎。

20世纪50年代末到60年代初，中国经历了"三年困难时期"。与此同时，帝国主义的经济封锁和苏联的背信弃义，使中国的经济蒙受空前巨大的损失和困难。那时全国上下连中央领导也节衣缩食与人民共克时艰，全国许多的在建工程、包括一些重点项目也不得不暂时下马或停顿。城市的闲散人口也尽可能地被疏散去农村。全国的文艺团体也未能幸免。不仅地市一级的文艺团体一律解散，演员或奉调或自寻出路。像著名男中音歌唱家杨洪基就是从当年被撤销的大连歌舞团出来后，去报考总政歌舞团的。就连省级和中央所属的文艺团体也面临缩编、甚至撤并的尴尬境地。

贺绿汀曾向我讲起过他在那个时期的一些经历。1963年，贺绿汀以全国政协委员的身份去大西北例行考察调研。在西安他受到了当地一支管弦乐队负责人的求援，因为当时地方政府经济困难，已无力再为这支乐队拨款了，一贯坚持提倡用科学态度并借鉴西方科学成熟的技艺，来发展中国音乐事业的贺绿汀，此刻也已孤掌难鸣。但他明确表示：乐队应该生存下去，但要生存只有依靠全团的努力。譬如西安有个电影制片厂，乐团可以为电影配乐来增加收入。另外要多开些音乐会，演唱演奏人民群众喜闻乐见又通俗易懂的歌曲和音乐。这样的音乐会还可以走出去，到大西北、到全国去巡演，只要你们的工作能得到广大人民群众的认可，经济上又能自给自足，就能生存下去。但不幸的是，这支乐队最终还是被解散了。

在党的八届十中全会后，周总理对文艺和音乐工作发表过两次重要讲话，再次阐述了文艺要为工农兵和无产阶级政治服务。此外周总理还强调：对于外来的西洋音乐也还是要搞的，但总体是要借鉴其科学的方法和技术来为我们民族的音乐服务。在1963年初夏的一次座谈会上，周总理和李德伦有过一次关于交响乐的深入交谈。周总理询问全世界的交响乐究竟有多少首，当得知大约有300首左右、但常演的曲目占比不高时，当即又对李德伦说：那你们就先把其中的150首都学会、学透，洋作品也要学到家。我们国家现在虽然有些困难，但像中央乐团这样能代表国家形象的团体还是要保留的。我看再有上海、广州和沈阳各一家交响乐团就足够了。

听了周总理的讲话后，李德伦的心里踏实多了，他对自己所在的中央乐团和挚爱的交响音乐前景又有了新的期盼。作为乐团的首席指挥，根据周总理的指示，李德伦为乐团开出了一整套训练和排演的新曲目。除了一些经典的西洋作品外，还增加了中国作曲家的新作。其中有：辛沪光的交响曲《嘎达梅林》，本团演奏员杨牧云、邓宗安、谭炯明和张孔凡等集体创作的交响曲《穆桂英挂帅》和《保卫延安》，后来这四位演奏员还成了交响大合唱《沙家浜》的创作骨干。此外还有留苏归国的吴祖强和杜鸣心合作谱写的芭蕾舞剧《虞美人》的音乐。此外李德伦还请驻团的作曲家谱写改编了一些合唱作品，并为独唱、独奏曲目编曲配器。

为庆祝中华人民共和国成立15周年，在周总理的倡导下，全国调集了音乐舞蹈界的精兵强将，排演了一部反映中国革命斗争和胜利的音乐舞蹈史诗《东方红》。李德伦有幸和黄贻钧、严良堃和胡德风等应邀指挥由几百人组成的大乐队和合唱队。但就在此作即将被搬上银幕时，根据中国和古巴的文化协定，中国音协临时决定从《东方红》剧组急调李德伦代表中国去古巴指挥演出。那时中国到古巴要几经周折，先要从北京乘机到莫斯科途经布拉格，然后再换乘英航飞机到伦敦再飞加拿大，最后才能到达古巴。经过几天的长途颠簸，到达哈瓦那时正是夏天。李德伦不顾旅途劳累和气候的反差，旋即就全身心地投入排练。此次李德伦指挥古巴交响乐团要上演两套节目。一套是古巴作曲家曼带亚的《小提琴协奏曲》和贝多芬《第五交响曲》及几首中国作品；另一套节目以中国作品《白毛女序曲》为主，再加上柴可夫斯基《第五交响曲》和古巴的几首小曲。演出在哈瓦那最大的剧场，李德伦炉火纯青的技艺完全征服了当地的观众，再次为中国争得了荣誉。

为了适应形势需要和自身的生存，中央乐团从1964年3月起，开始举办交响音乐普及月活动。李德伦率乐队去大中学校和工矿企业进行普及演出。每次演出前，他都亲自担任讲解员，向学生、工人们介绍各种西洋乐器的由来、功能和各种交响乐曲的基本知识。这是中国专业的交响乐团和指挥第一次在音乐会上向人民大众普及交响音乐知识。李德伦的讲解不仅深入浅出、通俗易懂，而且非常风趣幽默和形象，观众们都被他的讲解逗乐了，这种普及交响乐的形式收效很好。此外去基层的普及音乐会，上演的小节目基本都是中国作品，其中小提琴协奏曲《梁祝》因旋律优美而深受群众的欢迎。但有一次在北京近郊丰台的演出，上演《梁祝》的海报也已张贴出去了，但因为作品描写了封建社会的才子佳人，而遭禁演。无奈只能临时调换新曲目，但观众并不知情，意见很大。为此，中央乐团的主创人员旋即又搞了一台革命歌曲大联奏的节目。这也是中央乐团为了生存的无奈之举。

在"文革"到来前，当时主管戏曲改革的江青突然来到中央乐团，要求该团把京剧《芦荡火种》里的主要唱段，改编成交响大合唱《沙家浜》，就这样，乐团奉命请驻团作曲家罗忠镕和团里几位会作曲的演奏员一同参与创作。作品完成后由李德伦指挥，乐团的合唱队和管弦乐队担任演唱和伴奏。歌唱家臧玉琰扮演顾建光、梁美珍演阿庆嫂、徐一之演刁德一、陈宝庆饰胡传魁。

"文革"初期，作为乐团领导和首席指挥的李德伦也受到了冲击和折磨。但由于他是从延安来的音乐家而被网开一面，能较早地被"解放"出来参与乐团工作。当年，中央乐团奉命与京剧名家合作，创作了《钢琴伴唱红灯记》，由本团的钢琴演奏家殷承宗伴奏。原本还要在此作的基础上，再创作一部《红灯记交响乐》的作品。但后来改为钢琴协奏曲《黄河》，由乐团的作曲家们集体创作。

1972年初，美国总统尼克松具有划时代意义的访华"破冰"之旅，就此打开了中美关系的大门。为了更好地招待尼克松，周总理请中央乐团和解放军军乐团在欢迎宴会上演奏中美乐曲。负责此次演出的李德伦，精心挑选了美国歌曲《牧场上的家》《草堆上的火鸡》《林荫道》和《美丽的阿美利加》等，受到远道而来的美国贵宾的热烈欢迎，演出无形中也推动了中美友好。

打开国门后的1973年3月至9月间，英国伦敦管弦乐团、维也纳爱乐交响乐团和美国费城交响乐团先后来华演出。但当时还在强调阶级斗争的年代，因而这些世界著名交响乐团来华演出的曲目，都要经过中方严格的审查。周总理出于对李德伦的信任，把此项工作交由他全权负责把关。李德伦不仅圆满完成了周总理交付的任务，而且还率团在与外国同行的交流中，增进了中外友谊。

1976年10月，"文革"结束了。中国又迎来了文艺的第二春。年底中国就派出了一个高规格的文艺代表团出访联邦德国，成员有赵沨、刘诗昆、周小燕、郭淑珍和李德伦等。访德期间，

1973年秋，美国费城交响乐团来华访问时，李德伦与乐团指挥尤金·奥曼迪游览八达岭长城

李德伦参观了那里的多所音乐院校，也聆听观摩了世界一流交响乐团的音乐会和歌剧演出。李德伦深感由于中国本身的音乐基础落后，再加之"文革"这么多年，与世界先进音乐的差距越来越大。为了能迎头赶上，自己肩上的责任更重大了。

1977年3月26日，是著名音乐家贝多芬逝世150周年的纪念日，世界各国都将举办多种纪念活动。长期以来，贝多芬及其作品在中国是深受人民群众喜欢的。即使在"文革"中，对外国音乐演出严格控制的状况下，在招待重要外宾及特殊场合，中央乐团也多次上演他的代表作。在粉碎"四人帮"的初期，虽已消除了长期禁锢人们思想精神的桎梏，但仍有一些极左的思潮会成为阻力。在李德伦策划准备一台由中央乐团上演的贝多芬作品专场音乐会时，遭到了上级的否决。于是，只能改成中国交响作品和贝多芬交响乐的综合演出。

这场在民族文化宫上演、由李德伦指挥中央乐团的音乐会，上半场演出了三首中国交响新作：《交响诗刘胡兰》、琵琶协奏曲《草原小姐妹》和弦乐合奏《二泉映月》，而下半场则演奏了贝多芬的C小调第五交响曲《命运》。因为中央人民广播电台和中央电视台直播演出实况，所以这台音乐会的社会影响甚广。虽然音乐会并不是贝多芬作品专场，但国外的许多主流媒体都纷纷撰文，称赞中国已迈出了很重要的一步。

不久，世界著名指挥家小泽征尔来华寻访他当年在中国东北的出生地，同时他出于职业的敏感和好奇，还专程赴京拜访了中央乐团，想了解中国的交响乐水平。当他在中央乐团的排练厅，听了李德伦指挥的《二泉映月》《草原小姐妹》等中国交响曲和郭淑珍演唱怀念周总理的歌曲后，激动地对李德伦说：我也是一个东方人，可是搞的全是西方音乐，很惭愧。说完，这位感情特别丰富的指挥家的眼泪不禁哗哗地流下。李德伦与小泽征尔虽是初识却一见如故，并结下了真诚的友谊。两人分别时，小泽征尔表示第二年再来中国指挥中央乐团。

1978年5月，小泽征尔果不食言，再次到北京指挥中央乐团演奏勃拉姆斯的《第二交响曲》。按照惯例，外籍指挥家来团工作前，乐团要预先排练即将上演的曲目并做很多准备。但小泽征尔来到乐团后没有看到李德伦，经过询问后才得知：此时的李德伦已患肾癌正在友谊医院治疗，但他有幸由中国最著名的大夫吴阶平亲自主刀,他被摘除了一个病肾后已去了南方疗养。

由于手术的精准、医护人员及家属的精心照顾和无微不至的关怀,大病一场的李德伦慢慢康复了。1979年5月,小泽征尔第三次来华,此次他是带着美国的波士顿交响乐团来京演出的。此时的李德伦已从广东肇庆的疗养地回到了北京家中。在演出期间,小泽征尔向中方提出要去李德伦家探望。李德伦一家一直居住在中央乐团旁的和平里一套三居室的单元房里。全家四代同堂,由于人口多,每间房都各有一张床,就是没有会客室。但为了接待远道而来的客人,全家把所有的床都置放到一间房内,其余的两间房用作接待。此外家中的家具也已陈旧,甚至连沙发也没有,于是只能临时向团里借来一对沙发应付。当小泽征尔看到李德伦的家境后非常感慨,他无论如何也不敢想象,这样一个如雷贯耳的中国大指挥家,生活竟如此清贫。在两人的交谈中,小泽征尔更深感到:李德伦没有任何功利欲望,只有一颗为中国交响事业无私奉献的拳拳之心,他被李德伦的这种人格魅力所深深折服。也就是在这套陋室里,李德伦还接待过许多来京的外国著名音乐家。除了小泽征尔,还有梅纽因、皮里松、吉尔伯特、斯特文斯基、斯杰尔尼克夫和安德森等。

波士顿乐团走后,中央乐团又准备为世界顶尖的小提琴艺术家艾萨克·斯特恩的来京合作演出做准备。此时离开舞台一年多的李德伦已病愈复出,又重新拿起指挥棒。此次斯特恩的北京音乐会将演出两套曲目。第一套曲目有:莫扎特的《C大调第三小提琴协奏曲》和勃拉姆斯的小提琴协奏曲,以及贝多芬的交响曲《艾格蒙特序曲》,由李德伦指挥。另一套曲目则是斯特恩与一同来华的另一位美国钢琴家合作,演奏贝多芬的《春天奏鸣曲》和弗兰克的《奏鸣曲》等。这一年李德伦还有幸指挥中央乐团与来京的世界著名音乐家梅纽因、托泰里合作演出,反响不俗。

1979年10月,卡拉扬率世界最顶尖的柏林爱乐乐团来京演出,地点是卡拉扬选择的可容纳6 000名观众的北京体育馆。此次卡拉扬的北京之行将上演三套曲目,其中有莫扎特的《第三十九交响曲》、勃拉姆斯的《第一交响曲》和穆索尔斯基的《图画展览会》等交响乐。为了表示友好,卡拉扬在第三场演出时,专门请了中央乐团的部分乐手一起参演了贝多芬的《第七交响曲》，此外在音乐会间隙期间，柏林爱乐乐团的音乐家们还专门与中央乐团的乐手联欢，并聆听了该团的排练。李德伦也专门陪同卡拉扬游览了十三陵并登上八达岭长城。

柏林爱乐乐团回国后不久，李德伦收到了该团邀请他去柏林指挥演出的公函，他心中十分欣喜，于是就马上把信件交由文化部核准。也许是因为李德伦在"文革"中的"问题"还未最后定论，因此文化部决定由上海交响乐团的黄贻钧去柏林。黄贻钧与李德伦是几十年的乐坛挚友，当得知此事的来龙去脉后，他觉得这样做对李德伦不公，所以坚决不去。但李德伦旋即写信劝说黄贻钧：你还是去吧，机会难得。你若是不去，我也是去不成的，最终谁都不能去。黄贻钧被李德伦袒露心扉的真诚话语感动了，决定还是去柏林，并在柏林的演出中大放光彩，为中国争光。

一个月后，美国的小提琴家梅纽因也独自一人来到中国演出，要求中央乐团乐队为他的演出协奏，并点名请李德伦指挥。梅纽因是个非常热情的艺术家，他不仅成功地举办了小提琴独奏会，给中国音乐家开了眼界，还无偿到中央音乐学院为学生上课，并在红塔剧场为专业小提琴演奏员开大课。梅纽因与李德伦同岁，因两人对音乐的志同道合而成为挚友。此后，梅纽因又多次来北京与李德伦及中央乐团合作。最后一次是1997年，他带着自己的中国学生胡坤，并亲自指挥中央乐团演绎了勃拉姆斯的《第四交响曲》和艾尔加的《小提琴协奏曲》。

在那段时间里，有许多外国音乐家来京与中央乐团合作，李德伦忙得不亦乐乎。1979年底，英国前首相爱德华·希思也来京并提出要指挥中央乐团举办音乐会。希思年轻时是学过音乐的，主要学合唱指挥，但他后来选择了从政。此次他选定与中央乐团合作的曲目是德沃夏克的《新世界交响曲》。在李德伦耐心细致的帮助下，希思指挥的这场体现中英两国友谊的音乐会十分成功。

早在"文革"中期和改革开放初年，就有人提出中央乐团的乐队成员需要彻底大换血，全部换成音乐院校的毕业生。理由是原乐队成员的班底是当年陶行知创办的"常州少年班"，不太正规，而声部的首席又来自五湖四海，似乎风格不太统一。但每次谈论这个问题时，李德伦都据理力争。他认为：中央乐团好比铁打的军营流水的兵，所有的乐手是不断地淘汰更新优化组合的。眼下，如若全部起用年轻人是完全行不通的，因为一个乐团的风格和传统、包括曲目，是依靠指挥和所有乐手经年累月不断打磨融合而积累起来的。即使所有年轻乐手的个人技巧再好，也不可能组合后一下子就能成为世界一流的乐团。这也好比两位男女乒乓球世界冠军，由他俩来组合参加混合双打也未必能成为冠军的道理一样。西方乐团的乐手是终身制的，这也是为了保持乐团的演奏特点和风格。而中国乐团的乐手是退休制的，因此要保持乐团风格需要一代代的乐手和指挥的传帮带。正因为李德伦的力争，中央乐团在几次危机中才保持了原貌。

1980年是中央乐团不平凡的一年，也是该团的重要转折点。当时李德伦给文化部写了一份关于交响乐改革的工作报告，文中不仅回顾了中央乐团建团以来的坎坷发展历程和经验教训，还提出让上级领导了解、支持交响乐发展的十一点意见。其中包括：建全一年一度的音乐季制度；要经常与兄弟院团进行业务交流；走出国门去演出，还要请进外国专家来团指挥讲学；对乐团所有成员要有考核、进修和提升制度，以期提高乐手对本职工作的积极性；委约中国作曲家为乐团量身定做交响曲；定期去基层普及交响乐知识等。

根据李德伦的意见，中央乐团重新制定了规章制度：明确要求所有乐手必须在每个工作日内，到团参加排练（特殊情况除外），同时设立乐手的末位淘汰制。有了这样的排练保障，中央乐团在这一年就排演了26套曲目，超过了乐团建团至1979年共排演20套曲目（除样板戏外）的总和。在过去的二十多年，中央乐团只排练过少数几位著名音乐家的欧洲古典曲目和中国作品。而这一年，除了排演传统的欧洲古典曲目和中国作品外，如印象派以后的现代派作品也在排演中。其中包括德彪西、巴托克、斯特拉文斯基的代表作，此时的中央乐团已开始向更高的艺术品位迈进，李德伦是功不可没的。

1980年后，中央乐团采纳了李德伦的建议，开始邀请外国指挥家来团工作。第一个来团的是法国指挥家皮里松，他此前不久刚在贝桑松国际指挥大赛中获奖。皮里松来华前在法国公开募捐，筹得的款项买了许多乐谱，带到北京后送给了乐团的指挥和乐手。他到来后排练了很多法国作品，这是中央乐团过去从未涉及过的。其中有拉威尔的舞蹈音乐《达芬尼斯赫罗伊》；还有卢梭尔的《酒仙》，在排这首作品时，需要一位非常出色的小号手，因为有很重要的一段小号独奏，于是皮里松就把李德伦的儿子李苏（总政歌舞团小号首席）借调来团演出。此后，皮里松又多次来中央乐团合作，排练了肖斯塔科维奇、柏辽兹、拉威尔和弗兰克等的作品，这样使中央乐团积累的演出曲目更丰富多彩了。皮里松每次在团排练，李德伦总陪伴在场，无形中他也借鉴到了皮里松的一些指挥技艺。

皮里松回国后不久，中央乐团又请来美国的指挥大师吉尔伯特来团工作一年。他的到来又为乐团排演了许多风格各异、体裁独特的交响作品。其中最重要的是斯特拉文斯基的《春之祭》，此作在音乐史上占有重要地位，是现代音乐的里程碑。为了演绎好这部作品，吉尔伯特专门请人从美国借来一支中国没有的高音小号，还请已调入中央乐团的李德伦的儿子李苏来独奏。

有了这样的交流和学习机会，中央乐团管弦乐队的整体水平在不断提高，并朝着更高目标前行。

为了中央乐团的建设和发展，李德伦可谓殚精竭虑，耗尽了所有的心血。1986年，他从乐团的一线淡出后，工作的重点也逐渐转移到培养新人和寻找接班人上。其实早在李德伦留苏归国后，他已经受聘在中央音乐学院作曲指挥系任教。他最早的四位学生曲干平、程义明、牟宏元和王哲民在考入中央音乐学院前，分别是解放军军乐团和铁路文工团的指挥。他们都是学习过西洋乐器又在指挥实践中学习指挥的，已经不是一张白纸了。对这样的学生的教学，李德伦专门制定了一套切实可行的方法且收效明显。在中央乐团，他还培养了一位原本在乐队中吹圆号的张孔凡学习乐队指挥。后来中央乐团的韩中杰、严良堃等留苏学成回团后，团里已不缺指挥。张孔凡在李德伦的推荐下，去了刚建成的西安乐团独当一面。

徐新、卞祖善、王恩悌、汤沐海、陈佐煌、邵恩、谭利华、于海、俞峰、曹丁、余隆、李心草等几代中国指挥家，他们都是受到过李德伦的悉心点拨和真诚教诲的。当初为了能调陈佐煌到中央乐团来接自己的班，李德伦不顾年老体弱多病，三番五次地横跨北京城区到铁路文工团去商讨调离事宜，直至达到目的为止。谭利华在上音进修时是黄晓同的学生。但李德伦也是他的恩师，情同父子。当年谭利华已办妥了所有出国手续，机票也已在手。当他向恩师告别时，李德伦真诚地对谭利华说：如今你出国是给人家锦上添花，而留在国内则能给自己同胞雪中送炭。设想如果你们年轻人都走了，总不能让我们这批老人还一直站在台上指挥吧……这番出自肺腑的朴实话语，深深打动了谭利华。他旋即就退了机票，继续留在北京交响乐团执棒。

从1980年开始，李德伦就策划在北京劳动文化宫举办每周一次的交响乐知识讲座，他本人担任主讲。听众非常踊跃、有时还人满为患，大多是工人、学生和教师等。有时李德伦遇上演出或其他任务时，就请同事罗忠镕等来替代。这样免费的讲座一直坚持了好多年，为中国交响乐培养了一大批忠实的听众。

李德伦退居二线后，他开始到全国几乎所有的大城市去举办交响乐欣赏讲座，在有条件的状况下，他还亲自调教指挥当地的乐队。上海是李德伦此次系列活动的第二站，他的讲座完全是义务的，不收取任何报酬，连路费也是自掏腰包。他到上海后就住在上海交响乐团的一间办公室里。乐团借给他一床棉被，吃饭也在乐团的食堂。另外乐团还借给他一辆旧自行车，以便他在上海探亲访友。李德伦在上海不仅成功举办了普及交响知识的讲座，他还应黄贻钧之邀，为上海交响乐团排演了勃拉姆斯的《第一交响曲》、吴祖强的琵琶协奏曲《草原小姐妹》、德彪西的《夜曲》和巴贝尔的《柔板》等一批交响新作。此番李德伦的上海之行还为好友救了一个急，当时上海音乐学院的黄晓同教授因病住院治疗，好多学生没课可上，李德伦就用举办讲座和排练乐队的间隙，无偿到上音为黄晓同代了一个月的课。

1984年5月，苏联举办第二届国际音乐节时，发函邀请中国政府派两名观察员参加。文化部决定由曾留苏的李德伦和朱践耳前往。两人在音乐节期间，欣赏到了五十多个参演国家精彩纷呈的节目，得到很大的启发和收获。尤其是李德伦对当时苏联的交响乐状况有了更直观的了解。

1985年秋，首届梅纽因国际小提琴大赛在法国巴黎举行。评委会主席梅纽因点名请中国指挥家李德伦担任本届大赛评委。说来也巧，就在此次大赛前，法国的贝桑松也将举办指挥大赛，中国选手邵恩和胡咏言去参加比赛。为了帮助这两位中国新人参赛，李德伦提前前往法国的贝桑松，去临场指导邵恩和胡咏言的参赛曲目。在比赛中，虽然邵恩指挥的莫扎特

《第四十一交响曲》最为出彩，但大多数评委却认为他对作品理解不够、表现过于热情、风格不符而未获奖，相反并未被人看好的中国香港女选手叶咏诗却获得了大奖。

李德伦带着遗憾告别贝桑松后，又旋即赶赴巴黎。首届梅纽因小提琴大赛除了设一个最高奖项——巴黎市大奖外，其余还有8个单项奖和14个特别奖，参赛的28名选手几乎各个都能获奖。此次大赛评委会除了主席梅纽因外，其余十几位评委分别来自法国、英国、奥地利、荷兰、美国、德国和中国等。参赛选手是世界各国层层筛选出来的，中国的参赛选手是中央乐团的女小提琴家赵茜和已经在瑞士梅纽因学院学习的胡坤。经过三轮激烈的角逐，中国选手胡坤以绝对的优势脱颖而出，摘得了大赛的桂冠。

改革开放后至晚年的李德伦，曾多次应邀出国访演，用音乐架起了一座中国人民与世界各国人民友谊的桥梁。1986年对李德伦来说，不仅是他在中央乐团任职的最后一年，也是他音乐人生中最繁忙的一年。除开年后的国内多场演出外，从5月初起前往捷克参加"布拉格之春"音乐节，6月到莫斯科执棒，8月在广州演出后又赴香港公演，11月飞温哥华、多伦多，12月又去了美国纽约。这样连轴转的演出，忙得李德伦不亦乐乎，但这对于一个年近七旬的老人来说是超负荷的。

1987年的春节刚过，北京还处在春寒料峭的寒冷中，但中国交响乐的里程碑上将上演一次令世人瞩目的重大活动。为了振兴中国的交响乐事业，在京的11个音乐团体的800多名乐手，将一同参加在首都体育馆举办的中国"交响乐之春"音乐会。此次大型活动是由李德伦、韩中杰等策划发起的，以中央乐团管弦乐队为骨干，再加上中央歌剧院、中国歌剧舞剧院、中央芭蕾舞团、中国广播文工团、中央电影乐团、北京交响乐团、解放军军乐团、总政歌舞团、总政歌剧团、二炮文工团及中央音乐学院学生乐队共同参演。除了李德伦和韩中杰外，担任演出指挥的还有郑小瑛、袁方、卞祖善、徐新、刘天宝、马文、吕蜀中、金正平、王恩悌和谭利华等。上演的20首曲目琳琅满目，令人目不暇接：有贝多芬、舒伯特、柴可夫斯基、比才、柏辽兹、威尔第、德沃夏克以及中国作曲家李焕之、郑律成和李桐树的经典作品。

就在音乐会紧锣密鼓地排练时，李德伦的母亲不幸病逝，但他还是强忍着悲痛一头扎进音乐会的排练中。此次演出，除了各音乐团体由本团指挥家演奏各自拿手的曲目外，所有的乐手还要组成一支800多人的大乐队，由李德伦指挥演奏《春节序曲》和《1812序曲》。经过一段时间的打磨和调教，大乐队的演奏已基本没有瑕疵了。原本这台大场面的演出只安排两场，但在热情观众的一再要求下，一演再演，连演了十多场仍无法结束。"交响乐之春"音乐会在北京掀起了一股中国交响乐热，这台空前绝后的音乐会也在中国音乐史上留下了浓墨重彩的一笔。

李德伦一生指挥音乐会无数，连他自己也没能算清究竟有多少场。1999年11月19日，在第二届北京国际音乐节的闭幕式上，李德伦指挥中国交响乐团（前身为中央乐团）与美国著名小提琴大师艾萨克·斯特恩合作演出了莫扎特的《C大调第三小提琴协奏曲》，从而把此次活动推向了高潮。自1995年后，李德伦因年事已高又体弱多病，已基本不再登台执棒了。但此次演出可谓是他人生的谢幕之作，也是一场世纪绝唱。不料在演出前两个月，李德伦突患肺炎住院治疗，且一度病危。医生建议他从此不要再登台演出了，但为了中国音乐和交响事业奋斗了一生的李德伦，非常看重此次演出的意义，他再三表示：自己尚有一些可能，将一定参加演出。

真是苍天有眼，在医生的精心治疗和李德伦的坚强意志下，奇迹果然发生了。在不到两个月的时间内，李德伦的病体基本康复了。11月18日下午，李德伦在家人和特护的陪伴下，准时来到世纪剧院作演出前的最后合练。当斯特恩看到李德伦登上舞台后，激动得赶紧跑过来与其紧紧相拥，这样的感人场面令所有在场者无不为之动容。

激动人心的时刻终于来临了，11月19日晚，北京世纪剧院前人山人海，大家都是为了争睹这两位叱咤乐坛风云一个甲子、又在各自领域独领风骚的世纪老人。这天的演出由原文化部副部长英若诚主持，在下半场演出开始前，李德伦坐在轮椅里被年轻的指挥家余隆和他最心爱的外甥科民推上了舞台，此刻全场响起了经久不息的雷鸣般掌声。同时，两位年轻指挥家李心草和杨阳分别从舞台两侧急速奔跑到舞台中央搀扶着老人站在指挥台上。旋即满头白发的斯特恩也手握提琴信步走上舞台中央，剧场再次爆发出震耳欲聋的掌声。在李德伦手落音起后，悠扬的提琴声在大乐队的

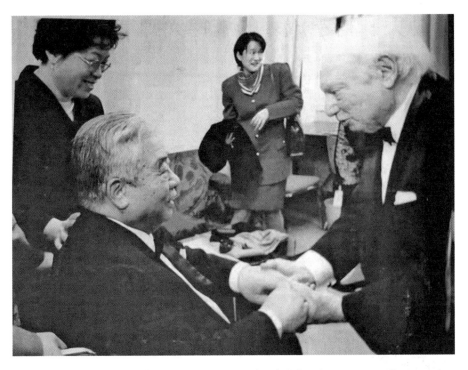

李德伦与小提琴大师斯特恩在演出后台

衬托下,天籁般的美妙旋律像水银泻地般不断流淌在观众的心田和剧场的每个角落,此刻所有的观众都沉浸在"此曲只应天上有,人间难得几回闻"的那种意境之中。两位老人的合作演出真可谓天衣无缝又精美绝伦。音乐会刚结束,整个舞台就被淹没在鲜花的海洋中,整个剧场更是涌动着情感的潮水。此刻李德伦也完全沉浸在无限的幸福中。在这场具有史诗般意义演出两年后的2001年10月19日,李德伦大师的交响人生画上了终止符,享年84岁。

诚然,人的一生就是一场修行。李德伦把所有的生命激情和艺术才华都无偿地奉献给了自己一生追求的音乐事业。作为新中国交响乐的奠基人和开拓者之一,他的一生无疑就是中国交响乐发展的坐标和缩影。而李德伦的艺德和人品,更是当今中国乐人学习的楷模和榜样。

李劫夫：自学成才的旋律大师

作曲家李劫夫

人民音乐家李劫夫是中国音乐史上一位不可或缺的重要人物。他早在延安鲁艺时，就与刘炽、马可一同被誉为延安的"三大旋律家"。李劫夫一生坎坷曲折、命运多舛，充满着传奇色彩。他创作的音乐作品无数，均可谓时代的号角，都在为人民歌唱。其代表作《歌唱二小放牛郎》《革命人永远是年轻》和《我们走在大路上》等歌曲，曾影响过几代国人。在"文革"这一特殊时期，他又谱写了大量"毛主席语录歌"。能用任何没有平仄的语句，谱写成一首首风格鲜明、朗朗上口、通俗易唱又令人难忘的语录歌，这在中外音乐史上是绝无仅有的，由此也足见李劫夫满腹的民族音乐素材和高超的创作本领。

新中国成立后，李劫夫受命在原延安鲁艺的基础上，在辽宁的沈阳重建东北音乐专科学校，后改名为沈阳音乐学院，这也是中国最著名的九大音乐院校之一。

长期主政沈阳音乐学院的李劫夫，他的办校和教学秉承着延安鲁艺的办学理念，坚持"革命化、群众化、民族化"方向。同时在教学中又强调"洋为中用、古为今用"的方针，坚决走中国音乐自己的发展道路。李劫夫从未进入音乐院校接受过系统的音乐教育和作曲技法学习，他是在实践中自学成才的天才作曲家。但李劫夫自诩自己的创作得益于三个老师：民歌和民间音乐是第一个老师，在学习民歌和收集民间音乐素材时，他感受到了劳动人民如何在音乐中表达他们的思想感情，同时又学到了词与曲是如何水乳交融地有机结合的。第二个老师就是聂耳、冼星海的抗战救亡歌曲。当年的热血青年李劫夫整天就在哼唱这些歌曲，他还一直在琢磨、研究怎样用歌曲的形式来表现抗战的内容、表达群众的激昂情绪，并深刻体验群众歌曲的形式及特点。李劫夫的第三个老师是几本苏联歌曲集。他从这些作品中体会到，怎样展现革命人民的思想感情。这些歌曲的创作样式和风格给他留下了难以磨灭的印象。

李劫夫一生坚信：旋律就是音乐的生命，而生活又是旋律不竭的源泉。因此，他的作品都是深入生活和民间、扎根于民族沃土的。受他的创作作风和思想的深刻影响，沈阳音乐学院培养了傅庚辰、秦咏诚、谷建芬、雷雨声、羊鸣、白诚仁和孟庆云等一批深受人民群众欢迎的作曲家。他们谱写的《红星照我去战斗》《毛主席的话儿记心中》《我为祖国献石油》《我和我的祖国》《今天是你的生日，我的中国》《那就是我》《我爱祖国的蓝天》《挑担茶叶上北京》《长城长》《黑头发飘起来》等许多经典作品，也和老师李劫夫的歌曲一样，传遍祖国的大江南北，流淌在亿万人民心中。

李劫夫的作品，充满着对党、对人民和对祖国的无限热爱。这些不朽的旋律出自他真诚的灵魂、一个艺术家的灵魂。无疑，李劫夫就是中国音乐史上的一座丰碑。

幸福的音乐之家

李劫夫的家庭是一个充满幸福的音乐之家。妻子张洛是歌唱家，她第一个在东北地区主演歌剧《白毛女》。大女儿李青是辽宁乐团的钢琴演奏家；二女儿李丹丹是中央歌剧院的女高音歌唱家，主演过歌剧《蝴蝶夫人》《茶花女》等；小女儿李迢迢也是中央歌剧院的女中音歌唱家，主演过《风流寡妇》和《鬼雄》等中外歌剧。

20世纪70年代末，中央歌剧院来沪举办音乐会时，经与我曾经一起学唱的伙伴王惠英（中央歌剧院女中音歌唱家、歌剧《卡门》的主演者）的引荐，我结识了中央歌剧院的一批歌唱家，其中也包括李丹丹。几年后，

李劫夫全家福

我和胞弟李建国一同在上海策划举办了多台高规格的大型音乐会,都邀请李丹丹参加。李丹丹不仅歌唱一流,而且为人真诚可亲,与我很投缘。她还是上海的媳妇,其爱人当年与她都是海政文工团的战友,从事舞台美术工作。她早年在上海美专求学时,与当今的大画家陈逸飞、魏景山、邱瑞敏和夏葆元都是同窗挚友。李丹丹非常尊师念情,因为她的老师胡宝善喜欢收藏瓷器和红木小摆件等文玩,因此她每次来上海总想着要给老师带些此类的礼物。说来也巧,我家所在南洋大楼的底层,就是上海大名鼎鼎的景德镇瓷器商店。而我又与商店的领导和员工都相熟,所以每次我都陪着李丹丹进商店的库房,挑选中意的物件。后来,画家夏葆元要去美国留学,也要买一批礼物送人。李丹丹又陪着他来找我,一起去选购。在那个时期,我与李丹丹的交往甚密。当得知她就是李劫夫的女儿时,出于职业的敏感,以后的每次交往中,我都会不失时机地向她详尽了解其父的人生过往和故事。李劫夫的形象渐渐在我的脑海中清晰起来,此后,我应邀为多家有影响力的报刊撰写过一些有关李劫夫创作故事的文章。

青 岛 岁 月

1913年,李劫夫出生在吉林省长春市郊的农安县,本名李云龙,家中六个孩子中他最小。他家原本富裕,但在李云龙上小学时,家道开始中落，以后又几经辍学。但他从小喜欢音乐和绘画，一直坚持自学小提琴。李云龙青年时所处的中国，风雨飘摇又多灾多难。他目睹了在家乡发生的"万宝山事件"。这是日本军国主义为了霸占中国的东北，蓄意挑唆在中国的朝鲜移民与中国农民为争地争水而引起的大规模冲突的阴谋。这也是"九一八"事变的前奏曲。

"九一八"事变后，日本很快侵占了整个东北地区，并扶持傀儡溥仪成立伪满洲国。李云龙和无数的爱国青年学生一样，面对日寇肆无忌惮的侵略行径，义愤填膺，为了民族和国家的存亡，拯救身处水深火热的亿万劳苦大众，他们不怕反动当局的残酷镇压，义无反顾地走上街头游行示威，抗议日寇的滔天罪行。当时，正在县立中学读初中的李云龙，主动向学校的进步人士靠拢，同时又积极参与抗日反满的宣传工作。因经常抛头露脸而引起日伪当局的注意和不满，他被盯上了，还上了被逮捕的黑名单。恰在此时，李云龙收到了关内表哥的来信，要他去青岛发展。为了躲避日伪当局，李云龙旋即辗转去了青岛。他这一去，从此再没回过故乡。

1933年初秋，初来青岛的李云龙，在市民众教育馆谋到了一份不错的工作，他的表哥张俊图就是该馆的馆长。自鸦片战争后，青岛开埠成了通商口岸，各种外国势力蜂拥而入，很快此地的经济和文化都被渗透，建造了许多教堂、影院、剧场和图书馆，东西文明就在此交融合璧。市民众教育馆就是一个典例，它作为一个新型的社会教育机构，不仅规模庞大，而且包罗万象。其中有大众的义务教育和小众的外语和音乐学习班，还要管电台的播音，话剧、戏曲和电影的上映及报纸杂志的编辑发行。因为李云龙喜欢读书，他要求去图书馆工作，这也是他梦寐以求的一份美差。图书馆藏有许多中外经典著作，他也犹如刘姥姥进了大观园，眼界大开。在那里工作期间，他有大量的时间阅读了各种书籍，因此知识面涉猎广泛。在工作之余，他还报名参加音乐和美术学习班，并重操旧业，苦练小提琴。所有这些都为他今后的音乐创作打下了坚实的基础。

李云龙来民众教育馆不久，又来了两位新人：北京大学毕业的于仁和、进步画家王旦东。他俩因为在北平从事地下革命工作时，被当局追捕来此地躲避。因为都是年轻人，而且又有音乐、绘画的共同爱好，大家走得很近。李云龙后来的政治倾向受他俩影响很深。

1934年夏，北平开办专收东北流亡学生的中山中学。李云龙闻讯后就去报考，但未被录取。于是，他转而又去投靠北平艺术学校，这是一所完全自费的学校。起初，有亲戚答应为李云龙支付所有学费，但他真拿到录取通知书时，学费却没了着落。无奈，李云龙只能忍痛放弃学习，重回青岛工作。

在民众教育馆里，李云龙与同事周南士交往最多。周南士是留日学生，他与青岛的许多文化名人都有交集。经他的牵线搭桥，李云龙结识了作家艾芜、陈荒煤等进步人士，受其影响他也积极开始参与社会活动。

李云龙在青岛公开亮相的第一件事，就是为"左联"诗人王亚平主办的《诗歌季刊》设计封面。由此可见，他最早的艺术活动并非音乐创作，而是展现其另一才能的绘画。封面设计一炮打响后，一发不可收。李云龙接二连三地又在《青岛日报》的副刊上，发表了针砭时弊的漫画、木刻和文艺评论，社会反响强烈。在发表这些作品时，他用得最多的笔名是：劫夫。此名取自"困难当头，在劫难逃，救国救民，匹夫有责"之意。时间久了，劫夫名声大震。李云龙干脆改名为"劫夫"。

对于抗战初期青岛的舞台和银幕上演的音乐、舞蹈、戏剧和电影等，因这些内容已不合时宜，李劫夫进行了激烈的抨击。他认为：人民需要的不是靡靡之音，也不是才子佳人，而是抗战前线将士们为民族和国家存亡的高歌和呐喊。这些吼声，不需要伴奏，也无需在华贵的音乐厅，所需的只是一颗战斗的心。李劫夫的文艺评论，锋芒犀利又鞭辟入里，真实地反映了他的政治态度和艺术观点。他认为艺术是启示、反映和发扬时代的工具，一切脱离了时代的艺术，一定会失去它艺术本身的价值。关注时代、礼赞光明，用自己的生命激情为中华民族高歌，是李劫夫青年时代的艺术理想。这也是他给自己选定的人生之路，从此他无怨无悔地在这条大道上奋勇前行，直至生命的尽头。

1936年春，已在民族教育馆工作三年的李劫夫，因表哥的馆长一职被撤，他也无奈被迫离开。后经王亚平介绍，他又应邀去当地的黄台路小学工作，由此也开始了他的音乐美术教学。

对于音乐与美术，在李劫夫的骨子里，他是偏爱音乐的，并一直梦想着有朝一日能成为人民喜爱的音乐家。李劫夫上的音乐课，教的全是当年最流行的、激昂向上的抗日救亡歌曲。其中有《开路先锋》《大路歌》《毕业歌》《义勇军进行曲》等，几乎全是聂耳的作品。李劫夫还将学生中的歌唱佼佼者组织起来，成立了一支合唱队，在他的指挥下，每周一次去电台直播教唱，这样能让更多的人民群众听到、学会抗日救亡的歌曲。

那时，李劫夫每天清晨在自己宿舍房后的大槐树下练琴不辍。因为他学提琴是没按五线谱正规练习、属无师自通，因此所有演奏的曲目，也都是他自己根据喜爱的歌曲旋律改编的。但琴声却很美妙，每天吸引着众多的师生驻足欣赏聆听。在这一刻他无形中感到了音乐的力量，渴望自己将来也能创作出一些优美动听的曲子。

李劫夫在青岛的几年间，日寇加紧了侵华的步伐。而国民党当局却一味地妥协、退让，致使更多的国土沦丧，但对中国共产党和进步人士却变本加厉地残酷镇压。因黄台路小学是当时青岛进步人士的活动据点，由此成了当局的眼中钉、肉中刺，致使这些进步人士先后遭到逮捕或被迫逃亡。李劫夫虽幸免于难，但他在青岛是待不下去了。在那些年，他经常听周围的同事和朋友谈论起革命圣地延安及鲁迅艺术学院，作为一个爱国的热血青年，他有着更远大的理想和抱负，一直向往能去那里学习音乐。于是他毅然决然地背上小提琴，像无数的革命青年一样，踏上了奔赴延安的征程。

在西北战地服务团学习创作

1937年5月，李劫夫几经周折后只身来到了延安，那里是一个人人平等又充满着激情和斗志的全新世界，他感到了一种从未有过的大爱。李劫夫虽有音乐和绘画的才能，但因为没有介绍信，暂时不能去鲁艺学习。在经过严格的政审后，他被安排到了陕甘宁边区唯一的一家专演话剧、活报剧和秧歌剧的文艺团体——延安人民剧社担任教员，说是当老师，但什么活儿都要干。也正是从那时起，李劫夫开始收集、记录民间小调，再填上新歌词，开启了他歌曲的创作。

延安的文艺氛围很浓，李劫夫经常在一些晚会上表演小提琴独奏。当地的人们很少见过这种乐器，也更赞叹这美妙的乐声。就这样，延安人由小提琴认识了李劫夫，而李劫夫则因小提琴结交了更多的延安朋友。这年盛夏，抗大的话剧社在组织排演田汉的话剧《回春之曲》和根据高尔基的同名小说《母亲》改编的独幕话剧。由上海来到延安的年轻人陈明主演这两部话剧。在《母亲》中陈明有一段独唱，是没有任何伴奏的。但在一次排演中，陈明突然感觉到他的歌声似乎有琴声在托着。戏排完后，他突然在台下的角落里发现了手持小提琴的李劫夫，两人就这样相识了。交往久了，陈明发现了李劫夫的多才多艺。

1937年7月7日的卢沟桥事件爆发后，中国进入了全面抗战阶段。此时国共两党再度合作，陕北的工农红军已被改编为八路军。为了早日投入抗战，八路军尽遣主力部队开赴抗日前线。为能更好地用文艺形式作为武器，去唤醒、教育亿万民众投身伟大的抗日洪流，八路军从延安抽调精兵强将组建西北战地服务团。由作家丁玲担任团长，该团以陈明所在的抗大话剧社为班底，并荟萃了延安的一些文化名流。因丁玲丈夫陈明的力荐，李劫夫也有幸加盟，他的到来无疑使该团如虎添翼。

西北战地服务团是一个半军事化的，以表演戏剧、音乐和演讲、宣传为主要任务的文化团体。自离开延安后，辗转山西、河北一带，晓行夜宿，到处宣传演出。在这一时期，西北战地服务团创作上演了《重逢》《王老爷》《东北之光》等独幕话剧，还选排了当时比较流行的小戏《放下你的鞭子》《林中口哨》等。李劫夫为这些节目编配了音乐，曲调都来自他采撷的陕北民歌、小调。

那时西北战地服务团同志的斗志旺盛、创作欲望又很强烈，这种氛围也深深感染了李劫夫。他原本在团里的职责只是从事美术创作，当时一些有社会影响力的漫画和木刻就出自他手。但李劫夫的内心更热爱音乐创作，他就主动请缨要为丁玲作词

李劫夫创作的木刻

的西北战地服务团团歌谱曲。这是一首进行曲式的作品，风格和结构基本都是模仿聂耳的创作手法。此作是李劫夫在西北战地服务团真正意义上的第一首创作歌曲，也可谓他音乐人生的处女作。

经历了战斗的考验，又目睹了日寇的残暴和中国人民的苦难，李劫夫有了更深的人生感悟和社会认知，再加之他处女作的成功，其音乐创作热情更高涨了。就在这一时期，李劫夫谱写了许多抗日救亡歌曲，但大多数作品的旋律都是套用了中国民歌和戏曲的素材和曲调。由于当时的李劫夫没有学过作曲，不懂曲式与和声等技法。乍一听这些套写的新作好像都只是流于形式，但其实并不然，音乐禀赋超人的李劫夫能把各种类型的歌词，天衣无缝地融入现成的曲调中，这本身就是一种本领。对于各种歌曲的样式，李劫夫是潜心进行过研究和比对的，并摸索、总结出一些规律，从而有了他自己的创作心得和今后前行的方向。

1938年9月，丁玲主编了一套宣传抗日的《战地丛书》，由武汉的生活书店出版。这套丛书也包括了李劫夫参与编辑的《战地歌声》。在第一集收编的29首作品中，主要是贺绿汀、郑律成、吕骥、王洛宾、周巍峙等革命音乐家的新作。但近三分之一的作品是李劫夫谱写的，这些作品都是用现成的民歌和小调填上新词而成，所以还不能成为他真正意义上的创作。因此他自己在这些歌曲后面，都写明"李劫夫记谱"。一年后，《战地歌声》的第二集又出版了。新集中有23首新作，除了周巍峙的两首记谱改编歌曲外，其余的都是李劫夫的作品。虽然其中有15首歌曲仍然是记谱填词的样式，但还有6首新歌：《五月进行曲》《庆祝胜利歌》《五台山》《机械化兵团》《攻打望都城》《快搭起我们的舞台》是完全由他独自谱写的。虽然这些作品现在看来都是应景似的，但当年却受到了人民群众的热烈欢迎。

就在此时，敌占区的上海在吕骥和冼星海的策划指导下，由麦新和孟波在白色恐怖的状况下，合力编辑出版了抗日救亡歌曲集《大众歌声》，而与之相呼应的是在国统区内的刘雪庵，也主编了同样题材的抗日歌曲专刊《战歌》。歌集里的这些抗日救亡歌曲，极大地鼓舞和激励着亿万中国军民，它的作用胜过千军万马。

1938年10月，西北战地服务团又奉命去晋察冀边区的敌后根据地活动。此时全团又增添了十几位新成员，其中有人们熟悉的作曲家周巍峙、表演艺术家陈强、作家魏巍（代表作有《谁是最可爱的人》）、孙犁（作有散文《白洋淀纪事》）、诗人方冰和歌唱家王昆。后来，周巍峙与王昆在斗争中结下了深情厚谊，成为乐坛伉俪。为了提高西北战地服务团的业务水准，延安鲁艺派作曲家冼星海来团讲授音乐创作和指挥。为此李劫夫兴奋不已，那时他整天陪伴在冼星海左右，向他学习、讨教歌曲和音乐的创作。冼星海此行，使李劫夫第一次有老师当面教授作曲技法，收获满满。在不久的一次战斗中，李劫夫目睹了八路军骑兵队的冲锋陷阵，激动无比。他旋即谱写了一首歌曲《我们的铁骑兵》。歌曲的旋律有很浓的俄罗斯风情和痕迹，李劫夫能用外国音乐风格来表现人民军队的形象，可谓两者兼容，相得益彰。作品面世后，得到战士们的欢迎。新中国成立后，作曲家晨耕把这首歌曲的旋律改编成一首器乐曲，并更名为《骑兵进行曲》，在20世纪五六十年代的国家大型庆典中，此曲是必奏曲目。在1949年10月1日的开国大典游行时，当骑兵队伍通过天安门广场时，军乐队演奏的就是李劫夫的这首歌曲。

《歌唱二小放牛郎》的诞生

在西北战地服务团后期，李劫夫的音乐创作到了一个高产期，他一直有一个习惯，每到一地总会千方百计地了解、搜集当地的民间音乐和戏曲曲调。长此以往，李劫夫已积累了许多中国民间音乐的素材，再加之他不凡的音乐天赋和对创作的认真执着，由此他已经具备了独立谱写音乐的能力，再也不用现成的曲调来填词了。在晋察冀边区时，李劫夫创作了他的第一首成名曲《歌唱二小放牛郎》。1942年，抗日战争进入了最艰苦的阶段。日寇对华北实行了惨无人道的"三光政策"。为了粉碎日寇的阴谋，西北战地服务团化整为零、分赴各地组织群众开展反扫荡，最终取得了伟大的胜利。李劫夫和他的战友们与人民群众生死与共，一起度过了反扫荡的那些日子，亲眼见证了中国军民的英勇伟大。

在取得了反扫荡的胜利后，西北战地服务团进行了集中休整。在一个冬日的午后，李劫夫和诗人方冰一起坐在房东家的门口聊天晒太阳。当时李劫夫提议：是否能将此次战斗中的一些英雄人物的故事，浓缩成一首歌曲，可以让我们的后人在歌中了解这段历史。李劫夫的想法与方冰不谋而合，方冰是个急性子，听了李劫夫这番话，抑制不住的创作激情涌上心头。于是他马上回屋上炕写作，此刻多少英雄人物不断在脑海闪现，尤其是那位为了八路军和乡亲们的安危、宁可牺牲自己年幼生命的儿童团员的形象，一直挥之不去。不到一小时，方冰就完成了《歌唱二小放牛郎》的歌词，接着他又写下了《王禾小唱》的歌词，一起交给李劫夫谱曲。

李劫夫拿到方冰的歌词后，顿觉喜出望外，歌词很抒情，叙事也简洁。在脑海里和心田中酝酿许久的旋律此刻似乎要喷涌而出。李劫夫一边用手敲打着节奏；一边哼着、记着，也是用了一个多小时，歌曲完成了。此歌的主题音乐，他借用了昆剧中《尼姑思凡》的旋律再加以变奏和升华，又加入民间小调《小放牛》的一些曲调。歌曲唱来朗朗上口，起承转合又错落有致。方冰是此作的第一个听众，他觉得很满意，同时也提出了一些小建议。李劫夫又把新作唱给美术组的同事听，还到八路军战士和老乡中去教唱，广泛征求意见。在汇集各种反映后，李劫夫对歌曲又稍作了修改后定稿。此作由西北战地服务团的"金嗓子"顾品祥首唱，在首演前，李劫夫不厌其烦地为顾品祥讲解歌曲的意境和处理手法，并亲自用葫芦瓢模仿西方的乐器曼陀铃，做了个瓢琴，让她自弹自唱。顾品祥在参加八路军前，也是一位受压迫的贫苦农村姑娘，因此她对歌曲中的人物有着同样的阶级感情。此外她还有一副得天独厚的好嗓子，对于歌曲的理解和表达又非常深刻，因此唱来非常亲切感人。在以后的战争岁月里，顾品祥就抱着这把瓢琴到处演唱《歌唱二小放牛郎》。新中国成立后，顾品祥先后在中央歌舞团和中央民族歌舞团担任独唱演员，《歌唱二小放牛郎》一直是她的保留曲目。1995年，在庆祝抗战胜利50周年的文艺晚会上，当时年近耄耋的顾品祥又唱响了《歌唱二小放牛郎》，歌声把人们再次带回那硝烟弥漫的战争年代，在场许多经历过战争的老同志都流下了激动的泪水。

《歌唱二小放牛郎》的歌谱，最早发表在《晋察冀日报》上，歌曲很快传遍了整个边区和八路军，以及陕甘宁的延安和各根据地。不久又影响到国统区和敌占区，在青年学生中广泛流传。新中国成立后，此作被编入小学音乐教材，成为全中国少年儿童必唱的歌曲。

1943年5月7日，接连受到八路军重创的日寇，对边区人民进行疯狂的报复。日寇在完县一带实行惨绝人寰的清剿，无数无辜的百姓死在枪炮和刺刀下，血流成河。惨案发生后，李劫夫闻讯马上赶到现场，看到这一切后，他的心灵受到了极大的震撼。此刻作为一个作曲家，唯有能用音符来控诉敌人的残暴和对人民的情和爱。他谱写的这首名为《忘不了》的歌曲，是在事发现场流着热泪连词带曲一气呵成的。这是一首悼歌，它字字血、声声泪，满怀深情地悼念着那死难的同胞；这又是一首颂歌，舒缓又富有力量的旋律，歌颂着英烈的万古美名。《忘不了》面世后，李劫夫到处教群众学唱，他自己每次教唱时都饱含着泪水，学唱者也同样是热泪盈盈。这首作品在抗战胜利前，流传甚广。1959年，为庆祝中华人民共和国成立10周年，北京军区战友文工团的作曲家晨耕、生茂和唐诃把李劫夫的这首《忘不了》改编成大型合唱曲，作为献礼节目为中央领导和全军高级将领演出，聆听者无不为之动容。

在西北战地服务团战斗工作的这些年，李劫夫的主要工作是从事美术创作，但他却在音乐创作领域发挥了极大潜能，谱写了100多首抗日救亡歌曲。他用手中的笔、心中的情，用歌曲记录着中国人民艰苦卓绝的斗争生活，又颂扬了中国军民英勇无畏的牺牲精神。他在战争中学习斗争，又在创作中学习作曲，在水与火的磨炼和捶打中，逐渐成为歌唱人民的音乐家。李劫夫开创了从中国民间音乐发展起来的叙事歌曲，这些作品的样式，与我国旧体诗中的绝句和民间歌曲中的小调十分相似。但李劫夫的作品偏重音乐性和曲调的歌唱性。《狼牙山五壮士》《刘二高》《忘不了》和《歌唱二小放牛郎》是其代表作。

1944年，已建团战斗六年多的西北战地服务团，应形势所需被撤销建制，调回延安，全团成员被编入鲁艺各系。说来也巧，当时延安正在排演原创歌剧《白毛女》，正愁没有合适的主演。西北战地服务团的陈强和王昆到来后，马上被调入该剧组，分别饰演了主角喜儿和王世仁。在西北战地服务团工作期间，已加入中国共产党的李劫夫，因组织和创作能力较强，在调回鲁艺后不久，又开始了走马灯式的调动：先去晋察冀军区的"冲锋剧社"；不久，又到热河军区的"胜利剧社"；半年后担任冀东军区"尖兵剧社"的社长。战争年代的人民军队，即使在极其艰苦的环境下，都有自己的文艺宣传队。他们既能演戏又会打仗，起到了鼓舞军队士气的作用。

李劫夫：自学成才的旋律大师

李劫夫在采风中

抗战胜利后的1946年春，在李劫夫领导下的"尖兵剧社"活跃在热河和察哈尔一带，剧社为部队和当地的百姓上演了许多反映现实斗争生活的活报剧。有一天，剧社在昌黎和乐亭交界的一个村子宿营。李劫夫听说当地有个盲艺人，会各种乐器又能唱地方戏曲，十分了得。翌日清晨，李劫夫就赶到盲艺人住宿的破庙去拜访他。这位盲艺人曾长期为当地的皮影戏弹拉伴唱，非常熟悉滦州皮影调。李劫夫就请他唱这些调儿，自己则在旁迅速记录。临近中午时，剧社的司务长在集市上买来鱼肉和白酒，请盲艺人吃饭。第二天，李劫夫又请盲艺人为剧社的全体成员上课，讲解皮影人物的唱腔特点和乐队伴奏的规律等。走到哪、学到哪，向民间学习、向群众学习，已成了李劫夫的一种习惯。

在"尖兵剧社"的日子里，李劫夫收获了他的爱情。那时早已过了而立之年的李劫夫，还从未谈过恋爱。但此时他看上了剧社的一位女演员张洛。她楚楚动人又落落大方，且能歌善舞，李劫夫对她一见倾心。张洛原名张素莲，本是名留洋学生。后因家道中落，在进步人士的影响下就与哥哥一起参加革命。当部队的首长无意中得知李劫夫对张洛有好感后，就以组织名义出面做张洛的思想工作，但遭婉言拒绝。理由是她年龄尚小，还没准备谈婚论嫁。此事看似已不了了之，但张洛却从此开始关注起他。李劫夫长相虽五大三粗、平日衣着也不修边幅，但内心却很细腻、真诚、坦荡，而且乐于助人。在以后的工作和斗争中，李劫夫的人品、才华和对党、革命的忠诚渐渐吸引着她。张洛看在眼里，记在心中，觉得此人是可以托付终身的对象，她对李劫夫产生了好感，很快又表明了自己的心迹。这段相差16岁的爱情也就水到渠成，两人很快走进婚姻的殿堂。

谱写歌剧《星星之火》

抗战胜利后，原本创立于延安的鲁艺被整体迁往东北，其中包括吕骥、郑律成、向隅、安波、李焕之、马可、刘炽等一批音乐家。学校更名为"东北鲁迅文艺学院"，最初的校址设在哈尔滨。那时虽称学院，其实并不教学，所有的成员已被分成四支文工团，以演出活动为主。在辽沈战役即将打响前的1948年9月，李劫夫率领他的"尖兵剧社"也随大部队挺进东北，并加入了鲁艺，他在新成立的音工团甲任副团长，负责创作工作。在解放东北的过程中，鲁艺音工团发挥了巨大作用，功不可没。

全国解放后，曾成功排演过中国原创歌剧《白毛女》的鲁艺，又在酝酿创作描写抗日联军的歌剧《星星之火》。此剧基于一个真实的故事，全剧以一位抗联女战士在与日寇的残酷斗争中不断成长为主线，展现了中国人民的抗日斗争，犹如星星之火、可以燎原。李劫夫受命担任该剧的作曲后，先是反复研读剧本，旋即又去下生活，他在长白山一带把当年抗联斗争的路线走了一遍，并遍访抗联的老战士。李劫夫的一个记事本上，写满了当年抗联老战士讲述的动人故事，他还为每个讲述者都画了幅素描。此外，李劫夫还专门多次拜访剧中主要人物李小凤的原型：一位老革命的夫人，从她的言谈举止中，李劫夫逐渐找到了创作的灵感。在借鉴歌剧《白毛女》的创作模式的同时，李劫夫根据剧情的发展，给每个人物设置唱段。这些唱段准确、鲜明地塑造了剧中人物的形象，而且唱段风格各异，旋律又情真意切、朗朗上口，给人耳目一新之感。因为给演出伴奏的是大型交响乐队，所以李劫夫在剧中谱写的音乐和唱段，请来李尼和李中艺为全剧的音乐和乐队配器，安波也给剧中的音乐结构做了些修改。此剧完成后，由鲁艺的实验剧团排演，李劫夫的妻子张洛担纲主演。那时的张洛从未与大型的交响乐队合作过，起初她的演唱一直与乐队配合不好。在李劫夫的谆谆诱导下，经过不断磨合，她终于进入了角色。1950年底，歌剧《星星之火》在哈尔滨的鲁艺实验剧场隆重首演，社会反响强烈。剧中主题歌——男女声二重唱《革命人永远是年轻》，得到观众的喜欢，很快传遍大江南北。《星星之火》公演后，鲁艺的同志们提出了不少宝贵的意见，此剧也做了多处相应的修改。作为李劫夫音乐人生中创作的唯一一部歌剧，虽然故事结构有些松散，人物的音乐形象刻画还不够深刻，而且全剧的曲式离西方经典歌剧的样式和音乐，还存在很大差距，但该剧的旋律和许多唱段都十分成功，能够流传。尤其是那首《革命人永远是年轻》久唱不衰，是中国音乐史上的经典之作。

李劫夫创作的歌剧《星星之火》的海报

致力东北音乐人才培养

新中国成立初期，李劫夫的歌曲创作脚步有些放缓，他的主要精力已放在办校和培养人才上。鲁艺最初搬到哈尔滨，1953年2月，新院在沈阳落成，同时改名为"东北音乐专科学校"，1958年，升格为沈阳音乐学院，李劫夫一直在此担任主要领导。在建校初期，师资短缺、人才匮乏，李劫夫千方百计并不拘一格地招贤纳士。那时，他聘请了许多苏联专家，并请到了中国最早的、国内一流的声乐大家周淑安任教。这位曾培养过喻宜萱、胡然、郎毓秀、劳景贤和唐荣枚等著名歌唱家的老人，是个了不起的人物。从此她把余生都奉献给了这所学校。与此同时，李劫夫还觅得中国最负盛名的古琴专家顾梅羹等一批中国拔尖的音乐教育家来校执教。

1953年，北京举办了全国第一届民族民间音乐汇演，在这次汇演中，涌现了一大批令人眼前一亮的民族音乐大家。其中有擅长山东琴书的赵玉

李劫夫和沈阳音乐学院的师生在一起

斋、内蒙古的马头琴艺人萨拉西、河北的唢呐演奏家张世昌、河南的戏曲家杨叶、东北的二人转演员王凤贤及高厚勇、周文漠等民间艺人，都被请到学校任教，并给予相应的地位和待遇。李劫夫就是用这样的襟怀，吸纳着祖国四面八方的精英为学校培养人才。让民间艺人登上音乐学府的高雅殿堂，当时未有先例，是李劫夫的创举。不久，上海音乐学院院长贺绿汀也请来了一批民间艺人来校执教。

李劫夫办学，致力于贴近时代、贴近生活，努力从火热的社会生活和斗争中受到感悟，同时要在丰富的民族民间音乐文化中吸取养料，因为这是音乐创作的不竭源泉。李劫夫经常组织师生走出校门、走向社会，更主张师生们走进农村、工矿、学校和部队，去体验生活，从而寻找艺术创作的灵感。这就是李劫夫办校的宗旨和方向。

为毛主席诗词谱曲

1957年，毛主席应《诗刊》之约，发表了他在战争岁月里写下的一些诗词。翌年，中国档案出版社和中央文献出版社联合出版了线装本的毛主席诗词专辑，收编作品19首，这是毛主席的诗词首次公开结集出版。李劫夫闻讯后托人在第一时间从北京购得这本珍贵的诗词集后，爱不释手。李劫夫在不断地认真拜读后，心绪一直难平，他被诗词中的深邃意境、博大情怀和伟人心魄所折服；更被主席笔下的那种革命现实主义和革命浪漫主义相结合的锦绣文字深深感染。他萌生了为这些诗词谱曲的念想，很快便付诸行动。

早在1940年，毛主席的《七律·长征》就由王承骏谱过曲。抗战胜利后的国共重庆谈判期间，毛主席的诗词代表作《沁园春·雪》发表在当时重庆出版的《新民报》上，引起社会很大轰动。此时，又有位叫劳舟的曲作者也为这首作品谱曲，但最终两首作品只是昙花一现，并未流传。

李劫夫是新中国第一个为毛主席诗词谱曲的作曲家。在十多年间，他完成了毛主席公开发表过的37首作品的所有谱曲工作，这些歌曲基本都是独唱作品。在20世纪60年代，中国兴起过一个为毛主席诗词谱曲的热潮。中央乐团的田丰、刘庄和瞿希贤，总政歌舞团的时乐濛、彦克和陆祖龙，战友歌舞团的晨耕、生茂、唐珂和李遇秋，前线歌舞团的沈亚威等许多作曲家，都谱写过毛主席的诗词，林林总总共一百多首，平均每首诗词有三个以上版本。其中很多是合唱作品，还留下不少经典之作。

无疑，李劫夫谱写的毛主席诗词最全、影响最广泛，也是最成功者。他谱写的《西江月·井冈山》，看似曲调极其简朴，节奏又非常平稳，但却能淋漓尽致地表现词中"众志成城、岿然不动"的形象。切分音符和三拍子乐段的运用，使旋律更富于变化。又如《忆秦娥·娄山关》曲调简洁，不规整的乐句把意境逐步推进，一番跌宕起伏后达到高潮。李劫夫在谱写《蝶恋花·答李淑一》时，中央乐团的瞿希贤已谱下了一首感情真挚的曲子。而上海的赵开生更是别出心裁，用评弹也谱成了一首传世经典。而李劫夫则要另辟蹊径，他以情感深沉、曲调委婉又别具一格的样式去取胜。《七律·送瘟神》是李劫夫的一首抒情歌曲，作品的前半部带有江南民歌的风味，从间奏转入后半部时，则采用了伴有八分音符的欢快节奏，尾声鼓舞人心。为写好《七绝·为女民兵题照》，李劫夫还专门去葫芦岛当地的女民兵连体验生活。有了感性认识，谱曲更是得心应手。他出人意料地在歌曲头两句的起首，用了休止符，使曲调更铿锵有力，体现了中国女民兵的飒爽英姿。李劫夫在谱写《卜算子·咏梅》时，曾画过几百幅各式梅花图，试图从画中得到灵感。功夫不负有心人，有一天，李劫夫突然想起过去采风时有一首湖南花鼓戏的曲调可用来借鉴后发展、套用。自然的小调质朴优美，结尾的七度大跳音让听者能感受到山花的烂漫。李劫夫谱写的《沁园春·雪》是首独唱曲，它有别于刘庄和田丰创作的大型领唱和合唱作品。在此作中，采用了上行和下行的八分音符的模进，从而能营造出一种磅礴浩瀚的气势。在《满江红·和郭沫若同志》一曲中，李劫夫塑造了惟妙惟肖又入木三分的音乐形象，来刻画中国共产党人一往无前的英勇气概。歌曲声调抑扬，略带说唱风味。

李劫夫谱曲的毛主席诗词，不仅旋律优美、朗朗上口、易学易唱，而且曲调流畅、行云流水，闪烁着绚烂的光彩，又给人有异峰突起、神来之笔的感觉。李劫夫能把毛主席的这些长短相间、又韵律各异的诗词，通过不同的艺术处理和创造，巧妙地融合到歌曲的音乐结构之中，使那些独特而又美妙的旋律能结合得天衣无缝。

李劫夫在长期的音乐创作中，造就了他一种处理歌词的非凡能力。无论多么拗口、又参差不齐或冗长的歌词，在他的笔下都成了街头巷尾妇孺皆唱的佳作，能引起亿万国人的共鸣。

《我们走在大路上》

1960年，李劫夫又奉命在原辽宁省歌舞团的基础上，组建辽宁歌剧院。在暂别沈阳音乐学院的这一时期，他除了为辽宁歌剧院的发展，从全国各地招兵买马，更多的时间又开始投入创作。《说唱雷锋》《一代一代往下传》《黑人姑娘》《农友歌》《哈瓦那的孩子》和《我们走在大路上》等佳作，就是那时的作品。

50年代末，拉丁美洲也诞生了一个社会主义国家——古巴，因为地处美国的"家门口"，美帝就把它视作眼中钉，千方百计要颠覆推翻它。当时作为社会主义阵营一员的中国，在全国范围内声援古巴，举行了声势浩大的集会和示威游行。中国的广播电台还播放了一些支持古巴革命的歌曲。一天，李劫夫拿到了辽宁广播电台编辑木青赶写的一首支持古巴革命的新词《我生在哈瓦那》，请李劫夫谱曲。作品以一个古巴苦难孩子的视角，来歌唱这个新生的国家。全作共分5段，每段4句。李劫夫在仔细研读了歌词后，稍做了一些修改。为了使歌曲更加切题，他把新作更名为《哈瓦那的孩子》。对各种音乐素材烂熟于心的李劫夫，很快就谱完了这首曲子。这首小调式的歌曲，节奏明快、旋律清新，很有拉美风情。木青拿到歌谱后如获至宝，他旋即就安排此歌在少儿广播节目里教唱。很快这首歌曲就不胫而走，传遍北国南疆。上海歌剧院的女高音歌唱家任桂珍得到歌谱后，很快就把此歌改成独唱后搬上舞台，并录制了黑胶唱片，影响甚广。

歌曲《我们走在大路上》是李劫夫音乐人生的真正代表作，在度过三年困难时期后，经济已开始恢复的1963年，李劫夫写了首歌颂

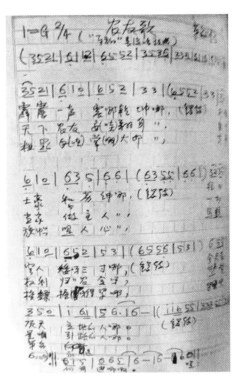

李劫夫创作《农友歌》的手稿

中国人民不怕困难、艰苦奋斗的歌曲。最初的雏形只有主题音乐和基本旋律，没定歌名也没副歌。李劫夫曾把这首新作的旋律唱给老领导安波（秧歌剧《兄妹开荒》的作者）听过。安波听后觉得不错，并说：歌曲就是要反映现实，为什么麦新的《大刀进行曲》能一直流传，原因就是它折射了一个时代。

这年金秋，周总理带领几位副总理和部长们来东北视察工作。当周总理一行来到沈阳时，东北局和辽宁省委专门为总理一行举办了一台音乐会。周总理在演出结束接见演员后，就请一直陪同他左右的辽宁省委宣传部部长安波去他下榻处，汇报当地文艺界的一些情况。那晚，周总理很激动。他讲述了苏联如何背信弃义撤走专家，也讲述了中国人民克服艰难困苦战胜自然灾害的难忘经历，更赞扬了工人阶级自力更生、发愤图强、忘我地建设祖国的伟大热忱……周总理讲了很多很多，并希望作为工业重镇的辽宁，能多创作歌颂中国人民和工人阶级敢于斗争又不屈不挠，继续在社会

主义康庄大道上奋进的作品。

当安波向总理汇报了辽宁的文化艺术工作后,当晚被安波临时一同拉去见总理的李劫夫,不失时机地讲述了他正在创作的一首歌唱中国人民的歌曲。第一次见到总理的李劫夫起初有些拘谨,但总理的亲切和慈祥很快使李劫夫感到轻松而活跃起来。李劫夫侃侃而谈,讲述了自己创作这首作品的初衷,并当场自打节拍、哼唱这首歌曲的旋律给周总理听。总理听了觉得很不错,希望他能在词曲上再下点功夫,使未来的作品更加完美。

周总理的这次接见,一直持续到后半夜两点。因为时间太晚,安波和李劫夫只能在工作人员的房间里安排临时床铺。这晚他俩都失眠了,聊天直到天明。周总理的话语,令安波和李劫夫兴奋不已。李劫夫说:听了总理的话启发很大,我打算把他的原话"意气风发、斗志昂扬"用到歌里去,李劫夫还表示:要根据总理讲话的精神,把原先已写下的歌词再重新推敲斟酌。同时还要写段副歌,来加强展现主题。歌名也已经想好,就叫《我们走在大路上》。

《我们走在大路上》是一首民族风格浓郁、蕴含颂歌风味的进行曲。它的旋律既抒情优美、又宽广豪迈,歌曲的内容与形式,也达到了完美的结合。而且艺术的表现力和可塑性又很大,既适合群众歌咏,又能给专业音乐工作者作为独唱或合唱曲目。

此作的副歌也很别致,它没有用其他新的旋律,而是引申了主题音乐,并加以变奏和发展,从而形成高亢的音调和宽广的节奏,给人气势磅礴之感,更构成了与主歌的强烈对比。

《我们走在大路上》是首大题材的作品,但它的音乐素材却极其简练,经过作曲家的巧妙布局和处理,用两个乐句间调性和节奏的变化,来推动旋律的发展。作品主题鲜明、构思新颖,紧紧抓住了"我们走在大路上"这个寓意深远的形象,并贯穿全曲。坚毅又奔放的歌声,表现了中国人民不怕任何艰难险阻、一往无前的英雄气概,和革命的乐观主义精神。无独有偶,与此同时,上海的革命音乐家孟波和芦芒也创作了一首与之呼应的歌曲《高举革命大旗》。

作品完成后,李劫夫照例又逢人就唱,广泛征求意见。有一天,他请沈阳音乐学院的党委书记、自己的搭档卢肃为新作提提意见。卢肃原本是中央实验歌剧院的院长、歌曲《团结就是力量》的作者。他在认真研究这首作品后，实在挑不出任何毛病，李劫夫这才放心。

不久，李劫夫把《我们走在大路上》的歌谱寄到北京最具权威的《歌曲》编辑部。对于这首重大题材的作品，中国音协很重视。在作品发表前，吕骥亲自出马，与上海来京的孟波和《歌曲》杂志的副主编宋扬一同讨论研究此作。在集思广益后，对歌中的旋律和歌词都做了一些相应的修改。最主要的是对原作中的一句歌词"毛泽东领导我们的队伍……"，大家觉得不妥：第一，对领袖直呼其名显得不够尊重；其次，领导"我们"又比较含糊。于是，就把原词改成"毛主席领导革命的队伍"。

《我们走在大路上》的第一位试唱者，是沈阳音乐学院的女高音王其慧。但第一个正式登台演唱的是男高音歌唱家李鸿宾，他也是沈阳音乐学院的声乐系教师。很多年过去后的1984年底，我和胞弟李建国一同策划举办的"著名歌唱家音乐会"在上海静安区体育馆举行。演出结束前，所有参演的前辈歌唱家，其中包括李劫夫的女儿李丹丹，在上海交响乐团的伴奏下，绕场一周，高唱《我们走在大路上》，全场一片沸腾。演员与观众那种心与心的交流、情与情的互动，在此时达到了高潮。

《我们走在大路上》这首歌曲，在那个特殊的历史时期，曾鼓舞了六亿中国人民的斗志。此作为社会主义的革命和建设，起到过不可估量的作用。这是一首振奋人心的作品，是中国音乐史上的传世经典。

1964年春，《李劫夫歌曲选》由东风文艺出版社出版，歌集编录了李劫夫在各个时期谱写的代表作204首。当年的4月9日到14日，沈阳举办了七场"李劫夫歌曲音乐会"，同时还召开了李劫夫作品研讨会。在这台音乐会首演时，中共东北局、辽宁省委和沈阳部队的主要领导都悉数出席聆听。辽宁歌剧院、沈阳音乐学院及黑龙江歌舞团、吉林歌舞团和长影乐团，都派出最强阵容参演。其中，来自黑龙江的歌唱家张权和郭颂，分别演唱了《卜算子·咏梅》《王禾小唱》，长影乐团的男高音歌唱家李世荣演唱了《歌唱二小放牛郎》，演出的压轴节目是六百人的大合唱《我们走在大路上》，由东三省的专业演员和业余合唱团一同演唱，音乐会也就此达到了最高潮。这可谓李劫夫音乐人生中最得意的一段时光。

至今难忘抗震歌

1966年3月，河北邢台发生了强烈地震。李劫夫在当天的广播中得知这一消息后，马上向领导请缨要去灾区采访。此时的李劫夫年事已高，而且身体多病，但他去意坚决。无奈，组织批准了他的此行，但条件是要他带上夫人张洛一同前往。就这样，李劫夫和张洛再加上北京军区战友文工团的词作家洪源一行三人，从北京乘吉普车星夜赶往灾区。

到了灾区，一行三人直奔震中马兰。虽然当时强震已过，但余震不断，大地仍在颤抖。地上的裂缝随着余震来回开合，老百姓家的院墙也像醉汉一样，东倒西歪、四处摇摆。在这样危险的情况下，李劫夫和洪源全然不顾，并在当晚就创作了一首曲调流畅、气度不凡的歌曲《自力更生斗天灾》，歌曲是送给灾区人民最好的精神食粮。在那段日子里，李劫夫一行跑遍了整个灾区。他们走到哪里就写到哪里，一有新歌面世，李劫夫就教群众学唱。

三天后，周总理乘直升机也来到了灾区，他除了看望灾民，同时还要听取灾后的重建工作汇报等。周总理在见到李劫夫后对他说：你写的"大路上"我很喜欢，四段歌词我都会唱。接着总理又希望李劫夫此次到灾区来，能把人民群众战天斗地的精神写成歌曲，好好地表现出来并鼓舞他们。听着周总理的话语，李劫夫激动地回答：总理，我们保证每天写一首歌。

周总理来到灾区后，旋即就召开群众大会。开会那天，总理走上用两辆卡车搭起来的临时讲台。但上了台的总理还未开口，就不高兴了。原来那天风特别大，会议的组织者怕总理呛风，特意将演讲台设在背风处，同时还在他身后挂了一块大布。总理见状后，对身边的工作人员说：这样做可不行，怎么能让群众去吹风呢？赶紧调整位置。就这样，总理迎着寒风讲了近一个小时，作为人民的公仆、党的光辉形象，周总理的这一举动使所有在场者无不为之感动。李劫夫更是激情难抑。他回到临时住处后，内心的创作冲动已抑制不住，美妙的音符似乎要喷涌而出，他一气呵成了一首后来广泛流传的歌曲《爹亲娘亲不如毛主席亲》。作品运用了他采撷不久的邢台地区民谣中的音乐元素，经过提炼编配而成。此歌唱来亲切自然，表达了亿万人民对党对领袖的无比热爱,当年曾风靡一时。

李劫夫的邢台之行,共谱写了19首歌曲,大部分是与洪源合作的。其中有首作品《你震你的·我干我的》是由洪源作词的。当歌词写到一半,洪源像突然断了电似的,一时无法写完。此刻,他突然抬头看见村里挂着的"下定决心、不怕牺牲、排除万难、去争取胜利"的毛主席语录牌时,眼前一亮,拍着大腿说:就是它了。于是,洪源就把这段语录写进了此歌的后半部分。

"文革"刚开始,李劫夫就把这首歌后半部中的毛主席语录,从原作中剥离出来,并在原来的音调旋律上做了些改动,成了一首独立的歌曲,并定名为《争取胜利》。这是李劫夫第一次谱写毛主席语录歌,也是他以后创作的此类歌曲的雏形。

在"文革"初期,李劫夫为音乐创作忙得不亦乐乎。歌曲《敬祝毛主席万寿无疆》和大批的毛主席语录歌,红极一时。但几年后,李劫夫无意中牵涉到了党内斗争,从此被隔离审查,直至1976年12月17日,他因心脏病突发去世。

在80年代初,中国音乐家协会主席吕骥在一次重要会议上,对李劫夫做出了新的评价:李劫夫同志写的那些好歌可以唱,今后应该继续唱。他人生的后期有过错误,但也写了不少好歌,有些还是我们中国音乐宝库中的珍品。

李劫夫是在长期的生活、实践和创作中,不断地接受中国共产党和毛泽东思想的教育,虚心地向人民学习、与群众打成一片,从而在音乐创作上才能开出惊艳的花朵、结出累累的硕果。

李劫夫一生追求"曲不惊人誓不休",他的那些能引起亿万人民共鸣的歌曲,真正达到了"人人心中有,他人笔下无"的忘我境界。

瞿维、寄明：从延安鲁艺走来的乐坛伉俪

　　瞿维和寄明是从延安"鲁艺"走出来的一对乐坛伉俪。他俩都是中国早期受过正规高等音乐教育的作曲家。他们的青春岁月正逢烽火连天的抗日战争，作为爱祖国爱人民的热血青年，他俩义无反顾地奔赴革命圣地延安，投身于伟大的抗日洪流。

　　瞿维与马可等人共同谱写了中国第一部新歌剧《白毛女》，他也是电影《白毛女》和芭蕾舞剧《白毛女》音乐的主要创作者。但令人心痛的是，他85岁时在家乡常州故居重新整理执笔管弦乐《白毛女》总谱时，突发脑出血病逝。

　　而寄明则是延安鲁艺的第一位女钢琴家，当年她用周总理送给鲁艺的延安第一架钢琴，曾多次为《黄河大合唱》的演出担任钢琴伴奏。新中国成立后，寄明成为上海电影制片厂的专职作曲。她为电影《凤凰之歌》谱写的主题歌《山中的凤凰为何不飞翔》，曾传唱一时。寄明擅长谱写儿童歌曲，她为影片《英雄小八路》谱写的主题歌《我们是共产主义接班人》，后来成为中国少年先锋队的队歌，影响过几代少年儿童。

　　我自幼在书堆里和唱片中成长，而且对歌曲集和唱片中的词曲作者名字特别关注。对于写过歌剧《白毛女》的瞿维和谱写《我们是共产主义接班人》的寄明，我印象深刻。但那时我并不知道他俩是一对革命的乐坛伉俪。直至20世纪80年代中我开始成为职业音乐制作人后，与大批的音乐家有了广泛的接触和交往。从那时起，我除了筹划举办大型的音乐活动，同时还为《新民晚报》等媒体撰写音乐家的传记文章和乐评。1990年初夏，我应《新民晚报》之邀，为其副刊《夜光杯》专门采写一组反映著名音乐

家音乐生涯片段的《十日谈》文章"一曲难忘",其中就有瞿维先生。

一天午后我按图索骥,来到了复兴西路、乌鲁木齐路路口的一幢法式老楼中。不巧的是那天正遇上停电,大楼的电梯自然是不能乘坐了。无奈,我只能沿着楼梯登上十几层楼。

初见瞿维,我便有一见如故之感。年过花甲的瞿老和蔼可亲,没有一点架子。他说在报刊上常读到我撰写的音乐文章,原本以为我是个长者,没想到还这么年轻。这番褒扬我的话语一直激励着我,成为以后我用心写作的一种动力。

因为瞿维的音乐生涯是从延安的鲁艺开始的,于是我就采访他在延安的这段经历。最终我选取了一个小的角度,写他延安鲁艺工作时在春节扭秧歌的故事。在这次长谈中我无意中得知:周恩来曾在抗战时期送给鲁艺一架钢琴,于是我又专门在《夜光杯》写了一篇短文《延安的第一架钢琴》。采访临别时,我要去看望他病中的妻子。在瞿维的陪同下,在他俩的卧室中见到了已似植物人的寄明。瞿维亲切地拉着寄明的手真切地呼唤着她的名字,但此时的寄明似乎无动于衷,没有任何反应。只见瞿维眼中闪烁着点点泪花,此时我的心也呜咽了。随即我又在《新民晚报》的文化新闻版上发表了一篇反映寄明病后,瞿维如何关爱、精心照料爱妻的故事特写:《相濡以沫情切切》。此后,我与瞿维先生的交往也开始频繁,经常听他讲述自己的艺术人生和妻子的音乐过往。因为我与作曲家黄准和吴应炬也经常往来,他俩与瞿维同住一幢楼,因此我每次去拜望黄准和吴应炬时,也一定会顺道去看望瞿维。就这样,我对瞿维和寄明有了很多了解。

瞿维最初的音乐生涯

瞿维原名瞿世雄,1917年出生在江苏常州的武进县。此地历来是文化名人荟萃之地,最著名的当数中国共产党的早期领导人——"常州三杰"瞿秋白、张太雷和恽代英。这么多年来外界一直在传闻说:瞿维是瞿秋白的侄子。其实不然,他俩虽是族人有亲缘关系,但已出了五服。按照辈分论,瞿维要比瞿秋白长一辈,但实际年龄瞿秋白却要比瞿维大二十多岁。那里的瞿氏家族都以瞿秋白为豪,瞿维以后走上革命道路,也深受瞿秋白的影响。

瞿维出身于一个破落的地主官僚家庭，祖父瞿桂芳曾在四川当过知县，并娶了成都姑娘罗善定为妻。祖母酷爱看戏，又非常宠爱长孙瞿维，常带他去常州的戏院看锡剧。锡剧是源于清代乾隆年间盛行于常州府治地的一种地方戏曲：常州滩簧。在辛亥革命前后，在运用了常州山歌小调、宣卷、唱春和南词的基础上，又吸收了凤阳花鼓的表演元素和苏南一带采茶灯中的舞蹈，从而逐渐发展演变成了江浙一带戏曲艺术的一大流派，而改名锡剧。锡剧的对白、曲调以及表演的内容，起初都与当地的民间生活息息相关，随着时间的推移，许多民间故事和历史人物也都改编成戏，从而留下了一批经典剧目。

瞿维从小跟着祖母看锡剧，除了知晓戏文里的故事，他最爱的是锡剧里的音乐。原本为锡剧伴奏的乐器只有二胡，后来逐渐有琵琶、三弦、笛箫和鼓板、大小锣等打击乐加入，音乐的色彩和层次更加丰富多变了。锡剧音乐可以说是瞿维最早接触到的音乐，祖母也就成了他最早的音乐领路人。其实，瞿维真正的音乐启蒙者是他的姑妈瞿复权，姑妈自幼喜欢吹箫、唱歌，她在上海的教会女子中学学习时，正逢中国学堂乐歌的兴起。

那时的新式学堂已有了西洋传来的形似立式钢琴的风琴，那是一种通过脚下的大踏板送风、再配合双手在键盘上弹奏的乐器。其音色独特优美，还能变奏出无穷无尽的各种旋律来。瞿复权深爱上了风琴的弹奏，因此家中也专门购置了一架风琴供她练习。但凡姑妈在弹奏风琴时，年幼的瞿维总是在旁用心听奏，默记着曲调和旋律。久而久之，瞿复权见侄子这么喜欢音乐又有灵性，就主动教他弹奏。天生聪慧的瞿维很快就学会了弹奏沈心工的《体操·兵操》和李叔同的《祖国歌》等一批学堂乐歌。此后他还能用风琴为姑妈的演唱伴奏。这是在瞿维年幼的心灵里最早埋下的音乐种子，也成了他音乐人生的起源。

到了学龄的瞿维，就读了当地的一所历史名校——冠英小学。此校曾培养过瞿秋白等许多历史文化名人，也是常州地区最早由私塾改制成的新式学校。瞿维在这里接受了中西合一的新式教育，丰富多彩的学习生活开拓了他的视野。1929年秋，瞿维小学毕业后又考入了常州最早的一所公立学校——武进县初级中学，这是一所完全西化的学校。瞿维是学校文艺活动的积极分子,他不仅参加童子军的乐队还担任指挥,并参加戏曲小组,经常登台演唱京剧。从家庭亲人的熏陶再到学校的良好教育,瞿维心中的音乐种子在等待着破土发芽。

但好景不长,就在瞿维初中毕业即将踏入高中时,染上大烟的父亲几乎把家产都已败光。无奈家道中落,学业难以为继。但好在此时瞿维的姑妈和姐姐已在上海有了稳定的职业,于是祖母就带着瞿维和他的弟弟到上海暂住。

瞿维的姐姐蕴真毕业于上海新华艺术专科学校。这是一所创办于1926年的现代化艺术学校,它比上海国立音专要早办一年。但该校主要教授美术,其次才是音乐。学校的教师队伍强大,先后有黄宾虹、颜文梁、王个簃、贺天健、应野平、李叔同、吴湖帆、唐云、关良和郁达夫、谭抒真、刘质平等大家执教。喜欢音乐又热爱艺术的瞿维也想报考新华艺专,他按照姐姐的指点,考前认真反复地熟读了丰子恺编著的《西洋美术史》和《近代十大音乐家的故事》,从中了解到西方美术在人类文明的历史长河里的发展演进;更知晓了近代音乐的变迁和世界著名音乐家的奋斗成才之路。想成为一名钢琴演奏家的梦想也就此在瞿维的心灵里扎根了。

1933年秋,16岁的瞿维如愿考入上海新华艺术专科学校的师范系。新华艺专主要是培养画家和音乐家,但该校的师范系学生毕业后主要从事中小学的音乐和美术教学,因此,该系的主要课程设有绘画、音乐和手工作业。瞿维在学校遇到了一位好老师:音乐教育家刘质平先生,他是李叔同的得意弟子。刘先生不仅教瞿维弹奏钢琴,还传授他基本的作曲技法。这也是瞿维平生第一次接触到钢琴和作曲。因为热爱音乐事业,瞿维的学习既刻苦又勤奋,超出常人,而刘质平的教学又几近严苛,在这样的学习环境里瞿维受益匪浅。

在新华艺专学习期间,瞿维谱写下他人生的第一首音乐作品:儿歌《亮嫫嫫》。此作虽只有短短四句歌词,但唱来却很生动,充满着生活气息,而且朗朗上口,得到了刘先生的好评。三年的寒窗生涯也奠定了瞿维音乐人生的走向。

瞿维的青年时代,内战外患不断,国家动荡,民不聊生,尤其是在东北沦陷后,日本军国主义又把魔爪伸向整个中国。作为一名爱国的热血青年，瞿维义无反顾地投身于全民的抗日洪流。他走上街头参加学校组织的游行示威，更热衷于中共地下组织领导的抗日救亡歌咏运动。结识冼星海是瞿维人生的又一新起点。

1935年，从巴黎音乐院学成归国回沪不久的冼星海，刚完成了一部爱国电影《时势英雄》的谱曲。为了录制影片中的一首合唱插曲《运动会歌》，他专门邀请新华艺专的学生合唱团来演唱。一天，瞿维和同学们正在练唱这首插曲，排练室的门突然被打开，一个中等身材的年轻人从容地走进门来，他用浓重的广东口音先简单介绍自己，然后重点分析讲述了《运动会歌》的具体演唱要求。他温和谦恭，丝毫没有架子，瞿维和同学们都感到很亲切。这天在冼星海的指挥下，大家都唱得既兴奋又投入。冼星海那种对音乐的激情，对祖国的热爱和他的真诚和才华，此刻的瞿维已把他视作自己未来的导师，决意要以他为楷模，将来也要用音乐作武器去投身抗战，讴歌祖国和人民。

翌年，瞿维从新华艺专毕业后，先到上海光复中学教授音乐和美术。微薄的收入先要养家糊口，还要省下一些钱用作他在校外跟随上海音专的俄籍钢琴家吕维钿夫人学习钢琴的学费。因此他生活很拮据，常常入不敷出。为了能取得更多的薪金来赡养祖母和资助正在上中学的弟弟，半年后经同学的介绍，他去了湖北的宜昌任教。

宜昌是巴楚文化的发源与交汇之地，也是早期的中国共产党人频繁活动的红色区域。因此瞿维先后任教的宜昌职业学校和学院街小学都充满着抗战的革命氛围，尤其是学院街小学是当时中共在宜昌地区的秘密联络点。该校的校长张一之思想进步，是著名教育家陶行知的忠实追随者。此时半个中国都已沦陷，地处中原的湖北也就成了抗战的前沿。正当抗战激战正酣之际，张一之为了激励全校师生的斗志，经常邀请一些社会名流来校演讲。其中抗日名将冯玉祥将军和教育家陶行知的演讲，极大地鼓舞震撼了瞿维的心灵。由此也点燃了他满腔的热血，于是他根据张一之写下的一首抗战诗歌，一气呵成地把它谱写成一首抗战爱国歌曲。这也是他创作的第一首革命歌曲，此作旋律简洁活泼，但又饱含着抗战必胜的坚定信念。歌曲面世后，张一之非常激动，他把此歌作为学校的校歌。每天清晨，全校师生迎着朝阳放声高歌，大家心中都充满着一腔激情。

在宜昌任教期间，瞿维还有幸结识了音乐家贺绿汀、电影演员白杨等，他们是参加抗敌演剧队从上海来到国统区宣传抗日救亡的。但对瞿维影响最大的是张一之的妹妹张清华。她是从延安的陕北公学毕业后，被党组织派到家乡担任县委书记的，其公开身份是该校的教员。张清华经常在学校教唱延安的革命歌曲，瞿维通过她也了解到了革命圣地延安的生活和景象，从而也初步认识到中国社会的现状和各阶级的地位、作用，更坚定了对中国革命必胜的信念。由此也产生了去延安的想法，并萌发了加入中国共产党的愿望。

1937年的暑假，七七事变后的中国已开始全面抗战。瞿维在护送祖母的灵柩回常州安葬后直奔上海，想去看望心中仰慕已久的导师冼星海。因为没有联系地址，瞿维到上海后就四处打听冼星海的行踪。当得知在8月8日上午，冼星海将要参加在文庙举行的上海千人大合唱暨国民救亡歌咏协会成立大会后，那天他便兴冲冲地早早赶到会场。只见主席台上坐着吕骥、冼星海、麦新和孟波等革命音乐家，现场是人山人海，围了个水泄不通。五十多个群众歌咏团队义愤填膺地轮番演唱了《大刀进行曲》《义勇军进行曲》《热血》《毕业歌》《救国军歌》和《救亡进行曲》等二十多首抗日救亡歌曲。其中最激动人心的《大刀进行曲》也是这首作品诞生后的首唱。在一浪高过一浪的激昂歌声中，瞿维和所有与会者一样热血沸腾，激动不已。

集会结束后，许多与会者仍依依不舍地没有离去。瞿维几经周折后总算见到了冼星海，冼星海仍像两年前一样的热情，因为当天他还有许多重要的急事要与同道开会商量，于是便留下了自己的居住地址，约请瞿维第二天来他家详谈。翌日在冼星海家里，两人相谈甚欢。当冼星海知道了瞿维的现状后，便鼓励他积极参加抗战歌咏运动，并送给他一张刚创作完成的活页歌片。歌片上印着两首新作《保卫卢沟桥》和《青年进行曲》。临别时，冼星海还与瞿维约定，请他到电台来为录制自己的新歌担任演唱的钢琴伴奏。

谁料五天后，日寇在上海大举疯狂进攻，中国军民也奋起抵抗，"八一三"淞沪抗战爆发了。旋即，冼星海就参加了上海救亡协会组织的演剧二队，来不及与亲朋好友告别就匆忙启程赶往河南、湖北等中原地区开展抗日救亡的宣传工作。就这样，原本与冼星海约定去电台录音伴奏之事也因此搁浅。但唱着冼星海赠送给自己歌片中的那两首催人奋进的歌时，瞿维感觉到自己应该像冼星海一样，用自己的音乐来唤醒民众，挽救祖国的危亡。

于是，瞿维打消了原本想留在上海找份工作，继续跟随吕维钿夫人学弹钢琴、追随冼星海学习作曲的念想，而返回宜昌去参加当地的抗战活动。在途中听说冼星海一行已到武汉，瞿维临时决定在汉口下船去看望老师。此时的冼星海正在武汉组织歌咏队深入工厂、学校和伤兵医院，在那里表演、教唱抗日救亡歌曲，来激发民众的斗志。那时的武汉，大街小巷、闹市集市，到处都能听到抗战的歌声，像歌的海洋。在汉口的街头，瞿维目睹了冼星海正在指挥青年学生演唱他谱写的抗战新歌《迎春曲》，在这首充满家国情怀的歌曲里，瞿维似乎感受到了冼星海的胸襟和赤诚。在教唱间隙，青年学生们围着冼星海提出各种问题，他总是那么真诚耐心地一一解答。瞿维也拿出自己刚创作的一首歌曲《大时代的青年》，恳请冼星海点评指正。冼星海边看此作边轻声哼唱作品的旋律后，便直率地对瞿维说：歌曲的内容很好，但曲风很像奥地利的国歌，太洋气了，鲜明的中华民族特征不够。同时，他更希望瞿维能深入生活、体察民间风情和百味，这样写出来的作品才有血有肉，又有生活气息、民族特点。与冼星海的相识、唱冼星海谱写的歌、受冼星海耳提面命式的教诲，对瞿维音乐人生的影响是巨大的。他决心也要像冼星海那样用音乐作刀枪，到人民大众的生活中去，到打击日本侵略者的战场上去。

回到宜昌后的瞿维于1938年5月，在入党介绍人张清华和当地工委书记孙世宝的见证下，秘密加入了中国共产党。入党后的瞿维，除了很好地完成学校的教学外，用更多的时间和精力投入中共地下组织领导的宜昌抗敌剧团活动中。作为剧团的骨干和音乐教员，他尽其所能地组织演唱冼星海、麦新、孟波和吕骥谱写的抗日救亡歌曲。

1938年秋，为纪念卢沟桥事变和淞沪会战一周年，瞿维参与创作了抗敌话剧《中华民族的子孙》《古城的怒吼》《难民》和《捉汉奸》等剧目。这些抗敌剧极大地鼓舞了当地的民众。瞿维还按照党组织的要求，把宜昌各中小学的音乐教师组织起来，成立了宜昌音乐界抗敌委员会，并组织歌咏队到城乡农村和驻军中去演出，从而激励军民的抗战热情。

就在抗战救亡运动蓬勃开展之际，中共地下组织的活动引起了国民党当局的不满和恐慌，很快当局就拉下了国共合作的假面具，勒令解散了宜昌的抗日进步团体，《新华日报》被查封，张清华等一批共产党人被驱逐出此地。这年冬天，日寇的飞机开始对宜昌城进行了惨无人道的大轰炸，光学院街小学的师生就死伤五六十人，学校被迫停办。在党组织的安排下，瞿维奉命秘密转移，通过水路赴重庆的中国电影制片厂担任音乐工作。

翌年秋天，经作曲家任光介绍，瞿维应邀去抗日第二战区的民族革命艺术学院担任音乐系主任。当时该校设在陕西宜川的英王镇，学校虽属国民政府管理，但实际控制权在中共地下组织手中。此地距离延安只有百余华里。在瞿维得知冼星海已在延安的鲁艺任教并担任音乐系的主任后，他就急切地赶赴那里，想当面请教冼星海办学教学上的许多问题。冼星海还是一如既往地那样真诚地为瞿维释疑解惑，并把自己的所有备课提纲拿来给瞿维抄录，同时还把自己正在创作的《第一交响乐》中的几个乐章的乐谱，拿出来与瞿维商讨。这些融入中国民间龙舟舞、纸鹞舞和狮子舞音乐的乐段，令瞿维眼前一亮。他是多么期盼自己有朝一日也能谱写出这样的交响音乐。

在延安走马观花的几天内，瞿维感到人生从未有过的轻松和愉悦。这里是一个人人平等又充满着朝气的蓬勃之地，每个人都享受着自由的生活，又能发挥出自己的所有和特长。瞿维对延安的向往也更强烈了。在此次拜访冼星海之后，瞿维开始更深入地学习和声学、对位法和赋格曲。由瞿维创作的《打铁歌》和《大时代的青年》等歌曲，则由冼星海交由延安女子大学的师生演唱，作品很快就传遍了延安城乃至整个陕甘宁边区。

瞿维在民族音乐学院任教期间，还结识了一位他音乐人生中很重要的伙伴：马可。当年的马可在河南大学学习化学，但其骨子里更热爱音乐。为了抗日他弃笔从戎，去第二战区政工队当演员，此次应瞿维的盛邀来校授课。由于这两个年轻人志趣相投，很快就成了无话不谈的挚友。在马可的心里，瞿维正规学过音乐作曲，理当为师。那时他就把自己谱写的《吕梁山大合唱》等抗日歌曲，拿来请瞿维来指点、润色、把关，还把自己作词的《突击运动歌》拿来请瞿维谱曲。

1939年冬，长期统治山西一带的阎锡山撕破伪装，发动了"十二月事变",从而掀起了又一次反共高潮。民族革命艺术学院也被迫解散,但学校的进步师生几乎都选择了去延安。瞿维和马可则坚持到为第一届毕业生举行毕业典礼完毕后,才结伴出发去延安。一路要应付哨兵的盘查,在经过两天的艰难跋涉后,终于在1940年2月24日到达夕照下的延安古城。当看到宝塔上的塔影,也听到了延河水的潺潺流声,多年的梦想如今成真了,瞿维的心中充溢着从未有过的那种喜悦。

而延安也向瞿维和马可张开热情欢迎的双臂。原本瞿维想先去中央党校学习马克思列宁主义思想,以提高自己的理论修养。但冼星海认为:鲁艺正缺少、也更需要像瞿维和马可这样的教员,而留在鲁艺执教既能巩固提高他们的音乐水平,也同样能够学习到马列主义。而且在教学育人的同时,他们也一样能够进步成长。冼星海还现身说法,他告诉瞿维:自己就是在鲁艺边学习边教学边创作的,他创作的音乐是用马列主义辩证法的观点来分析的。就这样,瞿维在冼星海的说服和力荐下,去鲁艺的音乐系当了教员,主要教授器乐的演奏。与此同时,他在教余时间开始跟随冼星海系统地学习理论作曲,且进步神速。

寄明显露音乐天赋

瞿维结识寄明、以后又永结秦晋,是从延安鲁艺开始的。寄明是苏州人,原名吴亚贞,与瞿维同岁但比其小一个月。因家境比较优越,父母的思想又开明,她家的五姐妹都读过专科学校。其父喜欢唱京戏、拉二胡,家中经常有一些票友来玩乐,吴亚贞就是在这样的环境下潜移默化成长的。她打小对许多京剧唱段一听就会,而且像模像样。父亲觉得女儿有音乐天赋,就买来二胡、笛子和琵琶等乐器供她学习,八岁时她就弹得一手好琵琶。

吴亚贞是幸运的,她在就读省立一师附小和省立女子师范时,遇到一位叫顾西林的好老师。顾老师出生于精通音律的书香门第,毕业于上海的启明女校,主修钢琴和英文。顾老师既擅长西洋乐器的演奏,又有很深的国乐功底,因而她培养出很多优秀的学生。顾老师非常看好吴亚贞,经常为她的学习开小灶,手把手地传授技艺。尤其是吴亚贞师范毕业,在面临究竟是去当老师,还是到上海去报考国立音专、继续音乐的学习和深造的人生十字路口时,她本人是十分向往能到中国的第一音乐高等学府学习的,顾老师更是坚定地支持她。

不负厚望的吴亚贞,以优异的成绩考入了上海音专。她在学校的主课是琵琶,老师是当时中国最负盛名的琵琶大师朱英,而副科选择的是钢琴,老师便是大名鼎鼎的俄籍世界级钢琴家查哈罗夫。朱英教学认真严谨,他教授《南北派十三套大曲琵琶新谱》中的许多传统名曲。如优美柔和、清淡细腻又韵味纯真的《浔阳琵琶》,又如气势磅礴、热烈奔放的《十面埋伏》等,吴亚贞都学得有模有样、有板有眼,而且他演奏的这些曲目,都有自己独到的诠释。朱英特别强调学生在演奏时那手势的虚拟动作和琴声语音的配合,吴亚贞的演奏不仅动静结合得当,而且给听者有余音袅袅、音尽而意未绝之感。朱英不仅是位顶级的琵琶大家,更是一位赤诚的爱国者。他谱写的《五三纪念》《难忘曲》和《淞沪血战》等一批表现抗日爱国的琵琶曲,激励过无数的中国军民,也使吴亚贞受到了强烈的爱国主义教育。无疑,朱英不仅为吴亚贞授艺,更指点影响了她以后的人生选择。

1934年秋,上海音专举办了"征集中国风格钢琴曲"的创作大赛。最终贺绿汀以一曲《牧童短笛》夺魁。颁奖演出那天,贺绿汀亲自演奏了这首获奖作品。坐在观众席上的二年级学生吴亚贞听完这首作品,受到极大的震撼。那富于动感的旋律、和声、调性和节奏的变化,以及清新流畅的音乐线条和呼应对答式的二声部复调旋律,使吴亚贞顿感钢琴并不是一件孤独的乐器,简直像个小型的管弦乐队。那种从未有过的奇妙感觉,使她产生放弃琵琶学习而改学钢琴的强烈愿望。就这样,她很快就向校方提出改学专业的申请。

当年上海音专办学所奉行的是因材施教的教育理念,而校长萧友梅则认为,音乐教育首先要充分发扬学生的音乐个性和才能,因而学校十分尊重学生的爱好和选择。吴亚贞也就此如愿以偿地改换门庭,拜在俄籍钢琴家拉查雷夫教授门下潜心学习。

吴亚贞对自己痴迷的钢琴学习是全身心投入的,而老师拉查雷夫循序渐进式的教学和时常醍醐灌顶般的教诲,使她的钢琴基本功练就得非常扎实。到她毕业时,对巴赫、莫扎特、贝多芬和舒曼的许多钢琴名曲都练得滚瓜烂熟，有的诠释甚至还能达到举重若轻的境界，许多优美隽永的旋律也从此一直熟稔于心。在上海音专学习期间，吴亚贞非常仰慕从美国留学归来的黄自先生，对他谱写的作品更是情有独钟。因此她在选修的合唱课中，专门学唱了黄自的《抗敌歌》《旗正飘飘》和清唱剧《长恨歌》等抗日救亡歌曲和爱国主义音乐作品。这些都为她以后参加组织抗日救亡歌咏运动和音乐创作，奠定了坚实的基础。

吴亚贞从上海音专毕业后不久，中国大地便相继爆发了卢沟桥事变和"八一三"淞沪会战。她的家乡苏州也未能幸免于难，家中的房屋全部被炸毁。就在这民族危亡的艰难时刻，吴亚贞告别父母，和上海音专的同学们一同参加了国民政府主导的抗敌演剧队，投身于波澜壮阔的抗日洪流，在祖国的大后方组织宣传抗日救亡。1937年夏到1939年秋的两年间，吴亚贞的足迹踏遍了四川、贵州的二十多个县市。她还先后担任四川教师服务团、川东师范和达县中学的音乐教员，用聂耳、冼星海和麦新的抗日救亡歌曲作教材，在社会和学校开展救亡歌咏活动，以唤醒民众。

在与广大劳苦大众的接触交往过程中，吴亚贞逐渐看清了国民党政府的腐败，同时也认识到只有中国共产党才能救中国。因而她毅然决然地告别了两年的演剧队生涯，从陪都重庆长途跋涉去投奔无数热血进步青年心向往之的革命圣地延安。

吴亚贞于1939年秋到达延安，初看到这里的一切是那样的新鲜美好，她兴奋极了。此时她决定改名为寄明，寓意自己寄希望于新中国的明天。她向组织主动提出要去延安的中国女子大学学习，想通过马列主义基本理论的学习，来提高自己的思想觉悟，从而实现一次生命本质的涅槃。中国女子大学是由毛泽东亲自倡议，并由中共领导人集体捐资，中共中央创办的第一所培养妇女干部的学校。当时在万余人参加的开学典礼上，毛泽东发表了振聋发聩的重要讲话："全国妇女起来之日，就是中国革命胜利之时"，由此可见创办这所学校的重大意义。

寄明在去女大就读时，此校已开办了一段时间，设有四个普通班和一个高级班。根据寄明的学历，她被插班分配到高级班。高级班的必修课目有很多：社会发展史、政治经济学、中国革命基本问题和妇女问题，以及哲学、世界革命史略和俄文等。另外还开设经典著作的研读，书目有《共产党宣言》《社会主义从空想到科学的发展》《矛盾论》和《实践论》等。学校聘请了王明、陈伯达、王鹤寿、韩光、赵毅敏、艾思奇等中共领导和著名专家学者来为高级班学员授课。女大把学员的政治培养放在首位，通过这些学习，寄明和学员们既了解了当下政治军事形势和党的策略方针，又培养了自身的革命气节和远大的人生观，同时还增长了许多政治理论和各种知识，这样的学习寄明受益终身。

中国女大坐落在延安杨家岭后山沟的一个山坡上，校舍条件比起上海国立音专真是天壤之别。学校只有三间简陋的教室和一个简易的大礼堂。平日里不管风吹日晒、还是酷暑严冬，师生都在露天上课。女大的生活条件也很艰苦，学员都住在顺山势而建的窑洞里，十个人睡一个大通铺。吃的是小米加土豆，每人每天只有两分钱的菜金。穿的是粗布缝制的统一服装，夏天的单衣和冬日的棉服都只有一套。刷牙用盐替代，洗衣用草木灰当肥皂。每个星期学员还要多次扛起锄头去参加劳动。这些对于一个大城市来的姑娘来说，起初感觉非常困难。但随着时间的推移，寄明也很快适应了这样艰苦的生活和紧张的学业。

1941年春，重庆的一位爱国民主人士把一架德国制造的谋得利钢琴，送给正在那里领导中共南方局和八路军重庆办事处工作的周恩来。最初钢琴只是闲置在八路军办事处的客厅里当作一种摆饰，并未派上它真正的用场。周恩来考虑到钢琴是音乐教学的必备乐器，而那时整个陕甘宁边区乃至延安都从未有过这样的洋乐器。为了延安鲁艺的教学和演出工作更好地展开，他决定把钢琴转赠给鲁艺。就这样，当这件重达近一吨能发出各种美妙声音的庞然大物翻山越岭被运到延安时，当地的人们觉得很新鲜、也感到很惊讶，连鲁艺的大多数师生也从未接触过此物。

乐坛伉俪的鲁艺岁月

那时的中国闭塞落后，学习钢琴者可谓凤毛麟角。在延安也只有吕骥、冼星海、贺绿汀、李焕之和李德伦等屈指可数的上海音专毕业生弹过钢琴，但他们的专业都不是钢琴，唯有瞿维是钢琴专业。但独木又难成林，鲁艺在寻觅更多的钢琴人才。当院长吴玉章得知中国女大有位学员寄明是从上海音专钢琴系毕业的，旋即经过协商就把她调来鲁艺音乐系，担任钢琴教学和演奏工作。

当寄明来到鲁艺的那一刻，瞿维见后喜出望外，她不就是自己曾在重庆邂逅过的那位弹钢琴的女子吗？三年前的一天晚上，在中国电影制片厂当音乐编辑的瞿维去教育部的音乐委员会送文件。在穿过一个院子时，突然听到悠扬的钢琴声，他便径直寻声过去。当来到琴声飞扬的小屋窗前，只见一位齐耳秀发、文静端庄的女子在弹奏着贺绿汀的《牧童短笛》。她灵动的十指在钢琴的88个黑白键间随心所欲地来回流动，整个身心似乎陶醉在"牧童归去横牛背，短笛无腔信口吹"的那种意境中了。瞿维看着、听着，是那样的欲罢不能，爱慕之心油然而生，这是他第一次对异性怦然心动。但碍于羞涩，又没有勇气冒昧地敲门搭讪，因而两人相识的机会就这样擦肩而过了。尽管当年的吴亚贞并不知道瞿维是何许人士，更不知他暗恋自己，但在瞿维的心中，寄明高超的琴艺和她那双乌黑清纯的双眸以及聪慧的气质，一直挥之不去。如今两人在鲁艺的不期而遇真乃天意，瞿维心中的爱情火焰重又点燃。

最初鲁艺的这架钢琴，只有瞿维和寄明两人在弹奏练习。因此他俩几乎天天见面接触，总有说不完的话题。寄明对瞿维是坦诚的，她说到自己曾有过一段短暂、失败的婚姻，心灵一直受到很大的痛苦。对此，瞿维表示理解和深切同情。通过彼此敞开心扉的交往倾诉，相互间都了解了对方的身世、个性、爱好以及理想和追求。而寄明对于瞿维颀长的身材、温文尔雅的举止很心仪，对他的音乐才能和人品更是从欣赏到崇敬，由此两人很快发展成赤诚相爱的知己。

当年鲁艺的这架钢琴，由于上了"年纪"，平时不是琴键接触不良，就是断弦。此时鲁艺的一位教师任虹就自告奋勇地当起了这架钢琴的义务保健医生。他用土办法制成了调音的工具和修琴的代用品。每逢演出前，任虹总会做好检查琴键和校音工作。而马可、安波、郑律成和张棣昌等音乐系的师生则自发组成一支钢琴搬运队，用麻绳、木棍和自己的双腿，将钢琴从安放地到演出场地间来回搬运。

延安的第一架钢琴安放在天主教堂的左侧小屋。因为那里距离学校的其他教室比较远，琴声不会影响别的学科教学。那时瞿维和寄明的工作，除了要为延安的各种晚会演出，最主要的是教授音乐系的学生弹奏钢琴。鲁艺学生的音乐基础都比较差，很多人没有基础就像白纸一张，要从五线谱开始学习。因此，瞿维和寄明编写的钢琴教材都是循序渐进、有针对性的。要教会这样的学生弹琴是要花很多功夫、有很大难度的，但在他俩耐心的教导下，学生们的学习热情高涨。那时琴房每天练琴的时间排得满满当当，从清晨持续到深夜。学习钢琴对于这些学音乐的学生来说，无疑增强了他们对音乐真正的认知和理解，对他们今后专业的发展是至关重要的。瞿维和寄明教授钢琴的重点对象是学作曲的学生马可、刘炽、张鲁、黄准等。这些有生活有才华的学生在学习钢琴后，能更具象地理解曲式、和声和复调等一些作曲技法，使各自的音乐创作能插上飞翔的翅膀。

抗战时期的延安，有很多外宾来此地考察学习，了解中国的另一面。在一次接待美国军事代表团的欢迎晚会上，寄明用钢琴为何士德指挥鲁艺合唱团演唱的《黄河大合唱》伴奏。这天，鲁艺合唱团还首唱了由郭沫若作词、吕骥作曲的四声部合唱《凤凰涅槃》，由瞿维担任钢琴伴奏。这些节目都受到美国友人的高度评价。平日里，他俩还经常为鲁艺的师生向隅、汪鹏的小提琴和唐荣枚、李丽莲、郑律成的独唱担任伴奏。在国共合作时期，经常有国统区的音乐家如上海的大提琴家张贞黻、李元庆和男低音歌唱家杜矢甲来延安演出，都是由寄明担任钢琴伴奏的。寄明担任音乐会伴奏的曲目很广泛，有中苏两国的革命歌曲，有中外民歌和艺术歌曲，有时她还会在音乐会上加演自己最喜欢的钢琴独奏曲《牧童短笛》。原本延安单调的生活因为有了这些精彩纷呈的音乐活动而变得丰富多彩了。寄明作为延安的第一位女钢琴家而受到人们的格外关注。

由瞿维和寄明用音乐和钢琴编织的浓情岁月，随着交往合作的频繁深入，两人的爱情不断升温，已到了谈婚论嫁的程度。有一天，歌唱家盛家伦为拍摄电影《塞上风云》去内蒙古采风回上海路经延安时，来看望瞿维。在交谈中得知盛家伦采集了一批内蒙古民歌，于是瞿维就从中选了两首作为主旋律，谱写了一首钢琴曲《蒙古夜曲》，这是瞿维的钢琴处女作，也是中国最早的蒙古族题材的钢琴作品。此作较为完整地保留了内蒙古民歌的原貌，婉转悠长的曲调跌宕起伏，仿佛是无垠草原和连绵山脉的缩影。第一主题音乐的旋律围绕着羽调式的主题上下呈波浪形的起伏，以勾勒出辽阔宽广的草原景象。而第二主题赋予抒情歌唱的旋律，则取自蒙古族长调歌谣。起承转合的四句体结构，给人以强烈的画面感，仿佛是人们在夜风中歌唱着心中对草原的无限热恋。

此曲是瞿维专门为寄明创作的，并当作定情之物而送给寄明。钢琴曲虽然描写的是草原的夜景，但表达的却是瞿维对爱人的一片赤忱之心。而收到如此"重礼"的寄明多日夜不能寐，于是她就用延安的土羊毛纺制的线，亲手编织了一件能抵御陕北高原严寒的厚毛衣回赠给瞿维。

延安的生活虽然艰苦，但并没有冲淡瞿维和寄明炽热的爱情。1942年2月的一个夜晚，瞿维和寄明的婚礼在延安东山上的一孔窑洞里举行。那时物资条件匮乏，宾客只畅饮了一锅甜蜜的红枣汤，大家尽情地谈笑、无拘无束地跳着欢快喜庆的交谊舞。整个婚礼既隆重热烈又愉悦欢快。婚后的瞿维寄明夫妇以更大的激情投入教学和演出中。

当年的5月2日，瞿维、寄明和鲁艺的许多同志及在延安的一些文艺工作者，应邀去延安的中共中央机关所在地杨家岭，参加由毛泽东主持的延安文艺座谈会。那天，在中央办公厅的会议室里，大家翘首以盼地见到了心向往之的毛泽东同志。毛泽东的神态安详又谦虚，他一一与参会者握手致意，并询问各自的姓名和工作。会议上他听取了大家的发言，最后在总结时讲到了文艺工作者要走与工农兵相结合的道路等问题，大家很受启发。

5月23日是座谈会的最后一天，这天的与会者人数最多。毛泽东发表了具有划时代意义的长篇讲话，阐述了艺术创作与人民生活的关系，也明确了文艺要为工农兵服务的方向。

在延安文艺座谈会召开之后，鲁艺改变了闭门办学的作风。许多师生都走出琴房、深入民间去采风，并编创了许多政治内容与艺术形式相统一的优秀作品。其中新编的秧歌剧最为

年轻时的瞿维寄明夫妇

突出，脍炙人口的有《兄妹开荒》《夫妻识字》《牛永贵挂彩》《一朵红花》《小放牛》《赶毛驴》等，受到延安人民的热烈欢迎。

瞿维和寄明在爱情道路上也不是一帆风顺的，他俩经历了1943年春开展的延安整风运动的考验，因为有共同的信仰和理想，他俩的爱情基础更加坚固，并焕发出新的生命力。同时他们的阶级觉悟也提高了，对党和共产主义事业的忠诚和必胜信念更坚定了。

1944年冬，之前的西北战地服务团到延安后并入鲁艺，一位编剧带来了发生在晋察冀抗日根据地的一个真实故事：杨各庄的恶霸地主黄世仁逼死佃户杨白劳，并抢走、奸污他的女儿喜儿。在邻居张二婶的帮助下，喜儿逃进深山顽强地活下来。由于终年不见天日，原本满头的青丝变成了白发。附近的村民偶尔看见都以为是神仙下凡，故称之为"白毛仙姑"。几年后，喜儿当年的恋人大春带领着八路军的队伍解放了杨各庄，斗倒了黄世仁，也救出了喜儿。这是一则旧社会把人变成鬼、中国共产党又把鬼变为人的动人故事。

当鲁艺的副院长周扬和戏剧系的主任张庚得知这个动人的故事后都非常激动。他俩认为：这个典型的题材很适合编写成舞台剧，其内容也完全符合毛泽东在延安文艺座谈会上的讲话精神。于是决定由鲁艺的戏剧系和音乐系的老师一同来创作一部新样式的作品，作为向党的七大的献礼剧目。旋即，学院便组建了一支年轻精干的创作队伍，由贺敬之、丁毅负责编剧，瞿维和马可、张鲁担任作曲。这群充满着创作激情的年轻人深入生活、体察民情，与人民大众打成一片，从而采撷到丰富多彩的民间小调和戏曲音乐元素，作为创作的基本素材。就这样，他们把一个流传在民间的故事，打造成了一部具有西方歌剧样式和中国民族风格相结合的、具有里程碑意义的新歌剧《白毛女》。

首先，贺敬之执笔的剧本是成功的，故事的结构非常适合中国人的审美情趣。剧中的唱词和念白既符合人物性格特征，又体现了鲜明的民族性。剧本非常适合音乐的发挥，因为歌剧是一门综合艺术，其中的音乐创作是举足轻重的。音乐创作在经过分工后，马可和张鲁负责谱写剧中的一些主要唱段的旋律。比如此剧最有名的唱段《北风吹》中，他俩运用了河北民歌《小白菜》和《青阳传》中的一些音乐素材加以变奏发展。而了解西洋歌剧也学习过西洋作曲技法的瞿维则负责全剧音乐结构的统筹。在这部五幕歌剧的85段音乐中，瞿维创作了17段。其中有大春与喜儿的二重唱以及结尾的大合唱《千年的仇要报》和《太阳出来了》。

为了使《白毛女》有别于延安的秧歌剧，使之成为名副其实的中国原创新歌剧，瞿维在剧中借鉴了西洋歌剧的传统模式和其音乐创作的一些手段和样式。譬如在音乐中用到了和声、复调和多声部的合唱、伴唱，管弦乐队的伴奏更丰富了该剧的表现力，但乐队的配器是需要有一定功力者才能胜任的。由于当时延安音乐人才的匮乏，《白毛女》乐队的编制只能在因地制宜的基础上搞中西合璧。在只有大、中、小提琴，二胡、板胡、中阮、竹笛和钢琴，还有板鼓、小鼓和大锣等打击乐，以及曼陀铃、三弦等弹拨乐等乐器的基础上，瞿维硬是打造这样一支器乐编制不齐、声部又不全的乐队，并天衣无缝地融入伴奏中，为全剧起到了很好的渲染作用，并增色不少。

另外在刻画剧中人物的音乐个性和过门及上场戏的音乐中，瞿维也进行了很多尝试。譬如在第一幕中，杨白劳风雪中挑着豆腐担跟跟跄跄地上场时，此时的音乐是低沉凄凉的。而在杨白劳与喜儿一同守岁的音乐中，则采用了温暖亲切的旋律，当杨白劳被逼画押以喜儿抵债、走投无路喝卤水自杀时，音乐是绝望哀鸣的。剧中的音乐对比淋漓尽致，表现每个人物的情感又独到细腻，许多化繁为简的创作手法，取得了意想不到的舞台效果。

由贺敬之、丁毅编剧，马可、张鲁和瞿维作曲，王大化、苏强导演，王昆、张守维、陈强和李波等主演的中国第一部原创歌剧《白毛女》，经过主创人员半年多的不懈努力和付出，终于面世了。就在中共七大召开的前一天，1945年4月28日在延安小沟坪的中央党校礼堂隆重首演，观众是参加党的七大的七百多名代表，和延安各机关的首长。

首演是由乐队现场伴奏，向隅担纲指挥。这支中西合璧的乐队成员基本都是鲁艺的师生，瞿维也参加了乐队担任打击乐手，寄明则担任钢琴伴奏。有了现场乐队的伴奏音乐，不仅烘托渲染了剧情，更完善了歌剧的表演样式。首演的《白毛女》不仅有凄凉的情节和催人泪下的动人故事，更有许多优美动听又朗朗上口的唱段。全剧精彩纷呈、高潮迭起，观演者都沉浸在不断发展的剧情中而不能自拔。在剧终时，全场观众发出了经久不息的雷鸣般掌声，毛泽东、朱德等中央领导上台接见了全体演员，并高度赞扬了演出的成功。

《白毛女》首演后好评如潮，因此该剧又接二连三地在延安的机关、学校、部队和农村中演出了三十多场。每场演出都人山人海，许多观众甚至是从边区的其他地方赶来的。经过不断打磨完善的歌剧《白毛女》，成为中国原创歌剧的一个标杆。新中国刚成立后就被搬上银幕，同名电影《白毛女》教育、伴随着一代代国人的成长，影响深远。20世纪60年代初，上海舞蹈学校根据歌剧《白毛女》的故事和音乐，改编创排了芭蕾舞剧《白毛女》，此后，舞剧《白毛女》与同时期诞生的中央芭蕾舞团编创的《红色娘子军》，成了久演不衰的中国原创芭蕾舞剧经典。60年代初，瞿维把歌剧、电影和芭蕾舞剧《白毛女》的音乐融会贯通并改编成同名的管弦乐组曲，声名远播。

我曾听瞿维讲起过一件往事：有一次，歌剧《白毛女》在边区的一个农村演出。当演到由陈强所饰的黄世仁在逼死杨白劳又抢走喜儿时，台下有一位民兵竟忍不住内心的愤恨，想开枪击毙他。幸亏被旁边的另一位民兵发现，才避免了一次不该有的悲剧发生。由此可见，《白毛女》剧中演员们的表演是那么的真实，剧中的许多唱段也通俗易唱，很快不胫而走。

1945年8月15日，日本侵略者无条件投降了。历经了14年苦难生活和浴血奋战的中国军民，欢欣鼓舞地终于迎来了久违的和平。但不幸的是，蒋介石集团很快就撕毁了重庆谈判签署的和平协议，发动了全面内战。其实早在内战爆发前，党中央就明确提出了"向南防御、向北发展"的战略方针。于是，在延安的人民军队分批撤离去东北发展，鲁艺的师生也已分期分批撤离延安去东北办学。当年的秋天，瞿维和寄明告别了已生活六年的延安，在把年幼的儿子托付给延安的保育院后，便随鲁艺的队伍奔赴新的征程。

转战东北谱新曲

那时从延安到东北的交通完全被国民党封锁，鲁艺的师生只能风餐露宿、绕道辗转,在几经周折后又徒步绕过荒漠的内蒙古草原后才到达东北。到了东北的瞿维寄明夫妇还一直牵挂着延安的那架钢琴,但凡有延安的同志新到东北,他俩总要询问这架钢琴的情况。1947年,胡宗南部大举进攻延安时,因为钢琴太沉重不宜搬运,为了不落入敌军之手,在最后撤离延安时,这架钢琴连同一些唱片和音乐书籍及乐谱都被埋入地下。全国解放后,瞿维和许多当年鲁艺的老同志都一直关心此琴的下落,但至今仍未寻觅到埋琴地点。

瞿维和寄明在亲历了硝烟弥漫的东北解放战争和暴风骤雨般的土地改革运动及剿匪斗争后,革命斗志更坚定了。就在这艰苦的革命斗争岁月里,寄明开始尝试歌曲创作且一发不可收。其实在寄明内心,她一直热爱着音乐创作。这不仅是受瞿维的影响,早在上海音专求学期间,她就和同学一同谱写过一首关于女性择偶新观念的歌曲。作品完成后,寄明曾兴冲冲地请校友贺绿汀指正。由于她俩从未学过作曲技法,新曲写得杂乱无章。贺绿汀无法改写,只能重新谱写了曲调。此事使寄明深刻地认识到:音乐创作不能光凭兴趣和一时冲动,它遵循着自身写作最基本的要求和规律。尤

战争年代的瞿维夫妇和战友们

其是寄明在亲耳聆听了毛主席在延安文艺座谈会上的讲话后，更意识到即使掌握了作曲的技巧，那也只是音乐创作的一个方面，因为成功的音乐作品需要人民群众的喜爱和认可。此后，寄明在潜心学习作曲技法的同时，有意识地深入百姓生活，进入他们的情感世界，还不断地采集民间的音乐元素。

在东北，当地人对"二人转"情有独钟。寄明在工作之余专门去了解、探索百姓喜欢二人转的原因，在研究这个剧种的艺术规律的同时，又知晓了当地的落子音乐和说唱音乐。在东北的岁月里，寄明无论走到哪里，都不忘去走访当地的民间艺人，在此过程中，寄明深感东北的这些民间音乐艺术，光靠收集记录是远远不够的，应该在这个基础上重新整理研究，吸取其精华使之发扬光大。于是她就把这些采撷得来的二人转音乐和内容整理归纳成四辑后分别出版。其中第一辑的曲目为必备曲目，非常重要，如《胡胡腔》《大救驾》《四平调》《大悲调》《垛口句》以及《蛤蟆调》，第二辑为拉场的曲调，其中有民歌演唱形式和《落子调》等，第三辑主要收入秧歌及帽儿调，其中有《小看戏》《茉莉花》和《光棍哭妻》等，第四辑则是有整本唱词和曲调的大戏，其中有《上天台》和《燕青卖线》。东北二人转有两种表演形式：一种是男女二人的歌舞表演，另一种是有剧情、有人物，表演虽然也是由男女二人组成，但这种表演形式要求演员有一定的表演能力，还要有符合剧情人物的服饰和道具。1947年，中国民间音乐会出版了寄明编辑的四辑二人转的曲谱。1950年，香港的三联书店把这四辑曲谱更名为《东北蹦蹦音乐》后出版发行，此书也成了中国第一本研究二人转的专著。

在这块黑土地上，寄明谱写了她音乐人生中的第一首歌曲《冰碴饭歌》，这是一首鼓励战士斗志的作品，受到部队官兵的热烈欢迎。此后，寄明又谱写了《庄稼人小唱》《翻身秧歌》《歌唱刘胡兰》《纺织工人之歌》《普天同庆开国日》以及反映现实生活的秧歌剧《干活好》《谁沾光》等。与此同时，钢琴专业出身的寄明，还创作了她的第一首钢琴作品《农村舞曲》，其主题音乐来自河北民歌《对花》。这是一首单一主题的三部曲式作品，中间部没有常规的新的对比性主题，曲作者只是在主题音乐上做了调性和仿体方面的变化，从而体现了民间歌舞音乐的鲜明特征，生动地表达了人民群众喜庆歌舞的欢乐场面。作品的演奏手法很丰富，看似只是一首小品、曲式也是简单的ABA，但许多演奏者在弹奏中，都会感受到此曲的内涵像水晶一样透明单纯，令人心旷神怡。

无独有偶，和寄明及鲁艺师生一同辗转东北的瞿维，也在那片黑土地上谱下了他的一首钢琴名曲《花鼓》。此作的旋律取材于民间音乐，乐曲开始的引子，模拟民间锣鼓的节奏和音响，而第一主题用《凤阳花鼓》的旋律来展现欢快的舞蹈场面。在中间段落的第二主题的曲调是江苏民歌《茉莉花》的变奏，在运用对位、复调后再现第一主题音乐时，通过钢琴上和声织体的变化，音乐比开场时更热烈欢腾了。钢琴曲《花鼓》不仅天衣无缝地运用了中国南北民歌的旋律，其多样化的表现手法对耳熟能详的民间音乐曲调有了新的诠释，那琴键上焕发出勃勃生机的音乐使听者耳目一新。音乐界的许多人士都认为：《花鼓》是继贺绿汀的《牧童短笛》后，又一首成功的中国风味的钢琴曲经典。

自延安时期，瞿维与同道成功创作新歌剧《白毛女》后，他也曾有过宏大的创作计划：想把郭沫若的历史剧《屈原》，赵树理的短篇小说《小二黑结婚》《李有才板话》和李季的《王贵与李香香》都改编成歌剧。但遗憾的是因战争原因，他又奉命踏上新的战斗征程，原本的计划也只能暂时搁浅。但在东北的工作和斗争期间，他还是有感而发地谱写了一批革命歌曲，其中有《剿匪歌》《练兵歌》《解放区的工人》《农民合唱》和《胜利的红旗插遍全中国》等。

自瞿维和寄明随鲁艺从延安撤离到东北，直至瞿维1959年9月从苏联留学归来的这14年间，这对乐坛伉俪聚少离多。起初他俩分别在牡丹江和安宁两地参加土改和剿匪斗争，新中国成立前夕，又同时被调到暂时落脚在哈尔滨的鲁艺音乐系工作。不久，瞿维被调往长春的东北电影制片厂（即日满时期的满映株式会社、后又改称为长春电影制片厂）参加故事影片《白毛女》的音乐创作。

1952年初夏，瞿维奉调到北京的中央电影总局，很快又被派往激战正酣的朝鲜战场去采风，准备要完成一部反映抗美援朝战争的影片的音乐工作。在朝鲜采风的日子里，瞿维多次遭遇生死的考验，在枪林弹雨中，他仍抓紧时间收集朝鲜民歌，有时他还请朝鲜人民军的同志和自己身边的翻译唱这些民歌,自己则在一旁迅速记谱填词。有一次,他路过驻地时,突然听到山那边有位朝鲜妇女在唱当地的民歌,旋律非常优美,于是他旋即就翻过山岭去向那位妇女请教。说来也巧,此次采风的最大收获,是无意中结识了当地的一位民歌手,从他那里了解到了许多濒临失传的朝鲜族民歌,并记录下了朝鲜农民中最流行的舞蹈音乐——《农乐曲》。就这样,经过一段时间的努力,瞿维对朝鲜民歌有了更多更深的了解,这也更丰富了他以后的音乐创作。

瞿维从朝鲜采风归来回北京后不久,寄明也奉调至北京的中央电影总局。此时两人已有了三个男孩,一家人终于可以团圆了。不久,他们又生下了一个女儿——方方。可夫妻团圆还不到一年,瞿维就被选为留苏学生,并参加北京的俄语专科学校补习班,接受一年的政治和语言的培训。

瞿维在留苏的日子里

1954年夏,瞿维道别了母亲妻儿们,踏上了远赴苏联莫斯科柴可夫斯基音乐学院的漫长深造之路。与他同行和先后留苏的还有:指挥家李德伦、韩中杰、黄晓同、严良堃、曹鹏,作曲家吴祖强、杜鸣心、朱践耳,歌唱家郭淑珍、郑兴丽等。这年底,寄明又从北京调往上海电影制片厂担任专职作曲。带领全家来到上海定居的寄明,此时是上有老、下有小;既要忙于自己从未涉足过的电影音乐创作,还要承担起全家的大多数家务。为了全力支持丈夫千载难逢的留苏学习机会,打消他的后顾之忧,寄明甘愿付出自己的所能,硬是用一己之力撑起了一个家。她不仅把全家生活打理得井井有条,在孩子们能很好完成学习的情况下,还定时教他们拉手风琴、学乐理,并每星期按时带女儿去参加芭蕾舞训练。这样周而复始的生活节奏,寄明乐此不疲,内心更是喜滋滋的。有了寄明这个贤内助,远在异国他乡学习的瞿维得以全身心地投入其中。

柴可夫斯基音乐学院是一所世界一流的音乐学府,它曾培养了斯波索宾、拉赫玛尼诺夫和吉列尔斯等许多伟大的音乐家,瞿维十分珍惜在此学习的所有时光。最初的学习,由于他的音乐基础相对苏联和东欧的同学来说是比较薄弱的,而且他的俄语也只经过一年的速成,还没完全过关,因此开始不能完全听懂和理解上课的内容,学习显得相当艰难。但横下心来的瞿维硬是迎难而上,他把自己的所有精力都毫无保留地用于学习之中,光俄语学习笔记本就用去了十大本之多。在导师巴拉萨年循序渐进的悉心呵护、栽培下,一年后的瞿维不仅跟上了同学的学习步伐,还大有鹤立鸡群之势,令人刮目。那时瞿维在学习作曲技法时,还大量地接触、聆听世界各地的各种音乐,由此熟知了俄罗斯和西方经典的交响、歌剧和芭蕾舞音乐,眼界大开,极大地提升了他以后音乐创作的格局和境界。

在留苏的日子里,瞿维的音乐创作已进入了一个崭新天地,但他从不忘恩师的教诲:音乐创作一定要有自己独特的风格,切记不要拘泥或被西洋传统音乐的模式所束缚。当掌握了各种类型的音乐作品写作能力后,自己的作品创作更要有鲜明的民族特征,而且要多样化、多色彩,千万不要为了炫技而画蛇添足式地谱写多余的音符……

因此,瞿维在留苏期间所谱写的钢琴曲《序曲一号》《序曲二号》《主题变奏曲》及室内乐《G大调弦乐四重奏》、管弦乐组曲《秧歌场景》、交响诗《人民英雄纪念碑》等作品,全都秉承着巴拉萨年所提倡的创作理念。这些作品既充溢着中华民族的音乐元素,又有瞿维的人生感悟和对党、人民的赤诚之心。这些优美动听又感人肺腑的作品,无不闪烁着鲜明的中国符号和东方神韵。1960年,《G大调弦乐四重奏》作为上海音乐学院女子四重奏组的参赛曲目,在联邦德国举办的舒曼国际音乐比赛上获奖,受到圈内外的好评。

20世纪50年代,有许多苏联的文艺团体访华演出。1958年春,苏联国家交响乐团访问北京,受到中国观众的热烈欢迎,连演了13场。时任中国外交部长的陈毅元帅在听了肖斯塔科维奇的《第十一交响曲》后很受启发,因为此作是为纪念俄国大革命中死去的先烈和同胞的。于是陈毅便向中国的作曲家们提出,希望他们可以用人民英雄纪念碑上的八块浮雕为题材,去谱写歌颂中国英烈的交响音乐。陈毅的讲话一出,各方纷纷响应。上海的乐坛率先行动,组织著名的作曲家丁善德、王云阶、施咏康和吕其明去下生活,从而创作了《长征》《抗日战争》《曙光》和《红旗颂》等一批交响作品。而此时远在莫斯科的瞿维也得知了这一情况,联想到自己投身革命的经历和对无数革命先烈的崇敬、缅怀之情,决定以人民英雄纪念碑为

瞿维在创作中

题材谱写一部单乐章的交响诗。他把此作当成自己留苏的毕业作品,更把这部未来的交响诗作为向祖国的国庆十周年献上的一份厚礼。

用篇幅不长的音乐,来表现中国人民百余年来反帝反封建的革命斗争,其难度可想而知。瞿维决定采用欧洲传统的有标题性的和叙事特点的交响诗,即单乐章奏鸣曲式进行创作,标题就单刀直入地定名为《人民英雄纪念碑》。在这部展现中华民族追求光明、自由和解放的音乐作品中,瞿维没有具体描绘纪念碑上八块浮雕的历史事件,而是以简洁生动、概括的音乐语言,来反映百余年来整个国家的历史命运。

整首乐曲先描绘了人们在天安门广场瞻仰人民英雄纪念碑时的崇敬心情和对革命先烈及英雄们的深切怀念。此作用两个主题音乐来表现人们心中的英雄形象。第一主题是进行曲风格,表达了英雄们为祖国的光明和未来,不懈奋斗、牺牲的大无畏精神。第二主题的旋律则是抒情宽广的,它吸取了陕北、山西民歌的音调。其创作手法上,瞿维借鉴了柴可夫斯基的交响乐《罗密欧与朱丽叶幻想曲》中副题的发展手法,来体现英雄们对祖国对人民的无限热爱。在作品的尾声中,天安门广场响起了庄严的颂歌,这是中华民族对逝去的先烈永垂不朽的悼念。

1960年秋，李德伦指挥中央乐团在北京大学礼堂首演了瞿维的交响诗《人民英雄纪念碑》，圈内外好评如潮。许多专家一致认为，此作堪称东方的故事与西洋的音乐形式完美统一结合的经典作品。交响诗和歌剧《白毛女》、电影音乐《白毛女》一样，是瞿维音乐生涯的代表之作。在1961年的"上海之春"音乐节中，交响诗《人民英雄纪念碑》在上海首次奏响。1965年被中唱上海分公司灌制成黑胶唱片发行后，流传甚广。这么多年过去了，交响诗《人民英雄纪念碑》仍然是上海交响乐团的经典保留曲目，且常演常新。

瞿维从苏联学成归来后，就被分配到上海交响乐团担任驻团作曲家，同他一起留苏学作曲的同学吴祖强、杜鸣心和朱践耳留在了北京，邹鲁和美丽其格则分别回到了他们的家乡四川和内蒙古。在那个年代，中国能教西洋作曲技法的老师可谓凤毛麟角，而瞿维又深得西洋作曲技法的精髓。为此，上海音乐学院院长贺绿汀亲自出面邀请他来上音作曲系担纲客席教授。在上音任教期间，瞿维已把自己的工作侧重点从音乐创作转移到作曲教学上。他带教学生时，首先向他们灌输冼星海的创作理念和苏联导师巴拉萨年的音乐思想，他经常告诫学生们：生活是艺术创作的唯一源泉，而人民更是艺术家的母亲。在他带教王西麟、蔡松琦、陈松林和黄白、方定昊、龚耀年及沈一鸣等几批学生时，教学计划和内容方法都是因人而异、因材施教的。瞿维对待教学兢兢业业从不懈怠，光他教学的记事本就留下了一大摞。在瞿维的学生中，王西麟的名声最大。他在历经磨难后写下的交响曲《云南音诗》，在第一届中国交响乐创作大赛中脱颖而出，一举夺魁。作品赢得了世界乐坛的认可，他也因此被誉为中国的贝多芬。但王西麟从未忘却导师瞿维对自己的悉心栽培。

寄明从事电影音乐

新中国成立后，寄明所在的延安鲁艺起先成了东北音工团，多年后最终落户沈阳，更名为东北音乐专科学校（后又升格为沈阳音乐学院）。从当年音工团招收不满13岁的傅庚辰入团，到1952年又先后录取了雷雨声、秦咏成和谷建芬等后来成为大作曲家的莘莘学子，慧眼识珠的寄明在招收这些音乐基本都是一张白纸的学生入学，是起到过关键作用的，在入学后还带教过他们多年。

寄明自1954年调任上海电影制片厂后，开始投身电影音乐创作。先后为故事片《李时珍》《凤凰之歌》《长虹号起义》《雾海夜航》和《英雄小八路》等17部影片配乐。其中一些插曲影响广泛，我印象最深的有两首歌曲，一首是赵明导演的《凤凰之歌》中的主题歌——男女声对唱的《山中的凤凰为何不飞翔》，由当年刚从上音毕业的女高音林明珍和电影演员孙道临合作演绎。他俩珠联璧合、相得益彰的演唱，给影片增色不少。歌曲旋律隽永优美又朗朗上口，一唱一答的形式给人身临其境之感，音乐画面感强烈。另一首是脍炙人口、曾伴随几代国人成长的歌曲《我们是共产主义接班人》。

20世纪50年代末，与金门隔海相望的厦门成了大陆与国民党敌特斗争的前线。在那里发生过许多动人的故事，上海戏剧学院的师生根据这些真实的事迹，编创了一台五幕话剧《英雄小八路》上演，轰动一时。上海天马电影制片厂的主创人员，在看了这台话剧后决定把它搬上银幕。同名电影则截取此剧的主要故事，因为电影的表现手法完全不同于舞台剧，它要进行全新的创作。寄明在受命担任影片《英雄小八路》的配乐工作后，两度去故事的发生地、福建厦门的前沿阵地和当地的学校、少年宫及村庄、部队体验生活，以寻找创作的灵感。因为影片是表现一群前线的少年儿童与敌特进行殊死斗争的英勇事迹，所以寄明要在影片中谱写一首歌颂新中国少年儿童爱祖国、爱人民、不畏艰险的英勇大无畏精神的主题歌。她希望以后即使影片不再上映了，但歌曲还能被传唱。此时也在厦门下生活的影片编剧周郁辉与寄明的想法不谋而合，他一气呵成地写下了《我们是共产主义接班人》的两段式歌词。词作洗练凝重、激昂向上，有催人奋进之感。寄明在第一时间拿到歌词后顿觉喜出望外，爱不释手。歌词的内容竟与她心中想表达的音乐是如此之契合。多日来，一直在酝酿、投入音乐创作的寄明，此刻脑海中的滚滚乐思和灵光闪现的音符，似乎要喷涌而出。就这样，一首进行曲式的童声二声部合唱样式的合唱作品已跃然纸上。这首名为《我们是共产主义接班人》的主题歌，旋律朗朗隽永、音乐层次分明、节奏明快、乐句层层递进，淋漓尽致地刻画描绘出新中国少年儿童的崭新形象。

随着影片的公映，片中的主题歌很快传遍大江南北，成为那个时代中国少年儿童传唱最多的歌曲。三年后，此作又有幸被选为大型音乐舞蹈史诗《东方红》第七场中的重头曲目，这也是这部音舞史诗中唯一的一首少儿歌曲。《东方红》在翌年被搬上银幕，影片受到了亿万民众的欢迎。《我们是共产主义接班人》这首歌曲更是不胫而走，那朗朗上口的歌声已流淌深烙在广大人民群众的心田。改革开放后的1978年，共青团中央选定了《我们是共产主义接班人》这首歌曲作为中国少年先锋队的队歌。由此它也取代了新中国诞生后，由郭沫若作词、马思聪作曲的中国少年先锋队队歌。

瞿维迎来创作又一春

正当瞿维和寄明的音乐创作大展宏图之际，1966年夏的中国大地发生了一场大风暴。在那个只有八个样板戏的岁月里，中国的文艺创作已处在静止和停摆时期。但光明终究是要战胜黑暗的，在历经十年浩劫后的中国文艺又迎来了第二春，瞿维、寄明和所有有理想、有追求、有抱负的中国文艺家一样，以更大的激情投入新的征程，去追回那逝去的黄金岁月。

1978年后，瞿维又先后推出了《荷花舞》与《钢琴与音诗》两部音乐作品。其中《荷花舞》是他最后一部钢琴作品，此作是根据他在莫斯科留学期间创作的交响组曲《秧歌场景》中的《莲花灯》一折的主旋律改编而成的。乐曲以民族舞蹈荷花舞为题材，充分发挥了钢琴演奏的特点，旋律时而宁静清澈，时而又活泼奔放，格调优雅，情感细腻。在采用传统的三部曲式结构的基础上，主题音乐保持了内在的一致、音乐的层层递进和情绪的不断深化，从而塑造出荷花莲蓬出淤泥而不染、美而不媚的艺术形象。在这首作品中，瞿维延续了他一贯的创作手法和艺术风格，也践行了他对中国音乐创作的"群众化""民族化"的探索和不懈追求。

瞿维音乐创作的理念，深受恩师冼星海的影响。他长期深入生活并四处采风，积极搜集、整理和积累各种民间、民俗和戏曲的音乐元素，为以后的音乐创作服务。瞿维还一直秉持洋为中用，用西洋交响乐的样式来讲述中国的故事。这从他留苏期间谱写的第一部交响作品《秧歌场景》中就可见一斑。此作取材于他在延安鲁艺任教时，看到当地民间秧歌会的几个场景而创作的一部作品。组曲由《序曲》《山歌》《推小车》《荷花灯》和《终曲》五个段落组成。旋律汲取了陕甘宁边区的各种民间音乐而展开、发展、变奏，有着浓烈的舞蹈节奏和鲜明的地域特色。

瞿维在其音乐生涯中，创作了体裁多样、风格各异的音乐作品近百部。其中有原创歌剧、交响乐、舞蹈音乐、电影配乐、室内乐和钢琴曲等器乐作品，还有大合唱、表演唱、艺术歌曲和群众歌曲等。1985年初，人民音乐出版社发行了瞿维的创作歌曲集《心中的旗帜》，收录了《工人阶级硬骨头》《心中的旗帜》《相会在北京》《向着太阳歌唱》和《峡谷中的船歌》等一批新创歌曲。瞿维的晚年还一直在探索交响乐的创作和整理，他把自己当年与马可、张鲁一起创作的歌剧《白毛女》的音乐和唱段，以及电影《洪湖赤卫队》的主要旋律，分别改编成交响乐形式的幻想序曲《白毛女》、交响组曲《白毛女》和《洪湖赤卫队》幻想曲。想以中国大众喜闻乐见的音乐旋律，通过交响音乐这一载体来普及交响乐，收效很大。这些作品既彰显了瞿维的作曲技法，更体现其作品雅俗共享的音乐境界，因而这三部经典作品至今还久演不衰。

瞿维不仅在音乐的旋律、和声的运用上出类拔萃，而且对常人不太关注和了解的乐队配器，他也十分在行。早在鲁艺时期，著名音乐家吕骥根据郭沫若的叙事长诗《凤凰涅槃》谱写的同名大型合唱，就在延安上演过，其中合唱的编配和乐队的配器及总谱，都是由瞿维完成的。早年歌剧《白毛女》的所有乐队配器及冼星海的代表作《黄河大合唱》的乐队编配也都出自瞿维之手。这两个作品版本的配器，史称延安版。由于冼星海为延安拍摄的纪录影片《八路军在延安》去苏联做后期音乐和影片剪辑工作，因病客死他乡再没回国。因此英年早逝的冼星海没能来得及为他的《黄河大合唱》完成西洋乐队的配器和总谱工作。新中国成立后，瞿维义无反顾地花了很多心血为《黄河大合唱》谱写双管乐队的总谱。如今中国上演的《黄河大合唱》，所用的乐谱基本都是瞿维编配的版本。人民音乐出版社还发行了瞿维谱写的《黄河大合唱》钢琴伴奏谱。

寄明的少儿歌曲

在中国音乐史上，寄明是谱写少儿歌曲最多、也是最成功的作曲家之一。寄明谱写少儿歌曲，始于50年代中，在为影片《平凡的事业》配乐时，她就写下了插曲《好阿姨》《欢迎新来的小朋友》和《看我们小朋友生活是多么好》等三首少儿歌曲。新中国的作曲家中，擅长和专门谱写少儿歌曲者不多，而寄明的写作细腻多情，她笔下的新中国少儿形象栩栩如生又多彩多姿。因歌曲《我们是共产主义接班人》的成功，寄明对自己谱写少儿歌曲是信心倍增。此后，她创作少儿歌曲的热情是一发不可收。多年来又陆续谱写了歌颂祖国、歌唱党和领袖的少儿歌曲《蜜桃献给毛主席》《毛主席我们热爱你》《党是金色的太阳》《毛泽东时代出英雄》《少年少年祖国的春天》《新中国少年进行曲》《我们是新世纪的主人》《前进，快乐的少先队员》《校园飘动美丽的彩云》《你就是海燕》《我爱我们的班级》《广阔的课堂》《夏天多美好》《小小邮递员》等近百首歌曲。在这些题材各异、风格鲜明、视角独到又朗朗上口的少儿歌曲中，有独唱、领唱、齐唱、轮唱、重唱、合唱和表演唱等许多不同的演唱样式。这些少年儿童喜闻乐见、社会影响广泛的少儿歌曲，已被人民音乐出版社编入《祖国的春天——寄明少儿歌曲选》中。多年后，上海音乐出版社也将寄明的经典少儿歌曲结集出版。

相濡以沫情切切

瞿维和寄明在"文革"中，都受到不同程度的冲击，尤其寄明受难最多。早在延安整风时期，因为寄明是国统区来的学生，又在当时的国民政府任过职，在那次运动中是首当其冲，被疑为国民党的派遣特务而受审查多时。在运动后期得出的最终结论是：寄明是清白的。但在"文革"中，旧事又被纠缠重提。到1974年恢复工作时，寄明的身心遭受了很大的创伤，尤其是精神层面的。她常有莫名的恐惧和幻觉感，因此创作精力已大不如前。1980年，上影指定寄明担纲影片《燕归来》的音乐创作，她已有些力不从心了。细心的瞿维为了照顾妻子每况愈下的身体，主动帮助其一同完成该片的谱曲任务。《燕归来》也是寄明人生最后的一部电影音乐作品，此片的音乐优美动听，片中的主题歌《燕归来》曾入选中国电影百年歌曲经典。

1982年寄明离休了，因为同是中国早期的革命音乐家，瞿维和寄明经常一同参加许多重要的音乐活动。他俩去庐山，参加《聂耳全集》编辑工作会议；一起飞昆明，出席聂耳诞辰七十周年的纪念活动；又一起到北京，出席中国音乐家协会第四次代表大会。

不料1985年的一天，外出办事的寄明突然出现记忆障碍，走在街口竟迷失了方向，想不起也找不到回家的路。幸好遇到一位熟人，在其帮助下才回到了家。后经医生的诊断，此时的寄明已患上了轻度的阿尔兹海默症。起初经过药物控制，寄明的意识还算清醒，生活基本能够自理。虽然当时四个孩子都不在上海工作，但有居家保姆的照顾和丈夫的悉心关怀，日子还像往常一样平静和谐。

但好景不长，寄明虽有药物控制，但病情随着时间还在恶化中。由于此时的瞿维有重任在身，他正在北京负责参与聂耳、冼星海全集的修订、出版事宜。而此时自理能力越来越差、自我意识正在逐渐丧失的寄明，对他人都不信任，只相信丈夫瞿维。只有他在，寄明才会有安全感。中国音协在得知瞿维的特殊困难后，准许他带着资料回上海的家中工作，这样既不耽误工作又能同时照料妻子。有了瞿维在身边的照料，寄明的病情暂时稳定了。为了恢复妻子的体力，瞿维经常拉着寄明的手揉搓，给她以温暖的力量。只要不刮风下雨，瞿维每天都要带着妻子出门去散步、晒太阳。去的最多的地方，就是离家不远的一块绿地，那里矗立着聂耳的铜像。因为瞿维知道妻子年轻时就崇拜聂耳，他期待着寄明经常看见聂耳在激情指挥的塑像，能引起她的许多回忆。为了恢复寄明的记忆功能，瞿维想尽了办法。他在家里每天弹奏妻子熟悉、喜爱的钢琴曲，想以此唤醒她对过去的认知。他还经常带着寄明去当年鲁艺的老同事家串门，聊家常、话当年，目的也是尽可能让她有所回忆。起初，瞿维在唱机上播放妻子的作品《我们是共产主义接班人》和《山中的凤凰为何不飞翔》时，寄明有时还会挥动双臂，和着音乐打着节拍，似乎很兴奋。

瞿维和几位革命音乐家出席聂耳铜像落成仪式

为了精心照顾爱妻,瞿维不得不放弃自己原本规划的音乐创作和一些社会活动。但遇上必须要参加的重要会议,他都会事先把妻子所需的食品、药物准备齐全。每次行前,都要反复仔细地叮嘱保姆,一定要照顾好寄明。那时瞿维无论身处何方,他每天必定要与家里通电话,询问妻子的状况。

尽管瞿维在想方设法、竭尽全力地救治寄明,他带妻子遍访上海的神经科专家,甚至求教于北京、天津的一些名医,但收效甚微。随着时间的推移,寄明的病情越来越严重,不仅记忆能力消失殆尽,连听觉功能也已丧失,她对周围的一切都毫无感知,最终只能长期卧床不起,一日三餐要有瞿维和保姆的照料才能完成。餐前,瞿维要捧住寄明的头,让她稍稍后仰,这样才能方便喂进流食。这些流食包含着鱼、肉、蔬菜和水果,每天都由瞿维把它捣碎。然后,像喂婴儿牛奶般让妻子吮吸。

在寄明生命的最后几年间,我经常去采访瞿维。每次临行前,瞿维都会特地陪我去看望"熟睡"中的寄明,每当瞿维摇动着寄明的脸庞,亲切呼唤着她的名字时,寄明是毫无感觉的,此时此刻我的心呜咽了。

不幸的一天终于来临了。1997年1月13日,寄明因并发肺炎去世,享年80岁。为挽救爱妻健康而操碎了心并付出12年时光的瞿维和家人悲痛欲绝。在为寄明送行的那天,追悼大厅放送的不是哀乐,而是她的代表作《我们是共产主义接班人》的歌声。

寄明去世前夕,我在前辈音乐家沙梅家中,又一次见到过瞿维。他是随孟波一行来悼念沙梅的。那天,我还特意向瞿维先生询问起寄明老师的近况,那时瞿维神情疲惫,眼神中流露出些许忧愁。在爱妻重病的几年间,瞿维几乎耗尽了他的能量。这对于一位年已古稀的老人来说，似乎已透支了他的生命。瞿维晚年，我经常去看望他。他除了专注整理冼星海的遗作外，又创作了交响乐《五指山随想曲》和一首反映当年延安军民斗争生活的单乐章管弦乐《黄土情》。那时他还兼任上海交通大学艺术系的教授，每星期还要到校开课。空闲时，他还会应报刊的约稿，撰写一些针砭时弊的音乐评论。无疑，瞿维晚年的生活工作是丰富多彩的。

1995年初夏，北京举办了"纪念歌剧《白毛女》诞生50周年学术研讨会"，来自全国各地的100多位学者参加，其中包括当年参与歌剧创作的张庚、贺敬之、张鲁、李焕之和瞿维等。会议中，代表们一致建议要出版歌剧《白毛女》的总谱，最适合的人选首推瞿维。自歌剧《白毛女》1945年在延安诞生起，到电影《白毛女》音乐，再到芭蕾舞剧《白毛女》的再创作，始终都有瞿维的身影和他用心谱写的音符。就这样，在寄明去世后不久，已从悲痛中走出来的瞿维又全情投入完成歌剧《白毛女》总谱的工作中。此时的瞿维已年逾耄耋，当年与他一同创作此剧的老战友们也大都离世。任务紧迫、时不我待，瞿维想用一年半的时间，赶在"延安文艺座谈会"60周年的前夕来完成这项任务。

那时瞿维的创作环境不太理想。自爱妻病故后，他的两个儿女先后调回上海工作，与父亲同住在一套老屋内。小女儿方方的孩子还在襁褓中，经常哭闹，影响瞿维的创作思路。原本瞿维凭借中国音协副主席的头衔，是完全够资格公费租借创作场地的。但从不向组织开口伸手的瞿维，在权衡再三后还是选择了回自己常州的老家，那是一方不受任何干扰的净土。此后，瞿维每天闻鸡鸣即起，中午也只是小憩片刻，晚饭后继续挑灯夜战，每天工作至少十多个小时。经过旷日持久的付出，一部既忠于原创、又吸取了西洋技法的总谱，已呼之欲出。在这部总谱中，瞿维采用了大型西洋管弦乐队，再加之部分中国民族乐器相结合的形式，对原作重新进行了编曲配器。使两种中西器乐的演奏能水乳交融又相得益彰，既突出了作品本身的民族性，又增强其音乐的交响化，从而能更好地推动整部作品剧情的发展。

但不幸的是，在2002年5月20日傍晚，此时离纪念"延安文艺座谈会"召开60周年还差三天，积劳成疾的瞿维在晚饭后，在给已基本定稿的总谱进行校对润色时，突发脑出血倒在乐谱上，从此再没醒来。他的人生定格在85岁。

尾 声

瞿维的突然去世，不啻是中国乐坛的巨大损失，他当年在鲁艺的战友、学生和留苏的同学都纷纷撰文，盛赞他的高风亮节。无疑，瞿维寄明夫妇的艺德和人品是有口皆碑的。他俩不仅留下了等身的佳作，更以光明磊落的襟怀和大公无私又严于律己的高尚情操，以一身正气成为中国乐人的学习楷模。

这对亲历过延安文艺座谈会的乐坛伉俪，从"小鲁艺"走向"大鲁艺"。一生坚持为人民歌唱的创作理念，笃守生活是音乐创作不竭源泉的创作态度。而他俩相濡以沫又忠贞不渝的爱情故事，更是中国文人的一段佳话。

陈歌辛:一代"歌仙"与"上海老歌"

陈歌辛是与"上海老歌"的开拓者黎锦晖和"歌王"黎锦光齐名的"上海老歌"的三大作曲家之一,作为举足轻重的代表人物,他还被坊间誉为一代"歌仙"。

陈歌辛自幼才学过人,他博览群书、学贯中西,才华横溢又卓尔不群,集作曲家、诗人、散文家和语言学家于一身。他还曾追随过德籍犹太音乐家弗兰克尔学习作曲、指挥和声乐,这在众多上海老歌的曲作者中是绝无仅有的。因此,他的创作视野开阔、涉猎宽泛,有朗朗上口的电影插曲,也有细腻典雅的艺术歌曲,更有慷慨激昂的抗日救亡歌曲。陈歌辛作品的最

"歌仙"陈歌辛

大特点,就是把吴越文化天衣无缝地融入西洋音乐的模式中,而且风格鲜明。他短暂、坎坷的一生,曾为几十部影片配乐,同时留下了《玫瑰玫瑰我爱你》《夜上海》《恭喜恭喜》《初恋女》《永远的微笑》《苏州河边》和《蔷薇蔷薇处处开》等二百多首经典老歌。

"上海老歌"的由来

"上海老歌"是当年西方殖民文化与中国传统文化在上海这个十里洋场

交汇通融的特殊产儿。它相比具有上海地方特色的海派文学、滑稽戏和沪剧，更有其鲜明的特色。因为音乐是人类共同且共通的语言。

当年以黎氏兄弟和陈歌辛为代表的一大批"上海老歌"的创作者，他们的作品题材之新颖、风格之多样、旋律之优美、影响之广泛，可谓空前绝后。这些歌曲既反映了那个时代的风貌，又唱出了广大市民的心声，更满足了广阔市场的需求。当年的"上海老歌"可谓街头巷尾妇孺皆唱，社会影响深远。

"上海老歌"是因五四新文化运动的展开，再加之美国爵士乐、百老汇歌舞剧和好莱坞电影对上海的渗透影响应运而生的。"上海老歌"的产生和发展，有其内在的原因和外部的条件，是几代作曲家用生命的激情去浇灌和培育的，其发展之路艰难曲折。

20世纪二三十年代的上海，已是远东第一大都市。西方的殖民文化大量地进入这个"魔都"，并很快地融入普通市民的生活。西式的电影院、舞厅、夜总会像雨后春笋般林立。英商的百代唱片和美商的胜利唱片，还有中资的大中华唱片公司，以及许多私人电台和国人创办的电影公司更是大量出现。此外还有上海工部局交响乐团、上海国立音专等传播学习西洋音乐的团体和机构。

自20世纪30年代后，中国的电影已进入了有声片时代。从此，电影音乐也就成了电影成功与否的关键所在。那个时代造就了一大批电影音乐人。他们创作的作品既贴近又反映那个年代的生活，引起人们的共鸣，因此被世人称为"时代曲"，也就是我们后人所谈论的"上海老歌"。从某种意义上来说，"上海老歌"就是当年的电影插曲。

我与陈歌辛先生虽从未谋面，但却很有渊源。他年轻时就读的青年中学（今比乐中学）是我外公陈锡华在1927年创办的一所私立西式学校。就在这个校园里，与陈歌辛前后同期的学生还有：电影明星刘琼、韩非，京剧演员周少麟等。由此可见，这座有着浓郁艺术氛围的学校曾熏陶培养过新一代的各等人才。

我父亲李佐华与同窗挚友王福龄（歌曲《我的中国心》《南屏晚钟》的曲作者）曾一同跟随陈歌辛学习过钢琴。因此，我从小就经常听父亲提起陈歌辛并讲述其为人和一些经历，印象很深刻。

在我成为音乐制作人后，接触交往过许多前辈音乐家，譬如贺绿汀、黎锦光、王云阶、黄准、韦骏、郑德仁和严华等，他们在新中国成立前后都与陈歌辛有过许多交集。从这些音乐前辈的口中，我也了解到了陈歌辛的许多往事。而且我与陈歌辛的大公子、著名作曲家陈钢也是相识很多年的忘年交。陈钢是位有思想、有见地又有才气的艺术家。他的作曲技法娴熟了得，人称"和声大师"。自从他与何占豪成功创作了小提琴协奏曲《梁祝》后，从此他对小提琴的演奏技巧和乐器性能了然于心，因而又创作了一系列的小提琴作品。除了协奏曲《王昭君》外，他又根据一些人们耳熟能详的歌曲和乐曲中的旋律，改编成许多红色题材的小提琴独奏曲，让人眼前一亮。我经常在想：如果陈钢老师有满腹的中国民歌、民俗音乐和戏曲的音乐元素，那么他完全可能成为一位世界级的作曲家。

前不久，陈钢与一家唱片公司刚完成了四张密缝黑胶唱片的制作。这些唱片中的作品，有小提琴协奏曲《王昭君》与《梁祝》，红色系列小提琴协奏曲和交响诗曲《情殇》与《戏曲风三重奏》，还有女高音歌唱家王作欣演唱的陈歌辛谱写的上海老歌以及陈钢根据父亲当年的电影音乐和歌曲而改编的爵士小提琴曲。这些作品样式新颖，使人耳目一新。这么多年来，陈钢除了教学、创作和社交活动外，还为其父亲遗作的演出、出版和推广不遗余力地奔走着。

初露音乐才华

陈歌辛1914年9月19日出生于上海，本名陈昌寿。后因音乐创作时，希望自己的作品能为辛劳的人民大众服务，故改名歌辛。他自幼喜爱音乐又聪慧过人，是个百年难得的音乐天才。因为陈歌辛具有中国和印度两国血统，而他又是在一个中国旧式家庭的氛围中成长的，同时受到新文化运动的洗礼和苏俄十月革命风暴的影响，从而铸就了他特立独行又桀骜不驯、无拘无束的独特品格。陈歌辛风流倜傥又热情奔放，是个既有独立思想、远见卓识，更有理想追求并忧国忧民的爱国进步新青年。

陈歌辛年少时就弹得一手好钢琴。1930年，黎锦晖在上海创办了明月

陈歌辛的妻子金娇丽

歌舞团,年仅17岁的陈歌辛就被聘为该团的钢琴老师,开始被上海娱乐圈所看好。20岁那年是陈歌辛的人生转折点,他在玻璃电台演出时,邂逅了小他3岁的播音员金娇丽,这对一见钟情的青年男女很快坠入了爱河,但却遭到金家的强烈反对,原因是门不当户不对。金娇丽的父亲是一家大酒店的老板,而陈歌辛此时还是一介穷书生,但此时的金娇丽却已深深爱上这位才华横溢的年轻音乐家。对于这两位年轻人的频繁往来,金父束手无策。经过几年爱的跋涉,直到金娇丽有了身孕,金家才默许了这桩婚事。

有了爱人的相伴,又有大上海书不尽的风流乐事,如鱼得水的陈歌辛从开始音乐创作时就顺风顺水,他的作品激情洋溢,受到世人的关注。深谙中国的戏曲和民歌小调的陈歌辛,对西洋的作曲技法也掌握得炉火纯青,并有自己深刻的体会和独到的见解,创作达到了随心所欲的地步。陈歌辛对作品的谋篇布局直至乐句的起承转合,都是十分讲究的。他的作品看似是西洋的样式,但其内涵和实质却具有强烈浓郁的中国风味,曲调以中国的五声音阶为主,但常加入欧美的舞曲节奏,旋律流畅、通俗易唱又朗朗上口,深受广大市民的欢迎。

开始音乐创作

1931年的"九一八"事变后,陈歌辛为艺华影业公司的抗日救亡影片《自由魂》,谱写下他第一首同名电影插曲。

《永远的微笑》是陈歌辛专门为爱妻金娇丽所写的一首歌曲。全曲只有短短的6句歌词,却直抒胸臆、缠绵又真挚,十分动人。因为金娇丽不仅外表长得很像蒙娜丽莎,她还有蒙娜丽莎那种招牌式的笑脸,更有其美好的心灵。此作就像陈歌辛为金娇丽量身创作的一幅音乐素描。

台湾音乐人罗大佑对歌曲《永远的微笑》情有独钟,这也是他最喜欢的一首上海老歌,会经常演唱。即使在他自己的婚礼上,他也把这首《永远的微笑》唱给妻子李烈听。后来罗大佑在台北遇见前来演出的陈钢时说：虽然他的婚姻失败了，但《永远的微笑》却是不朽的。十多年前，陈钢随东南卫视去祖国宝岛台湾录制一场有海峡两岸许多著名艺人联袂演出的晚会。当时刚结识陈钢的罗大佑对主办方提议：他要演唱陈歌辛的《永远的微笑》，同时请陈钢用钢琴伴奏。这个独特的创意，主办方当然叫好。此次演出在台北体育馆

陈歌辛和金娇丽夫妇

举行，在那晚的舞台上，罗大佑唱完自己的作品《童年》，又接连演唱了陈歌辛的《蔷薇处处开》《初恋女》《凤凰于飞》《恭喜恭喜》，在全场雷鸣般的掌声和欢呼声中，陈钢弹着一架白色的钢琴从舞台底层徐徐升到舞台中央，一万多名热情的观众和着罗大佑《永远的微笑》的歌声，把演出推向了高潮。

1938年，艺华影业公司请导演徐苏灵拍摄了一部爱情故事片《初恋》，并请陈歌辛担纲作曲。影片讲述了一位文艺青年与两位少女间的爱情故事。陈歌辛觉得自己的文友、著名诗人戴望舒的名作《有赠》中的诗句可套用在自己的歌曲中，由此他就谱写了一首主题歌《初恋女》。作品采用了探戈的节奏，明快流畅的旋律中又稍含惆怅之情。而片中黄飞然的演唱更是凄楚动情又催人泪下。影片公映后，场场爆满，一票难求。很多观众是冲着影片中的那首主题歌《初恋女》而去观影的。许多西方音乐家对《初恋女》有高度的评价，认为它是中国第一抒情艺术歌曲。我和我父母也都非常喜欢这首歌曲。父母晚年时我还经常能听到他们哼唱起这首歌曲，似乎在回忆年轻时的美好时光。我则和胞弟李建国在一起策办的"海上寻梦"系列音乐会上，每场必唱这首作品。

在陈歌辛的作品中，爱情歌曲占了很大一部分。被人们誉为"申城小夜曲"和"东方托赛里"的男女声二重唱《苏州河边》是专门为姚敏、姚

莉兄妹谱写的。歌曲描写了一对热恋中的情侣徜徉在苏州河畔的美好时光。那陶醉爱情的青年男女忘却了世界，仿佛置身于美好的世外桃源。作品词雅曲优、如画如诗，梦幻般的朦胧和声，引领着听众也浑然沉浸在只有自己才能体会到的幸福中。我在香港采访姚莉时，她曾回忆当年陈歌辛给她和哥哥一同试唱这首歌曲时的场景。陈歌辛弹着钢琴，姚莉和哥哥梯次唱着旋律中递进着的和声声部……只见陈歌辛那双深邃又闪烁着点点泪花的眼睛，仿佛就在倾诉着他在歌中所要表达的那种意境。那种眼神，姚莉一辈子都难以忘怀。

《恭喜恭喜》也是陈歌辛为姚敏、姚莉兄妹打造的一首作品，此作也是如今全球华人过年时必唱的一首歌曲。它是陈歌辛在1945年夏，为庆祝中国取得抗战胜利而谱写的一首庆贺歌曲。5段歌词分别写了冬尽春临、梅花吐蕊、历经磨炼、春之消息。那欢快跳跃的旋律唱出了紧扣主题的几十声"恭喜恭喜"，颇有点题之妙，又无累赘之嫌，实乃妙笔。音乐中蕴含着中国典型的传统锣鼓节奏，但伴奏中却只用了一把六弦琴，虽不闻鼓声，但听者的内心锣鼓铿锵。

《玫瑰玫瑰我爱你》可以说是陈歌辛的代表作，此作面世已八十多个年头了，迄今为止有过无数个演唱版本，也不知世上有多少歌手曾演绎过它。此作是1940年拍摄的影片《天涯歌女》中的一首插曲。这首爵士风格、伦巴节奏的歌曲，旋律轻松明快又奔放昂扬，城市情怀和民族音调巧妙地融汇一体。歌词形象鲜明、诗意盎然，寓意风雨摧不毁并蒂连理枝的坚贞情操。歌曲由影片中客串扮演一名歌星的姚莉首唱，歌曲随着影片的公映，红遍上海滩、传遍大江南北。它也是我国第一首被翻译成英文的上海老歌，因而传向了全世界。

后经美国歌坛宿将弗兰克·莱恩在1950年演绎后，此歌便开始在美国流行。在翌年的美国流行音乐排行榜中，《玫瑰玫瑰我爱你》荣登榜首，不久莱恩演唱的此歌又被灌制唱片发行。按照当时美国的版税计算，陈歌辛的这首歌曲可得100万美元的版税收入。当年的陈歌辛听到这个消息后，兴奋地表示自己要到美国去把这笔钱领回来，买一架战斗机送给正在朝鲜战场浴血奋战的志愿军飞行员。但当时的现实使这个愿望无法实现。

改革开放后，陈钢的弟弟、男中音陈东随上海乐团去美国演出，在那里偶遇莱恩,并告诉他《玫瑰玫瑰我爱你》这首歌的来龙去脉,莱恩兴奋得难以言表。从此他每年在圣诞前都会寄一张贺卡给陈钢,以示对陈歌辛的无限思念和敬意。此举一直持续到2004年莱恩去世。

与众多歌星合作

由龚秋霞演唱的同名电影主题歌《蔷薇处处开》,是《玫瑰玫瑰我爱你》的姊妹篇。此作也是一首当年风靡上海滩的"花之歌",隽永甜美的歌声直抒胸怀。歌中唱道:"挡不住的春风吹进我胸怀,蔷薇蔷薇处处开",是全作的点睛之笔。

诚然,陈歌辛为金嗓子周璇创作的歌曲最多。从《永远的微笑》《夜上海》《凤凰于飞》《高岗上》《渔家女》《花外流莺》《歌女之歌》《莫负青春》《前程万里》《可爱的早晨》《百花开》到《不变的心》《花样年华》等,林林总总多达几十首。

《夜上海》是电影《长相思》中的一首插曲。作品像一幅旧上海的音乐风俗画:灯红酒绿的不夜城,酒不醉人人自醉。此片除了《夜上海》一曲外,还有《燕燕于飞》《黄叶舞秋风》《许我向你看》和《花样的年华》等五首歌曲,均由主演周璇演唱。几十年后,香港也拍摄了影片《花样年华》,在讲述完那段凄美迷离的爱情故事后,片尾套用了周璇当年演唱的《花样的年华》。老唱片的吱吱作响,将人们的怀旧情怀推向幻境。而这首陈歌辛为周璇和舒适主演的影片而谱写的主题歌《花样年华》,正是具有上海血统的导演王家卫儿时听惯了的上海老歌。王家卫将此歌用于片尾,是想把它作为旧上海的一种文化符号。

对于陈歌辛的提携,周璇一直是感恩在心的。在长期的合作中,两人珠联璧合、相得益彰。陈歌辛与周璇的最后一次见面是在1957年。那时病愈后的周璇已从香港回到上海工作,她参加了大光明影业公司拍摄的歌颂抗美援朝志愿军中白衣战士的影片《和平鸽》,此片也是周璇电影拍摄的收官之作。因为影片中有一场验血的戏,引起了周璇心中的旧痛,一度又导致她的精神再度分裂。无奈,她只能住院治疗,影片也只能用替身演员完成余下的镜头。

有一天，周璇从精神病院出院，在郑君里夫人黄晨的陪同下专程去看望陈歌辛。周璇神情木讷：呆滞的眼神、黄肿的脸。她一见到陈歌辛夫妇便亲切地称呼：陈先生、陈师母。然后慢悠悠轻声自语：陈先生，我没有把你的《和平鸽》唱好，很抱歉。我想请你有机会再写一首歌，我一定把它唱好。陈歌辛含笑温情地说：祝贺金嗓子重展歌喉。周璇也随即回应：金嗓子已经不行了，就铜嗓子吧。这天，陈歌辛答应以后还要为她写一首《枯木逢春花又开》，同时又将自己刚为电影《情长谊深》谱写的主题歌《梅花开咯》在钢琴上弹给她听，周璇也随着琴声的旋律轻轻地哼唱。谁料，这竟是陈歌辛与周璇的最后绝唱。没多久周璇因多种疾病并发而不幸撒手人寰，陈歌辛也无端被打成右派而送往安徽白茅岭农场劳改。

陈歌辛为同道黎锦光的妻子白虹也谱写过歌曲《春天的降临》和影片《美人关》中的插曲《我要你》。他还为影剧歌三栖明星白光量身创作过一些歌曲，如《葡萄美酒》、影片《恋之火》中的主题歌《恋之火》和插曲《春》，影片《为谁辛苦为谁忙》中的插曲《你不要走》和影片《桃李争春》中的主题歌《桃李争春》。

在旧上海众多歌星中，学习过美声唱法的不多，除了龚秋霞外就是李香兰了。李香兰是日本人，本名山口淑子，幼年时过继给后成为汉奸的李际春，而改名为李香兰。最初出道的李香兰是在伪满洲国的满映株式会社冒尖。1942年，"华影"和"满映"在上海合拍讲述林则徐禁烟的历史故事影片《万世流芳》。李香兰在片中扮演一位卖糖姑娘凤姑，并在片中演唱了两首插曲《卖糖歌》和《戒烟歌》，一时成为上海影坛的焦点人物。在沪期间，李香兰更有意想不到的收获。她在百代唱片公司录制这两首电影歌曲时，无意中相中了黎锦光的新作《夜来香》，从此，此歌也成了她的代表作。此后，李香兰一直留在上海发展。

陈歌辛一向非常欣赏、看好李香兰。他根据其演唱的特点、声线和音域，专门为她谱写过歌曲《忘忧草》和《海燕》。其中《海燕》是一首难度极高的花腔女高音的独唱和伴唱曲。这首作品是陈歌辛受到鲁迅的诗句："于无声处听惊雷"和高尔基的散文《海燕》的启发，用拟人化的手法来表达中国人民迎风暴、听惊雷，无所畏惧又渴望光明的心志。歌曲经李香兰演绎后，把海燕翱翔时的自由精神和不怕乌云密布、天空无光，眼里仍充满着坚毅的大无畏精神，表达得淋漓尽致。由于此歌音域宽泛、有近两个八度，再加之花腔的演唱，所以当年此作除了李香兰外，上海的其余歌星都只能望洋兴叹。

在抗战胜利前夕的1945年6月23日至25日，李香兰在上海大光明影戏院举办了三天六场的"夜来香幻想曲"独唱音乐会。每一场演出李香兰都要演唱近20首中外名曲，上海工部局交响乐团担任伴奏，陈歌辛应邀与日本音乐家服部良一分别担任音乐会的指挥。在排练中，陈歌辛尽心尽责地为李香兰所有上演的作品一丝不苟地把关。陈歌辛还专门为李香兰的独唱会新选了一首抗日歌曲《木兰从军》，并逐字逐句地为她示范演唱，直至满意。六场音乐会很成功，社会影响巨大，是那时人们茶余饭后的热点话题。

抗战胜利后，李香兰因演过唱过一些媚日的电影和歌曲而被判汉奸卖国罪处以死刑。就在执行前，她少女时代的挚友、苏联人柳芭送来了她是日本人的证明，不久，她被作为日本难民遣送回国。回国后的李香兰当过18年的参议员，曾官至文部省长官。她一直致力于日中友好事业。日中邦交正常化后，李香兰曾自费带领一支电视摄制组来华拍摄电视纪录片《寻找我的半颗中国心》。在拍片间隙，长期怀着感恩之心的李香兰抽空拜访了一直不忘的恩人旧友：黎锦光、王丹凤以及已故世的陈歌辛之子陈钢。此后，李香兰多次往返于东京和上海，她每次来沪总要与陈钢见面叙旧，她是忘不了陈歌辛的栽培。

陈歌辛对于诗词格律、音韵声调都颇有研究。因此，由他作词作曲的作品，总让人感到非常自然和贴切。譬如在歌曲《永远的微笑》中，"心上的人儿有笑的脸庞，她曾在深秋给我春光；心上的人儿有多少宝藏，她能在黑夜给我太阳"；又如歌曲《风雨中的摇篮曲》中写道："狂风有时尽，暴雨有时停；燕子归来时，满园又是春。"这些都是陈歌辛式的典型歌词，通而不俗、娇而不腻、在使用白话文的同时又不失古典文学的艺术韵味，真正达到了雅俗共赏的境界，难能可贵。

陈歌辛除了给电影写音乐、给歌星写歌，他还探索、创作过古典音乐和现代音乐作品。早在1936年的《音乐教育》杂志上，他就发表了一首无调性的现代作品《春花秋月何时了》，这样的创作手法在国内堪称首次。无疑，陈歌辛接触创作现代音乐要比谭盾、郭文景和叶小纲等早了近半个世纪。

陈歌辛虽从未进过音乐院校学习，也没留过洋，不是科班出身，但他曾先后追随弗兰克、施洛斯和丢庞学习过当代先进的西洋作曲技法。他有幸在1957年应上海音乐学院院长贺绿汀盛邀为该院作曲系的学生上配器课，当时他的大儿子陈钢也在该校作曲系上学。此次开课，讲解的作品是穆索尔斯基作于1873年的一首钢琴名曲《图画展览会》。过去曾有许多作曲名家为此作重新配器，其中当数拉威尔的配器最为出彩。《图画展览会》对以后印象派的作曲家产生过深刻的影响，是一部很重要的作品。陈歌辛对于西洋的许多经典音乐作品了然于心，因此他授课就成竹在胸、举重若轻了。陈歌辛思想活跃、对新生事物很敏感，还敢于挑战，因此他的配器课既深入浅出又形象生动，学生们十分喜欢。能为上音的学子授课，是陈歌辛一生引以为豪的事。

陈歌辛创造过中国音乐史上的许多第一。他谱写、指挥过中国第一部音乐剧《西施》，也创作过中国最早的舞蹈音乐。中国现代舞的开山鼻祖吴晓邦，因仰慕波兰的音乐家肖邦，竟把自己的名字也改成谐音的"晓邦"。他与陈歌辛有着同样的胸怀和同样的追求，抗日的烽火将这两位艺术家的心紧紧地连接在一起，成了莫逆之交。在第二次世界大战中的孤岛上海，处处笼罩着"国破山河在、城春草木深"的死寂中，这两位爱国的艺术家用自己的生命激情为国家、为人民呐喊，于是两人一起合作排演了四出抗日题材的舞剧《罂粟花》《丑表功》《传递情报者》和《春之消息》。

在《罂粟花》中，陈歌辛巧妙地以象征性的手法来表现孤岛时期的对敌斗争。在《丑表功》中，他则运用不和谐的音调来配合面具人物，从而刻画了一个丑官——卖国贼汪精卫。《传递情报者》则是一出热情讴歌一群游击队在深山密林中为抗战而冒死传递情报的舞台剧。而《春之消息》是少儿歌舞剧，由《冬》《布谷鸟飞来了》和《前进吧苦难的孩子》三个独立成章的舞蹈组成。

苏联歌曲曾给当年的上海带来过一股新风。早在1938年，陈歌辛就在影片《儿女英雄传》中译配了苏联歌曲《伏尔加船夫曲》和《快乐的风》。他还和作家姜椿芳一起合作译配了《三个拖拉机手》《快乐的人们》《夜莺曲》《假如明天战争》和《快跑，我的小黑马》等一批苏联歌曲。为了演唱

陈歌辛在抗日影片的摄制现场

这些苏联歌曲,陈歌辛还创办组织了由几百人参加的"实验音乐社",并不惧敌人的监视和威胁,上演过十几场苏联歌曲专场音乐会,社会反响强烈。已故著名作曲家朱践耳曾告诉过我:他年轻时就在实验音乐社参加歌咏活动,曾目睹陈歌辛在影剧院的大银幕前指挥高唱他谱写的抗日救亡歌曲《度过这冷的冬天》和《不准别人通过》,非常的激动。于是就打听到陈歌辛的住址,冒昧登门拜访,想索要这两首抗日救亡歌曲的歌谱。对于朱践耳这样爱音乐的热血青年,陈歌辛不仅热情接待,并满足了他的要求,还给他讲述了许多人生哲理和勉励的话语。多年后,朱践耳把自己珍藏的几十年前陈歌辛亲笔誊写赠予他的《度过这冷的冬天》的手稿交给陈钢,这是一件宝贵的文物,至此朱践耳也算是完璧归赵了。

当年朱践耳是带着陈歌辛的这两首抗日救亡歌曲去参加新四军的。通过他的推广,《度过这冷的冬天》和《不准别人通过》这两首歌曲最先在新四军中流传,很快又传到解放区。歌曲激励鼓舞了无数革命青年和有志之士投身抗日。

陈歌辛与聂耳、任光、贺绿汀、黄贻钧等音乐家交往甚密，尤其聂耳是陈歌辛家的常客，他俩非常投缘。饭后常常海阔天空，时间晚了聂耳就睡在陈家。陈歌辛对聂耳非常有好感，他曾回忆说：聂守信（聂耳本名）很喜欢吃甜食，他真诚热情，天真得像个大孩子，但对音乐的创作却有火一般的激情，活力四射。

因为陈歌辛与进步人士的频繁往来，还谱写过许多抗日救亡歌曲，并组织歌咏社团演唱，从而引起了日寇的不满而上了黑名单。在1941年的太平洋战争爆发后，日寇对上海文艺界的进步人士进行了一次大搜捕，在一天深夜，陈歌辛在被窝中被日本宪兵强行带走关押。在宪兵队审讯拷打折腾了70天后，又和鲁迅先生的夫人许广平等人，被转送到敌伪的特务机关76号。但陈歌辛始终坚信：度过这冷的冬天，春天又要到人间。不要有一点猜疑，春天是我们的。后经中共地下组织在暗中的相助和许多民主人士出面保释，陈歌辛才得以逃过劫难。

1944年，陈歌辛在兰心剧院举办了自己的作品音乐会。与他长期合作的歌星周璇、龚秋霞、白光和李香兰等都悉数参加，她们演唱了陈歌辛的许多代表作。这场音乐会十分火爆，五百万上海市民争抢这721张门票。演出当晚，兰心剧院还破天荒地卖出了许多"站票"。

港 沪 岁 月

1946年后，因为陈歌辛与左翼进步文化人交往过密，又有许多爱国和反内战的言论，从而引起了国民党当局的不满，陈歌辛又被无端关押了七天。在白色恐怖之下的上海，陈歌辛最终和许多上海进步文化名人一样，选择前往创作氛围相对比较宽松的香港。在港四年里，陈歌辛先后为于伶编剧的《无名氏》、夏衍编剧的《遥远的爱》和瞿白音编剧的《水上人家》等进步影片配乐。并与端木蕻良合作为庆贺北平的和平解放而谱写了一首具有河南梆子风味的歌曲《北平来》。陈歌辛非常关注国内的形势，他在得悉解放军渡过长江解放南京后，便与公刘合作谱写了《渡过长江》，又与马凡陀合作谱写了庆贺上海解放的《红旗曲》。陈歌辛对未来的新中国充满着憧憬和期待，他自己作词作曲写了一首描绘心中理想王国的歌曲《大拜年》。歌中这样唱道："大家过个太平年，吃得饱来穿得暖。来来往往都随便哪，要到哪边就哪边。"

全国解放后，陈歌辛和许多当年从上海赴香港的文化人士，在周总理的关心和夏衍的直接领导下，放弃在那里优渥的生活和工作条件，毅然投身新社会的建设。陈歌辛回到上海后被安排到上海电影制片厂从事专职作曲。当年与他同在一起工作的除黎锦晖是旧上海的音乐人外，其余的都是中共地下党员和从延安鲁艺来的王云阶、吕其明、黄准、葛炎、高田和向异等，而一直留在上海的黎锦光仍被安排到新的上海唱片公司当音乐编辑。

过去陈歌辛和黎氏兄弟写惯了十里洋场和才子佳人，如今要谱写歌颂人民和歌颂党的音乐作品，对于这批旧时的文人一时有些转不过弯来。尽管如此，陈歌辛还是努力地工作，尽可能地使自己的音乐作品紧跟时代、贴近人民。在那些年里，他先后为故事片《纺花曲》《人民的巨掌》《情长谊深》和美术片《骄傲的将军》《乌鸦为什么是黑的》以及戏曲电影《盖叫天舞台艺术》配乐作曲，并担任电影《女篮5号》《山间铃响马帮来》的配乐指挥。

为了能更好地改造自己，与工人群众打成一片，陈歌辛就利用工作之余，主动去当年的沪西工人俱乐部开办作曲学习班。每周一次的教学是雷打不动的，即使狂风暴雨、大风大雪他都会坚持撑着伞、迎着风、趟着大水去那里上课。为此，学习作曲的工人师傅都非常感动，也很敬重陈歌辛，把他当作自己的兄长，有些心里的话和难言的事，都会主动向他倾诉。

我在采写《上海三大口琴会》一文时，从原上海口琴会会长陈剑晨的大女儿陈宜男口中得知一件往事。她在学生时代，其父要她学习钢琴，但无奈眼疾，学琴就有困难了。于是，父亲就带着女儿去跟随陈歌辛学习作曲。那时陈歌辛的家就在宁海西路的一栋石库门内，居住条件并不太好。陈歌辛义务教学、分文不取，他因材施教，既认真又严格。陈宜男跟随陈歌辛学习了一年多，受益匪浅。她学到的本领，足以使她能非常随心、轻松地为上海口琴会编配上演的曲目。像陈宜男这样的学生，陈歌辛带了很多。

魂断白茅岭

但呼啸而来的时代列车,还是没容陈歌辛"从容转身",1957年的反右斗争开始了。尽管平日里陈歌辛一直小心谨慎,无论言行和举止都从不越雷池一步,在此次的"大鸣大放"中,他也是一言不发。但最终还是因为他谱写过所谓的"黄色反动歌曲"被打成右派分子,而送往安徽的白茅岭劳改农场改造。

陈钢在1991年2月27日《文汇报》的"笔会"专版上,发表了一篇题为《绝唱——忆我的父亲陈歌辛》的长文。文中首次披露了其父陈歌辛被打成右派的真相。文中讲到贺绿汀在一次会议上说起过:他原本已被内定为"右派"分子。因为陈毅市长的力保,最终这顶帽子就由陈歌辛"顶替"戴了。

陈歌辛发配到安徽白茅岭劳改农场的那些时光,正遇上中国百年未有的三年困难时期。那时从中央领导到全国人民都节衣缩食。在农村和边远地区,许多人还处在饥饿和死亡线上。而陈歌辛作为一个手不能提、肩不能扛、五谷不分、从没拿过锄头铁锹,只握过钢笔的旧知识分子,他在白茅岭的劳动和生活场景是不可想象的。妻子金娇丽曾几次去农场看望丈夫,每次都感觉他的身体愈来愈瘦弱,神情恍惚又惊恐,金娇丽活了半辈子,此时才真正体味和理解到"心如刀绞"的感觉了。饥饿和疾病时时折磨着这个曾经万众瞩目的大作曲家,而陈歌辛心中还念想着的音乐创作已永远遥不可及了。

但陈歌辛在白茅岭还是有过瞬间喜悦的。那是1959年初夏的一天清晨,他被农场广播里的优美音乐声唤醒。广播里正在播放的是小提琴协奏曲《梁山伯与祝英台》,陈歌辛依稀听到了这部作品作者的名字:何占豪、陈钢。得知儿子已出息的陈歌辛,此时的兴奋是无法用语言来描述的。他旋即写信给上海的妻子,索要一本《梁祝》的总谱。并在信中说:他想请儿子在这本总谱上签名,并想给这首作品提些建议。但在那个年代,已经从上音作曲系毕业留校任教的陈钢,无奈中已与父亲划清了界线。金娇丽当然是不会再去麻烦儿子的,她自己去书店买了本《梁祝》总谱,带到了白茅岭。

但可惜的是如今已没人知道：看到没有儿子签名的这本《梁祝》总谱，陈歌辛会是怎样一种心情；更没人能了解，陈歌辛到底想给此作提些怎样的建议。陈歌辛虽从未直接教授过儿子陈钢作曲技法，但他的音乐创作理念却深深影响了儿子的一生。早在陈钢去部队文工团和考进上音作曲系时，父亲就常常告诫他：一个音乐创作者一定要用三个耳朵听音乐。一个耳朵听古典音乐，另一个耳朵要听现代音乐，第三个耳朵只要听流行音乐。无疑，人们从陈钢编配的红色小提琴系列作品中，似乎能听到其中有爵士音乐的音律和风韵。陈钢的作品里或多或少似有陈歌辛的影子。

命运多舛的陈歌辛，最终没能度过1961年那个寒冷的冬天。这年的1月25日离除夕已很近了，但饥饿的陈歌辛在深夜里，冒着鹅毛大雪去荒山野岭中寻觅食物而倒地不起，终年47岁。

噩耗传到上海，金娇丽昏倒在家中不省人事。陆续回家的儿女们虽悲痛欲绝也只能强忍。新年过后，金娇丽只身一人去白茅岭捡回夫君的遗体，回沪入葬在江湾公墓。白色的墓碑上，在象征性的竖琴的图案下，省略了死者的姓氏，只镌刻着"歌辛"两个黑色大字。但不幸的是，此墓在"文革"中被夷为平地，如今，陈歌辛身处何方也已无法得知，只留下了一张他女儿和女婿在墓碑前留影的黑白照片。

尾　声

新中国成立后，产生于旧社会的"上海老歌"一度被打入冷宫。这些词曲作者连同他们谱写的"黄色歌曲"，也都受到了误解、质疑、诟病，甚至诋毁。就在解放前夕，"上海老歌"的创作者姚敏、李厚襄、梁乐音和周兰萍等都去了香港和台湾。"上海老歌"在那里又有了新生的土壤，这么多年来，港台创作歌曲的曲风仍一直延续浸润着"上海老歌"的血脉和风骨，连人们喜闻乐见的歌星邓丽君、费玉清和蔡琴等人的演唱，也无不承袭着老上海作品的风格。

改革开放后，"上海老歌"在中国大陆又重新焕发青春。那充满活力的枝蔓在这棵历经岁月磨砺仍挺拔如初的老树上，到处展现出生命的力量。

因为真正的经典音乐从未被历史的尘埃所淹没过，它一直还在唱响着时代的交响。我一直在思索一个问题：上海作为一个超大型的国际化大都市，自身又有着深厚的文化底蕴。如果能在两千多首"上海老歌"中筛选出一批代表作，来组织一台能够长期驻演的专题歌唱晚会，是能成为上海一道亮丽的文化风景的。为此，我和胞弟李建国已在积极策划筹备中，希望在不远的将来能将其搬上上海的舞台。

傅庚辰：从炮火硝烟中走来的作曲家

曾担任中国音乐家协会主席、中国人民解放军艺术学院院长的傅庚辰将军，是一位亲历过解放战争和抗美援朝残酷斗争的军旅作曲家。他在长达70多年的音乐生涯中，创作过一大批题材新颖独到、样式各异和风格鲜明的音乐作品。林林总总包括70多部影视剧音乐、10部管弦乐作品、5部歌舞剧音乐和700多首歌曲。

傅庚辰12岁就参加了解放军的东北音工团，他是在枪林弹雨里学习音乐，又在纷飞的炮火中学会作曲的。因而他的音乐作品始终紧扣时代的脉搏和节奏，与祖国同呼吸、与人民共命运，能引起亿万人民的共鸣和喜爱。尤其是他在八一电影制片厂任职期间所谱写的电影插曲《雷锋，我的战友》《毛主席的话儿记心上》《映山红》《红星照我去战斗》等，曾激励过广大人民群众忘我地投身于伟大的社会主义革命和建设中，那美好激昂的旋律，更是深深地印刻在几代国人的心坎里。

作曲家傅庚辰将军

20世纪80年代，我和胞弟李建国等在上海策划举办了规模空前的"三军歌唱家音乐会"。来自人民解放军三总部、各军兵种和十大军区文工团的近40名军旅歌唱家悉数参加了此次盛会。时任总政歌舞团团长的傅庚辰亲率在京的三军歌唱家来沪参演。此次参加为期一周公演的演员们都下榻在南京军区所管辖的延安饭店。那时我担任接待工作，每天白天泡在饭店陪伴演员，傍晚则带领他们驱车前往文化广场演出。在这段时间里，我有机会与心仪的军旅歌唱家们零距离交往，听他们谈歌唱艺术，讲人生往事。其中接触最多的是我一直敬仰的傅庚辰将军。他待人谦和真诚，没有半点架子，谈吐又是妙语连连、意境深远，是个有思想、有见地又有远大理想和追求的大作曲家。此后，我每次赴京办事，总要去看望傅将军，期待聆听他的教诲。

年少参军

傅庚辰1935年11月14日出生在黑龙江省的一个边城：双城堡。他儿时曾目睹日本士兵对中国人民的暴行，是在日本侵略者的刺刀下度过童年的。抗战胜利后，蒋介石集团撕毁了国共和平协议，全面内战爆发。东北的解放战争也就此拉开了序幕，在辽沈战役开打前的1948年初，从小就充满家国情怀，并一直向往参加人民解放军的傅庚辰才过12周岁，他从别人的嘴里得知，东北野战军正在哈尔滨招收旗下的东北音工团演员和随团学员，因为年龄小，傅庚辰就缠着姐姐要她陪同自己前去应考。那天傅庚辰唱了一首东北小调，不但有板有眼，还充满着地方的韵律，让人眼前一亮。当时的考官就是被延安鲁艺派往东北要在那里组织开展音乐工作的刘炽。他见这孩子聪慧，又极具音乐天赋，就破格录取了。

当年音工团招收了一批比傅庚辰年龄稍大的学员，但其中也有个别较小的。但就是这批看似只是一张白纸的孩子们，在人民军队的大熔炉和严酷的战争考验中，不断地学习进取，从而逐渐成长为新中国文艺队伍的骨干。

在傅庚辰进入音工团不久，便迎来了"五一"国际劳动节。为了庆祝这个全世界劳动人民的节日，中国共产党主持下的全国第六次劳动代表大会在已解放的哈尔滨召开，音工团倾全团之力，赶排一台歌颂劳动和人民的文艺节目。当时乐队的演奏员不够，还要从其他兄弟单位临时借调。驻团作曲家刘炽专门为这台节目创作了一首《工人大合唱》。初来乍到的傅庚辰既没资格参加大合唱，也没能力加入乐队，他只能在正式演出时的观众入场口，帮忙收门票及打杂等。

初 学 音 乐

初创时的音工团，全团只有几把小提琴，都分配给了有功底的大演员。而作为从未学习过器乐演奏的随团学员傅庚辰，只分到了一支竹笛，但他也着实高兴了好一阵子。有了这支竹笛的相伴，傅庚辰的从军生涯更丰富多彩了。他在团里大演员的教授指点下，抓紧一切可用的时间勤奋

傅庚辰在东北音工团时

苦练。极富音乐天资的傅庚辰，很快就把竹笛吹得像模像样了，在学习了竹笛的演奏后，年少的傅庚辰才对音乐有了真正的感受。

随着辽沈战役的展开，东北音工团在炮火硝烟中从哈尔滨一路南下慰问演出。这时的傅庚辰不仅要参与乐队的演奏，需要时还担任笛子独奏和加盟大合唱，用文艺的形式来鼓舞前线官兵的斗志。在辽沈战役胜利后，东北全境解放。东北音工团在进入沈阳后，被整建制地并入东北鲁迅艺术学院。傅庚辰被分配到音乐系的三班学习小提琴。这个决定对向往学习小提琴却一直可望不可求的傅庚辰来说，真是喜出望外。那时的东北鲁艺，不仅有许多现成的小提琴和其他西洋乐器可供学生学习之用，更重要的是该校还有一支造诣精深的教师队伍，其中不乏俄籍老师。

音乐禀赋出众的傅庚辰，在多位中外名师的悉心教授下，每天练琴至少四五个小时，琴技日见长进。东北鲁艺虽说是座新校，但其教育还是比较全面正规的。尤其像傅庚辰这样的小学员，不但要学好小提琴这门专业课，而且还要学习与音乐相关的基本乐理课、初级和声学，包括音乐欣赏等。此外还要上文化课，包括语文、历史和地理及中外文艺史。政治课的内容就更多了，有社会发展史、中国共产党和中国革命简史等。这样的学习，对于只有小学四年级文化程度的傅庚辰来说，无疑是最迫切需要的及时雨、雪中炭。对于各种文化知识，傅庚辰是殚精竭虑、如饥似渴地吮吸

着。由此也填补了他的许多知识盲点和空白,更为他日后能成为一代作曲大家奠定了一定的基础。

　　傅庚辰的学习是卓有成效的,不到一年时间,当学校排演《黄河大合唱》时,他已担任伴奏乐队的首席了。那时还从未学习过作曲的傅庚辰,完全是凭着对东北民间音乐的熟悉和喜爱,再加之自己已练就的小提琴演奏的技艺,硬是把东北大秧歌《句句双》改编成小提琴曲《秧歌舞曲》,并经常在各种公开场合演奏,从而引起学校师生的关注。很多年后,在一次全国音乐家聚会中,著名作曲家吕远见到傅庚辰时,就讲起了他当年在东北演奏《秧歌舞曲》的一段往事。

　　1950年春,傅庚辰从东北鲁艺的音乐系毕业后,被分配到东北人民艺术剧院歌舞团乐队担任乐手。半年后,抗美援朝战争爆发了。那时的东北地处战争前沿,傅庚辰在练琴不辍的同时,每天还要参加防空洞的挖掘等工作。时间长了,他右手腕的关节发炎了,有时还肿得厉害。但傅庚辰还是坚持练琴并参加演出。甚至带着伤病、背着小提琴、带着竹笛参加文艺小分队,去朝鲜战场慰问演出。在朝鲜演出的半年时间里,傅庚辰

傅庚辰在创作中

和战友们跋山涉水，冒着枪林弹雨在坑道里、战场上，为可爱的志愿军演出，有时还到朝鲜老乡家的炕头上表演。这样的演出，每天至少两到三场。傅庚辰除了参加乐队演奏，还担任小提琴和笛子独奏，深得大家的欢迎。

走上音乐之路

1953年8月，傅庚辰一行从朝鲜战场慰问演出后归国。但他右手的伤病一直未见好转，由此也严重影响了小提琴的演奏，无奈他不得不改行了。在组织的关心下，傅庚辰最终选择了自己钟爱的作曲专业，进入新成立的东北音乐专科学校（1956年后升格为沈阳音乐学院）作曲系深造，就此也开启他日后长达几十年的音乐创作生涯。但遗憾的是，傅庚辰梦想成为一名小提琴家的愿望已化为泡影。

新中国成立之初，全国的高等学校，包括艺术学院及文艺团体曾大调整。东北鲁迅艺术学院和东北音工团同时撤销后，成立了辽宁艺术剧院、辽宁乐团和东北音乐专科学校。来自延安的作曲家李劫夫担任东北音专的校长，他非常重视学生对中国民族民间音乐的学习，不仅在学校新设了民族音乐系，而且还规定作曲系的学生每年必须背唱五十首中国民歌，并学习两门中国戏曲。后来傅庚辰在谱写电影《地道战》的音乐时，就运用了在校学习过的河北梆子中的音乐元素和音调。傅庚辰在东北音专的校园里，处处感受到音乐的熏陶，更领略了音乐的浩瀚无穷，由此对音乐也更敬畏了。

傅庚辰在四年的寒窗生涯中，勤勤勉勉，刻苦钻研，他不仅要学会和声、复调、曲式和配器等最基本的作曲四门功课，还要练好过去从未接触过的钢琴弹奏，因为这门功课是将来创作时必定要用的。由于傅庚辰原本的音乐基础较差，所以他的学习要付出比常人更多的精力和辛劳。即使在节假日里，同学们都外出游玩，但他却把自己关在琴房里，让琴声伴随自己的理想飞翔。

傅庚辰早在二年级时就显露了他的创作才华。那时他谱写的小提琴独奏曲《幻想曲》和《青年圆舞曲》就得到了圈内的好评。从某种意义上来说，傅庚辰在东北鲁艺时就懂得了音乐的意义和该走的道路，由此也奠定了他的音乐走向，而东北音专的学习，更是打下了他一生从事音乐创作的基础，终身受用。

傅庚辰在东北音专学习期间，不光是学到了全面扎实的作曲技法，而且又接触学习了大量西方古典音乐和文学作品，同时他还专门了解研究了中国的民族民间音乐和戏曲，因而他的音乐创作起点很高。更重要的是傅庚辰深受李劫夫和东北音专传统的音乐创作理念和作风的影响，而奠定了一生的音乐创作方向。

当年东北音专在李劫夫的领导下一贯强调：中国的音乐创作一定要走洋为中用的道路。其实这条中国的新音乐之路，早在萧友梅、黄自时代就已倡导开启且薪火相传了，但在东北音专得到更加重视。那时年轻的傅庚辰就已清晰地意识到：生活是一切艺术创作之源，只有深入扎根生活，才有可能采撷到美好的音乐元素和不竭的旋律，由此才能谱写出人民群众喜闻乐见并引起共鸣的音乐作品。而美好的旋律更是所有音乐作品的生命和灵魂，一切作曲技法都是为了更好地表现传达这种旋律的载体和手段而已。他坚定地认为：广大人民群众是音乐作品的真正评判者，离开了人民群众如同无水之鱼，皮之不存、毛将焉附。基于这样的创作思想，傅庚辰在一生的音乐生涯中一直坚持西洋技法中国化、音乐语言民族化和音乐结构科学化的理念。因而他的音乐创作都是深入生活、扎根民间而谱就的，无不是对生活的真实记录和艺术的再现。

当年的东北音专，不仅造就了傅庚辰这样未来的一代作曲大家，而且还培养了一大批扎根中华民族沃土、深受亿万人民群众喜爱的作曲家。如：谱写《我为祖国献石油》《我和我的祖国》的秦咏诚，谱写《今天是你的生日》《烛光里的妈妈》的谷建芬，谱写《迎宾曲》的雷雨声，谱写《我爱祖国的蓝天》和歌剧《江姐》的杨鸣，以及谱写《长城长》《黑头发飘起来》的孟庆云，等等。他们和傅庚辰一样，都怀着一颗赤子之心，用自己的生命激情为祖国和人民放歌。

1957年秋，傅庚辰以优异的成绩从沈阳音乐学院作曲系毕业。12岁就参军的傅庚辰骨子里就一直有着军人情结，此次他主动要求去志愿军歌舞团工作、担任驻团作曲。那时的朝鲜战场早已硝烟散尽，已呈现一派火热的建设场景。中国人民志愿军歌舞团在归国前的一年内，作为中朝友谊的使者，傅庚辰随团在为朝鲜人民、军队和建设者演出的同时，踏遍了那里的山水，也记录下许多朝鲜的民歌和民间音乐，为他以后创作朝鲜风格的作品打下了基础。

1958年，傅庚辰所在文工团随中国人民志愿军全部撤回国内。在归国前夕，傅庚辰应邀为歌舞剧《志愿军战歌》序幕中一首由郭沫若谱写的新诗配乐。归国后的傅庚辰和志愿军文工团的部分成员进入了总政歌舞团。归国后不久，傅庚辰出于对朝鲜和那里人民的感情，创作了一首歌颂中朝人民友谊的歌曲《告别朝鲜》，后改名为《中朝友谊之歌》，当年一炮打响、流传甚广。

从事电影音乐创作

1961年，傅庚辰被调入八一电影制片厂担任专职作曲。那时26岁的傅庚辰从未接触过电影配乐，对这种形式的音乐创作最初是一片空白，但好在傅庚辰还年轻，充满朝气活力又勤奋好学。他开始潜心观摩中外电影和其中的音乐，包括旧上海的海派影片，想从中了解、探索电影音乐最基本的创作规律，并向前辈电影作曲家讨教电影音乐创作的最佳途径和奥秘。由此他逐渐清晰地意识到：电影是一门综合艺术，主要是体现镜头和画面。自有声影片时代后，音乐便成了影片成败很重要的因素。而电影音乐顾名思义就是电影中出现的音乐，它必须是和银幕相结合的，为特定电影画面和内容渲染烘托而谱写的音乐。这种音乐的写作与歌曲和器乐作品的创作的最大不同点，就是受制于电影的时间和空间，包括电影画面的内容、气氛和节奏等诸多因素的约束。从某种意义上来说，观众只是为了观看电影而听到音乐的，绝非是为听音乐而来观摩电影的，因此音乐为电影服务，决不可本末倒置。

一部电影的思想内容、时代气息、生活风貌和艺术色彩等元素，无不首先体现在电影音乐的旋律和风格中。而旋律作为音乐作品的生命，在电影音乐中体现得尤为突出。电影主题歌和插曲，就是对这种音乐最好的表现形式，犹如音乐的灵魂和眼睛。原本一张白纸的傅庚辰，更凭着自己的音乐天赋和努力执着，闯出了一条属于自己的电影音乐创作之路。傅庚辰的电影音乐处女作就是《英雄坦克手》，但这部影片当年并未引起社会的关注，因而其音乐也就不起眼了。

而真正让傅庚辰能成为中国乐坛焦点人物的，是他为电影《雷锋》谱曲，并创作了主题歌《雷锋，我们的战友》而一举成名。1963年3月5日，毛主席等中央领导人发出了"向雷锋同志学习"的号召，全国就此开展了一场轰轰烈烈的向雷锋同志学习的运动。为此，八一电影制片厂成立了故事片《雷锋》摄制组，导演董兆琪邀请傅庚辰担任作曲。

出于对雷锋同志的敬佩和圆满完成任务的责任心，更是出于艺术创作的热情，傅庚辰旋即就去了东北营口工兵十团的雷锋班下生活，与战士们同吃同住、同学习、同劳动、同训练，并采访了雷锋生前的许多战友和一些与他有交集的人士，听他们讲雷锋动人的事迹。还参观了雷锋所在连队的雷锋事迹陈列室，在三间简易的平房里，摆放着那些"节约箱"、旧袜子、学习毛主席著作的笔记本和几大本雷锋日记等朴实的展品，给了傅庚辰极大的震撼，由此对雷锋和他的精神也有了比较切实的认识。

在充分理解了导演对影片的拍摄意图后，傅庚辰的音乐写作非常顺利。流畅隽永的主题音乐旋律贯穿全片，抑扬顿挫的音乐在各段落和章节间的起承转合也非常的合理贴切。而真正的画龙点睛之笔就体现在影片的主题歌中。起初，沈阳音乐学院的一位教授为电影写了一首主题歌词《高岩之松》，比喻雷锋形象的高大挺拔、不怕风霜雨雪、傲然屹立。傅庚辰在谱完这首歌曲后，虽也能唱得朗朗上口，但他总觉得此歌与电影所表达的内容和雷锋的精神不太妥帖。因为雷锋的伟大是出自平凡。他是从一点一滴的小事做起，是把有限的生命，投入到无限的为人民服务之中去的。于是，傅庚辰和导演商量沟通后，决定推倒原先的主题歌，再重写一首。但此时离影片完成到上映已时日不多了，再请词作家来写歌词已来不及了。无奈，傅庚辰只能自己动手，虽然是第一次写歌词，但他心里始终想着未来的作品一定要体现雷锋的特点，写出时代的精神，更要唱响雷锋的名字，使之成为一首激昂向上的进行曲。

那段时间，傅庚辰一直沉浸在歌词的构思和音乐形象的塑造之中，寝食难安。有一天，他写作到深夜一两点时，仍未写出一句满意的歌词。此刻人也疲倦了，躺下休息又难以入眠，脑海里仍在思绪翻腾，就这样一直持续到天快亮时,这时他的心里突然冒出一句:"雷锋,我们的战友,我们亲爱的弟兄",紧接着又往下发展:"雷锋,我们的榜样,我们青年的标兵。"这就是傅庚辰这些日子来一直在苦苦追求的音乐形象和歌词。于是,他马上披衣坐起拧开台灯,把用心捕捉到的歌词和旋律记录下来。此时的傅庚辰早已乐思滚滚,他的创作热情也被全部调动起来了。那时虽还没有写出全部歌词,但他顺着前两句的旋律,不断地发展、升华、变奏,曲调很快就写完了。这时如释重负的傅庚辰倒头便熟睡了,一睡就是十多个小时。出于对雷锋同志的事迹和精神的理解,三段歌词也很顺利地填完了。

主题歌《雷锋,我们的战友》,不仅形象地唱出了雷锋的精神,它那昂扬的旋律和坚定有力的节奏,更表现了千百万国人都在学习他的榜样,同时又呼唤着人们发扬雷锋精神,去为共产主义理想的实现而奋斗。电影《雷锋》公映后,社会影响广泛深远。影片主题歌更是到处传唱,深刻地影响着年轻一代的成长,与朱践耳的《接过雷锋的枪》、生茂的《学习雷锋好榜样》一同成为当年最热门的群众歌曲。此片的成功,使傅庚辰对电影配乐更充满了信心。

通过电影《雷锋》的音乐创作,傅庚辰对电影艺术有了更深切的感性认知,并理解了蒙太奇、意识流等电影拍摄手段与电影音乐的关系。他塑造、把握音乐的能力已游刃有余,创作热情也更加高涨了。翌年,八一电影制片厂又开拍了一部反映抗战时期,华北地区的游击队通过四通八达的地下通道,与日寇展开殊死斗争的故事片《地道战》。傅庚辰是主动请缨担任影片作曲的,为了能谱写出更真实、更优美的反映影片故事的音乐,傅庚辰在认真研读领会剧本后,便去河北的冉庄下生活了。

在那里他睹物思情,仿佛又回到了年少时的那个充满激情和理想的战争年代。有一天早晨,傅庚辰到村口的大槐树和大铁挂钟处溜达,突然乐思喷涌,心中想要的旋律此刻就在心中翻腾。于是他赶紧回到驻地,把它记录下来。这就是后来流传甚广、脍炙人口的主题歌《地道战》。

原本影片《地道战》的文学剧本和分镜头剧本,只有一首主题歌的安排,并没有影片其他插曲的设计。但分镜头中有这样的一段章节和画面中写道:影片主人公高传宝在敌我斗争中多次受挫,父亲高老钟也牺牲了。基层党组织的领导,给了他一本毛主席的《论持久战》的著作学习。当晚他秉烛夜读,从夜晚直到天明,终于悟出了一个道理:在战争中光防不打是光挨打;保存自己是为了消灭敌人,也只有消灭了敌人,才能更好地保存自己。所以要变消极防御为积极防御,要把过去单纯防身的地道,改造成既能防身又能战斗的地道。毛主席的教导就像指路的明灯,高传宝的心情豁然开朗。这时他推开门窗,看到了一轮红日冉冉升起。导演在此处又写道:画外,太行山上响起了抗日的歌声。傅庚辰在读到这里时,便顺理成章地在分镜头剧本中加注了一段自己的想法:此处应有一首歌曲,可以使用冼星海的《在太行山上》。

当傅庚辰把此歌配上电影画面后,顿觉很不合适。因为《在太行山上》是首深情的抒情歌曲,旋律深沉凝重。而此时的电影画面是高传宝在细读了毛主席的著作后,茅塞顿开、喜悦酣畅地找到了前进的方向,因此这里应该是有歌颂毛泽东思想、抒发主人公情怀的歌曲。但新作从何下手呢?傅庚辰想到了歌曲《在太行山上》的开场白:红日照遍了东方,把它作为立意命题。这样既和高传宝读毛主席著作后、一轮红日冉冉升起的场景吻合,又寓意着毛泽东思想如同红日那样光芒万丈。

于是傅庚辰历经多日创作了一首大调式的大型合唱领唱作品《红日出东方》,气势恢宏、激情澎湃。在傅庚辰把新作的旋律唱给摄制组的许多同事、包括导演听时,大家的反应都很好。有人还说:这首歌曲等电影公映后,一定会成为音乐会的常演曲目。但有一位八一厂的老同志提出异议,他认为:新作的旋律虽很优美动听,但它更像一首完整的大型合唱作品,而根本不像影片中表现高传宝这个农村的民兵队长,在此情此景下抒发内心情感的质朴歌曲。

这位老同志的话语,深深触动了傅庚辰。在经过认真思考、反复推敲后,毅然决然地自我否定,放弃了《红日出东方》这首歌。这时的傅庚辰觉得:未来的插曲必须与影片规定的情景紧密结合。当主人公拨开心头的乌云,扫清心中的谜团,明确了前进的方向,找到了歼敌制胜的办法,更憧憬着未来的胜利时,那种发自内心的喜悦舒畅,对毛泽东思想的由衷赞美,如同泉水般涓涓流淌。这是甜美的歌声、心灵的话语和真情的迸发。傅庚辰紧紧抓住了这种感觉,并一直沿着它苦苦地捕捉。历经两个多月,终于谱写出一首令人耳目一新、让人眼前一亮的歌曲《毛主席的话儿记心上》。新作感情真挚、曲调优美、旋律流畅，虽说是首创作歌曲，但却有着民歌般的纯真，深入浅出、朗朗上口。傅庚辰启用了在中国歌坛刚冒尖的、中国煤矿文工团的青年歌唱演员邓玉华演唱。才20岁出头的北京姑娘邓玉华，年前在北京人民大会堂上演的大型音乐舞蹈史诗《东方红》中，被周总理选中演唱了歌曲《情深谊长》而崭露头角、一鸣惊人。邓玉华的嗓音甜美、纯情又隽永，非常适合演唱傅庚辰的这首新作。电影《地道战》上映后，其插曲《毛主席的话儿记心上》很快就传遍了大江南北。这看似只是一首电影歌曲，但在傅庚辰的音乐生涯中是很重要的一首作品。

在"十年动乱"中，全国的文艺院团几乎都处在停摆状态，八一电影制片厂也不例外。直到"文革"后期的1974年，八一厂才开拍一部描写红军北上抗日后，发生在革命老区江西的跌宕起伏的敌后革命斗争的故事片《闪闪的红星》。作为影片的作曲，傅庚辰在认真研读了剧本后，为影片定下的音乐创作基调是：要有强烈的年代感、浓郁的江西风情，并热烈地歌颂红军的英勇气概和老区人民百折不挠的斗争精神。八一厂的词作家根据剧本，为此片写了两首歌曲。

傅庚辰（左二）和编剧陆柱国及歌唱家邓玉华在回顾电影《闪闪的红星》

傅庚辰和歌唱家李双江在一起

那年初夏,傅庚辰与影片的摄影师曹进云一同去江西的革命老区体验生活。在去目的地的路上,早已进入角色的傅庚辰已谱就了主题歌《红星歌》的旋律。在下生活时,又为中国歌坛正在崛起的男高音歌唱家李双江量身定制了一首激情四溢的插曲《红星照我去战斗》。整部影片音乐的完成,都是在下生活时的极其简陋的条件和十分困难的环境下完成的。就在傅庚辰一行准备离开江西返京录音的前夜,他无意中在导演的住所,发现了新送来的影片剧本三稿中有一首非常好的歌词《映山红》,细读后如获至宝、兴奋异常。在场的导演和八一厂的另两位作曲家巩志伟和李伟才,见后也一致叫好。

于是,傅庚辰回京后又认真重读剧本,找寻设置这首新插曲的位置,并把已写好总谱的有些章节推倒重写。《映山红》是首女声独唱歌曲,傅庚辰再次启用了邓玉华来演唱。作品运用了很多江西民歌的音乐元素,歌曲充溢着鲜明的地域风格,也唱出了老区人民急切盼望红军早日归来的那种深情,歌曲为影片增色不少。在那个万马齐喑的年代里,电影《闪闪的红星》中的优美抒情歌曲,曾滋润过多少人的干涸心田。

在庆祝抗日战争胜利60周年之际的2005年,傅庚辰把电影《地道战》中的音乐和插曲,重新整合编配后融入交响乐的模式,创作了交响组曲《地道战留给后世的故事》。翌年纪念红军长征胜利70周年时,傅庚辰又根据当年电影《闪闪的红星》的音乐,谱写了交响诗《红星

晚年的傅庚辰在学习中

颂》。在这两部交响力作上演后,观众好评如潮,也得到了圈内同行的肯定。

谱写不朽的旋律

　　傅庚辰所创作的音乐作品,都是贴近人民、紧跟时代又扎根生活的,因而受到广泛的喜爱和欢迎。这都得益于他正确的创作理念,并长期采撷、积累了大量各族民歌和中国戏曲的音乐元素,再加之他掌握娴熟扎实的西洋科学作曲技法。无疑,不仅他的电影音乐精彩纷呈,有些还大放异彩;而且他的器乐曲创作也颇有建树,好多作品令人刮目。早在他从军时代和在东北音专求学期间,从他所谱写的几首小提琴独奏曲中,就可窥见其不凡的音乐创作才华。

　　1976年的金秋,积淀了十年激情的傅庚辰厚积薄发,创作了一首反映亿万国人意气风发地欢庆伟大胜利喜悦心声的管弦乐《欢庆舞曲》。这是一首圆舞曲式,有着浓郁轻音乐风格和鲜明舞蹈节奏的器乐小品。全曲篇幅仅5分钟出头,但却像一股久违的新风扑面而来、赏心悦目,激荡起人们对美好未来的向往。

　　《欢庆舞曲》在翌年国庆节的天安门广场的大型集体广场舞会上第一次奏响。那隽永流畅、欢快雀跃又热烈奔放的旋律,充满着东方的神韵和风采。乐曲仿佛像一场春雨,浇开了无数人心中的那棵春树;又犹如一束炽热的火苗,点燃了多少人多年积压心头的热望。那悠扬动人又催人奋进的乐曲,一遍又一遍地在天安门广场的夜空回荡,相伴着数十万心花怒放的人们怀揣着希冀度过了一个不眠的狂欢之夜。

　　《欢庆舞曲》是傅庚辰音乐生涯中一首里程碑式的作品。此作也是中国器乐作品洋为中用、民族化的一首典型代表作品。此作的谋篇布局立意高远,曲作者对整首乐曲的起承转合,乐句的行腔用意和段落间的错落有致,都成竹在胸、举重若轻。乐曲先由铜管乐奏出铿锵的引子,旋即各弦乐声部奏出舒缓轻快的主题音乐,随即木管、铜管及打击乐器,先后汇入音乐的主题,交相辉映、高潮迭起。并在此基础上不断地慕进、发展、升华、变奏,最终达到乐曲的巅峰。在这首作品中,傅庚辰基本运用了中国民族音乐中的五声音阶,但又巧妙、天衣无缝地融进了西洋作曲技法中的曲式、和声与复调等技巧。整首作品的曲式结构科学合理，音乐的层次分明，乐曲的和声织体丰满绵密，尤其是分解和弦的运用到了极致。

《欢庆舞曲》是一首单乐章的管弦小品，但其社会影响深远，此作也充分展现了傅庚辰的作曲功力。《欢庆舞曲》的乐谱面世后，中央乐团、上海交响乐团等国内的许多乐团，都在第一时间把它搬上音乐会的舞台。中国唱片上海公司在1979年，请上海交响乐团录音后灌制了黑胶唱片，流传甚广。我对《欢庆舞曲》是情有独钟的，曾聆听过中央乐团和上海交响乐团的音乐会现场版，家里珍藏的那张黑胶唱片更是听过无数遍。但每当《欢庆舞曲》的音乐响起，我依然热血沸腾、激情澎湃、不能自已。我想这就是音乐的魅力所在，因为这样的音乐是曲作者用自己的生命激情和炽热情感谱就的，是代表了民族、时代和大众的作品。

在中国作曲家创作的通俗易懂的管弦作品中，不仅有常演的小提琴曲《梁祝》，管弦乐《红旗颂》和《春节序曲》，还有很多旋律优美动听的作品，除了傅庚辰的《欢庆舞曲》，还有郑路、马洪业的《北京喜讯到边寨》，杜鸣心的《青年圆舞曲》，李伟才的《欢乐》，刘铁山、茅沅的《瑶族舞曲》，商易的《新春圆舞曲》，徐德义的《晚会圆舞曲》，郑德仁的《江南好风光》《采茶灯》，关英贤、马培元的《丰收舞曲》，鲍元恺的《炎黄风情》，秦咏诚的《海滨音诗》及任光的《彩云追月》，黄贻钧的《花好月圆》，等等。试想：若把上述的乐曲排成一台音乐会，那一定流光溢彩、琳琅满目、满台生辉。

拨乱反正后的1979年，还在八一电影制片厂工作的傅庚辰忙得不亦乐乎。那年他接受了《挺进中原》《雪山泪》这两部本厂拍摄的电影的作曲任务，另外他又接受了贺敬之的爱人、诗人柯岩的歌剧新作《记住啊请记住》的作曲任务。但在此前他已应邀为中国歌剧舞剧院新创的歌剧《星光啊星光》谱写音乐。就在这一年里，正年富力强的傅庚辰马不停蹄地连轴转，圆满完成了两部电影和一部歌剧的配乐创作任务。

《星光啊星光》成了他的跨年之作。此剧故事生动、人物集中、情节感人、剧中的对白诗句写得富有歌唱性，很利于音乐的创作。在这部歌剧中，傅庚辰基本是沿用了延安鲁艺时期创作的歌剧《白毛女》那样的"话剧加歌唱"的写作手法，这是一部抒情性的悲剧，七幕场景、六个人物。在第

傅庚辰在作品音乐会谢幕时

一幕的九段唱腔中,有七段音乐是用了三拍子的节奏。那欢快的歌声、热烈的舞蹈,包括主题歌《星光啊星光》,烘托了剧情的展开。在灾难降临的第二幕中,身陷囹圄的主人公坚信光明的到来,由对唱和独唱抒发着自己的真情。全剧五个人物有35个唱段,但幕后、幕间的合唱以及人物唱段的伴唱与辅助合唱却多达23段,有些还起到了"画龙点睛""反客为主"的作用。这部作品的成功上演,是傅庚辰音乐生涯中难忘的一章。

在傅庚辰担任解放军艺术学院院长兼中国音乐家协会主席期间,他在繁忙的工作之余,还与著名词作家翟泰丰一同先后创作了大型声乐套曲《航天之歌》和《小平之歌》,其中的有些唱段优美动情,成为音乐会上常演的曲目。

马革顺：中国合唱事业的奠基人

马革顺是中国合唱事业的奠基人，也是迄今为止中国乐坛最负盛名的合唱指挥家。他早年曾留学美国专攻合唱指挥，新中国成立前夕，马革顺怀揣着报效祖国的美好理想回国从事音乐教育工作。1956年，受贺绿汀院长重托，他协助同样留美学习乐队指挥的杨嘉仁教授一同组建上海音乐学院指挥系，并担任合唱教研室主任。在上海音乐学院任教期间，他探索、总结以汉语为基础的合唱艺术的特点和方法，从而撰写了有里程碑意义的著作《合唱学》一书。此书不仅填补了我国合唱教学法著作的空白，也奠定了我国合唱艺术的理论基础。

马革顺在其近八十年的音乐和教学生涯中，桃李满园，硕果累累。除了中央音乐学院的杨鸿年教授和中央乐团的指挥家严良堃和秋里等留苏的专家学者所培养的学生外，中国几乎所有的合唱指挥家都出自马革顺门下。而且中国顶级的合唱团体，如中央乐团合唱队、总政歌舞团合唱队、上海合唱团、上海音协室内乐合唱团和上海音乐学院学生合唱团等都受到过马革顺的悉心教诲和精心培训。即使在年近百岁高龄时，他还坐在轮椅上，上台指挥上海爱乐合唱团的演唱。

我和马革顺先生相识相交也有很多年了，我曾多次采访他并跟他有过促膝长谈，因此对他的人生经历和艺术生涯有较深的了解。马老是个真诚坦荡的人，他从不讲违心的话，而且生性耿直率真、快人快语，又很幽默。他思路敏捷、对答如流，睿智的双眸里透露出智慧和童真。他对生活的态度一贯积极向上、从不与人争名夺利，因而健康长寿。历经磨难的马革顺经常说：他是为音乐而生，更是为合唱指挥艺术而活着的。

选择音乐之路

马革顺祖籍陕西乾县，1914年12月27日出生在南京的一户宗教家庭，父亲马兆瑞是南京小有名气的一名牧师，因此马革顺一出生也就天经地义地成了一名基督教徒。当年马革顺家自盖的三层楼房在南京的繁华地段，底层是礼拜堂，马兆瑞原本也是一名孤儿，后来有了一定的经济实力，也想对社会有点贡献。于是就在礼拜堂旁边的一排房屋里办了个孤儿院。他对几十名收养的孤儿管教很严，因此这些孤儿经常在劳动中唱赞美诗，用歌声来缓解心中的压力和劳累。

马革顺是家中长子，他的名字取自《圣经》里三千多年前犹太人先知摩西的儿子之名：革顺。他的四个弟弟：以利、西拉、约翰和大卫的名字也是父亲从圣经里的名字中精挑细选出来的。由此可见，父亲对孩子们是寄予厚望的。马兆瑞虽是接受西洋文化的牧师，但他骨子里既封建又专制，他的意志简直如同皇帝的圣旨一样不可违抗。因此平日对孩子的管教格外严苛，生性叛逆的马革顺因为经常顶撞父亲而几乎天天受到责罚，心中十分苦闷。有一次，他甚至采取自杀的举动来抗争父亲的管教。唯有孤儿们在劳作时的歌声和家中做礼拜唱的赞美诗，才能带给他精神上的慰藉、并引起强烈共鸣。从某种意义上来说，马革顺的少年时代是在父亲责罚的磨难中和美妙的歌声里成长的。

马兆瑞虽然对大儿子过于严苛，但他对其学习风琴、在家里组织孤儿合唱团却从不加罪。马革顺10岁左右就开始摆弄并自学家中的那架风琴了，因为琴声和歌声能摆脱痛苦。脚踏风琴的外形类似立式钢琴，是甲午战争后由日本传入中国的。风琴虽比钢琴小了些许，但演奏功能齐全。而钢琴制作的原理却是在风琴的基础上改进突破而成的。天资聪慧又认真执着的马革顺，在不断的实践探索中，无师自通地从风琴弹奏上学到了和声、复调等一些音乐知识和作曲技法，最终居然能用自家教堂的风琴为做礼拜的信徒们唱赞美诗伴奏了。

但马革顺真正开始学习钢琴时已16岁了，早就过了学习钢琴的最佳年龄。那是动荡的1927年春，北伐军攻占了南京并建立了国民政府。此时大批侨民纷纷撤离南京，马兆瑞乘此机会买下了一架低价的德国名琴，并为马革顺学习钢琴请来了一位老师陈竹君。陈竹君家庭背景显赫，金陵大学毕业后留美，学成归国后又回母校执教。她虽然不是钢琴专业毕业，但琴技出众、教学也很有心得。马革顺跟随她整整学习了三年，从而打下了一定的钢琴演奏基础。1932年，马革顺在南京成美中学读高二时，又追随金陵女子大学的美籍钢琴老师夏莉正规学习了一年的钢琴练习曲，受益匪浅。凭此功力，马革顺轻松地考入中央大学的音乐专业。原本他是想报考上海国立音专的，但唯恐自己的水平还不够，而且父亲也未必能同意他离开南京去上海求学。按马兆瑞的愿望，他是希望儿子报考中央大学土木工程专业，当一名建筑设计师，因为这个行当当年是最风行的朝阳产业。但马革顺执意要报考艺术系，并承诺将来毕业学成了要为教会服务。当时中国的教会太缺乏本土的音乐人才，听了儿子的承诺，父亲心有所动，这才同意他报考艺术系。

马革顺如愿考入中央大学教育学院的艺术专修科，主修指挥。中央大学是民国时期综合性的重点一流大学，下设文学院、法学院、理学院、工学院、农学院、商学院和教育学院等七大专业类别。该校的建筑群和校园氛围充满了欧洲文艺复兴时期的浪漫主义情调，马革顺徜徉在学校的图书馆、科技馆、体育馆和演出厅时，仿佛已置身于自己所钟爱的音乐和知识的海洋里，那种奇妙的感觉是他从未有过的。

中央大学教育学院的艺术专修科是由著名画家徐悲鸿挂帅的，此科下设音乐组、国画组、西画组和绘画组，从组别的设置来看，该校的绘画教学比重远远超过音乐。曾在法国里昂国立音乐学院深造过的唐学咏是音乐组的组长，他留法前是李叔同先生的弟子刘质平、吴梦非和丰子恺的学生。唐学咏学识广博、儒雅健谈又学贯中西，他对师祖李叔同引进并提倡的西方音乐、戏剧和诗书画印无不精通。他不仅为学生讲授西方音乐史，还单独教授马革顺视唱练耳、基本乐理与和声学等，是马革顺步入音乐殿堂的启蒙者。

唐学咏的讲学旁征博引、海阔天空，马革顺十分景仰。但由于那时中文的音乐教材缺乏，唐先生有时讲课时会拿着一本法文的原著先用原文朗读一段，然后再用中文翻译一段，但这样的照本宣科对求知若渴的马革顺来说很不过瘾。他决意要学好外语,于是他在课余的很多时间跟随学校的外语老师学习多种语言。

中央大学有许多兼职的外籍音乐家教师,马革顺幸运地遇上了一位来自莫扎特故乡的音乐家:史达士博士。此君毕业于维也纳音乐学院,在奥地利萨尔斯堡音乐节任常任指挥,他是奥地利政府派到中国的文化交流学者。史达士在中央大学教授指挥法、配器学、合唱、音乐教学法和音乐史等课程。他最初用法语上课,当知道学生还不具备这样的学习条件时,就改用德语口音的英语上课。那时整个学校学习音乐的学生只有20

马革顺的恩师史达士博士

多人,其中有著名大提琴演奏家马友友的父亲马孝骏、马思聪的九弟马思宏,还有马思聪的夫人王慕理的弟弟王友健等,当年马思聪也曾在中央大学从事过教学工作。

与马革顺同班的还有两位女同学:周崇淑和徐炳华,她们学习声乐、钢琴和小提琴。但马革顺学习钢琴时年龄已经很大了,因此他不可能在器乐演奏这方面有太大的发展空间和前途,因此他选择了自己喜欢的合唱、指挥和作曲。当时他在学校的待遇早已超过了研究生,史达士是单独为他一人教授合唱学、指挥法及配器、和声等课程的。老师尽其所能地教授,而马革顺则如饥似渴地悉心学习,从无一丝懈怠。师生两人的友情与日俱增。

史达士博士在中央大学组建了一支合唱团,在他的培训指点下,这支合唱团不仅能演唱拉丁文、德文和英文的合唱曲,还能用中文演唱赵元任的《海韵》、黄自的《抗敌歌》和《旗正飘飘》等多声部的中国合唱作品。史达士博士在抗战时期,组建了南京声歌协会合唱团,由中央大学、金陵大学和金陵女大的三支合唱团合并而成。由于史达士的教学工作比较繁忙,他就请自己的得意门生马革顺作为助手,负责合唱团的平日训练。马革顺不仅总管合唱团的日常事务,还要负责乐谱的刻、校、印和联系演出等事务。年轻的马革顺已深深爱上了合唱,为了合唱他乐此不疲。而史达士只有在合唱团正式演出时才会登台指挥。

1937年4月,落成不久的南京国民大会堂要举办四场音乐会。上海工部局交响乐团不仅要担任三场合唱音乐会的伴奏，还要专门举办一场世界交响名曲音乐会。首场演出由来自燕京大学一百多名队员组成的合唱团演唱亨德尔的《弥撒亚》，第二场是上海国立音专师生的综合音乐会。压轴的是由史达士指挥的南京声歌协会合唱团演唱的海顿的《创世纪》，并特邀上海音专的俄籍声乐大师苏石林担任领唱。当时这四场音乐会的实况都是通过国民党的中央广播电台向全国播放，影响甚广。声歌合唱团也因此次演出而声名鹊起，马革顺身为合唱团的团员、代理指挥和乐团负责人，更是感到自豪。因为他作为合唱团的代理指挥所排练的节目，都得到了史达士的肯定。无疑，这位奥地利音乐家是马革顺指挥生涯的引路人。

马革顺在南京的家，距离中央大学不远，因此他每天都骑自行车上下学。那时他家已有近百名孤儿在此学习劳动。这里的孤儿虽没有条件学习器乐，但他们有发自内心的动人歌声。而且有些孤儿甚至在马革顺弹奏钢琴时，能不知不觉地唱出另一声部的和谐音调。大喜过望的马革顺于是就萌生在家里组织一支孤儿合唱团的想法。一向唯他独尊的马兆瑞对儿子的此举并未提出异议，也算是默许了。

马革顺开始在孤儿中遴选合唱团员，研究演唱曲目并制定教学计划等，他尝试要在这块处女地上探索自己的指挥艺术。这些看似没有任何音乐基础的孤儿们，由于经常耳濡目染礼拜时的赞美诗，因此他们的乐感很好。再加之马革顺从史达士那里学来、并在中央大学合唱团排练时经常运用的那种得法的训练手段，在用于孤儿合唱团时也行之有效。经过一段时间的调教，这支合唱团的演唱已有板有眼、像模像样了。

孤儿合唱团每周排练两次，每次两个小时。马革顺既是指挥又是钢琴伴奏，有时还要给各声部示范演唱。一个学期过去后，孤儿合唱团已经能演唱十多首简单的宗教歌曲。因为马革顺手头有本李抱枕编著的《混声合唱曲集》，所以他也教孤儿合唱团演唱一些抗日爱国歌曲。

李抱枕是中国最早推广合唱艺术者。他早年在北平从事音乐教育，并发起创办了我国第一个男声合唱团。"九一八事变"后，作为一个爱国的音乐家，李抱枕创作了《出征》《凯旋》《为国奋战》等一系列抗日救亡歌曲。并亲率北平育英中学合唱团到天津、南京、上海、杭州和济南等城市巡演，宣传抗日救亡来唤醒国人。抗战时期，李抱枕还在北平故宫的太和殿前，指挥六百多人的抗日救亡大合唱；以后又在重庆组织二十多个合唱团共同举行"千人大合唱"。这些举动都在中国合唱史上，留下过浓墨重彩的一笔。李抱忱一生还创作改编了大量的合唱曲，并著有《合唱指挥法》一书。这位中国合唱艺术的先驱一直是引领马革顺跋山涉水、不断前行的标杆。

最令马革顺感到自豪的是：有一次南京组织大中小学合唱交流音乐会，中央大学和其他学校也纷纷推出新节目，马革顺有幸亲率自家的孤儿合唱团应邀参演。这天南京的一支合唱团演唱了赵元任的《海韵》，并由曲作者的长女赵如兰领唱。著名语言学家、作曲家赵元任到现场观摩聆听。作为特邀的孤儿合唱团，这天在马革顺的指挥下，演唱了四声部的《哈利路亚》。歌声是那样的清澈辽远又纯净甜美，这些歌声发自孤儿的心灵，犹如天籁，它是其他声音所不能替代和比拟的。演出结束后，赵元任对孤儿合唱团的歌声盛赞有加，令马革顺感到无比骄傲。

就在马革顺在中央大学的四年寒窗生涯即将结束前，身为上海工部局交响乐团客席指挥的史达士，带领学校音乐组的师生前往上海参观上海国立音专和上海工部局乐团。上海之行算是给马革顺们开了眼界，他们聆听了贝多芬的交响音乐会，也见识了许多闻名遐迩的音乐大家。

马革顺随中央大学师生参观国立音专

1937年的春夏之交，转眼就要告别大学生涯的马革顺对校园生活依依不舍，这是一段弥足珍贵的师生情，恩师唐学咏对学生的情谊也难以割舍。一天，他带领马革顺和周崇淑、徐炳华三位学生一同去游汤山，那天，唐学咏正式邀请马革顺毕业后到他即将新办的杭州音乐馆去任教，同时向他告知：刘质平、吴梦非等音乐家也已接受任教的邀请。就在已受邀约的马革顺正沉浸在对美好明天的憧憬时，史达士也来找马革顺谈心，希望他能去奥地利的音乐院校继续深造合唱指挥，并把自己的一封亲笔推荐信交给马革顺。其实关于留学一事，马革顺早已与老家的教育厅联系过。按照陕西省政府的规定：凡陕西省籍学子，在中国重点大学成绩优异的毕业者要出洋留学的费用均由省教育厅出资，但前提是此学子必须先要为本省服务两年后方可出行。面对恩师史达士的好意和热忱，事先已答应去杭州就业的马革顺只能实情相告并婉言谢绝了。

投身抗日救亡歌咏

接踵而至的"七七事变"和"八一三"淞沪抗战，中国军队一再失利，局势一泻千里，首都南京也成了抗战前线并岌岌可危。近代中华民国的强国梦，随着越来越近的隆隆炮声，也伴随着中华民国十年黄金期而终结。此时，杭州的音乐馆因战乱尚未来得及招生便胎死腹中。而南京的政府机关、学术机构和高等院校也正准备内迁至四川等地，原本马革顺怀揣着的美好理想此刻都已化为灰烬了。

1937年11月下旬，马革顺一家准备撤离南京前往老家陕西。当时准备撤到重庆的国民党中央广播电台，要在行前组织一档抗战文艺宣传的直播节目，以激励守卫南京的军民。但此时的南京城人心惶惶、乱象丛生，达官贵人和文化精英早已离去，要组织一台像样的文艺节目已谈何容易。但电台的编辑找到了因指挥孤儿合唱团而出名的马革顺，要他出一档节目。马革顺对生育他的南京城是怀有深厚感情的。对于日寇的猖狂入侵，眼看大片国土的沦丧和无数中国百姓的遭难，他更是义愤填膺，于是就一口应允去电台演出。

这天回家后，马革顺旋即就找出同校低年级的学生王问奇写的两首歌词:《不久就要天明》和《淞沪战歌》,一气呵成地把它们谱写成两首激昂的战歌,并写成三声部的重唱歌曲。请二弟马以利、三弟马西拉一同在家排练,自己则担任钢琴伴奏兼主旋律的演唱,排练直至滚瓜烂熟后才去电台当场直播。就在马家兄弟在电台放歌的两个星期后,1937年12月13日南京沦陷,马革顺一家此前已分两批撤离至西安。

马革顺到达西安后,先后在尊德女中和市立女中得到了一份兼职音乐教师的工作,为学生上音乐课、排练抗日救亡歌曲的大合唱。"西安事变"已和平解决一周年后的西安城,国共双方已再度携手合作抗日。1938年春,已投身延安的女作家丁玲亲率八路军西北战地服务团一行,从山西前线来到西安古城宣传抗日救亡。与此同时,抗日名将李宗仁指挥中国军队重创了不可一世的日寇,取得了台儿庄大战的胜利而震撼了全世界。这场战役吸引了一位已在中国拍摄抗日纪录影片的荷兰著名导演:世界著名纪录影片大师伊文斯。他与美国的弗拉哈迪、英国的格里尔逊和苏联的维尔托夫并称为"世界四大纪录影片之父"。

伊文斯是受爱国华侨资助和美国当代历史电影公司的委托,于1938年初,来华拍摄中国战场实况和四亿中国军民奋勇抗战的纪录影片《四万万人民》。这部纪录片涉及国共双方的许多重要人物,如周恩来、朱德、董必武、宋庆龄及蒋介石、宋美龄、李宗仁、白崇禧和陈诚等。这年4月初,伊文斯冒着生命危险在台儿庄拍摄到了大量珍贵的战争场面的影像资料。然后他们一行又来到武汉三镇拍摄当地的抗日救亡歌咏运动,其中还拍到了冼星海在汉口街头指挥合唱的场面。原本伊文斯一行准备去抗战圣地延安拍摄那里军民的生活,但遭到国民党政府的百般阻挠而未能成行。在八路军驻武汉办事处的建议下,伊文斯一行来到了古都西安拍摄乾陵,以此来表明中国的古老文明正在遭受劫难。

在那个抗战激战正酣的日子里,马革顺到达西安后就一直在从事社会各界的抗日救亡歌咏运动,他组织指挥了多支合唱团上街宣传演唱,还谱写了《台儿庄打胜仗》等抗日歌曲。这年5月的一天,伊文斯带着摄影师费诺和卡尔来到西安鼓楼一带实景拍摄。只见一位齐耳短发的姑娘正在慷慨激昂地发表演讲,无数神情凝重的中国百姓在屏息聆听……这样的场景,伊文斯是绝不会放过拍摄的。突然间,不远处又传来了阵阵雄壮的歌声,伊文斯一行循声而去，此时的马革顺正在鼓楼附近的一块空地上指挥一群青年男女高唱救亡歌曲。一曲歌毕，摄影师赶忙上前向马革顺作了自我介绍。当马革顺得知这批人就是大名鼎鼎的外国纪录片电影家、并打算拍摄他们的歌咏场面时便一口答应。但由于当时天色已晚，光线比较暗淡，因此摄影师建议改在第二天早上拍摄。

翌日一早，马革顺带领着西安抗敌后援会的学生军合唱团早早就来到了鼓楼排练，他自己还特地换了一身十分合身的青年装。当鼓楼街头的百姓和士兵看到有学生军演出并要拍电影，便好奇地围了一圈又一圈，四周被堵得水泄不通。拍摄开始了，马革顺手持指挥棒，在激昂的旋律中挥舞着双臂。他的指挥动作果断简练、毫不拖泥带水，更没有半点哗众取宠的矫揉造作，节拍全在点子上。马革顺在西安街头指挥合唱的这一幕，被伊文斯剪辑在大型纪录影片《四万万人民》中，影片由美国当代历史电影公司出品发行后，在全世界同步播映。在这部长达五十多分钟的黑白纪录片中，虽然马革顺指挥街头合唱的镜头只有短短的四五秒钟，但中国人民大无畏的抗战决心和意志，给全世界观众留下了深刻的印象。

二十多年后，中国中央新闻纪录电影制片厂在纪念中国抗战胜利二十周年时，也拍摄了一部大型纪录片《人民战争胜利万岁》。影片中就有马革顺在西安鼓楼街头指挥群众歌咏的珍贵历史镜头，显然此素材是来自伊文斯的纪录影片。

当年从上海发起，以后又影响波及全国各大城市的抗日救亡群众歌咏运动，是抗战时期的特殊产物，它曾为中国抗战的胜利起过不可估量的作用。马革顺在西安从事抗日救亡歌咏时，已意识到了音乐的力量和作用。他虽是个基督教徒，但他首先是个中国人，一个爱国爱民族的炎黄子孙。在中华民族危亡之际，他定当义无反顾地投身到这伟大的抗日洪流中。马革顺不仅组织、指导群众的爱国歌咏，还用音乐作武器，他谱写的《台儿庄打胜仗》《胜利在最后》《募寒衣》等抗日救亡歌曲，与黄自的《热血歌》，孙尊武的《民族抗战》和张寒晖的《松花江上》，都在西安广为流传。

从1938年4月至5月，西安举行了两场盛况空前的万人歌咏大会，激起了西安市民对日寇的同仇敌忾。在这两场歌咏会的基础上，马革顺组织起一批歌咏骨干并倡议成立"西安市音乐教师抗战音乐研究会"，并创办了一本宣传抗日救亡的音乐期刊《抗日音乐》，由省立二中的教师、毕业于上海国立音专的孙尊武负责编辑。这本期刊除了登载当年流行全国的一些抗日救亡经典歌曲外，还用相当的篇幅刊登乐评文章。其中有懋昭挥的《用热血来纪念黄自》、刘德润的《抗战期间的音乐运动》、孙尊武的《"七七事变"周年纪念日对西安歌咏运动之回顾》和马革顺的《西安市音乐教师抗日音乐研究会筹备经过》及《关于抗敌歌曲的检讨》。

在《关于抗敌歌曲的检讨》一文中，马革顺第一次较全面地阐述了自己的音乐理念，由此也显示出他的音乐理论功底。文中从我国周朝时期音乐在上流社会所占据的重要地位说起，以后因随着国人崇尚和爱好文学而渐渐转向。再加之我国宫商角徵羽的五声音阶没有半音，因此记谱法既不完备也不太科学，而导致"盛极一时的音乐，最终失传的无线索可寻"。因此中国的音乐文化"等于睡了一次两三千年的大觉"，直到清末民初，学堂乐歌的兴起，近现代音乐方在我国萌芽，广大国人才渐渐开始关注和受到音乐的影响。以后随着西风东渐、西式学校开始林立，在采用了欧美教育后，才有了音乐教育这门课程。但其教材，大多又是外来音调填上中国歌词，并未跳出"学堂乐歌"模式的俗套。

直至"九一八事变"后，日本侵略者的铁蹄肆无忌惮地践踏着我们美丽的国土，此时的中国人像一头刚睡醒的狮子，终于发出了震天动地的怒吼。团结唤醒中国人民的抗日救亡歌曲，就是在这样的背景下产生的。这时中国的音乐工作者才真正得到了国人的尊敬和社会的重视，因而更有了创作的激情、动力和用武之地。抗日救亡歌曲的产生不啻为中国音乐的复兴打开了一扇大门，更使国人意识到：音乐对于一个国家和民族素质的提高是极其重要的。

在当时那个国难当头又积贫积弱的中国，绝大多数国民温饱也难有，因此他们五音不全、也大多不识汉字，更谈不上认知乐谱了。但马革顺认为：既然抗日救亡歌咏已成了全民的运动，就应该在此基础上更积极健康地发展，此次群众歌咏运动至少说明中国人民是有爱国激情的，虽不识乐谱，但乐感很好，演唱都像模像样。由此可见，歌唱，尤其是合唱，是最适合普及中国人民音乐素质的一种载体。只要音乐工作者们持之以恒、不断地向中国民众普及最基本的音乐知识，并创作朗朗上口的好听歌曲，以引导他们的兴

马革顺和盛璐德在上海成婚

趣和爱好,相信经过几代人循序渐进地努力,提高中国人民的音乐素质是完全可期的。

可惜的是,振聋发聩的《抗日音乐》因时局动荡和国民党当局的刁难,只出了一期就被迫停刊了。但马革顺的音乐才华,在西安得到了圈内外的普遍认可。

1939年底,26岁的马革顺只身一人离开西安去上海完婚。未婚妻盛璐德是上海姑娘,她出身名门,是晚清重臣盛怀宣的远房亲戚,父亲也是一名牧师。

在1935年的一次教会活动中,马革顺与比他年长两岁的盛璐德偶然相遇便一下子擦出火花。后经与马、盛两家都很熟悉的美国传教士慕淑德的撮合,两人很快确立了恋爱关系。虽以后马革顺去了西北,但两人一直保持通信联系。当马兆瑞得知儿子瞒着自己与盛永保的小女儿谈恋爱时,怒不可遏。因为按照封建礼俗,男女不能自由恋爱,儿女婚嫁首先要得到父母的同意。但西方社会并不认同中国传统的伦理,因此介绍人慕淑德并没事先把他儿子的恋爱情况告知马兆瑞。

对于这门亲事,马家持反对态度,而盛家却非常支持,并看好未来的新女婿。但马革顺有些自卑,因为他当时还没有固定的工作,也就没有能力来组建小家庭。而盛璐德从小就读西式学校,是个新女性。她非常仰慕马革顺的才华。而盛家生怕女儿出嫁不能过上好的生活,但盛璐德却表示:自己有工作,不需要靠别人来养活。

由于旧中国的交通落后,再加之战乱的原因,马革顺经过一个多月的辗转颠簸,翻山越岭又跋山涉水,换乘过火车、汽车和牛车,从西安经贵阳绕道昆明,再出发到越南海防,然后乘大轮船至香港再辗转至上海。马革顺终于在1940年春节来临前夕,见到了朝思暮想的盛璐德,两位年轻人有说不完的心里话。

按盛家习俗,1940年的元旦,马革顺与盛璐德举行了订婚仪式。场面非常简单,只请牧师见证了一下,宴席都没摆。到上海后,马革顺在好友戚庆才（男高音歌唱家戚长伟的父亲）牧师的介绍下，谋得了甘氏圣经学院的音乐教师一职。当年的10月18日下午，马革顺与盛璐德的婚礼在盛家的小礼堂举行。几十位亲朋好友见证了这对新人的幸福时刻。这天马革顺的父母虽然没有到场祝贺，但他带来了母亲送给妻子的一块紫羊羔皮，虽说这块羊皮并不值钱，但盛璐德的心里却感到浓浓的爱意和满满的温暖。

当晚，两三百名来宾出席了在上海基督教青年会九楼举行的马革顺的婚宴。席间，新郎不仅用钢琴为新娘演唱的情歌伴奏，还应宾客要求，独奏了几首钢琴小品。整个场面欢声笑语不断，新郎和新娘更是沉浸在无比的幸福之中。婚后两人很幸福，盛璐德继续在工部局所属荆州路小学幼儿园当音乐老师，而马革顺则在甘氏圣经学院训练学生唱诗班、组织音乐会，并为学校的管弦乐队写谱、配器、指挥，忙得不亦乐乎。

但好景不长，1941年底，日寇发动太平洋战争，上海的租界也由此不复存在。无情的战火再一次击碎了马革顺的音乐梦。创办甘氏圣经学院的美国浸礼会传教士但仍松被遣送回国，学校被迫关闭。马革顺的工作也随之失去，连学校原本提供的住房也没有了。他只能又托朋友介绍担保到其他学校去任教。

1942年2月23日，马革顺唯一的女儿马淑慧出生了，他身上的担子也更重了。此时他感到自己在上海的发展空间已不大，也很难再有机会施展才华。尽管丈母娘对自己和家人特别关心和照顾，但作为一个正当年的男子汉，总感到有些寄人篱下的不爽。此外他已多年未见父母，心中甚念。于是他与妻子商量决定一家回西安生活。盛璐德深爱着马革顺，

马革顺和妻子女儿在一起

她为了丈夫和家庭什么都愿意奉献。既然丈夫决心已下，她也就随夫去闯荡大西北了。

去西安的路，与马革顺来上海一样的艰难繁复。由于女儿尚小，一路的颠簸让她九死一生。全家在折腾了42天后，终于到达了西安。此时马淑慧已奄奄一息，幸亏祖母用羊奶精心调养才救回她的生命。马革顺重回西安后，他当年兼职过的尊德女中此次正式聘请他当音乐教师，同时分配给他两间住房。盛璐德也在当地的女青年会幼儿园找到工作，女儿也随她一同入园。这样，马革顺一家终于可以安身立命了。好事成双，不久西安成立了西北音乐学院，院长赵梅伯是马革顺在上海结识的朋友。赵梅伯与应尚能、周淑安齐名，是中国最早学习西洋唱法的歌唱家和音乐教育家。他1929年留学比利时布鲁塞尔皇家音乐学院，并曾在那里举行的国际声乐比赛中获奖。1936年归国后，先后在北平艺专、上海国立音专任教。

西北音乐学院开办之初，赵梅伯急需招募一批教授各类音乐的人才。该校设有本科、师范和研究生班，分声乐、钢琴、弦乐、民乐和理论作曲等专业。但学校的校舍很简陋，教学的设备又很不完善。只有七八架钢琴，其他乐器基本都由学生自带，音乐图书、乐谱、唱片等资料也不多。

马革顺于1943年夏应邀任该校的讲师，这样的职称对于马革顺来说有些屈才，但他觉得自己又有了用武之地，非常欣喜，根本不在乎音乐之外的名利。马革顺在西北音乐学院每周有12课时，但为了给家庭增加一点收入，同时他又应邀到潞河中学兼课。因此除了周日，他每天骑自行车穿梭于这三所学校，虽然教学很累，但能从事自己钟爱的事业，马革顺乐此不疲。但这样的安稳日子仅仅过了一年，马革顺在音乐学院教视唱练耳、基本乐理和音乐欣赏课，他深入浅出、生动活泼又风趣幽默的讲学受到学生的热烈欢迎，因此在学校中威望很高。这让一向自傲的赵梅伯感到很大的不快，由此与马革顺有了隔阂。再加之此时学校又陆续了招来一批名师任教，马革顺就此被边缘化了。但他的性格是此处不留爷、自有留爷处，于是主动辞职了。

在抗战即将胜利的前夜，日寇进行了最后的挣扎。日军除了围攻潼关外，还加紧对西安的轰炸。无奈马革顺又携妻拖女离开西安去四川成都谋生，经过很多天的艰难跋涉，1944年8月，马革顺一家抵达成都。因为有教会这条线索，盛璐德很快就顺利地在成都女青年会幼儿园有了自己的工作。而马革顺也经人介绍，在四川省立艺术专科学校（现今四川音乐学院）谋得了一份每周六上两小时音乐欣赏课的差事。但这份工作的薪金，马革顺连自己也养不活。无奈，他又千方百计地托人寻得西安搬迁至成都附近金堂县的铭贤中学音乐教师一职。那时他每周日下午骑上四五个小时的自行车前往铭贤中学，上完一周的课后又赶回成都。为了生活，就这样周而复始地连轴转。碰到大雨大雪的恶劣天气，马革顺的行程就更难了。但为了音乐和自己的家庭，他没有任何的怨言。好在半年后，因马革顺教学出色，省艺专正式聘请他为专职教师。这样他就不用从成都到金堂这样来回跑了。

1944年底，与黄友葵、喻宜萱、周小燕并称为中国女高音"四大名旦"的郎毓秀，也来到了省艺专任教。郎毓秀是著名摄影家郎静山的女儿，她毕业于上海国立音专，先后师从周淑安、苏石林和赵梅伯等大家。她17岁时就成了上海百代唱片公司的签约歌手，那时她演唱黄自作曲的《天伦歌》红遍全中国。

1945年夏，郎毓秀要去乐山举办个人独唱音乐会。但当时想要请一位合适的钢琴伴奏谈何容易，因此郎毓秀就请自己在艺专的同事马革顺帮忙。虽然马革顺不是专职的钢琴伴奏，但他懂声乐、又熟悉那些声乐作品，而且还懂和声复调，钢琴的弹奏技巧也不错，因此由他客串钢琴伴奏也未尝不可。

郎毓秀算是挑对人了，乐山当地只有一架钢琴，而且这架琴的好多琴键已断了弦。眼看音乐会临近了，大伙儿急得火烧眉毛，郎毓秀更是一筹莫展，而马革顺则镇定自若。他自告奋勇提早一个星期去乐山修理钢琴，在当地找到了一只报废的汽车轮胎，马革顺从中抽出一根根细细的钢丝，用这种钢丝来替换已断了的琴弦，再经过反复校音，一架几乎瘫痪的钢琴在马革顺的巧手下竟然复活了。原来当年马革顺在上海时，曾看到自己的弟弟用这种办法修复过家中的钢琴。因此乐山之行马革顺是胸有成竹的。

说来也巧，就在郎毓秀独唱音乐会举办的当天，日本宣布无条件投降了。乐山全城欢腾、群情激昂。当晚音乐会成功结束后，马革顺激动地拉起了手风琴，带领郎毓秀夫妇和全场的观众一同尽情地合唱欢乐，然后又擎着火把上街，加入了自发游行的滚滚人流中。

为了庆祝中国人民抗日战争的胜利，郎毓秀接连在成都、重庆举办独唱音乐会。每场音乐会她都演唱了《饮酒歌》《天伦歌》《卡地的少女》《玫瑰三愿》《燕子歌》《教我如何不想他》等近二十首中外作品，钢琴伴奏都是由马革顺担纲的。此外，马革顺还为同校的男高音歌唱家蔡绍序的独唱音乐会担任钢琴伴奏。

抗战胜利了，国民政府也从陪都重庆返回南京。马革顺没有回西安，也没选择到南京，而是去了上海。因为那里有自己施展音乐抱负的广阔舞台和心心念念的留洋深造机会。而且在上海自己的妻女也能得到岳父母的照料而使他没了后顾之忧，能最终去实现自己的夙愿：留洋学习合唱指挥。

1945年底，马革顺一家回到了上海。他从中央大学毕业后已在外闯荡了八年之久，其音乐才华已逐渐被越来越多的人所认可。马革顺甫回上海，早年相识于南京声歌协会时的杨嘉仁就来联系他，准备一同在上海筹建一个音乐中心。杨嘉仁曾是金陵大学音乐系的学生，1937年赴美留学，在密歇根大学学习音乐教育和音乐理论。回国后先后在上海圣约翰大学、沪江大学和上海国立音专任教。上海音乐中心创办时，在上海的一些学校开设了许多分站。马革顺负责的第一分站就设在胶州路的实验中学。他走马上任后，学校的各种器乐和合唱班办得有声有色、风生水起。但随着国共内战的开始，国民经济再度陷入困境。音乐中心开办一年后就已没有经费支撑，只能关门大吉。

马革顺对合唱指挥情有独钟，为了学习掌握这门外来艺术只能留洋，因为当时国内还没有合适的教师。但此时的欧洲战火刚熄，尤其是德奥两国更是千疮百孔，于是马革顺的目光投向了美国。为了积攒留学的费用，马革顺开始在上海到处打短工。务本女中、裨文女中、怀恩中学、上海体育学院和上海浸信会神学院，但凡有请他去上音乐课的机会他一概不拒。此外，他还带教了几个私人学生上钢琴课。

马革顺的留学计划得到妻子的全力支持。但盛璐德对他提出三个要求：到美国后，一不许乘飞机，二不许跳交谊舞，三要一直戴结婚戒指。这三点要求无非就是为了保证马革顺的安全和家庭婚姻关系的完美，马革顺当然能做到，便一口答应。旋即，马革顺就向美国著名的威斯敏斯特合唱学院提出留学申请，并寄去了相关材料。院方很快就同意马革顺入学，但表示学校只能提供一次性的500美元奖学金。

正当赴美心切的马革顺从美国领事馆拿到留美的签证时，上海浸信会神学院又推荐马革顺去美国西南音乐学院，并称该院可为他申请全额奖学金。面对如此优渥的条件，马革顺和妻子权衡再三后，决定先去美国西南音乐学院学习，然后再做打算。于是，马革顺赶紧写信给威斯敏斯特合唱学院，称自己事出有因而要推迟来校学习。

留美学成归来报国

1947年5月，马革顺惜别家人，乘上美国海豹号游轮，经过21天的海上航行，抵达了美国旧金山。马革顺在旧金山逗留几天后便坐火车前往芝加哥，与正在那里讲道的父亲会合。此时年近花甲的马兆瑞已多年未与儿子见面了，过去对儿子那种过于严苛的态度，使他的心里产生了些许愧疚。此次在美国重逢，他几乎一直陪伴在儿子身旁，直至马革顺去西南音乐学院报到。初到美国的那些日子，是马革顺人生中与父亲最和谐的时光，直到终老他也一直没有忘却。

马革顺留学美国的最终目的，是学习合唱指挥，来西南音乐学院只是一个铺垫和过渡。在这里他可以先学习英语、熟悉环境，并勤工俭学积累学习的费用。但三年的学习他准备在一年内完成，因此课程排得满满当当。马革顺早在国内学习和工作时已积累了相当的音乐基础，因此来美学习一点也不费劲。他甚至在学习之余，还可替老师代批同学的和声课作业。弗林特教授惊喜地发现自己有这么好的一个学生，于是就直截了当地要马革顺在毕业后留校当他的助教，并给出了许多诱人的条件。可令弗林特教授费解的是，这位中国留学生却丝毫不为所动。

马革顺在美国西南音乐学院的毕业论文写作和答辩，都是需要用英语来完成的。但他在中央大学学的是德语，英语他只在初高中时学过一点，因此要他用英语来完成论文写作和答辩是有些勉为其难的。对此在弗林特教授的关照下,学校破例地网开一面:允许马革顺用一场钢琴独奏会来替代论文答辩。

1948年3月19日,替代论文答辩的钢琴独奏会在学校的音乐厅举行。为此马革顺专门理了发,又穿上洁白的衬衫和深色西装并打上领结。这场音乐会的曲子是马革顺自己精挑细选的,从巴洛克时期亨德尔的《前奏曲和赋格》,古典主义时期莫扎特的奏鸣曲和勃拉姆斯的《狂想曲》,再到浪漫主义时期肖邦的《夜曲》和《练习曲》等,另外音乐会还专门上演了三首中国钢琴小品,有贺绿汀的《牧童短笛》《摇篮曲》和马革顺自己根据中国西北民歌改编的一首《钢琴赋格》。这些经典的中外钢琴作品的演奏难度并不算太大,马革顺发自内心的激情演奏,把这些作品诠释得恰如其分又淋漓尽致。这场毕业钢琴独奏会举办得很成功,这也是马革顺人生中唯一举办过的一次钢琴独奏音乐会。

暑假结束后,马革顺就顺利地踏入了自己心中的音乐圣殿——美国新泽西州普林斯顿的威斯敏斯特合唱学院,专攻指挥艺术。西方的合唱是从

马革顺在维斯特敏特合唱学院留影

宗教音乐不断演化发展的，它也因宗教的派别而产生了两大流派：一派是天主教的西罗马流派，这种流派的演唱特点是积极昂扬向上，声音位置靠前，因此唱出的声音纤细明亮又清晰。而另一派是东正教的东罗马流派，它的演唱特点是气势宏大、声音雄浑辽远，声音位置相对靠后。而美国又是一个包罗万象的社会，威斯敏斯特合唱学院比较倾向东罗马流派，而明尼苏达州的欧拉学院更接近西罗马色彩。这两所著名的美国合唱学院相比较而言，威斯敏斯特合唱学院的名声更大、其教学质量也更好一些，该校培养的指挥人才遍布全世界各国的教堂。

上专业合唱课对马革顺来说是第一次。老师在上课时特别强调咬字吐字对合唱的重要性。那时学校还有个不成文的规矩，所有的学生在日常生活中要养成一种好习惯：无论行走、安坐或讲话，都应保持一种歌唱的状态。也就是说要把自己的声音位置放高、而声音却要放低，同时还要扩大肋骨、有气息下沉这样的状态。而且学校还要求学生每天都要练俯卧撑，这样能强壮胸肌，对歌唱和指挥大有好处。

虽然马革顺在中央大学时就跟随史达士博士学习过合唱指挥，但史达士毕竟是乐队指挥，并不是真正意义上的合唱指挥，而"合唱指挥法"在学校则是一门主课。有一次，老师在上课时与学生玩起了游戏。他要求学生不用手来指挥，而是用嘴唇替代，这下可把同学们都难倒了。老师告诉学生：一个好的指挥除了借助手，他还能以歌唱时的表情，嘴唇和呼吸状态来传递丰富的信息，由此来调动合唱队员。其实老师要求用嘴唇来指挥，只是训练学生学习的一种手段，目的是想让这些学生明白呼吸在合唱指挥中的重要功能。

学习合唱指挥一年后，同学们开始实践了。有一次老师要求大家依次上台指挥一支合唱队，并逐一点评。自信满满的马革顺上台后，为了能得到老师和同学的肯定，他使出了浑身解数，指挥既沉稳又老练而且肢体动作优美多变。但老师对此却不屑一顾，对他的指挥评价不高。他说：快把你的这些猴子把戏去掉、去掉。并明确告诫马革顺不要步入误区，指挥并非越繁复越好，手势越简洁越好。这些醍醐灌顶的教诲，马革顺铭记了一辈子。

威斯敏斯特合唱学院有好几个学生合唱团：教堂合唱团、清唱剧合唱团和交响乐团合唱团,这些合唱团体演唱风格各异且风骚独领。他们经常外出演出,在社会上已享有很高的荣誉。马革顺参加了由三、四年级学生组成的交响合唱团,那时,纽约爱乐乐团正在排练几部交响作品,请威斯敏斯特学生交响合唱团参加。在世界著名指挥家、年逾古稀的布鲁诺·华尔特的调教下,马革顺与合唱团的同学在卡内基音乐厅,参演了勃拉姆斯的《命运之歌》和马勒《第二交响曲》的末章。能参演这样高规格的演出,马革顺是中国第一人,他感到非常荣幸。而且演出中指挥大师优美细腻的风格给他留下了深刻的印象,同时他也学到了不少指挥技巧。

1949年初,在新学期即将开始时,马革顺收到了一封来自上海浸信会神学院院长柯理培的来信,信中告知他一些国内的最新情况。因为国民政府的垮台已成定局,许多外国教师已纷纷离开中国,学校的师资严重缺乏,希望马革顺赶快回国帮他一起渡过办校的难关。

见信后的马革顺心动了。他已与妻女两年多未曾见面,此刻有些归心似箭。虽然威斯敏斯特的学业还有两三年才能结束,但他主要学习的合唱和合唱指挥的课程已经完成,其他课程的学分可以以后再补考完成。另外,柯理培还承诺他归国后可担任神学院的音乐系主任。所有这些都促使马革顺做出了立即回国的决定。3月初,还没到学期结束,马革顺已急切地坐上邮轮返回祖国。但他的心里从此再没忘却过培养过他的威斯敏斯特合唱学院,三十多年后,马革顺再次访美时专程去看望母校威斯敏斯特合唱学院。故地重游令他感慨万千,母校曾给予自己无穷的力量和勇气。

马革顺留美归国后不久,上海就解放了。后因上海浸信会神学院关闭,马革顺只能自谋出路。经好友杨嘉仁力荐,爱才惜才的贺绿汀决定聘用马革顺担任中央音乐学院上海分院(原上海国立音专、后又改称华东分院,1956年正式定名为上海音乐学院)的合唱教授,但此事最终未能如愿。因为当时有人举报马革顺在抗战时期与国民政府的纠葛和他与教会的许多关系,学校党委讨论研究后决定暂停任用马革顺。直到1951年8月,马革顺才被华东师范大学录用。1956年,全国高校院系大调整时,华师大音乐系被撤并,马革顺这才如愿成为上海音乐学院的在职教授。

马革顺刚回上海在浸信会神学院任教时,1949年的圣诞节,他应邀担任指挥由上海几支教堂唱诗班组成的合唱团,在上海国际礼拜堂献唱亨德尔的《弥撒亚》。因为《弥撒亚》的演唱时间冗长而且难度又高，因此马革顺一直想创作一部有中国民族化风格、又适合中国教徒演唱并类似《弥撒亚》那样的合唱作品。马革顺对创作清唱剧《受膏者》已酝酿构思好多时日了。此次回国正逢神学院关闭，他有了空闲时间才正式投入创作。

他首先从《圣经》中挑选出相关的十多段经文作为歌词。因为马革顺懂合唱、又熟悉宗教音乐、还具备一定的作曲能力，所以谱曲很顺利。

对于这次创作，马革顺是进入角色的。那不竭的滚滚乐思犹如叮咚的山泉和川流不息的小溪汇成奔腾的音符；又化作一句句、一段段隽永优美、直抒胸臆的旋律在马革顺的心底流淌、涌动。他在作品中天衣无缝地运用了中国的五声音阶，收效甚好。马革顺用七个音符来不断地变幻出十二个音阶，从而构建一部影响深远的鸿篇巨作。

马革顺创作的清唱剧《受膏者》，就像中国人创作的一幅西洋油画。画面看似很西化，但其骨子里是有中华民族风韵的。这部宗教题材的音乐作品，其中有很多民歌民谣的音乐元素。这是一部尝试运用中国音乐中的旋律、曲调、结构及技巧，再巧妙地融入西洋清唱剧样式之中的大型声乐作品。无疑，在中国音乐史上是空前绝后的。

献身中国合唱事业

马革顺的音乐才华在新中国得到了充分展示，他虽然因一些莫须有的原因一度不能进入上音执教，但院长贺绿汀对他还是一直很器重、很看好。1952年，上海成立由贺绿汀挂帅的华东音乐工作团，这是新中国成立后上海第一支大型的专业文艺团体，下辖交响乐队、合唱队、民乐队、管乐队和舞蹈队。其中交响乐队的班底是旧上海工部局交响乐团；而合唱团（上海合唱团前身）则是由苏石林教授一手调教的上音学生合唱团改制的。贺绿汀点名请马革顺来训练。

苏石林是中国声乐事业的奠基人。当年中国绝大多数的歌唱家都出自他门下，其中著名的有斯义桂、沈湘、郎毓秀、高芝兰和温可铮等。苏石林是俄罗斯声乐流派的代表人物之一，与马革顺在美国威斯敏斯特学习的合唱和指挥法同宗,都属东罗马流派。因此马革顺接手这支学生合唱团的训练相对比较顺当。

但奇怪的是,苏石林训练上音学生合唱团时,人们对他的教学方法没提任何异议。但自马革顺上任后,就出现了一些不同的声音。有人认为:他的教学方法"洋腔洋调",不太适合中国人的合唱。为此,马革顺陷入了苦恼和深思,他想搞清楚事情的原委。

诚然,那时全世界已有两大合唱流派,却没有一本系统、完整和权威的合唱教材,教学全靠老师的口授心传、学生的意会领悟。但那时西洋音乐中,包括作曲、钢琴及各种器乐和乐队指挥,都有很多、很完整的教材和曲谱。马革顺为了证明自己的学术理论和指挥能力,萌生想要编撰一本世界两大合唱流派都能接受并能实用的合唱教材的想法。他年前从美国归来时,曾带回了一些他学习时的教材,但还很不完整。于是,他想从训练音工团的合唱队开始,去探索积累一些经验,作为编教材时的素材。

世界乐坛对于歌唱历来有两种截然不同的说法。一种说法是:歌唱分意大利和俄罗斯两大流派;其中还派分出德国和法国学派及兼意俄之间

马革顺陪伴贺绿汀在讲解作品

的保加利亚改良派。另一种说法是：世界上只有意大利人兰佩尔蒂和西班牙人加西亚为代表的两大声乐流派。这两种声音，至今在中国还是众说纷纭、莫衷一是。在新中国成立后，中国乐坛也开始有了"土洋之争"。所谓"土洋之争"，其实就是指中国的歌唱究竟该走怎样的路、朝什么方向发展。留美归来的歌唱艺术家张权首先给出了回答，她率先提出要建立中国民族声乐学派。就是借鉴西洋科学的唱法，来为中国自己的声乐事业服务。

中国是因为有了蔡元培、萧友梅和黄自等人的努力和付出，才有了近现代音乐教育，历史也没超过百年，因此很多音乐领域都是空白。而歌唱主要是以人的身体作乐器，除了要有科学的演唱方法和气息的运用外，语言对于声乐发声是很重要的因素。马革顺在训练合唱中发现：外文中有很多词是一词多音节的，这样唱起来音乐就有朝前走的连贯性。而中文每个字只有一个音节，如果歌唱时一字一字地演唱，整个音乐给人的感觉就是断断续续的。因此想要把中文歌曲唱得流畅动听，字与字之间的声母和韵母必须运用得珠联璧合，没有任何瑕疵。但汉语的发声和说话位置不高而且声音靠前，完全不是歌唱的状态。这与西方尤其是意大利语的歌唱性语言是有天壤之别的。

于是，马革顺先借鉴自己在华师大音乐系的同事应尚能教授的教学法。他的德国唱法发声洪亮、咬字吐字又很清晰，但用在合唱训练中效果并不明显。接着马革顺又尝试把林俊卿独创的"咽音唱法"也用于合唱，同样也没能解决关键问题。这时马革顺想到用自己在美国学到的一些方法，再结合中文的四声和咬字吐字的问题，做潜心的摸索探寻，终于找到些有用的规律。但歌唱时声母和韵母如何结合，仍困扰了马革顺很多年。

经过马革顺一段时间的悉心打造，华东音工团合唱队的水平有了明显提高。但马革顺为了中国合唱事业的开拓和发展，是愿意付出所有的。那时的马革顺除了在华师大授课，他还用很多业余时间辅导了上海好几支业余合唱团，目的是在训练的实践中，积累起将来撰写合唱学教材的经验和资料。因此他每次训练完都要做详细的记录，体会检讨得失、不断地积累经验教训。

20世纪50年代，有许多苏联专家来华援助，其中有两位合唱指挥家：

迪里捷耶夫和杜玛舍夫，他俩分别在上海和北京开办合唱指挥训练班。马革顺先后参加了京沪两地的训练班，收获很大。他不仅学习到了苏联的合唱指挥艺术，同时还收集了许多有关合唱的讲义、教材，自己还做了许多笔记。这些素材都成为他撰写合唱学教材的重要内容。

苏联专家来华讲学，为中国培养了不少合唱指挥家。原上海合唱团的司徒汉、郑裕锋，原本都是群众歌咏指挥出身，在经过苏联专家的悉心调教后，终于成长为专业合唱团体的专职指挥。

1956年夏，在中国音协的孟波和周巍峙的策划组织下，新中国成立以来规模最大的一次全国音乐汇演在北京举行。由杨嘉仁指挥的大合唱《祖国颂》，拉开了"全国音乐周"的演出序幕。此次汇演由41台专场和综合演出组成，94场演出共1 066个节目上演。马革顺指挥的上音女声合唱队和混声合唱队分别参加上海代表团的演出。为了此次汇演，他事先把《美丽的姑娘》《槐花几时开》和《采棉姑娘》等几首民歌改编成合唱作品，并精心排练。

马革顺在此次演出中虽小试牛刀，但还是引人瞩目。看他手起音落、干净简洁的指挥，及他训练的合唱音色和谐、纯净明亮、清晰的咬字吐字和淳朴的感情，都给观众留下了深刻印象，并赢得了一片喝彩。但也有不同的声音，四川代表团有人认为：马革顺改编的四川民歌固然赏心悦目，和声织体也很丰富，但已缺少了四川民歌的韵味。

马革顺的合唱指挥艺术在"全国音乐周"中已得到了展示和肯定，他对自己选择的事业更有信心了。回沪后不久，华师大音乐系被撤并，他和钱仁康、陆修棠等教授一同进入上海音乐学院，而应尚能则被点名调去了中央音乐学院。就在此次全国高校院系大调整中，上音新成立了指挥系，由留美的杨嘉仁任主任，马革顺则担任合唱教研室主任。上音指挥系的第一批学生来自本校作曲系、钢琴系、管弦系和声乐系的低年级学生。最早跟随马革顺学习合唱指挥的两名学生：李金声和徐武冠，原先都是学声乐的。

起初，马革顺的合唱指挥教学是没有教材的，他就根据苏联专家在训练班上课时写的几条提纲和所记录的课堂笔记，尝试自己来编写课堂用的讲义。这份油印的讲义，看似十分简单，但它却是马革顺七年后出版的世界乐坛第一本合唱指挥专著《合唱学》的胚胎。马革顺边教学、边总结、边记录自己的教学心得体会和成果,这份最初的讲义内容随着时间的积淀,变得越来越翔实、厚重、完整了。就是这份讲义,最终发展成为一部传世的经典音乐学术专著,这是马革顺始料未及的。

上音的学生选择学习乐队指挥的比较多,杨嘉仁授课旁征博引,把世界许多著名作曲家的作品形象生动地举例分析,十分精彩,学生们兴趣盎然。但那时马革顺教合唱指挥,因为世界著名的合唱作品大多是有宗教色彩的,他只能在教学中回避,因此讲课相对比较枯燥乏味。马革顺在课堂上除了重点分析讲解冼星海的《黄河大合唱》外,还亲自把一些中国创作歌曲和各地民歌改编成的合唱曲来用作教学训练。虽然他也始终赞同音乐作品的创作要根据中国的国情,提倡"革命化、民族化和群众化",但他觉得还应加上"艺术化"才更完整。

马革顺为了让西洋合唱技法能更好地与中国民族声乐相结合,他开始潜心研究《古典戏曲声乐论著丛编》,这套丛书包括了元明清三个朝代的九种民族戏曲声乐论著,是研究中国民族声乐进程不可多得的宝贵资料。马革顺在反复研读这些论著后,悟出了很多有用的道理。譬如对声腔的平仄、阴阳,到声音的用腔和归韵等,以及对歌唱的格调、节奏和声韵都有精妙绝伦的论述。对此马革顺是心悦诚服的,中国有这样的声乐理论,即使去世界上最著名的音乐学府也是学不到的。

马革顺命运多舛。他在华师大任教时,因与应尚能、陆修棠走得很近、大家无意中会发表一些对社会的看法,被打成"三人反革命集团"而被隔离审查,最终又因查无实据而获释。有了这样的经历,马革顺有些胆战心惊,1957年的"反右"斗争,因马革顺为他入狱服刑的父亲提出申诉,再加之他平日也有一些不当的言论,从而被打成"右派分子",下放到市郊的农村进行劳动改造。但马革顺对待合唱及其指挥艺术的执着却从未因此而放弃、改变。因为他从小听合唱、参加合唱,长大后又学习合唱、组织合唱、指挥合唱。他这一生无论是鲜花簇拥还是身处逆境,合唱指挥就是他的生命和价值所在,他是要用一生去求索追寻的。

1958年春,被剥夺了教学权利的马革顺下放到市郊的浦东农村劳动,但祸不单行。就在此时,马革顺的女儿得了肺结核在家休学养病,不久妻子又患子宫肌瘤动了手术。正在改造的马革顺不能回家照顾妻女，但他的心里却时时挂念着。在农村繁重的劳动之余，马革顺仍每天绞尽脑汁地在思考如何撰写合唱学教材。由于马革顺的劳动改造表现出色，1959年秋，马革顺作为第一批摘帽右派重又登上了上音的讲台。但他的教学范围被限制了，原本的教授待遇也没有了。但马革顺又能从事自己所挚爱的事业，他感到欣喜无比。经历过磨难又痴情于合唱的马革顺，更珍惜眼下的教学和写作机会。为了写好合唱学一书，他又开始研究汉语的语音学和声律学。他根据歌唱发声的需要，把汉语拼音中的21个声母细分成七大类，又把36个韵母也归成四类。并强调：在唱合唱时，声母不仅要咬得有力，而且还要唱得正确清晰。而唱到韵母音时，要根据不同字的发音来咬字吐字。这样唱出的声音才清楚有力。针对合唱中一个字要唱几个音时，马革顺又研究出用归韵、收声的方法来演唱。如何运用咬字吐字显然是合唱的关键之一，更是精髓，当然合唱艺术中还有起承转合、抑扬顿挫和谋篇布局等讲究。马革顺能将中国汉语言天衣无缝地与西洋科学方法相结合，使之能成为一门有中国自己特色的合唱艺术，是功不可没的。

1960年至1963年，上海市文化局委托上海音乐学院开办合唱、歌剧和管弦乐三个学习班，目的是为上海合唱团、上海歌剧院和上海芭蕾舞团培养新人和乐队、输送新鲜血液，学员都是来自本市的应届初高中毕业生，并有一定的音乐基础。后来在这三个音乐训练班中，涌现了朱逢博、靳小才、钱曼华等歌唱家，还有大名鼎鼎的上海芭蕾舞团管弦乐队。马革顺全面负责合唱班的训练，有了这块试验田的耕耘，他如鱼得水。

马革顺在给合唱班上第一堂课时就告诫学员们：合唱艺术就是要追求共性、和谐，不能突出自己。合唱与需要展示个性的独唱是完全相反的。听马革顺讲合唱史，学员们既开了眼界又着了迷。合唱起源于宗教，又发展在西方。它从中世纪的单声部演唱逐渐衍进至复调音乐时期，在文艺复兴时期无伴奏合唱已达到高峰，这是一种完全用人声的配器法来塑造单纯合唱的形式。到了巴洛克时代，又开始涌现大量的清唱剧。以后又历经古典乐派、浪漫主义、民族乐派直至近现代的各音乐流派，宗教合唱，尤其是世俗的交响合唱更是得到了进一步的发展。

马革顺经常向学员们灌输他的合唱艺术理念。合唱艺术的诞生和发展，是有其历史和内在的原因和规律的,不同的民族在发展自身的合唱艺术时,既要从本民族的实际状况出发,又要尊重、借鉴并适应世界合唱艺术发展的普遍规律。

马革顺对学员们的基本功训练要求很严,不仅教他们如何科学地呼吸、发声及寻找共鸣等歌唱基本技巧,还把自己曾在威斯敏斯特合唱学院学习时的一套清规戒律搬来,要求所有学员在平日的生活和学习中,每时每刻都要保持一种歌唱状态。长此以往自然就会形成习惯,就能时时呈现出一种正确的歌唱状态。

马革顺还把自己经过长期摸索总结出来的合唱训练法全传授给学生们。他非常看重在歌唱中的两种状态:"钩"和"收"。所谓"钩",就是要求歌者在演唱时能一直保持饱满的发声状态,犹如引弓待发的那种感觉。而"收"则是针对"放"而言的,因为一个歌者的演唱能做到收放自如,那是一种很高的境界。尤其在众多歌者组成的合唱中,这种要求更是难上加难。为此马革顺一直在不遗余力地努力寻找解决这种问题的办法。

合唱训练班是马革顺展示才华、再现抱负的一方舞台。他每周六个课时,每次授课时大教室里总是人头攒动,除了本班的六十多个学员,本校的其他学生也饶有兴趣地来旁听学习。马革顺的教学风趣幽默、生动活泼,他满腹经纶又引经据典,使学生们受益匪浅。尤其是他剖析讲解亨德尔的《弥撒亚》、海顿的《创世纪》和勃拉姆斯的《生命之歌》等一些有宗教色彩、但当时已不能在舞台上公演的经典之作时,听者更是如痴如醉、沉湎其中。

经马革顺精心培育调教的训练班学员们,也不负先生厚望,连续三届在"上海之春"的舞台上崭露头角。这支充满青春活力、演唱又清新独到的合唱团,给观众留下了深刻的印象。这批学员在合唱训练班毕业后,大多数都进入了上海合唱团成为专业的歌唱演员。而马革顺在这块宝贵的试验田里,他把自己所学、所思、所想探索的合唱艺术,都在这批学员身上实践。又把训练所获的大量心得、体会和成果记录在册,成为正在编撰的合唱学教材的重要内容。

经过七年的不懈努力,一部立意高远、内容又丰富多彩的《合唱学》终于完成了。这是世界乐坛第一本合唱学术专著,也是马革顺花了半辈子的心血写就的。他先将书稿送交上海文艺出版社审阅,出版社的领导和编辑们都觉得这是一本令人耳目一新的好著作。但当时有规定：若要出版书籍，必须要有作者单位的领导签字同意并盖章方可。于是马革顺就找到了学校的常务副院长丁善德，并向他说明原委。丁善德花了三天的时间，读完了这部近20万字的专著，感到非常震惊。他认为这么好的一部专著完全应该出版。这本《合唱学》不仅填补了中国乃至世界音乐史上的空白，而且对培养祖国未来的合唱指挥人才也大有益处。丁善德并没有因为马革顺过去的右派经历而感到为难，他只对事不对人。因此毫不犹豫地在书稿上签上自己的大名并盖上上海音乐学院的公章。

几个月后，倾注了马革顺所有探索追求的煌煌巨作《合唱学》终于出版面世了。这是马革顺音乐生涯中最重大的事件，这部里程碑意义的大作，先后修订再版过五次，并被翻译成多种文字在全世界各地发行。尤其是在2002年，年近九旬的马革顺又推出了《合唱学新编》，亲自对原来的《合唱学》一书做了很多调整，他在书中又加入了许多世界经典的合唱作品谱例。新著既保持了历史的厚重，又体现了时代的新貌。这是一部从实践到理论、又从理论回到实践的实用工具书。它既立足于汉民族的语言、声调和情感，又广泛地汲取世界合唱艺术的精髓，两者融会贯通。此书的普及推广将对中国合唱事业从普及走向提高直至辉煌，起到不可估量的作用。

三年后那场突如其来的"文革"，使有"政治和历史问题"的马革顺再度受到冲击，被关进了学校的牛棚受审并接受劳动改造。但这并没能够摧毁他对音乐、对合唱艺术追求的意志和虔诚。即使在那种困境中，他还心心念念不忘对《合唱学》一书的充实、修订。他还热切地期盼着有朝一日能重返讲台传授合唱指挥，更向往能再登上舞台指挥自己一生都在追求的合唱。

艺术生涯的第二春

"文革"结束后，马革顺又迎来了艺术生涯的第二春。他有幸在1979年，参加了在北京举行的中国第四届文代会。1981年初，随着中美的建交，马革顺作为中国的文化大使开启了长达四个月的美国之行。在美期间，他大部分时间奔波在美国各知名高校之间讲学、研讨。他向美国同行和学生们介绍了中国各个时期合唱发展的情况和取得的成绩，对于中国音乐在过去走过的弯路，他也不回避。马革顺在美演讲最重要的主题就是中国合唱咬字吐字的特点，他详细介绍自己在"五音四呼"、归韵及收声等方面的心得体会，由此也引起了外国同行的浓厚兴趣。此外他在美讲学期间更不忘学习，他旁听了美国一些音乐学院的"合唱指挥法""合唱演唱法"等课程；还聆听了美国多支合唱团体的排练，同时，他也向那里介绍了中国的音乐及合唱艺术的概况。

对中国指挥家的访问，美国乐坛和人民都表示了极大的热情。弗吉尼亚州立大学和古斯诺夫学院分别授予马革顺"人民音乐使者"称号和艺术荣誉奖章。在回国前夕，他还应邀参加美国合唱协会在新奥尔良举行的年会。年会除了一些专题的学术报告和讲座外，来自全美各地的几十支合唱团轮番登台献演各自的保留曲目，令马革顺大饱眼福。

在1984年和1987年，马革顺又两度访美，应邀参加美国合唱协会的两次年会。并有幸与美国最著名的两位合唱指挥家罗伯特·肖和费雷德·沃尔林进行深入的学术交流，从而也开阔视野，了解到当今世界合唱艺术的发展方向和潮流，受益匪浅。

1982年11月，上海音乐学院举行55周年的院庆。其中有一项重要活动，请马革顺作一场名为"欧洲各时期合唱作品的主要表现特征"的专题报告会。在这场报告中，他从合唱的节奏、拍率、速度、力度、结构和表现形式等各个方面，进行了全面对照梳理和详尽的阐述，受到与会者的热烈欢迎和高度评价。其中有位来自总政歌舞团的合唱指挥，当场向马革顺发出邀请，希望他能在来年的开春赴京为总政合唱队讲学排练，马革顺欣然同意了。

1983年春节刚过，马革顺就带着自己两位即将毕业的弟子一同登上北去的列车。此时的北国正冰天雪地，但马革顺一行来到总政歌舞团的排练厅里，却是一片春意盎然。总政歌舞团的领导、主创人员和全体合唱队员，都以最诚挚的情感欢迎马革顺的讲学。

作为社会主义阵营一员的新中国，当年制定的许多规章制度都是仿效、照搬苏联的。总政歌舞团也不例外，它的建团模式和表演风格基本都是参照苏联红旗歌舞团的。因此总政合唱队的演唱激昂高亢嘹亮又豪情万丈，充满着革命的朝气，激情有余，但又抒情不足。

劫后余生的马革顺那时已年逾花甲近古稀了。他对世界万物，尤其是自己所从事追求的合唱艺术的认知已达到了炉火纯青的境界。过去因为有种种文化桎梏束缚着马革顺，所以他谨言慎行，不太敢在公开场合直抒自己的学术观点。如今文艺的第二春早已降临，马革顺有了更大的用武之地。他发自胸臆又鞭辟入里、振聋发聩的见解，常使人茅塞顿开。

马革顺在听了总政合唱队演唱的几首根据军旅歌曲改编的合唱作品后，便开门见山地直抒己见。他首先对合唱队的唱法和风格提出了一些意见和看法。马革顺认为：合唱的音响就该纯净、和谐又统一，发声要向前靠，因为这样的唱法比较符合汉语的发声和演唱。一支合唱队的好坏，并不在于其声音的大小，而且也并非所有的合唱作品一定要唱得豪迈响亮。音乐应该是有起伏、有对比、有高潮、有低吟，更重要的是抒情，因此要唱好一首合唱曲，先要把握这首作品的风格，然后再进行谋篇布局的处理。

对于这位合唱大师的肺腑之言，起初合唱队员们并不完全接受。在经马革顺循序渐进地训练后，他刚柔并济的训练法，很快就使这支原本就朝气蓬勃的合唱队渐入佳境。一个多月后，这支合唱队的演唱已让人耳目一新了，演唱水平明显上了一个层次。他们的演唱不仅层次分明、声音和谐，而且织体丰富绵密多彩。诠释的作品有强烈的画面感，就像不断流动的立体建筑物那样变幻多姿。

马革顺在总政每次上课排练，总有在京的其他文艺团体派人前来学习。总政合唱队还对每堂课和每次训练，都进行了全程录音和录像，当作今后珍贵的学习参考资料。马革顺在结束总政合唱队的讲学时，在总政礼堂举办了一场汇报音乐会。舞台上一架钢琴，马革顺挥舞双手指挥合唱队员演唱了《森林的黎明》《小夜莺》《茨冈》《老黑奴》《嘎达梅林》《边寨夜歌》等十多首中外合唱曲目。队员们的演唱有板有眼、收放自如，面貌已焕然一新。多年后，我听程志说起过当年马先生来他们团排练过一部大型的中国合唱作品《祖国颂》。他和团里的女高音王秀芬担任独唱。这部曾经在中国大地家喻户晓的经典之作，经马革顺精心独到的处理后，更加的光彩夺目了。演唱既激情澎湃、豪情冲天，又隽永委婉、空灵辽远，是他一辈子难忘的一首曲目。

马革顺为部队文工团排练

马革顺在离开总政后,又应邀去中央乐团讲学排练。中央乐团合唱队是中国屈指可数的高水平合唱团,它与上海合唱团在中国乐坛各领风骚。该团在李德伦、韩中杰,主要是严良堃和秋里的调教下,展现了中国合唱艺术的最高境界。由于中央乐团的指挥成员都留苏深造过,因此铸就了乐团偏苏偏俄、接近东罗马流派的风格。其保留的代表作有:《黄河大合唱》《半个月亮爬上来》《牧歌》《阿拉木罕》《乌苏里船歌》和《在太行山上》等中国合唱作品。

马革顺到来后为中央乐团排演了一批外国的经典合唱作品。其中有海顿的清唱剧《四季》中的选曲《春天来吧》、莫扎特的《安魂曲》中的《眼泪》、俄罗斯作曲家塔涅耶夫的《黄昏》、美国作曲家福斯特的《沉睡的美人》、英国作曲家埃尔加的《雪花》及勃拉姆斯的《春之歌圆舞曲》、法国作曲家比才的《波西米亚之舞》、斯特劳斯的《蓝色的多瑙河》等不同风格、题材和样式的经典之作,马革顺为乐团又多积累了一批风格别样的曲目。

在给中央乐团合唱队的排练中,马革顺特别强调"起音"。他要求合唱队员在开始准备演唱的一刹那,要保持正确的歌唱状态。这样在指挥下手时,大家都具备了统一的感觉:喉头腔体要打开、面部呈微笑状、下面的肋骨向外扩张、气息要充实饱满、情绪要亢奋投入，这样的歌唱状态才会使声音统一并保持较高的演唱位置。马革顺还很注重演员在演唱时的咬字和行腔。他对男高音要求用高位置演唱，而且演唱要灵巧而又连贯，发声统一在"荷"的感觉中。而对女高音则要求声音集中又有穿透力，并要尽量减少声音的波动。马革顺在排练《蓝色的多瑙河》一曲时，他也完全进入了角色。他在合唱队员前手舞足蹈、几乎跳起了华尔兹的舞步，从而带动了队员们热烈奔放的情感，使演唱更加激情澎湃。马革顺掌握了这首作品的灵魂——圆舞曲的速度，有了这种精确的速度，演唱就呈现了轻盈、隽永、热情的状态。马革顺给中央乐团合唱队带来了一股新风，使该团的演唱风格更加多样，积累的曲目也更完整。

正当马革顺在抓紧时间教授传播合唱艺术的时候，家中不幸的事发生了。相濡以沫四十多年的妻子盛璐德突然患病去世，此刻女儿马淑慧又远在美国留学，只留下悲痛欲绝的马革顺老人。1993年，马革顺应邀去澳洲圣乐训练班讲学。悉尼当地的华人合唱团闻讯也借机请他指挥排练《黄河大合唱》。这支合唱团里有不少中国大陆音乐院校毕业的团员，其中有位女中音金若安来自上海广播合唱团，她也参加过马革顺组织的音协室内合唱团。当她得知马先生丧偶后一人独自生活时，就想方设法为老师寻找一位新的人生伴侣。在她的精心撮合下，马革顺结识了比他小三十多岁也同样丧偶的上海第二医学院的老师薛彦莉。原本薛老师并不知晓马革顺是何人，但在接触几次后便被他的艺术魅力、人品艺德所折服，于是巨大的年龄差距也不是问题了。没过多久两人就确立了恋爱关系，很快又步入了婚姻殿堂。有了薛彦莉这位贤内助，马革顺的生活工作更加井井有条。爱情又重新滋润着马革顺的心田，激起了他更大的艺术热情。

马革顺是中国合唱艺术的泰斗级人物。他不仅著书立说、打造中国的众多合唱团体，作为上音教授，他还培养了一大批跨越多代的合唱指挥家。徐武冠是马革顺的第一代学生，也是最得意的一位助手。他为老师出版的学术著作做了大量的幕后工作。他还把马革顺从1935年到2003年间发表的学术和评论文章收集整理成册，编辑出版了《马革顺合唱指挥文集》，并主持在上海人民广播电台开播的《马革顺与他的合唱艺术》系列专题节目；又在《人民音乐》杂志发表长文《我国当代合唱指挥宗师马革顺教授》，文

马革顺在教室上课

马革顺：中国合唱事业的奠基人

章为后人了解、研究马革顺及其合唱艺术提供了许多宝贵的一手资料。已故的著名合唱指挥家李金声也是马革顺的第一代学生。他长期担任上海广播合唱团指挥，同时还创建了全国最早的少儿广播合唱团。他谱写的一首圆舞曲式的合唱曲《节日的天安门》，被编入"文革"前出版的权威歌曲集《革命歌曲大家唱》中。

马革顺在1986年夏正式办理退休前，他的另两位高足娅伦和钱大维也从上音指挥系毕业了。娅伦来自内蒙古，是位巾帼不让须眉的蒙古族姑娘，因深受马革顺人格魅力影响和艺术理念的熏陶，她也是一位把自己一生献给合唱艺术的指挥家，如今她已成为数一数二的中国合唱指挥家。最初马革顺把极富艺术才华的钱大维视作自己事业的接班人，但非常可惜的是钱大维因病英年早逝，这也是中国合唱事业的遗憾。

中国的合唱指挥教师一直非常紧缺，上海音乐学院也是如此。因此年事已高的马革顺仍返聘回校执教，他晚年带教了王燕、王海灵和王瑾等六位研究生，这六位姑娘如今都成了中国合唱指挥中响当当的人物，其中最出挑的当数王燕。她六岁学钢琴，七岁登台表演，十六岁获全国大奖。1994年，她从武汉音乐学院附中毕业后考入上海音乐学院指挥系。那时学校规定每个学指挥的学生都必须先上一年的合唱指挥课。就这样，王燕开始跟随马革顺学习合唱指挥，但她骨子里是想成为伯恩斯坦、卡拉扬和小泽征尔那样的世界一流交响指挥。马革顺在教学中发现，王燕是位百年难遇的合唱指挥人才，但他觉得自己是留不住这位姑娘的，于是爱才惜才的马革顺就请学校领导出面做王燕的工作。

起初王燕一口拒绝，但系领导继续做她的思想工作，并明确表示：能做合唱泰斗马革顺的关门弟子和传承人，是非常不易、也是何等幸福的。在硬缠软磨下，王燕终于答应试试。为了使王燕能更好地学习，马革顺制定了一整套针对性的教学计划。他先循序渐进地引导她去聆听世界合唱艺术作品、体会它的魅力，使她能在潜移默化中爱上这门艺术。同时按部就班地教授她合唱法和合唱指挥法。很快，王燕就感觉自己过去对合唱艺术的认知是有失偏颇的。而年逾耄耋的马革顺对合唱艺术的虔诚和敬业精神，也深深感染了王燕。她从原先对老师的调侃和不恭，逐渐转变为敬仰和崇拜。从原来的老师要她学，已变为自己想要学。就这样，在马革顺的培育和教诲下，王燕的学习突飞猛进。作为马革顺一生中唯一一位从本科带教到研究生的弟子，马先生是希望她毕业后能留校任教来接替自己的。但遗憾的是，志存高远的王燕毕业后去了北京发展，担任中央歌剧院的指挥。在京工作期间，她还指挥过中国交响乐团合唱队、中国歌剧舞剧院乐队、总政歌舞团和总政歌剧团乐队。2007年，她终于回到了上音担任指挥系的副主任，此举也了却了马革顺多年的心愿。

马革顺一直仰慕美国的合唱指挥大师罗伯特·肖，不仅因为他是世界乐坛最出色的合唱指挥家，他还缔造过一支以他的名字命名的合唱团体。1985年，马革顺与上海音乐家协会合作，筹建了一支亲自打造的室内合唱团。团员来自上海各文艺团体和艺术院校的专业演员。创办音协室内乐合唱团，是马革顺实现艺术理想的又一次尝试和突破，也是我国合唱艺术事业一次开拓性的实践。该团在马革顺的引领下，排演积累了许多中国专业合唱团体从未接触过的作品。但好景不长，这支一无报酬、很少赞助的室内合唱团，最终没能扛住市场经济的冲击，九年之后曲终人散，令人惋惜。

20世纪90年代初，在原上海声乐艺术爱好者协会合唱团的基础上，成立了上海爱乐合唱团。经指挥家曹丁多年的悉心调教，该团成为上海业余合唱团体的翘楚。后因曹丁与该团负责人有些误会和矛盾离团而去，很快马革顺和学生钱大维就一同应邀担任该团的艺术指导和常任指挥。1998年

8月，马革顺和钱大维率上海爱乐合唱团首访新加坡，这是中国业余合唱团体的第一次出访公演，三场演出门票销售一空。这台"经典之旅——世界合唱精品音乐会"在具有一百多年历史的维多利亚音乐厅举行。音乐会由俄罗斯经典作品、德意奥作品和中国作品三部分组成。在上海爱乐合唱团这块试验田里，也倾注了马革顺的很多心血。此次在新加坡的成功演出，也从一个侧面肯定了马革顺的合唱艺术成就。

2013年5月7日晚，"上海之春"国际音乐节的合唱专场演出在上海

年事已高的马革顺坐在椅子上指挥排练

马革顺的祝寿音乐会海报

音乐厅举行。这天音乐会的节目单上原本没有马革顺的名字，当主持人宣布下一档节目的指挥是百岁的马革顺时，台下顿时响起了经久不息的雷鸣般掌声和欢呼声。坐在椅子上的马革顺，胸有成竹地指挥了英国作曲家埃尔加的《雪花》。他的举手投足的动作、他的眼神、他的肢体，让演唱者和在场的每一位观众都被音乐的魅力感染。一位百岁老人对合唱艺术始终不渝的世纪之恋，令现场的观众都激动不已。

马革顺最喜欢雪花，因为它心地纯洁，又不张扬。马革顺的一生也像雪花一样，融化自己，滋润着撒下的音乐种子。正可谓：此生不负合唱情，音乐圣火燃不尽。

朱践耳：唱支山歌给党听

朱践耳是名扬四海的一代作曲大家。2022年10月18日是他的百年诞辰，在上海举办了他的作品音乐会和研讨会。朱践耳在近八十年的音乐生涯中，留下了许多不同体裁、样式的音乐作品。其中他在六十年前谱写的那首《唱支山歌给党听》曾激励亿万国人投身学习雷锋精神的伟大洪流，成为那个年代的时代强音，他也由此成为中国乐坛的焦点人物。

践行聂耳未尽的音乐事业

朱践耳在他的作品研讨会上发言

朱践耳原名朱荣实，字朴臣，出生于1922年10月18日。他年少时受聂耳创作的电影歌曲影响，后来又更多地了解到这位人民音乐家的志向和追求后，更向往能成为像聂耳那样的革命音乐家，故改名为朱践耳。意即要践行聂耳的音乐理想和未尽的事业。诚然，从朱践耳的改名行为就已非常明确清晰地窥见到他的内心世界和未来音乐之路。

朱践耳祖籍安徽，出生于天津又成长在上海。不幸的是，在他三岁时父亲就已病亡、家道开始中落。但瘦死的骆驼终究比马大，凭借原本殷实富庶的家底，朱践耳一家还是能过上衣食无忧的生活。朱践耳的父亲是个新派人，他对当时西风东渐的新事物都非常感兴趣，因而家中早已购有钢琴、唱机和唱片等舶来品。钢琴在家中虽只是个摆设，但知书达理的母亲高兴时会弹奏月琴，还经常播放家中的唱片给孩子们欣赏。朱践耳印象最深的是小提琴独奏曲：托塞里的《小夜曲》和法国的《马赛曲》等，这也是朱践耳对音乐最早的认知。

由于朱践耳的大哥、二哥都幼年夭折，因而母亲生怕再有意外，就从小把小儿子关在家中请私人老师教学。直至十岁时，朱践耳才上了离家不远的小学，并直接插班到五年级。因为他从小就很少与外人接触，因此养成了他胆小怕事的性格，全然没有同龄男孩顽皮和好动。但朱践耳的内心却一直保留着自己的一方天地，那就是对音乐的爱好和渴望。小时候在家自学口琴，也居然能吹得像模像样。上初中时的音乐课上教五线谱，同学们都不当一回事，唯独朱践耳对其情有独钟，十分认真地学习。

20世纪三四十年代，上海拍摄过许多进步电影。学生时代的朱践耳最喜欢聂耳谱曲的影片，看了一遍又一遍，为的是听影片中的音乐和插曲，回家后照着电影说明书上登载的歌谱用口琴吹奏。朱践耳刚上初三时，母亲也不幸去世了，他一直依赖的主心骨突然倒下，一时有些不知所措。但另一方面，朱践耳以后的生活却没了羁绊、完全可以自由支配自己了。此时他的两位姐姐一同去参加了刘良模组织指挥的抗日歌咏团体。受此影响，朱践耳也开始走向社会，去报名参加石人望创办的大众口琴会。在那里，他开阔了眼界、也学到了各种口琴的吹奏，并学习了当时很少有人会演奏的手风琴，由此接触到了简单的和声、对位等音乐技法。为了能更好地提高自己的音乐素养，朱践耳把原本寄放在堂姐家中的那台父亲遗留下来的谋得利钢琴搬回了家。

起初，朱践耳学习钢琴没有老师带教，他也不弹练习曲，只是根据自己的喜好，摸索着弹奏一些苏联歌曲。因为天资聪慧又有音乐天赋，他无师自通就能用右手弹旋律、左手弹自己现编的和弦，不懂音乐者乍一听还真像回事儿。朱践耳学习钢琴不是为了演奏，而是为将来成为作曲家打基础，因为钢琴学习是作曲的必修课。

半年后经朋友介绍，朱践耳有幸拜上海国立音专作曲系的高年级学生钱仁康为师，学习和声及作曲技法。虽然学习时间不长，却由此懂得了和弦的结构和基本原理。但由于朱践耳的钢琴弹奏水平实在太差，老师出的习题，他总弹不成调。碰到要转调的、有一定难度的习题，他更是一头雾水。这样的学习难以为继、无果而终，但钱仁康却教会了朱践耳正确的钢琴弹奏法，并送了他两本学习钢琴最简易的乐谱。一本是《哈农》练习曲，另一本是《世界名曲一百零一首》。学到了正确的钢琴弹奏法，朱践耳的钢琴水平也有了质的飞跃。此时他的兴趣爱好已从群众歌曲、苏联歌曲拓展到了中外艺术歌曲。他不仅初步有了和声的感觉，连乐曲的结构感觉也在无形中形成了。这对他今后的音乐创作是至关重要的。

朱践耳最初的歌曲创作，是深受陈歌辛影响的。抗战时期，上海有个专唱苏联歌曲的歌咏团体，参加者都是些爱国的进步青年。朱践耳也经常参加这个团体的活动。在一次活动中，当听到陈歌辛亲自登台演唱他新创作的群众歌曲《度过这冷的冬天》后激动不已，歌曲唱出了上海孤岛人民急盼"春天"到来的心情。在全场热烈的掌声中，陈歌辛破例地又把此歌再唱了一遍。当晚，按捺不住内心激动的朱践耳在打听到陈歌辛的住址后，便冒昧地

朱践耳在研究乐谱

登门向陈歌辛索要此作的乐谱。陈歌辛非常热情地接待了这位不速之客,在得知来意后便当场手抄了一份钢琴伴奏谱送给他。拿到乐谱后的朱践耳如获至宝、反复研读。不久后他创作的歌曲《摇篮曲》,就是受到这首歌启示的。

生活中少了母亲思想的束缚,朱践耳像一只自由飞翔的鸟儿。他阅读丰子恺的音乐欣赏书,在地摊上购买音乐类的旧黑胶唱片,聆听上海工部局交响乐团的星期音乐会,观看外国剧团来沪上演的歌剧和芭蕾舞剧,去参加上海国立音专的师生音乐会,欣赏中国作曲家们的作品。为了音乐,他都乐此不疲。

1940年朱践耳高中毕业后,去报考上海国立音专的作曲专业。由于没有正规系统地学习过音乐,所以未被录取也在意料之中。但他并不气馁,准备在家刻苦自修后来年再考。但不幸的是,由于心情一直不佳,原本又体弱多病,朱践耳的慢性支气管扩张的旧病复发,住院治疗后仍不见效、吐血不止,最终还是一位老中医的一帖药救了他一命。

大病后整整两年半的卧病期间,朱践耳并没有虚度光阴。他在家中整天闭目聆听无线电波中的中外音乐。虽然太平洋战争爆发后,租界里的英美电台停播,但上海滩仍保留着德国、法国和意大利及新开办的苏联电台。这些电台播出的节目,从古典乐派到浪漫派、印象派直至民族乐派和现代音乐都应有尽有。对聆听这样的广播音乐,朱践耳如痴如醉,非常投入。他晚年还清晰地记得当年听过的有:肖斯塔科维奇的《第五交响曲》、里穆斯基·科萨科夫的《舍赫拉查达》、雷斯皮基的《罗马喷泉》、德彪西的《牧神午后》、拉威尔的《鹅妈妈》及普契尼的几部歌剧代表作,还有斯特拉文斯基现代音乐的三部代表作《火鸟》《彼得鲁什卡》和《春之祭》等。对贝多芬、莫扎特、柴可夫斯基和肖邦的交响乐和钢琴曲,更是听了不知多少遍,早已烂熟于心。

除了聆听西洋经典音乐,朱践耳还收听卫仲乐国乐团的广播节目。他印象最深的是:卫仲乐把黄自创作的大型声乐套曲《长恨歌》中的一章《山在虚无缥缈间》改编成一首二胡三重奏。但朱践耳觉得这样的改编似乎还不如原作的女声三重唱好。有时在聆听西洋歌剧时,朱践耳还会突发奇想地联想到国粹京剧的乐队伴奏,尽管只有一把京胡、几件民乐器和一套锣鼓,但却可以达到一支西洋管弦乐队表现戏剧的同样功能。对于这些问题,年轻的朱践耳一直在苦苦地思索。

长期卧病和敌占区里那种亡国奴式的生活环境,给朱践耳带来了双重痛苦,但也使他的思想更成熟更进步了。那段时间他谱写了《春,你几时归》《孤独》《飞吧冀望》等抗日救亡爱国歌曲,还构思、设想谱写三乐章的交响曲《祖国》的框架。在柴可夫斯基《1812序曲》的影响下,朱践耳还具体写下了交响诗《民族解放》的创作提纲。现在看来这些都是些不切实际的幼稚幻想,因为朱践耳当时并不掌握创作这些交响曲的能力和手段,但却为他日后的"交响梦"埋下了一颗坚实的种子。

思索中的朱践耳

从1941年起,朱践耳的姐姐、妹妹和几位邻居怀揣着抗日救国心,都陆续去了苏北抗日根据地投奔新四军。就在抗日战争胜利前夕,身体已基本康复的朱践耳也依然决然地去苏北从军。他放下交响梦,去实现心中的革命梦。此行朱践耳连一张五线谱纸都没带,因为他首先想到的是要抗日、要革命,并深知只有革命成功才能真正从事音乐艺术。

在革命熔炉里和实践中锻炼成长

1945年8月中旬,正逢日本投降时,朱践耳参加了新四军苏中军区的"前线剧团",当上了部队的一名文艺兵。由此结识了军旅作曲家沈亚威、张锐等,在他们的影响和帮助下,朱践耳开始在战斗中摸索着创作歌曲。他在新四军创作的第一首歌曲是《英勇的红军·向你们致敬》。而《打得好》是朱践耳在解放战争年代写得最成功的一首歌曲。歌词虽然只有短短的四句,但却像连环套似的紧紧相扣。此歌的主旋律套用了河北民歌《对花》中的音乐元素,并巧妙地变奏展开。音乐起落的构架严谨又富有变化,还蕴含着三种调式。歌曲通俗易唱又朗朗上口,在当时流传甚广。在那个残酷的战争年代,朱践耳因表现出色,加入了光荣的中国共产党。从此他以更高的标准来要求自己，尽己所能为部队官兵谱写更多催人奋进的革命歌曲。

新中国成立后，朱践耳所在的三野华东文工团被撤销，大部分成员被转业到新组建的上海电影制片厂各部门。朱践耳被分配到上影厂的音乐组当专业作曲，当时的同事还有王云阶、葛炎和吕其明等。1950年，朱践耳一连接到两部电影的作曲任务。一部是《大地重光》，描写了新四军在抗日战争时期的艰苦岁月；另一部是《海上风暴》，也是一部战争题材的影片。用西洋管弦乐队为电影配乐，朱践耳是第一次尝试。因为当时的电影特技水平还很落后，导演要求音乐能帮助营造更好的氛围。因此朱践耳也力求自己所配的音乐，能为影片故事的展开增强其戏剧性。

1952年，朱践耳被调往北京电影制片厂。翌年为大型纪录片《伟大的土地改革》谱曲。影片需要一个半小时的音乐，为了能写好这部作品，朱践耳还专门去北京近郊的农村下生活。有了生活的体验，朱践耳的创作如鱼得水、非常顺利。他在管弦乐队的运用中专门加进了几件中国乐器，使旋律的展开流畅自如，调性色彩也变得更加丰富多变了。其中有一段音乐，后来被他改编成一首单独的管弦乐作品《翻身的日子》流传至今。

1954年，年已32岁的朱践耳，从事音乐创作工作也快9年了，但他却从未正式进入过音乐院校系统地学习过音乐。此时，国家有关部门在全国范围内遴选留苏学生。朱践耳有幸在近千名竞争者中脱颖而出，成为凤毛麟角的留苏七人学生中的一员。为此他欣喜不已，终于可圆年轻时的"交响梦"了。

留苏学习生涯

1955年9月，朱践耳告别家乡和亲人乘火车来到苏联莫斯科，被安排进入莫斯科音乐学院学习。因为是国家保送的，所以就免去了入学考试。只是稍稍测试一下音乐基础知识，便分配了各自的主课老师。按苏联的教学大纲规定，学习作曲者首先要从艺术歌曲创作开始。朱践耳选择了艾青的诗歌《太阳的话》谱曲，但他的作品从旋律写作到和声运用及钢琴伴奏等，与学校和老师的要求还相距甚远。朱践耳接受了这次不成功的教训，开始用大量的时间来认真分析、参考经典音乐作品。在以后谱写第二首作品时，他才算摸到了一点门道。由于朱践耳和几位留苏同学都是从解放区走来的，因此音乐基础比较差。于是学校又专为他们从校外请来了一位作曲老师巴拉萨年，此人是享誉世界乐坛的一位大家，他早年也就读于此校，并与谱写《马刀舞》的作者哈恰图良是齐名的同窗好友。

巴拉萨年对朱践耳的成长影响很大。他不仅是位严师，为学生的学习层层把关；又像一位慈父，对学生的生活无微不至地关心照顾。当他了解了这位中国学生的现状后，就专门为其量身定制了教学计划。譬如他觉得：德国的和声与中国音乐很难融合，就选择教法国印象派的和声。他还认为：学生的写作不仅要听取老师的评语，作为中国学生首先要听取国内人民的意见，这样的作品才会有真正的生命力。所以朱践耳留苏所写的作品都寄回国内请同行和听众们评判。另外巴拉萨年还坚决要求朱践耳每天必须在钢琴上练琴、读谱两个小时。这样不仅能使其不断地熟悉世界经典音乐，还能为他将来的创作打下坚实的基础。

而朱践耳也对自己的留苏学习制定了两条规矩：一是尽可能地多学现代的、先进的作曲技法，并边学边用、学用结合。第二是扬长避短，因自

朱践耳在创作中

己年龄偏大、音乐功底又比较差,但生活阅历却相对丰富,而且音乐素材的积累也很多。因此创作时,在突出主题音乐的同时,尽量地运用好中国的民族音乐元素,能将它与各种作曲技巧浑然一体地巧妙结合,以此来弥补自己的一些不足。

朱践耳在导师巴拉萨年的悉心引领下刻苦学习,也开始了循序渐进的音乐创作。除了乏善可陈的第一首艺术歌曲《太阳的话》外,朱践耳紧接着又改编了民歌《青草发芽》,因为旋律是现成的,他创作的注意力全集中在如何运用好和声、钢琴织体和曲式上。不久他又把一首内蒙古包头的小曲改编成一首艺术歌曲《打连成》。作品保留了原本旋律的诙谐、活泼和有趣的特点,还在钢琴伴奏上相应地强调和声的色彩对比和其个性化。

朱践耳在大学一年级时,就尝试创作他的钢琴处女作:序曲第一号《告诉你……》,此作是朱践耳在老师的帮助下,分析、学习了德彪西和斯克里亚宾的钢琴序曲以后,懂得了钢琴曲是如何发展变化和如何结构的。此作的曲调虽说是自创,其实是受到东北二人转音乐影响的。作品虽是个小品,但内容却丰富多彩。民族化的和声运用得体,因而受到老师的赞扬。于是朱践耳又开始创作第二首钢琴曲:序曲第二号《流水》。此作是受中国古琴曲《流水》的启发,并借鉴了云南民歌《小河淌水》的主旋律为素材创作而成。作品运用了中国古琴的附点节奏特色和低八度音回应手法,高低二声部对称的倒影式线条。题为"流水",实寓意生命的活力和生命的历程。

朱践耳留苏第一年的音乐创作大都与钢琴有关。在第一学期快结束时,他又根据云南民歌创作了一首大提琴与钢琴作品《牧羊人》。这一年,他还以叙事长诗《王贵与李香香》为题材,谱写了钢琴曲《主题与变奏曲》。作品以陕北民歌《信天游》为音乐主题,融入丰富多样的和声语言和织体,来刻画人物的情感世界。而双簧管与钢琴《春天的歌》,则是朱践耳留苏后谱写最顺利的一首作品,因为此时朱践耳的钢琴弹奏水平经过近一年的磨炼,早已与出国前的状态不可同日而语了。此作的旋律就是作者在钢琴上随心所欲地即兴弹奏出来的,随后他就把这段音乐记在谱面上,以后也没做很大修改,只是在个别音符上有些修饰而已,真可谓是一首即兴作品。显然,《春天的歌》要比原先谱写的几首钢琴作品,表达得更自然、流畅、圆润，也更有新意。

在进入第二学年后，朱践耳开始尝试创作弦乐四重奏。起初他掌握不了这种音乐作品样式的特点，但在老师的点拨下，又参考、剖析了好几部经典四重奏作品，写作才渐渐有些感觉了。他先是从慢板入手，以寻找一个相对容易的切入点。这部四乐章的作品，只有第二乐章的主题音乐是来自宁波的《马灯调》，其余的旋律，都是他这些年在采风中积累起来的中国民族音乐素材经过融会贯通后而自创的。由于朱践耳是第一次写奏鸣曲式的作品，思想上完全被这种音乐形式和技术所束缚，写作有些勉为其难，所以作品显得比较呆板乏味，缺乏生动的灵气和独特的乐思。但巴拉萨年却认为：按照教学大纲，像写这样奏鸣曲式的作品应该在大三以后才开始。如今学生能提早一年写出这般像模像样的乐曲，已经很不错了。可喜可贺的是，朱践耳也在这次创作中，吸取了经验教训。关键是明白了自己在写这首作品时的思维是有失偏颇的：四重奏的作品变成写乐队形式了。多年后，朱践耳把这部作品的二、三、四乐章中的某些段落顺序稍作调整、还对一些旋律进行了修饰后，分别冠以小标题"舞会""夜曲"和"回旋曲"，成为一首独立的弦乐队小品组曲，在国内公演。

朱践耳留苏期间创作的最大一部作品，就是交响曲《节日序曲》。这也是一首奏鸣曲式结构的乐队作品。虽然朱践耳在国内曾谱写过几部电影音乐，但这只是片段性、不完整的乐队作品。此部新作借鉴了肖斯塔科维奇的同名交响乐《节日序曲》的曲式结构。小号的引子主题，是五声音阶式的单旋律。虽有模仿西洋复调的呼应，但实质是中国式的线性思维，主题和副部的音乐都用了中国的五声音阶。主题的快板旋律朝气蓬勃、乐句间的连接和穿插，用了中国的锣鼓。这样的节奏在后面的发展部中还将大大发挥。而副题音乐的旋律起伏很大，自由奔放又神采飞扬。引子、主部和副题，这三个看似完全不同性格的段落，却有着紧密的内在关系，这种结构有点类似中国古诗文中的"对仗"。在作品的再现部中，朱践耳采用铜管乐奏出浓密的和弦，辉煌壮丽。这种同一主题在性格上的多种衍变，常见于交响乐中，在序曲中是很少见的。而且发展部不仅用了赋格，还有调式交替的变化，这在序曲中更少见。聆听整首作品能令观众身临其境，从而联想到国庆节壮观的游行大军和璀璨灯火下的月夜烟火盛放的场景……由于此作已长期在朱践耳的内心酝酿着，因此他下笔一气呵成，后来再没改动过一个音符。在经巴拉萨年的力荐后，此作由苏联大剧院交响乐团演奏录音，别洛乌索夫指挥，并被苏联广播电台永久保存。就在朱践耳归国前夕，莫斯科音乐学院管弦乐团又将《节日序曲》在当地的大剧院连演三场，他的声誉顿时在异国鹊起。在北京庆祝新中国成立十周年的音乐会上，上海交响乐团在黄贻钧的指挥下，在国内首演了朱践耳的这首力作。不久被灌制黑胶唱片后发行，引起社会反响。

朱践耳在留苏期间，还应邀为留苏同学编导的芭蕾舞《思凡》配乐。后来这首乐曲又被他改编成同名钢琴独奏曲。此外，他还谱写过管弦乐《壮士行》，以及交响大合唱《英雄的诗篇》。这是他为毛主席的五首诗词谱写的一首声乐套曲。在他毕业前，又创作了一首四乐章的交响诗《祖国颂》，这也是他这么多年一直埋藏在心底想要完成的一部作品。

留苏学习五年，是朱践耳真正踏入音乐殿堂的时光。在这五年的学习和创作实践中，朱践耳摸索到了中国民族音乐与西洋现代音乐技术相结合的门道，并进行了大胆的尝试和探索，从而找到了一条能建立中国自己风格的新音乐之路。

学成归国展宏图

1960年初夏，朱践耳怀揣着"中国交响梦"从苏联学成归国，到京后的第一件事就是参加政治学习。此时正逢国内"大跃进"时期，还恰遇百年未有的"三年困难时期"，而以美国为首的西方国家又正加紧对中国进行经济封锁，原本兄弟般的中苏关系已全面恶化，苏联撤销了所有援华项目……一时山雨欲来风满楼，国内外形势正发生急剧变化。中国的经济已内外交困，全国上下都在勒紧裤带过节俭困难的日子，因此交响乐的发展已根本排不上议事日程。

经过一段时间的反对苏联修正主义学习后，留苏归国的学生开始分配工作。根据文化部的规定，在没有特殊情况下，原则上是学生各自回原单位工作。与朱践耳同时从中央新闻电影制片厂选派留苏的瞿维和曹鹏，已去了上海交响乐团并分别担任驻团作曲和常任指挥。而一心想去上交当驻团作曲的朱践耳却被留在了新影厂，因为当时新影厂正在筹拍中国共产党建党四十周年的一部大型纪录影片，他已经被委任为该片的作曲人。

所幸新影厂的领导丁峤与朱践耳是新四军的老战友，他通情达理又非常了解朱践耳，并愿意帮助其实现多年的音乐志向和人生愿望。但同时又提出两个条件：一是要圆满完成此次重点影片的配乐工作；二是要为本厂的音乐编辑们培训授课，使这批新人尽快地成长起来，能独立为影片配乐。在完成了这两项任务后，朱践耳顺理成章地回到了家乡上海。

殊不知，满怀着期许的朱践耳回到上海后便碰到了意想不到的"软钉子"。他先去市文化局报到却并未被接纳，理由是他比较适合去上海音乐学院任教。当朱践耳拿着文化部的介绍信，又分别去了上海音乐学院和市文化局，并明确表示自己想去上海交响乐团搞创作时，不知何故，他最终还是被分配到了上海歌剧院工作。这样的结果，在朱践耳的心里始终觉得有点"乱点鸳鸯谱"了。因为他并不喜欢、也不擅长歌剧创作，只对交响乐情有独钟。

但既来之则安之。因是组织的安排，朱践耳也心悦诚服地去上海歌剧院工作了。1962年春，朱践耳拿出自己留苏的毕业作品：交响大合唱《英雄的诗篇》去参加当年度的"上海之春"会演。按照惯例，上演作品必须先由音乐节的评审组委会审听。在审查这首作品时，用了两架钢琴代替乐队和合唱队演奏。由于评审们大多数是延安出来的革命音乐家，他们认为此作的"民族化、群众化"还不够，所以一审没有通过。但同时还留有余地，认为还可找一家合唱团演唱后再试听一下。于是朱践耳就请只有三十多名团员的上海广播合唱团试唱，所幸的是，该团的水平虽远不如上海合唱团，但居然也能把这首声部复杂、转调频繁、有一定难度的作品完成了。更幸运的是在第二次审听时，恰巧总政歌舞团的团长时乐濛和指挥胡德风也在场聆听。审听结束后，时乐濛率先发言认为，这首作品很好，我们团也可以演。北京专家的表态，似乎将了上海一军。于是，此作算勉强通过，但同时又提出了一些修改意见。

不久，在交响合唱《英雄的诗篇》首演后的座谈会上，出现了两种截然相反的意见。一些老的革命音乐家还是坚持认为此作缺乏民族化和群众化，但音乐院校的一些中青年师生代表却表示：此作有创新，有技巧且有深度。见仁见智、莫衷一是。事后，市文化局领导孟波和几位上海乐坛的资深人物约请朱践耳，为他的作品修改出谋划策。在那个政治标准第一的年代里，"革命化、民族化、群众化"已成了音乐创作的唯一标准。朱践耳也本着这种创作原则去修改此作。最终使这部交响大合唱的写作手法变得简洁明了，曲调也显得更鲜明易懂了。新作在1964年的"上海之春"上演时，受到了热烈欢迎，朱践耳尝到了这种创作的甜头。

朱践耳在上海歌剧院工作的那些年，除了为舞剧《南海长城》谱曲外，其余的创作基本都是应景的群众歌曲和革命歌曲。与此同时，为了普及音乐、培养新人，他还经常去市、区的工人文化宫、馆，为业余音乐创作者无偿地举办讲座和进行辅导。

1963年初，朱践耳读到了《雷锋日记》中所抄录的一首小诗后激动不已。小诗真切地表达了雷锋的炽热心声。那些天，他还阅读了雷锋的故事，了解到其苦难的人生、对党对人民无限的忠诚和用有限的生命投入到无限的为人民群众服务之中的伟大精神时，更是心绪难平、激情澎湃，引发了无限的遐想，雷锋的形象就此一直萦绕在他的心田和脑海。同时，又联想到在战争年代的革命大熔炉里，在党的关怀、栽培下苦壮成长，在和平年代又被保送出国深造，而今自己所有的成绩都是党给予的。那种对党对人民的挚爱之情已溢于言表、十分强烈。酝酿多日、发自内心的滚滚乐思和隽永旋律此刻似乎已喷涌而出。

《雷锋日记》中的这首小诗只有短短的八句，且没有标题。朱践耳在谱曲时，还是采用了传统的从主题到副歌再还原的曲式结构。由于原诗太短，展开后便无法结束，于是就将前四句的歌词再复唱一遍。因为歌曲的灵感来自伟大的雷锋形象，故歌名就暂定为《雷锋的歌》，歌词注明摘自雷锋日记，歌曲发表在2月21日的《文汇报》上。受到雷锋精神感染的朱践耳，紧接着又创作了一首合唱歌曲《接过雷锋的枪》，发表在3月1日的《文汇报》上。四天以后，全国所有的新闻媒体都刊登了毛主席的亲笔题词：向雷锋同志学习。旋即就在全国范围内掀起了一场学习雷锋精神的运动。

随之，李劫夫、晨耕、生茂、唐诃、傅庚辰、时乐濛、陆祖龙和彦克等许多作曲家，也分别创作了《学习雷锋好榜样》《雷锋我的战友》等一大批脍炙人口、朗朗上口的群众歌曲，对深入推动这场学习运动起到了推波助澜的促进作用。其间，朱践耳借用了雷锋的语气，又谱写了一首独唱歌曲《梦见毛主席》。

在《文汇报》发表《雷锋的歌》的歌谱后不久，朱践耳收到了陕西省焦平煤矿职工姚筱舟的来信，信中说明雷锋摘抄的小诗，是出自他1958年发表在《"大跃进"新民歌选》一书中的一首诗作《唱支山歌给党听》。此作原本由十二句歌词组成，因后四句是专门歌颂"大跃进"的，故雷锋在日记中把它删除了。看到来信后的朱践耳终于明白了这首小诗的来龙去脉，此时他觉得：眼下以雷锋名字歌唱雷锋的歌曲太多了，而《唱支山歌给党听》既是这首小诗的标题，也是作品的诗眼和灵魂，用它来作歌名，能更生动、形象、直接。

不久，在上海文化广场召开了全市学习雷锋精神的动员大会。会上，上海歌剧院的独唱演员任桂珍首唱了歌曲《唱支山歌给党听》，那声情并茂的演唱，打动了所有在场者。中唱上海公司很快就把任桂珍的演唱灌制成唱片发行。有一天，正在上海音乐学院学习的藏族歌手才旦卓玛，在学校的广播里听到了这首歌曲后热泪盈眶，因为歌曲唱出了她的人生和心声而不能自拔。她马上向自己的老师、著名声乐教育家王品素提出要学唱此歌。在王品素教授的帮助下，拿到歌谱后的才旦卓玛如获至宝。因为她来上海不久、汉语还不太会讲，于是老师就一字一句地教唱，并为她讲解歌曲的意境和内涵。当朱践耳得知才旦卓玛也在演唱此歌时，就专门为她写了民

《唱支山歌给党听》的海报

乐伴奏谱。而任桂珍得知此事后，更是表示可以把此歌让给她唱，因为才旦卓玛是西藏百万翻身农奴的代表，由她来演唱此歌比自己唱更合适。从此，《唱支山歌给党听》也成了一代歌唱家才旦卓玛的代表作。

当年，涵盖全国且发行量最大的《歌曲》杂志刊登了朱践耳的这首力作后，《唱支山歌给党听》便不胫而走，唱遍了祖国的长城内外、天南海北。在众多歌唱雷锋的歌曲中，此歌以其真挚的情感，隽永优美、通俗易唱、朗朗上口的旋律，受到广大人民群众的喜爱而脱颖而出，成了时代的强音，人民心中对党的颂歌，影响了几代中国人的成长。前不久，在中共二十大开幕式前的电视直播画面上，唯一演唱的歌曲就是童声合唱《唱支山歌给党听》。

因为谱下了久唱不衰的《唱支山歌给党听》，朱践耳成了中国乐坛的焦点人物。但在那个年代里，朱践耳仍继续创作着许多应景的群众歌曲。其中影响较大的有：反映知识青年听从党的号召，上山下乡去与工农结合的歌曲《到农村去、到边疆去》，还有在"文革"中谱写、歌唱党的生日的独唱歌曲《清晰的记忆》等。

朱践耳与夫人舒群

在"文革"中，因朱践耳的政治历史清白而未受到严重的冲击，但白白荒废了他十年的光阴。而他的爱妻舒群（上海音乐学院管弦系主任）却受到了长时间的残酷迫害，差点儿搭上性命。妻子的遭遇也影响了朱践耳的创作。

晚年才圆"交响梦"

"文革"结束后的1977年，朱践耳终于实现了多年的梦想，被调往上海交响乐团担任驻团作曲。年前，他和上海的一些音乐家去大庆油田深入生活，回沪后便谱写了歌曲《大庆儿女怀念周总理》。原本朱践耳去大庆体验生活，是为了写部交响曲。但因当时的种种原因，又加之过去所学的作曲技法这么多年一直没用，而且他在留苏学习时，那里的学校对现代作曲技法教学是排斥的。因此从某种意义上来说，那时的学习是有缺失、并不全面的。所以此时朱践耳的作曲技法已有些陈旧、落后，还手生了。由于他对乐队作品的创作也有18年的"断层"，笔锋也显得有些"生锈"而笨拙了，创作能力远不能达到随心所欲的境界。为了迎头赶上、急起直追，他不顾自己年迈，又重返已恢复招生教学的上海音乐学院当旁听生，不耻下问地与自己年龄相差几十岁的孩子们一起学习桑桐的多调性的系统分析、杨立青对梅西安作曲技法的分析、陈铭志的十二音无调性体系等，并且还聆听施咏康、林华、毛与润等教授的复调、和声、赋格和配器课。朱践耳的此举当时成为乐坛的一段佳话。

学到了新的、过硬的作曲本领，还需要有好的创作题材和对社会的感悟认知及生活的积累等，这样创作出来的作品视野会更广阔、理念会更新、思维更多元，从而才能达到人文、历史和哲理的深度及广度。

从1980年开始，朱践耳陆续去新疆、西藏、云南、贵州和广西等地深入乡间生活，收集大量原生态的民间音乐，由此也开启了他系列交响音乐创作的预演和序幕。从1981年到1985年间，朱践耳谱写了无伴奏合唱套曲《绿油油的水乡》、二胡与管弦乐队组曲《蝴蝶泉》和管弦乐《前奏曲》。他还深入贵州和云南的少数民族地区，采撷运用那里的音乐元素创作了交响组曲《黔岭素描》和交响音诗《纳西一奇》等五部管弦小品作为铺垫，以厚积薄发的姿态去为最终的交响梦冲刺。

朱践耳晚年的第一部交响作品是四乐章的《第一交响曲》，此作真可谓是十年磨一剑。对于晚年的创作生涯，朱践耳自谦是：六十岁后学吹打。创作《第一交响曲》，他足足酝酿准备了长达十年。这部以"文革"为题材的交响曲，反映了运动期间苦难的岁月、人民的觉醒和粉碎"四人帮"后的喜悦等。史诗性的作品富有内涵和哲理。此作演奏不仅要求乐队规模大，而且篇幅长达48分钟。这部作品的酝酿创作过程也是一个曲作者漫长而痛苦的心灵之旅，通过不断地反思和对自身的考问，再加之创作观念和作曲技法的逐渐更新，从而能对这段历史进行审美表达。《第一交响曲》面世后，起初并不被圈内看好。但在1986年5月的"上海之春"音乐节上演后，观众的反响却很好，于是被推荐赴京参加全国汇演。但北京的演出竟出乎意料成功，能得到京城乐坛的好评，被认为是中国交响乐创作的新探索。

《第一交响曲》在京打响后，朱践耳旋即开始构思第二部交响作品，也就是它的姊妹篇《第二交响曲》。虽然两者都以"文革"为题材，但新作的视角、立意和用笔都已迥然不同。这部单乐章曲式结构的作品，含有引子、慢板、快板和庄板等四个段落组成。虽然在这两部作品中，朱践耳都用了无调性的12音序列技法，但后者在技法运用及作品的内涵方面，更为集中精练且有感情的深度。

第三部交响曲《西藏》，是朱践耳献给藏族同胞的。1986年初夏，他在西藏采风到拉萨时，正赶上那里已销声匿迹二十多年的古老传统"雪顿节"（即藏戏节）刚恢复。不过当时的宫廷音乐尚未开禁，但因朱践耳身份特殊才被准许观看，同时还让他了解观摩到藏戏的一些影像资料。在拉萨过完雪顿节后，朱践耳又去了日喀则、萨迦、拉孜和江孜等地观光。一个多月的走马观花，西藏的美景尽收眼底，实地生活的体验使朱践耳的创作有了方向和目标，即创作西藏题材，写风俗性、音画式的组曲。但藏族音乐多姿多彩，如何选题、如何处理，才能使音乐既多样又统一，既有藏族特色更有时代气息呢？解决了这些问题，作品也就自然地站立起来了。

朱践耳创作的唢呐协奏曲《天乐》，可谓是他别出心裁、移花接木的一种创新。因为在中国民乐中，最难与西洋管弦乐相结合的便是唢呐，几乎有些"水油不相溶"。但朱践耳却偏偏选中唢呐，给自己的创作出难题。要写好这部作品，首先必须对这两者都进行一番改造。也就是说要使西洋乐队中国化，还要让"土"唢呐现代化。改造的办法有两种：一是"土洋结合、花样翻新"；二是"南腔北调、熔于一炉"。从某种意义上来说，这部作品是为上音的唢呐演奏家刘英量身定制的。在创作期间，光朱践耳与刘英在一起探讨并单独演练就达十多次，乐句和乐段是一句句地琢磨、切磋，直到双方都满意为止。此作是以唢呐为主、乐队为辅的无标题协奏曲，而这两者又是红花与绿叶的关系。后来在上交排练时，指挥家陈燮阳建议作者最好能为作品加上个标题，以适应中国观众的审美习惯。为此朱践耳动了不少脑筋，才想出了一个模棱两可的标题《天乐》。因为"乐"字是多音多义字，可以读作音乐的"乐"，也可认为是快乐的"乐"。这就需要观众

朱践耳：唱支山歌给党听

朱践耳在采风中

朱践耳与指挥家陈燮阳在研究乐谱

通过音乐本身去展开遐想了。

1989年初,上海交响乐团收到了一份瑞士寄来的国际作曲比赛的通知和章程。这个以"玛丽·何塞皇后"命名的作曲大赛,每两年一届,即将在1990年举办的是第15届。此次比赛的参赛作品规定是:为一支小型管弦乐队(乐手在11人至22人间)和一位独奏者谱写一首协奏曲。

作为驻团作曲家的朱践耳,在得知这次作曲比赛的消息和规定后,也想去尝试一下。但当初的目的并非获奖,而是想以此去试探一下自己的身手,看看国际乐坛如何看待中国作品。在这次创作中,朱践耳还使用了现代作曲技法中的十二音序列,并同时选定笛子名家俞逊发作为独奏者,谱曲是根据他的演奏特点而创作的。这首弦乐与笛子的协奏曲,在朱践耳的所有创作中是最抽象和写意的,也是离传统交响曲标准最远的一首。作品似真似幻、若隐若现,让人捉摸不透。在经过上交弦乐组与俞逊发的通力合作后,一部高难度的作品竟然在录音棚里用短短一天时间制作完成,录音带在最后期限及时寄到瑞士参赛。谁料,原本只想在国际乐坛上探探路、亮亮相的作品，竟然获得了此次大赛的唯一大奖。大赛的评委们对此作称赞有加：作品不追求传统的旋律，而着重表现一种幽深高远的意境，笛子的演奏更是勾人心魄。朱践耳也认为：此次获奖的功劳大半要归于俞逊发的这支"神笛"。但在翌年的"上海之春"演出后，有圈内人士提出不同的观点：不能因为国际获奖而盲目说好，此作除去竹笛的本体美，其余的音乐都是怪腔怪调、毫无民族性可言。对于同道专家的批评，朱践耳既谦虚又慎重，他把各种对其作品的评价都作为自己以后创作的一面镜子和动力。

朱践耳的晚年，每年都有一部新作上演于"上海之春"音乐节。他的《第五交响曲》的主题就是从歌曲《天下黄河九十九道湾》的旋律中获得灵感的。黄河是中华民族的母亲河，更是不屈不挠、百折不回的中华民族精神的象征。黄河纤夫脚踏实地、勇往直前的坚韧性格和气吞山河的宏大气魄，更是深深感染了朱践耳。于是在创作这部描写、歌颂劳动人民的交响曲中，他把这种昂扬的精神和壮观的气场在音乐中不断地升华发展，使整部作品不仅清新脱俗，而且气壮山河、令人振奋。

第六交响曲《3Y》，在朱践耳的所有交响曲中是独一无二的。他把这么多年来在深入乡野生活时所录下的原生态音乐，用录音本体作为主角直接融入交响乐队中，从而谱写成一首交响乐曲。所谓直接植入的音乐素材，其实还是经过朱践耳精心筛选和剪辑过的。如若不是这样，那么把众多的民间音乐素材堆积在一起，岂不成了一部原生态音乐的集锦了，而不是真正意义上的交响作品。即使经过朱践耳精心加工的音乐素材，还是保留着最纯真和不可替代的声音，这样的音乐更显鲜活和传神。此作在1995年首演后便录制了CD。长期从事现代音乐创作的作曲家谭盾，在聆听了这张CD后给予高度的评价：第六交响曲《3Y》中的磁带录音与乐队间的配合极为默契协调。这就像是遥远与现代的对位；也是不同理念、不同风格和不同审美的对位，已远跳出了古典巴赫式的对位。

朱践耳的第七交响曲《天籁·地籁·人籁》以敲击乐为主。此作的标题借用了《庄子》，但又不是按照庄子的定义来谱写的。所谓"籁"就是声音，作品选择了三类不同声音和性格各异的敲击乐器，分别代表了天、地和人，并根据自己的想象来构思主题思想和内容。

交响曲《求索》是朱践耳的第八部交响作品。这部作品的创作理念完全来自中国的传统文化。早在朱践耳20多岁卧病整天在家收听广播时,除了听西洋音乐,就是听国粹京剧。那时他就在思考一个问题且延续至今:为什么中国京剧的伴奏乐器,只要一把京胡、一套锣鼓,就能把整台戏的人物和剧情表达得淋漓尽致,这功能相当于西洋歌剧伴奏的大型管弦乐队。此次创作,朱践耳想尝试用一把大提琴来代替中国京胡,再加上一套敲击乐写一部《二人交响曲》。因为大提琴音域宽广、音色丰富、音响变化又大,这些都是远胜过中国京胡的。六、七、八这三部交响曲,可算作是姊妹篇,都是朱践耳在旅美探亲时创作的。这三部作品最大的不同点,前两部主要描写的是群体音乐,而第八首则用的是独奏乐器,音乐很"诗性"化。而诗与乐相通、相融,但乐是形、诗则是魂。两者合二为一也是朱践耳在创作上的一次新的尝试和探索。

朱践耳旅美探亲十个月,当地的所有景点他都没去游玩过,他所有的时间都用于创作。在美创作的四首交响曲中,有两首作品的构思是在国内完成的。朱践耳在回国前夕,又谱写了一首《小交响曲》。从探索的角度来看,此曲与前三首作品一样,都是想在"有限的空间中追求无限的想象"。他敢于自我挑战,给自己出难题。在这首只有十分钟的小品中,朱践耳用了简明如歌的旋律,在只用一个调性的空间里,要使出浑身解数来营造各种不同的音响效果,从而表达深层次的思想情感。此作的立意,诚如古人所云:方寸见天地,瞬间悟人生。音乐给人绵延不绝、蜿蜒曲折,再达到高潮的感觉。仿佛由迷惘到醒悟,从沉思再到呐喊。创作的手法采用了赋格的样式。

朱践耳访美归国后不久,便接受了台湾省立交响乐团为庆祝该团建团五十周年的委约作品创作任务。就在几年前,朱践耳去云南昆明参加"第三届中国艺术节"时,就曾聆听到了台湾民间音乐演出队演唱的无伴奏合唱作品《祈祷小米丰收》,给他留下了难以磨灭的印象。此次创作,他马上联想到可用台湾的民间音乐元素来创作一首四乐章的交响诗《山魂》,于是就请台湾的朋友帮忙收集那里原住民的一些音乐录音资料,以供创作之用。对此次写作,朱践耳为自己立下了几条原则:第一,作品要重神韵和意境,而不在乎形式。第二,音乐的来源不局限于一个原住民族,而是根据作品的需要来确定音乐元素的取舍。也就是可把几个原住民族的音乐元素捏在一起、相辅相成，这样的效果会更好。作品中明显有曾给朱践耳留下深刻印象的《祈祷小米丰收》旋律的影子。《山魂》由"序奏""心曲""节日"和"祈祷丰收"等四个乐章组成。

在1997年香港回归祖国之前，朱践耳又创作了一首交响诗《百年沧桑》。对标题中的"百年"一词，朱践耳在作品中的诠释是宽泛的，可指近百年，也可是数百年、甚至千百年。而"沧桑"则泛指国人在当年所遭受的患难。由于是史诗性、有标题的交响诗，其音乐素材必须直接来自生活和民间。因此作品恰如其分地运用了聂耳的《铁蹄下的歌女》、古曲《满江红》、贺绿汀的《游击队歌》、聂耳的《义勇军进行曲》和《南海渔歌》等歌曲中的一些旋律。此作无论音乐还是曲式，都是比较完美的。让朱践耳没有想到的是，交响诗《百年沧桑》获得了文化部当年度主办的"迎接香港回归征集作品"大赛的金奖。

1998年初，朱践耳受北京人民广播电台音乐部的来信委约，请他和作曲家王西麟、叶小纲三人分别创作一首以长城为主题的交响曲，在新中国成立五十周年之际公演。看到来信后的朱践耳旋即回信表示：委约创作很好，但最好不要规定题目，而且三部长城交响曲一同演出，也不太合适。同时他在信中讲述了自己准备创作作品的立意。很快北京电台回复表示赞同。于是朱践耳以新中国成立五十周年为题材的《第九交响曲》开始动笔谱写。此作的立意一是回首往事：不限于五十年，而延伸至五千年；二是放眼未来：不限于新世纪，而是远及数千年；三是终极关怀：不限于中国，而广及全人类。这是一个非常宏大的题材，因为历史是一条绵延不绝的长河，承前启后、无法隔断。在创作中，朱践耳受到了交响乐《贝多芬第九交响曲》的影响和启示，在每个乐章的开头和末尾，他都用一把大提琴演奏独白式的吟哦，仿佛是"历史老人"的旁白。此作由"浪淘沙""夜如年"和"霜天晓角"三个乐章组成，用音乐展现、表达了从古老的文明国度，到苦难的昨夜直至东方破晓的历程。作品尝试用"意识流"及散文式的创作手法，但在结构上还是有紧密逻辑的。

朱践耳的第十交响曲《江雪》的创作，却早于他的《第九交响曲》。这部关门之作的构思缘于唐代大家柳宗元的名诗《江雪》，因为朱践耳通晓中国古代文学，并对古诗词情有独钟，他尤其看重它的艺术性和音乐性，而且对柳宗元的人格非常崇敬。在这部作品中，朱践耳的谋篇布局下了大功夫。首先他把吟唱段落作为全曲的"主部主题"，而古琴段落则作为"副部主题"。朱践耳设计三段不同吟唱的写作很顺手，但在寻找吟唱者时却花了一番周折。起初曾探讨过几位，不是唱法不合适，就是对作品的理解大相径庭，最终找到的京剧花脸尚长荣非常胜任这一工作。上海民族乐团的艺术家龚一，无论是名望还是艺术造诣都是古琴演奏的不二人选。有了这两位大家的助演，能给全曲增色不少。但这两位艺术家是不上台现场演出的，而是预先录制好光盘，在乐队演奏中播放。《江雪》是朱践耳一生中自己最看好的一部交响作品，在完成力作第九、第十交响曲前，指挥家陈燮阳就约请朱践耳为上海交响乐团建团一百二十周年谱写一首雅俗共赏的管弦乐。受约后的朱践耳在苦思冥想时找到了一个好题材。早在20世纪80年代，他去云贵各地采风时，发现彝族音乐中有一种非常奇特的旋律形态，而在我国东南的潮州音乐中，也有一种不常见的旋律，这些在西洋音乐中是从未有过的。此次朱践耳突发奇想，是否可将这两种音乐结合起来，用一种独特的音乐语言来谱写一首乐曲。就这样，他以元宵节的欢乐场面为主题，谱写了一首时长11分钟的管弦乐《灯会》。后来在京沪两地公演后，受到了圈内人士的好评。

在朱践耳的音乐人生中，他最看重的是交响乐创作。其实他还谱写过许多有影响的器乐作品。如钢琴小品《摇篮曲》《小诙谐曲》，钢琴组曲《南国印象》（五首），为竹笛、筝、低倍革胡、敲击乐和二胡而作的民乐五重奏《和》，琵琶与弦乐四重奏《玉》；五件民乐器与管弦乐队的《丝路梦寻》，以及他根据自己在1965年谱写的舞剧《南海长城》的音乐，改编成的管弦乐《南海渔歌》第一和第二组曲等。

朱践耳是一位多产的作曲家，他的作品几乎涉及、涵盖了所有音乐创作的领域和门类，他把自己的一生都献给了中国音乐事业。尤其是他在晚年仍孜孜不倦地用生命的激情投入交响乐的创作，为探索中国交响事业的发展尽其所能，朱践耳的这种精神是值得学习和提倡的。

但我始终认为：评判一部音乐作品成功与否，不应看其体量的大小，而要看作品的传播面有多广、影响力有多大多久。因此从某种意义上来说，歌曲《唱支山歌给党听》才是朱践耳真正的代表作。

音乐虽然是一种跨国界的语言，但它还是有其民族性的。中国的音乐创作一定要扎根于本民族的沃土，这样的作品才会受国人欢迎。中国的音乐有了自己的风格，才能在世界乐坛独树一帜。当年的中国，因为积贫积弱技术落后，所以音乐没有被普及，但这并不意味着我们音乐语言落后。恰恰相反，我们的传统音乐就像一座睡卧在深山老林的富矿：有丰富的民歌和浩瀚的戏曲音乐。这些都是中国所独有的。如今我们的几代作曲家虽然都已掌握了世界先进的作曲技法，但其创作不扎根于民族沃土，作品中没有成功融入自己民族的音乐元素。这样的音乐是站不住脚的，也不会受到广大国人的喜爱和欢迎。而"外来形式民族化、民族音乐现代化"，才是中国音乐发展的必由之路。

余论：对朱践耳音乐作品的一点看法

最难能可贵的是，朱践耳在本该颐养天年的花甲古稀之时，又重拾留苏时的交响乐旧梦。不顾年迈体弱，开始深入祖国的南国北疆和边陲地区，采撷各地各民族、民间的音乐素材。他花了近二十年的时间，先后创作了十部有着鲜明中国特色又色彩斑斓、风格迥异的交响乐曲。这些作品是朱践耳在继承西方古典传统音乐的基础上，又学习了当下西方近现代的作曲技法后，再融入自己采撷到的民族民间音乐旋律谱写而成的。对待每部交响乐的创作，朱践耳都力求做到：一曲一个样、没有重复。并尝试运用不同的作曲手法，来不断地挑战自我。更可喜的是朱践耳的创作敢于求索创新，他的交响曲从不拘泥于过去固有的模式。但遗憾的是，这批交响曲中并没有留下让人难以忘怀和惊鸿一瞥的动人旋律，因此未能广泛流传。

我从20世纪80年代初就采访过这位德高望重的音乐老人。他在晚年创作交响乐曲后，我又多次登门拜访聆听他的教诲并撰写了多篇乐评文章发表在《新民晚报》上。朱老和蔼可亲又平易近人，听他讲历史和人生过往、与他谈创作及音乐现状，真是受益匪浅。

朱践耳的青年时代，是在炮火纷飞的抗战年代度过的。为赶走日本侵略者，他毅然弃笔从戎参加新四军，在革命的大熔炉里、在战斗的实践中学习音乐创作，并把它当作武器，用音乐和革命歌曲来激励中国军民投身抗战。中华人民共和国成立后,他又被公派到苏联留学。无疑,朱践耳是党一手培养起来的音乐家,因此他对党对祖国、人民是充满着无限忠诚,有真挚情感的,他是甘愿为了中国的音乐事业而奉献自己所有的人。

就是这样一位瘦弱矮小的音乐老人,其内心却蕴藏着无比炽热的家国情怀。作为音乐大家,朱践耳有思想、有见地,又有抱负和担当。他为人正直善良、淡泊名利,是中国乐坛有口皆碑的道德模范。

2017年8月15日,95岁高龄的朱践耳在上海瑞金医院病逝。巨星陨落,乐坛同悲。为此,上海文联和上海音协共同举办了一场朱践耳音乐创作追思会。出席会议的上海乐坛大咖们,在会上大谈朱老晚年创作的十部交响曲和留苏时谱写的《节日序曲》,基本没有涉及他的歌曲和其他音乐样式的创作。

对此我不敢苟同,心中感到十分困惑和不解。首先有必要弄清朱践耳先生究竟对中国乐坛有过多大贡献、而最大的贡献又是什么?

我一直认为:评论一部音乐作品成功与否,并不在于其样式和体量的大小,最根本的是社会影响如何。而世人真正知晓朱践耳先生的恰恰是他谱写的歌曲《唱支山歌给党听》,以及《接过雷锋的枪》《到农村去、到边疆去》等群众歌曲。至于他在晚年创作的十部交响曲,一般群众根本不了解。我是多次聆听过这些乐曲的,但乐曲中的任何一句旋律,我至今也没记住、更不会哼唱。但朱老能在安享晚年的时候,用自己余生的所有激情和才华,去投入一生所追求的交响曲创作,这种精神本身是难能可贵的,是应该得到所有人尊敬并被学习的。虽然这些交响乐的旋律不够优美、因而受众度不够,面世后就很少演出,但对中国乐人今后探索、创作交响乐还是有启迪和参考价值的。而人民群众真正认可朱践耳的是他谱写的那些群众歌曲,尤其是《唱支山歌给党听》更是每逢国家重大活动的必唱曲目。

我个人认为:一些音乐家在朱践耳的追思会上只谈论他的交响作品而忽略其歌曲创作,这是有失偏颇的,对他整体音乐生涯的评价是不够全面和准确的。这些年来,中国乐坛有一种错误的思潮,一些自以为是先锋派的海归音乐学者认为:谱写歌曲者不能算是真正的作曲家,而只有创作交响曲、钢琴曲及歌剧舞剧的音乐者,才够得上作曲家的资格和称呼。这些人眼高手低,对中国过去创作的交响曲不屑一顾,但自己却拿不出像样的作品，因为他们的创作好高骛远、贪大求洋、依样画瓢、漠视国情又闭门造车。其作品也就如同无源之水、无根之木了。即使一些所谓有高难度技巧的作品，乐队演不好，听者是云里雾里、不知所云。如若这种现象成为普遍问题并长此以往，其后果将不堪设想，中国乐坛的前景令人担忧。乐坛泰斗贺绿汀先生生前曾多次与我谈起过这个问题，并严厉批评这些先锋派们是邯郸学步、拾人牙慧又妄自菲薄，学了点皮毛却看不起自己国家的传统音乐，真是可笑至极。

纵观中国音乐史，当年中国近现代音乐还处在处女期时，留洋归来的萧友梅、黄自、青主、赵元任以及后来的冼星海和马思聪们，他们无不都是把在海外学到的先进科学的音乐技法融入中国的民族音乐之中，在扎根民族沃土的基础上，开创中国自己的新音乐。这种好作风、好传统，长期在中国乐坛薪火相传，从而能在一穷二白的基础上，创作出一大批人民群众喜闻乐见又经得起时间检验的经典作品。但这些年来，由于老一代的音乐家们都相继过世，而今海归的音乐学习者已成为中国乐坛的中坚。但他们对音乐创作的目的、动机、理念和作风，以及审美情趣和价值取向，都出现了重大的偏差，并至今还在影响着以后的音乐学子们。

当年在延安文艺座谈会的影响下，延安鲁艺创演了新歌剧《白毛女》后，又诞生了《刘胡兰》《小二黑结婚》《洪湖赤卫队》和《江姐》等一批流传至今的中国民族歌剧，其中的许多唱段久唱不衰。但反观近几十年来，随着国家经济的发展、繁荣和对文艺投入的不断增大，又有近两百部各种题材的歌剧创演。但这些花了巨资的作品基本都是昙花一现，演过几场后便刀枪入库、马放南山了。因为没有人民群众喜欢的唱段，就更谈不上能成为常演常新的传世经典作品了。其实这样的现象在当今的中国交响乐创作中也比比皆是。

今年国庆长假期间，央视在其综艺和音乐频道连续播出《江山如画——系列交响音乐》节目，社会反响强烈，收视率居高不下。由全国六大交响乐团分别上演的曲目都是人民群众喜闻乐见又耳熟能详的作品。譬如《北京喜讯到边寨》《红旗颂》、小提琴协奏曲《梁祝》、钢琴协奏曲《黄河》，还有中国早期的管弦乐作品《瑶族舞曲》《晚会》《森吉德玛》和《炎黄风情系列交响曲》以及根据一些群众喜爱的中国歌曲编配的管弦小品。

这些作品优美动听又通俗易懂，非常适合中国的国情。这无疑就是中国交响乐发展的根本和方向，但这并不是最终的目标。中国的交响乐应该在普及广大群众审美和兴趣的基础上，循序渐进式地不断发展提高。不仅要普及推广世界经典的交响作品，中国的作曲家们还要在学习西洋经典交响乐技巧样式的基础上，去创作扎根中国民族沃土、人民群众喜闻乐见又能呈现西方经典交响模式并与之比肩的交响音乐，从而使中国的交响音乐能屹立于世界交响音乐之林。

诚然，音乐就是人的情感表达。我们学习、普及音乐，当然也包括交响乐，就是为了陶冶人民的情趣，丰富群众的生活，从而提高整个中华民族的修养和素质。长期以来，乐坛对音乐创作中作曲技法和音乐旋律孰轻孰重一直争论不休、莫衷一是。贺老在重建上海音乐学院时，首先做的一件事，就是要求全校师生都要学唱民歌。由此可见，音乐工作者积累民间音乐的重要性。

我一直认为：旋律就是音乐的生命，更是灵魂。至少在歌曲创作中是这样。但又不是唯一的，音乐的成功除了优美动人的旋律，还需要科学的作曲技法和相应合适的作品样式。虽然创作交响乐及歌剧、舞剧音乐是需要运用科学的复调、和声与配器等作曲技法来完成的，但其最根本的是主题音乐，即主旋律，它更是作品成败的关键所在。纵观世界的经典交响作品，无不都是在有优美动人的旋律的基础上而取胜的。当然也有极少数全靠作曲技法而成功的作品，但这些只是个案。近些年来，中国乐坛还流行着另一种说法：从19世纪到20世纪中叶，世界著名的作曲家已把地球上所有的美好旋律都挖尽用完了，如今21世纪的音乐创作，主要靠技巧和节奏来完成。但我认为：只要人类还存在，生活还在继续，流淌在生活和民间的美好旋律怎么会枯竭呢？只是我们没去发现而已。因而任何作曲技法只是表现、展开、升华这些来自民间民俗旋律的载体和手段而已。此外我还认为：音乐成功与否的真正评判者，并非只是高高在上的音乐家们，而是广大的人民群众。虽然人民群众的音乐知识肤浅，喜欢的中国交响曲都只是些比较简单动听的单乐章管弦乐和小品，但关键是受众欢迎，因而这种创作方向就是正确的。试想：一部冗长繁复虽非常符合西方经典交响样式，但人民群众并不接受的交响作品，与一部短小精悍但旋律优美又通俗易懂的交响小品相比，其社会影响大小是不言而喻的。

遥想当年，在残酷的战争年代和国家经济尚且困难时期，中国的作曲家们还在孜孜以求地探索、追求中国交响乐的创作和发展，而今盛世中国，国力雄厚经济发达，发展本国的交响乐更是在情理之中。但关键是曲作者们在创作时，首先要考虑作品为谁而写，人民群众是否接受和喜欢。只有明确了自己的创作目标，才不会失去根本而迷失前进方向。用好中国的音乐元素、借鉴融合西方科学的作曲技法和音乐样式来讲述中国故事，这是中国交响乐发展前进的唯一途径。

黄准：为创作电影音乐倾注一生

黄准是新中国第一代女作曲家，她的音乐人生主要从事电影音乐创作。从《女篮5号》《红色娘子军》《舞台姐妹》到"文革"后的《牧马人》，她长期与一代名导谢晋合作。那隽永优美的旋律，是她用生命的激情谱就的，因而这些旋律能深埋在几代国人的心底。

黄准是在抗日战争中锤炼成长起来的。她虽然从未进过正规的音乐院校深造，但在鲁迅艺术学院求学时期得到过恩师冼星海的悉心栽培和教诲，受益终生。黄准一直牢记冼星海的教导：生活是一切音乐创作的源泉；人民是音乐创作的真正评判者。因此她经常深入民间、拥抱生活，不断地去汲取、积累各种民间民俗和戏曲中的音乐元素和养分。在战争中学习战争，在创作中学习作曲，成为中国乐坛声名卓著的电影音乐作曲家。

作曲家黄准

我曾采访过王云阶、葛炎、寄明、向异、高田、吕其明和黄准等一批上海老一代的电影作曲家，并与他们有过很多交集。记得十多年前，我邀请黄准老师为我朋友建在江苏吴江的一座私家园林写一首歌曲。因而我们有机会在那里小住数日，黄准老师向我讲述了许多她的从艺经历和人生难忘的故事。

延 安 求 学

1926年6月18日黄准出生在浙江黄岩一户败落的官宦家庭。她本名黄雨香,曾有过不堪回首的苦涩童年。在那个战乱年代,她随家人四处漂泊。12岁那年在贵阳求学的黄雨香,受已是中共地下党员的姐姐和姐夫的影响,积极参加学校的抗日救亡活动而遭逮捕关押。后虽经人保释,但黄雨香在原来的学校已待不下去了。于是姐姐给了她两个选择:一是去附近的育才中学继续学业,另一条路是去延安求学。因为黄雨香经常听姐姐说起过延安有好多名校,所以她毫不犹豫地表示要去延安,因为她想去那里的鲁迅艺术学院学习唱歌和演戏。为了迎接自己全新学习生活的到来,黄雨香决定要改掉原来很俗气的名字,给自己重起一个响亮的新名字。于是她姐姐就拿来一本字典,让黄雨香任意翻到哪一页,并闭眼在这一页上随便点上一个字,这也许就是天意,最终黄雨香的手指落在一个"准"字上。她就此改名为黄准,这是一个叫得响、记得住的好名字。

1938年初秋的一个早晨,黄准没有向母亲告别,在姐姐的目送下踏上了去延安的征途。那时中国的交通非常落后,尤其在云贵川等大西南地区更甚。黄准在坐上一辆烧炭的从贵阳开往重庆的长途汽车后,经过四天四夜的颠簸才到达重庆。黄准先暂住在中共重庆地下组织经营的一家书店里,等待八路军驻重庆办事处的通知后,方能乘坐前往西安的火车,再转道去延安。从西安到延安还有数百公里的路程,那时八路军驻西安办事处每天都要送走一批又一批的热血青年去延安。因为黄准年纪小,办事处的同志让她等有汽车时再走。但等了好些天,一直未见汽车前来。黄准就吵着急着要跟随大哥哥大姐姐们一同步行去延安。谁知走了两天,黄准的腿脚就不听使唤了。再走两天后脚底都起了水泡,走起路来疼痛难忍。此时追求进步、渴望光明的黄准想到自己很快就能到达革命圣地延安,能到自己向往的学校学习时,便忘却了所有的痛楚,硬是咬紧牙关随大家一起翻山越岭朝延安进发。经过二十多天的长途跋涉,并经历了各种艰难险阻,当大伙儿看到耸立在清凉山上的延安宝塔时,不约而同地欢呼雀跃起来。此时远处传来阵阵激昂的歌声,很快迎面又走来了一支迈着矫健整齐步伐、高唱着战歌的青年队伍。大家也情不自禁地和着他们的歌声高唱起来,那嘹亮高亢的歌声久久地回荡在延安的上空。

黄准一到延安城,马上拿着姐姐的信去找抗大的一位老师,想去鲁艺上学。但基于当时黄准只有12岁,正是长知识长身体学习的时候,因此组织决定把她安排到边区中学读书。黄准到了延安边区中学后,虽然学习也很愉快,但她的心里还是惦念着能去鲁艺学习。两个月后,黄准又拿着她姐姐写给鲁艺田蔚老师的信去了鲁艺。说来也巧,此时鲁艺的戏剧系正在招收一批小学员。于是在田老师的推荐下,黄准第二天便到鲁艺参加考试。

此次招收小学员的主考老师是姚时晓(后任上海剧协副主席),他给黄准出了两个题目,让她进行即兴表演。天资聪慧又善于观察生活的黄准,把两个无实物表演的小品表现得惟妙惟肖,考官们都觉得很满意。最后一关是每个考生写一篇作文《我是怎样来到延安的》,写这样的作文正中黄准的下怀,因为她要写的内容太多了。虽然她的文字能力尚且稚嫩,但作文的内容却真实感人。就这样,黄准连闯几关,顺利地成为鲁艺戏剧系的第二期学员,她也是该校年龄最小的一名学生。

黄准进入鲁艺学习时,学校才创办不久,办学的条件比较差,校舍简陋。无论教室还是宿舍全都在山坡上的窑洞里,十几个学生住一个窑洞、睡一个大炕。那时的课堂墙上挂了一块黑板,没有像样的课桌,学生们都坐在用木桩铺上的木板条上。如遇上上大课,大伙儿就在室外的山坡上。除了老师面前放了一张桌子,学生们都席地而坐。那时上课没有像样的课本,只有一些简单的油

黄准在延安鲁艺留影

印讲义，上课的内容全靠学生当场记录笔记。那时的生活也很艰苦，学生除了免费的伙食外每月还有一块钱津贴，老师的薪金也只有7块。即使物资条件如此匮乏，但还是有许多大艺术家宁可放弃在大城市优渥的生活和工作，来此地参加革命。还有无数的热血青年从全国各地来到革命圣地延安投身抗日，黄准也是这些热血青年中的一员。由于她才12岁，对社会对人生的认知和感悟还比较肤浅，因此学习戏剧表演来塑造角色，对她来说有些勉为其难。黄准心心念念的还是想学习音乐。

有一天，黄准鼓足勇气找到了鲁艺音乐系主任冼星海，并向他表明自己的真实愿望。其实冼星海对黄准是有些印象的。那时在排练冼星海创作的《生产大合唱》时，黄准在合唱队里还饰演过"一头羊"的角色，其中还要随着音乐学羊叫，是冼星海手把手地教她怎么跟着音乐的节拍学羊叫。后来黄准又参加《黄河大合唱》，因为个子最矮就排在最边上。在冼星海听了黄准演唱几首歌曲后，觉得这孩子乐感不错，于是便同意她从戏剧系转为音乐系的第三期学员。

能进入朝思暮想的音乐系学习，黄准兴奋了好长一段时间。能跟随自己仰慕的冼星海学习音乐，黄准感到了莫大的幸运。冼星海不仅教授学生音乐知识和创作技巧，更重要的是向他们灌输音乐创作的理念、思想和艺术追求。他主张中国的新兴音乐应该是：中国的、民众的、通俗的，要有新的旋律和表现手法。他还认为：没有内涵、没有思想，只讲究作曲技巧的作品是没有生命力的。中华民族是一个歌咏民族，有自己的音乐传统和资源。眼下我们都在谱写抗日救亡歌曲，通过大众和音乐来反映我们民族的呼声，但作品更应注重民族化风格的追求。

在教学中，冼星海除了教授学生音乐创作最基本的视唱练耳、曲式与和声的作曲技法外，他更多是采用启发式的教学方法，要学生用音乐思维来思考创作，要用音乐语言来表达内心的情感。他不随意修改学生的作业，而是当面和学生商讨研究，来一同改题。他一直教诲学生：要深入生活、到民间去采风，要随时采撷积累各种不同的民间音乐和地方戏曲音乐的元素。长此以往，这些音乐素材就可化为自己创作时所需的音乐语言。后来成为新中国大作曲家的马可、刘炽、张棣昌及黄准，包括当年在国统区闹革命的麦新和孟波，都出自冼星海门下。

黄准和作曲家刘炽合影

但不幸的是1940年底，冼星海为延安拍摄的纪录影片《八路军与延安》到苏联去做后期录音和剪辑工作。由于第二次世界大战爆发，冼星海再也没能回到祖国，后病死他乡。黄准在鲁艺又跟随过吕骥、瞿维、李焕之等学习过音乐。

1942年5月，中共中央宣传部在杨家岭召开了文艺工作座谈会。毛泽东同志在会上发表了重要讲话，指出革命文艺工作者一定要深入生活，与工农兵相结合，要全心全意为人民大众服务。后来毛泽东又亲临鲁艺作报告，号召师生们要"走出小鲁艺、到大鲁艺去"。在毛泽东讲话精神的鼓舞下，鲁艺师生掀起了一场轰轰烈烈的秧歌运动，从而创作了一大批秧歌剧。其中有：《夫妻识字》《兄妹开荒》《挑花篮》《推小车》等，黄准也积极参与秧歌剧的表演。

1943年的春节，鲁艺的秧歌队被安排到中共中央的所在地杨家岭演出。那天天刚亮，黄准和秧歌队的成员都已起床并化了妆出发，很快走了20里地来到杨家岭下。大家怀着激动的心情敲起了锣鼓，便扭了起来。从山下

黄准在表演秧歌舞

一直扭到山上,扭到了中央领导人的居住地。待秧歌队打好圆场后,队员们就席地而坐,等着小节目依次演出。黄准真是幸运,那天她被安排坐在毛主席身前。因为演出穿的服装比较单薄,毛主席就把自己的大衣给黄准披上,直到此时黄准才看到毛主席就在身后,心情非常激动,一股热流顿时涌上心头。延安春节的秧歌活动,得到了党中央和毛主席的充分肯定。

黄准与鲁艺的战友们在"上海之春"重逢

那一时期,鲁艺秧歌队声名鹊起,他们经常应邀去延安城内外演出,甚至还演到陕北的绥德、米脂一带。所到之处都受到当地群众的热烈欢迎。有一次,秧歌队到陕甘宁边区与国统区交界的一个村庄演出。秧歌剧《血泪仇》在一个临时搭建的土台子上演出。那天天气特别冷,演出时天上又下起了鹅毛大雪,但观演的群众一个也没离开。随着剧情的展开,当演到日本士兵打死中国媳妇时,台上台下哭成一片,打倒日本侵略者的口号也此起彼伏、响成一片。此时黄准对自己参与的演出能取得如此大的社会效应,心中暗暗自豪,由此也更坚定地参加秧歌队的表演。

当年延安的大生产运动中,三五九旅在南泥湾创造了"自力更生、丰衣足食"的奇迹。鲁艺秧歌队也到南泥湾去演出过,黄准在秧歌剧《挑花篮》中演唱了其中的一首插曲《南泥湾》,深受指战员的喜爱。在去农村、下部队的演出中,黄准的阶级觉悟提高很快。此时她在音乐系的几个小伙伴已先后光荣加入中国共产党。黄准当然也不甘落后,她两次申请入党。经过一段时间的考验后,组织鉴于她在秧歌运动中深入群众、努力向人民学习,并在收集记录民族音乐方面有突出表现,得到鲁艺师生的好评,1942年5月,黄准终于被批准加入梦寐以求的中国共产党。但由于年龄尚小,预备期超过了两年,直到她年满18岁后才转为中共正式党员。

黄准在秧歌队活动期间,结交了队里一位戏剧系的小伙吴梦滨。因为两人互有好感,感情很快升温。1944年,黄准刚18岁那年就与比她大三岁的吴梦滨匆匆结婚。也在这一年,两人都被调离鲁艺去了边区的联政宣传队。1945年8月,日本战败投降。但不久国共的内战又开始了,为了发展巩固东北解放区,延安的许多部队、组织都先后被派到东北去开展工作,黄准和丈夫也随队去了东北。在前往东北的途中,黄准夫妇遇到了一次火车翻车的车祸,死伤数百人,但他俩命大躲过一劫。

投身电影音乐

在东北期间,黄准先参加东北民主联军的西满军区文工团,不久又加入东北电影制片厂(新中国成立后更名为长春电影制片厂)。"东影"是在日满时期的满映株式会社的基础上,由延安派来的电影工作团接管后成立的。最初东影的领导都是延安鲁艺和电影团的人,黄准与他们也很熟悉。在新中国成立前夕的1949年5月,东影拍摄了故事影片《桥》,此前东影还拍摄过一批新闻纪录影片。黄准最初在东影的演员剧团工作,她在话剧《官场现形记》中饰演了一个配角。有一天,她突然收到鲁艺音乐系时的老同学李群(此时她已与音乐家李焕之结婚)寄来的一本油印的歌集。这是一本新创作的歌曲集,里面有李群谱写的一首歌曲,黄准看后很兴奋。李群的新作激发了黄准创作音乐的欲望。

当时快过年了,东影厂要举办一场职工春节联欢晚会。黄准凭着平日的积累和一时的冲动就谱写了一首女声二重唱歌曲,她和同事苏民一同登台演唱。原本黄准是想在台上炫耀一下自己的歌唱才能,但不料她的作曲能力被厂领导发现了。联欢会结束后,厂长袁牧之和书记陈波儿找黄准谈话,希望她来担任即将拍摄的一部短故事片《留下他打老蒋》的作曲工作。此部影片讲述的是发生在东北农村的一个真实故事,接到配乐任务后的黄准起初有些诚惶诚恐,因为她从未接触过电影音乐的创作。但她想到了延安文艺座谈会的精神,先去下生活,然后从中找寻创作的源泉和灵感。于是黄准就一直跟随摄制组去农村的外景地拍摄。那时东北农村正在进行轰轰烈烈的土改运动,在那里黄准感受到了翻身农民对地主恶霸的深仇大恨,和获得土地后的那种喜悦之情,从而理解了影片中人物的思想感情。与此同时,她在深入生活中开始熟悉当地的"二人转""东北秧歌"和富有地域特色的四胡演奏曲调,并把这些曲调记录下来备用。回东影后,黄准又向厂里的老作曲家学习电影配乐的写作方法和规律,还向乐队的乐手们了解各种乐器演奏的技巧和特点。其中对黄准帮助最大的是陈波儿,这位三四十年代就在上海主演过多部进步影片的大明星,虽然不是专业音乐人士,但她对电影熟悉、乐感又非常好,对黄准已谱写的曲子提出过许多具体的修改意见。

黄准在外景地

黄准为了让自己谱写的音乐与电影画面能完全融合,她亲自担任乐队录音的指挥。虽然她那时还不懂电影音乐的长度如何对准电影画面的方法,她是完全凭着自己的乐感和创作时的感情发展来跟着画面走。却不料,这种原始的方法不仅使音乐与画面高度融合,而且音乐的气氛也恰到好处。黄准事先并未想过自己的电影音乐处女作会一炮打响,而且片中的插曲《军爱民、民拥军》随着影片的播映,在全东北流传开来,很多解放区也都在传唱这首歌曲。

因为黄准具备创作电影音乐的才华,在1948年底,东北电影制片厂成立作曲组时,黄准也就顺理成章地成为其中一员。之后她又相继为纪录影片《盐田》《民主东北》谱曲,至此黄准也开始了其真正的电影音乐创作生涯。

北平在1948年和平解放后,原国民党的中电三厂被中国共产党接管并改名为北平电影制片厂。为了加强北影的创作摄制能力,东影厂派出了一批精兵强将去充实那里,黄准是这支队伍中唯一的一名作曲者。到了北影后,黄准很快就接受了两部纪录影片《太原战役》和《踏上生路》的配乐工作。当年的10月1日,中华人民共和国成立,北平更名为北京,原来的北平电影制片厂也同时更名为北京电影制片厂。首任厂长田方和副厂长汪洋,都是老革命。北影厂承担了开国大典的拍摄工作,这部名为《新中国的诞生》的大型纪录影片由黄准担任作曲。她是亲历整个开国大典过程的,因此创作的激情是油然而生、喷涌而出的。

而黄准真正从事故事影片的谱曲是在1950年初夏,那时厂里决定史东山编导的影片《新儿女英雄传》由黄准作曲。史东山是旧上海的著名导演、进步人士,他在解放前夕与阳翰笙、蔡楚生、郑君里和孟君谋一同组建了联华影艺社,并执导了进步影片《八千里路云和月》。新中国成立后,史东山任职于文化部电影局,《新儿女英雄传》是他为新中国电影编导的第一部故事片。此片讲述了抗战初期,冀中的白洋淀在中共领导下建立抗日自卫雁翎队打击日寇的真实故事。能与史东山这样的大导演合作,黄准打心眼里高兴。音乐创作还是按照惯例,她先随摄制组去外景拍摄地下生活,从而加深对影片剧情的了解,同时采集当地的民间音乐。但白洋淀地区的民间音乐相对比较贫乏,这就需要黄准下大功夫去深挖。一个多月的外景地生活,她收集到了十多首当地的民歌,其中有一首歌唱白洋淀的民歌正是她为影片配乐所需要的。这首民歌曲调很动听,音乐形象和语言也很立体丰富。黄准赋予整个影片的音乐风格是有浓郁的地域色彩的,流畅优美的旋律为影片增色不少。导演史东山对音乐很满意,但黄准却感到十分遗憾。因为她有一段很好的音乐素材,只在影片中昙花一现般地运用了一次,没有把它作为主题音乐反复出现,不断地变奏、升华并展开。对这样好的资源的浪费,主要是因为黄准对器乐作曲技法还不太成熟的缘故。因此黄准一直在反思,也诚如她自己所言:我错把器乐作品当做声乐的写作方法来写,一段旋律接着一段旋律、完全用旋律加配器的方法来表现影片,这是不可取的。因为电影音乐有其自身创作的规律和要求。就这样,黄准在不断地自我总结和反思中提高创作技巧,从而去摸索掌握电影音乐创作的基本规律。

在完成影片《新儿女英雄传》的谱曲任务后,黄准又应邀与前辈作曲家雷振邦一同为新片《民主青年进行曲》配乐。这是一部描述解放战争时期,北平的青年学生在中共地下组织的领导下,坚持与国民党反动派进行殊死斗争的故事。过去黄准谱写的电影音乐都是农村题材,而此部新片则是反映城里大学生的斗争生活。因此她和雷振邦商量,想把未来影片的音乐风格西洋化些,并体现时代感。主要负责谱写音乐旋律的雷振邦也基本同意黄准的想法,在与雷振邦相处并一同创作的日子里,黄准不失时机地向他讨教学习高级和声、复调和配器法等作曲技法。同时还抓紧时间拜师勤练钢琴,因为弹奏熟悉钢琴是对一个曲作者必备的基本要求。

就在此片上映后不久,在北京召开了一次全国性的音乐创作会议,会议上对新中国的电影音乐创作进行了总结、研讨和交流。黄准也参加了这次会议。但不料在会议中黄准遭到了不少批评,说她有些作品有模仿西洋音乐和脱离民族化道路之嫌。虽然对这些批评,黄准一时难以接受,但毕竟对她也产生了警示作用:电影音乐一定要坚持走音乐民族化的道路,在创作中要更加注意做到"洋为中用"。

1951年,黄准被调入上海电影制片厂的美术片组(上海美术电影制片厂前身)。她接受的第一个创作任务就是给动画片《小猫钓鱼》作曲,为动画片配乐黄准还是第一次。于是她先去了解动画电影的艺术特点、少年儿

黄准在少年宫为孩子教唱

童的审美情趣和音乐爱好等。因为《小猫钓鱼》的故事是当时小学语文课本的课文，脍炙人口，这对黄准谱写音乐的压力很大。她经过对剧本的反复研究后觉得：首先对于音乐的要求是节奏感强且有跳跃性，而且音乐还要紧贴画面，其次旋律要隽永流畅、朗朗上口、易学易唱，而且音乐控制在一个八度内。《小猫钓鱼》的音乐创作无疑是成功的，尤其是那首插曲《劳动最光荣》，以明快优美的旋律成为一首非常流行的少儿歌曲传唱至今。无独有偶，多年后黄准在另一部少儿题材故事影片《兰兰和冬冬》谱写的主题歌《太阳一出满天红》一经面世后也久唱不衰。从某种意义上来说，这两首作品都是黄准的代表作，至今也很少有同类少儿歌曲能超越它。《小猫钓鱼》一炮打响后，黄准又接二连三地为《好朋友》《野外的遭遇》等动画影片谱曲。

正当黄准的电影音乐创作已日渐红火之时，她的婚姻却出现了危机。由于她与丈夫吴梦滨聚少离多，加之婚姻的感情基础又不太稳固，两人婚后一直矛盾不断。当吴梦滨提出离婚时，黄准一口应允。就这样两人平静地分手了，儿子归丈夫去北京生活，女儿则由黄准抚养。但由于黄准工作繁忙，女儿只能由上影厂的托儿所全托。不久，女儿也被前夫接到北京生活去了。

离婚两年后，经朋友介绍黄准结识了画家吕蒙。吕蒙是浙江永康人，本名徐京祥。他早年在广州求学时学习绘画，后在上海参加抗日救亡运动。1938年入党后参加新四军，担任宣传工作。新中国成立后，历任上海人民美术出版社社长兼总编、上海画院院长等职。吕蒙原先也有过一段失败的婚姻，与黄准可谓同病相怜，因此他格外珍惜此次与黄准的姻缘。经过一段时间的了解，两人都觉得难舍难分，于是水到渠成地走向婚姻殿堂。婚后，两人生活和谐美满、又育有一子一女。但遗憾的是年长黄准11岁的吕蒙在1996年因病去世。

1953年，黄准和陈歌辛一同被调入上影厂的音乐组担任作曲。两年后，王云阶、吕其明、寄明、向异、高田和吴应炬又从北京调回上影厂音乐组。由于此时创作人员多了，故原来的音乐组升格为音乐创作室，由王云阶和葛炎负责，这也是上影厂影片制作的一个重要部门。

黄准刚调入上影厂音乐组后，就接手创作张骏祥执导的故事影片《淮上人家》的配乐。张骏祥毕业于清华大学西洋文学系，后又留美在耶鲁大学专攻导演和编剧，是中国的影剧大导演，曾任上海电影局局长。由于他拍片严苛又一丝不苟，因此同行暗中给他起了个绰号"霸王导演"。与这样的大导演合作，黄准的心里是有些忐忑不安的。《淮上人家》的故事跨越了新旧两个社会，生活在淮河边的贫苦农民高黑子，在旧社会饱受苦难生活，在新社会翻身当家做主后，积极与淮河边的广大农民一同投入治理淮河水患的斗争中。

黄准的创作还是一如既往，创作前先跟随摄制组去淮河边的一个村庄下生活。当时那里的生活条件差得令人难以想象，在岸边连住的地方也找不到，全摄制组只能一起吃、睡在一条租来的木船上。大导演张骏祥也没有得到过任何特殊照顾，他和所有摄制人员同吃同住，并没有一点怨言。这让黄准十分钦佩，她心里在暗暗思量：一定要把影片的音乐写好，不能辜负张导的期望。

面对下生活的艰苦，黄准并不为然，她一心都投入在影片的音乐构思中。在深入农村的生活后，摄制组又来到一处治淮工地：正在修建的佛子岭水库。这里的劳动生活条件要比在淮河边的农村好多了。在与修建水库的工人们同吃同住同劳动的日子里，黄准亲身经历这样火热的劳动生活后，更切身感受到人民群众的伟大和其奉献精神。同时，她在劳动之余又收集到了不少安徽的地方戏曲音乐和民间小调。其中有一首民谣，它的曲调优美动人，不仅歌词的内容非常贴近淮河两岸人民的生活面貌，而且与影片的剧情也十分吻合。这对于她的音乐创作来说简直是雪中送炭。为谱写好《淮上人家》的音乐，黄准耗费了极大的心血，但她自己总觉得还不够好，而严厉的张骏祥导演却觉得音乐不错。正因为有这样一次愉快的合作，1958年，由张骏祥编剧、徐昌霖导演的艺术纪录片《新安江上》和1962年张骏祥执导的电影代表作《燎原》，都是点名请黄准作曲的。电影《燎原》的社会影响很大，故事发生在江西的安源煤矿，片中的主人公雷唤觉是一位虚构的人物。他的名字谐音就是"来唤起人民的觉醒"之意。主人公从事领导工人运动和革命斗争的经历和事迹，都源于中共早期领导人毛泽东、刘少奇、蒋先云和李立三等人的斗争经历综合，其中刘少奇的影子多了些。其实编导的创作意图是把雷唤觉作为党的形象代表。这种集中概括的表现手法在电影拍摄中是司空见惯的。但在"文革"中，影片主人公被认定是刘少奇的化身，影片被看作是为他树碑立传而遭到不断批判。这部影片成了张骏祥的一大罪状，黄准作为作曲者也被牵连。

1955年，黄准又受命与大导演吴永刚合作，为古装神话故事片《秋翁遇仙记》谱曲。吴永刚20世纪二三十年代就在上海从事电影工作，自1934年独立编导思想性较强、电影语言和手段都很成熟的影片《神女》后，一发不可收，接二连三地推出多部爱国电影《壮志凌云》《精忠报国》《忠义之家》和《终身大事》，社会影响广泛，从而在中国影坛占有一席之地。他在东影时又拍摄了新中国第一部表现土地改革的影片《辽远的乡村》。

《秋翁遇仙记》讲述了一位老翁爱花如命，他竭尽全力救活了一株快枯萎的牡丹，在与企图强占他花园的恶霸张衙内的斗争中，老翁得到了牡丹仙子神助的故事。影片歌颂了正义和美好及劳动人民的勤劳善良。因为这是一部古装歌舞片，音乐性很强，因此黄准的担子似乎很重。好在她早在鲁艺求学时，就对京剧和昆曲产生过浓厚的兴趣，同时还从音乐系的一位北京同学处学习了解过不少有关京昆的知识。此片的音乐创作，黄准想把音乐基调往京昆和戏曲方面靠拢，于是她决定先去上海京剧院蹲点学习一段时间。那时她天天泡在剧院的资料室里听京剧、昆曲，翻阅曲谱，对各种唱腔和曲牌都认真研究了一番。如此繁多又丰富多彩、瑰丽动听的戏曲音乐，极大地启发、激起了黄准的创作欲望和热情。

黄准与吴永刚的合作中虽然发生过一些矛盾，但更多的是学到很多有用的创作理念。譬如影片中，黄准对美好的场景和画面是用浓彩重墨的音乐来表现的，相反像恶霸破坏花园的戏等，黄准的音乐都一带而过。但吴永刚认为：美与丑、善与恶，只有在对比中才能更加明显，即使烘托气氛的音乐也应该如此写。反面的音乐描写到位了，正面的音乐才会让人感到更加美好。吴永刚的这些审美观点，让黄准茅塞顿开。于是她将自己音乐的谋篇布局也做了很大的改动和调整，使整体的配乐更加完美。

导演吴永刚在影片中写了三段歌词，为了让群众更容易传唱，他把自己写的《花朝前夕》《月夜仙踪》和《仙女散花》的歌词请中国流行歌曲的鼻祖黎锦晖来润色、修改、把关。吴永刚对片中的三首插曲非常重视，他希望黄准能把曲子谱成妇孺皆唱的流行歌。随着《秋翁遇仙记》的上映，片中的三首插曲也由上海唱片公司灌制成黑胶唱片发行，歌曲就这样不胫而走，在大江南北传唱开了。有一次，黄准出差北京回上海，火车的广播里正播放着这几首插曲。当列车员得知黄准就是这些歌曲的曲作者时，一定要拉着她去和自己火车上的同事见面留影。这让黄准又一次幸福地享受到自己的作品被人民群众认可的成就感。

但不幸的是就在此片上映后不久，吴永刚被错划成右派分子。电影《秋翁遇仙记》遭禁映，影片插曲的唱片也被停止发行。

1957年，上海电影制片厂改制为上海电影制片公司，下辖江南、海燕和天马三家电影制片厂，以及上海美术电影制片厂和上海科学教育电影制片厂。原音乐创作室的作曲家们，也分别被派往各制片厂，当时黄准被分配到天马电影制片厂担任作曲组长。不久，江南电影制片厂的陶金点名要请黄准来为他即将开拍的新片《苗家儿女》谱曲。陶金在旧上海就已经是一流的男明星,他主演过《八千里路云和月》和《一江春水向东流》等进步电影。新中国成立后,他开始兼任导演工作,几年后,被调往新成立的珠江电影制片厂,成为该厂的领导和主要业务骨干。

《苗家儿女》是一部音乐性很强的少数民族题材影片。故事讲述一位在人民军队大熔炉里锤炼成长的苗族青年卡良,复员回乡后带领当地的苗族人民发展生产、共同奔向幸福的美好生活。由于影片拍摄的时间紧迫,黄准到达这个剧组时,导演和摄制组先遣队都已去广西看外景了。黄准也旋即起程赶往那里与他们会合。此次去苗寨下生活,路途遥远且几经周折,黄准虽身心疲惫,但能寻觅到影片所需要的音乐元素,她认为一切都很值得。

此片有不少歌唱和舞蹈的场面,说是部歌舞片也不为过,所以音乐直接关乎电影的成败。黄准在片中谱写了三首插曲:男高音独唱《苗山啊、换上了新装》、男女声二重唱《满山葡萄红艳艳》和女生小组唱《采蘑菇》。影片完成后送审时,上级领导觉得片中的情节有些拖沓,就把与主线关系不太密切的姑娘上山采蘑菇的一场戏删掉了,于是《采蘑菇》这首歌曲也顺理成章地不复存在了。但黄准觉得非常可惜,因为这首节奏明快、朗朗上口的歌曲在三首作品中,她最喜欢。但不料几十年后的一天,晚年的黄准突然收到广西电影制片厂导演吴因循的一封来信。信中告知黄准,他冒昧地已把当年的那首《采蘑菇》用到自己新拍的影片《远方》中,因临时决定起用此作,而事先来不及通知作者,尽希黄准能谅解同意,同时表示歌曲的稿酬不日将汇到。对这样从天而降的喜讯,黄准着实高兴了好些天,她对自己这么多年为电影音乐的付出感到骄傲和自豪。

黄准的一生为近五十部电影谱曲。除了与史东山、张骏祥、吴永刚、徐昌霖和陶金等名导大家合作外,她还曾为傅超武导演的《前方来信》《香飘万里》,叶明导演的《蚕花姑娘》,天然导演的《千女闹海》等影片谱曲。改革开放后,中国第四代导影崛起。黄准又为其中于本正导演的《特殊任务》,黄蜀芹导演的《青春万岁》,宋崇导演的《最后的选择》《滴水观音》和《绞索下的交易》等影片配乐。在黄准的电影音乐创作生涯中,合作最多的当数大导演谢晋。

与谢晋的几次合作

谢晋是迄今为止中国影坛影响最大的一位导演。他的主要代表影片《女篮5号》《红色娘子军》《舞台姐妹》和《牧马人》，都是由黄准作曲配乐的。但两人的初次合作也很有戏剧性。

1957年初夏的一个黄昏，黄准家来了一位不速之客。此人中等身材，戴一副黑框眼镜，讲话声音洪亮有力。他在与黄准握手时就自我介绍，自己是上影厂的导演谢晋。黄准听说来人是自己厂的同事，便起身让座、冲水泡茶。直性子的谢晋快人快语，未等黄准询问，便开口邀请黄准为他即将执导开拍的故事影片《女篮5号》谱曲，并同时递上电影剧本。而黄准同样也是位急性子，讲话直截了当。她一听这是一部体育影片，还没等谢晋把话讲完便一口拒绝了。原因是她不爱好、也不熟悉体育，怕写不好音乐。

但谢晋并未因黄准的仓促表态而停止谈话，他反复强调：《女篮5号》虽是部体育题材的影片，但它实质上是一出以爱情为主线的故事片，影片描述了母女两代人的情感和生活。好的文艺作品主要就是描写揭示人性，而体育故事只是一个载体而已。谢晋的谈话很有说服力，此时的黄准很快就改变了初衷。当时在旁的黄准爱人吕蒙也听得入了神，他是极力主张黄准去承担这部影片的作曲任务的。在两人的一唱一和下，黄准半推半就地答应了此事。为了能更好地完成新片的作曲任务，黄准把自己刚出生几个月的女儿交给请来的奶妈看管照顾，自己则全身心地投入创作中。

谢晋毕业于抗战时期内迁至重庆的上海国立戏剧专科学校，他是张骏祥导演多年的得力助手。此番的影片《女篮5号》是他独立执导的第一部故事片，也可谓其导演事业的起点和转折。此片是由刘琼、秦怡和曹其纬等主演，影片讲述了上海女篮教练田振华，在解放前后与自己的爱人林洁和女儿林小洁悲欢离合的感人故事。它鞭挞了旧社会的黑暗，也歌颂了新中国的体育工作者为祖国的荣誉奉献自己的所有。

黄准进入剧组后，便去苏州和上海体育学院下生活，以便熟悉篮球运动。黄准还和谢晋一同在影片中专门设计了一些音乐片段，关键是要写好一首主题歌。黄准设想在上海女篮姑娘出征全国大赛时在火车车厢里一起唱起一首充满青春欢快的歌,谢晋也完全支持。于是黄准就请诗人芦芒根据电影画面写歌词,很快这首名为《青春闪光》的主题歌就完成了。歌曲旋律隽永飘逸、节奏明快活泼、演唱朗朗上口,作品随着影片的上映成为那个年代的流行歌曲。

《女篮5号》是新中国成立后拍摄的第一部体育题材的彩色故事片,上映后赢得了无数观众的喜爱和好评。该片在第六届世界青年联欢节上荣获银质奖章,在1960年的墨西哥国际电影节上摘取银帽奖。

1959年初夏的一天,黄准去厂里开会学习。刚踏进厂门就听到有人喊她的名字,回头一看是谢晋。他不等黄准开口,便开门见山地说:"我有一个剧本要给你看看,不知你喜不喜欢。"当黄准接过谢晋递来的剧本,"红色娘子军"五个大字突然映入眼帘时,黄准的眼前顿时一亮。她感觉剧本的题目直接、其内容也一定非常新颖,旋即答应回家后认真拜读。

当晚,回家后的黄准一口气读完了剧本。她被剧中极富传奇色彩的故事情节和人物命运所深深吸引打动,同时也激起了她强烈的创作欲望和灵感。翌日一早,黄准便匆匆赶到天马厂找到了谢晋,表示非常愿意再度合作,并希望尽早去海南岛体验生活。

就这样,黄准和谢晋先到广州找到在那里的编剧梁信,然后三人一同坐飞机去海口。当晚他们就观看了琼剧《红色娘子军》。琼剧是海南岛最大的地方戏,具有浓郁的地域特色。而琼剧《红色娘子军》则是当时海南地区向国庆十周年献礼的一个重要剧目,因而抽调了当地文艺界的精兵强将精心创作而成。黄准在观看了演出后,不仅对剧中的人物和剧情有了进一步的感性认识,而且该剧的音乐也深深吸引打动了黄准,一些新颖别致的乐器音色,特别是带有民族风味的打击乐更令她眼界大开。

其实此前,谢晋为了选好外景地,已经在海南岛待了很长一段时间。他在当地向导的带领下,几乎踏遍了海南各地,包括五指山、黎母峰,谢晋都徒步登攀过。在海南期间,谢晋白天外出看景,夜晚就在驻地修改剧本,连当年的春节他都是独自一人在海南度过的。黄准在了解到谢晋为拍好新片所付出的努力后,更增添了她谱曲的责任感。两人从海南返沪后,谢晋忙于组建《红色娘子军》摄制组,而黄准则沉浸在从海南采集到的音乐中,她把这些曲谱读了一遍又一遍,不断地去熟悉、研究和分析海南黎族音乐的艺术特点。

很快,谢晋要亲率影片的摄制组去海南岛选定外景地,同行的还有该片的主演:王心刚、祝希娟、陈强、铁牛和牛犇等。黄准因为已去过海南采风,此次可以不再同行。但她为了能得到更多符合影片音乐需要的当地民间民俗音乐元素,决定再随大部队去海南。

此次下生活,整个摄制组沿着当年娘子军连战斗生活过的地区,去体验她们当年的经历。这样能使演员在实景拍摄中更有切身的体验和真实感受。而黄准在此期间一直在寻觅影片所需的音乐元素。为写好该片的主题歌,黄准是绞尽了脑汁。虽然在影片开拍之初,她已有了初步的音乐构思和设想,可一旦落了笔,写下了"向前进、向前进"的一句旋律后,再也写不下去了。

直到有一天,黄准在拍摄现场观看党代表洪常青在烈火中英勇就义的一场戏时,娘子军连女战士英姿飒爽的形象不断地在她脑海中闪现。霎时间黄准找到了歌曲的主旋律,顿时激越高昂的音符一下子喷涌而出……就这样,一首短促有力、情感深沉且富有海南民间音乐特色的主题歌《娘子

黄准和谢晋在拍摄现场

军连歌》诞生了。黄准把写成简谱的《娘子军连歌》歌谱给谢晋审阅,并亲自唱给全剧组的成员听,大家都一致叫好。

另外,黄准还为整部影片音乐的展开、发展设计了三个主题。第一主题是娘子军连队成长的一条线;第二主题是描写洪常青与娘子军战士吴琼花的爱情线,但这段戏在影片完成审稿时被删除了;第三主题是刻画反派人物南霸天。影片前后总共修改了三次。戏要改,音乐当然要随之而变。影片音乐现场混录时,黄准不禁热泪盈盈,她自言自语地说:恐怕今后我再也写不出这样完整的电影音乐了。在旁的谢晋立马对她说:你的好戏在后头,还多着呢。

1961年7月,影片《红色娘子军》在全国公映而引起轰动,《娘子军连歌》到处被传唱。在首届《大众电影》的评选中,影片《红色娘子军》一举夺得了最佳故事片奖、最佳导演奖(谢晋)、最佳女主角奖(祝希娟)和最佳男配角奖(陈强)。此次评选的最佳音乐奖原本说是归属于黄准,但最终宣布获奖的是电影《洪湖赤卫队》的音乐。

不久,《红色娘子军》的故事先后被改编成芭蕾舞剧、现代京剧和交响组曲及后来的电视连续剧。虽然人们审美价值和生活情趣在岁月的磨砺下不断变迁,但影片《红色娘子军》依然光彩夺目,是中国电影的经典之作。

就在电影《红色娘子军》通过审查后的庆功会上,谢晋把自己又在构思的一部表现越剧艺人命运的影片《舞台姐妹》的故事梗概讲述给黄准听,并同时邀请她继续合作。黄准被谢晋描述的故事所打动,她隐隐感觉到未来的影片像是部戏曲音乐片,由此她又沉浸在新的音乐创作想象之中。

过去,黄准对越剧是不太关注的。如今要谱写反映越剧艺术和艺人命运的音乐,就必须先要了解熟悉越剧艺术的起源、发展和其流派唱腔等。于是黄准就跟随编导谢晋、王林谷和徐进等一同去越剧的发源地浙江嵊县体验生活。因为谢晋是绍兴人,他对此地的风土人情和人文环境都很熟悉,于是他自当向导带着剧组主创人员四处采风。黄准此行带了几本笔记本,用于记录越剧艺人的经历,但最主要的还是记录越剧音乐。她从最原始的"的笃"板、"莲花落"的音乐记起,一直到如今各个流派的唱腔和曲牌,她都逐一做了详细的笔记，以备深入研究后用。经过一段时间的深入生活，黄准对越剧艺术和越剧艺人有了很多的了解，同时她对越剧音乐也开始熟悉了。但是，黄准对《舞台姐妹》到底是怎样一部样式的影片心中没底。此剧几位编导越来越深入生活后研究决定：把原本想拍的戏曲音乐片样式，改成描写艺人命运的故事片，因此主题和立意就更高了。

就在《舞台姐妹》改剧本的档期中，黄准又马不停蹄地接受叶明导演的邀请，为农村题材的影片《蚕花姑娘》配乐谱曲，后来影片中的那首主题歌《蚕花姑娘心向党》也传唱一时。当黄准重回《舞台姐妹》剧组时，原本戏曲音乐片的构思已面目全非了，成了一部刻画人物命运的故事影片。因而黄准原先为此片谱写的一些大段音乐，如今只能零敲碎打地变成了十多首每段只有四句的旁唱。

新的剧本以越剧艺术家袁雪芬为原型塑造了正面人物竺春花，又以当年红极一时的花旦筱丹桂的遭遇而描写了一位越剧名伶邢月红的不幸结局。影片颂扬了竺春花的"认认真真唱戏、清清白白做人"的从艺道德准则，也为邢月红爱慕虚荣、受骗上当后又自甘堕落而哀其不幸，怒其不争。《舞台姐妹》的故事内容是上海旧时越剧艺人经历的浓缩，也是真实的写照。因而剧情跌宕起伏、感人至深又发人深省。黄准谱写的音乐是根据新剧本中人物命运和遭遇而展开的，音乐有些夹叙夹议的样式，似乎又冲淡了故事讲述人的角色。影片的编剧之一、上海越剧院的编导徐进对黄准谱写的音乐盛赞有加：音乐不仅柔美婉约、同时又具有内在的刚强，在戏中起到了画龙点睛的作用。

无疑，影片《舞台姐妹》的故事内容真实动人，作品立意又高远深刻，演员的表演无可挑剔，音乐和片中人物唱腔也都给作品增色不少。但就是这部艺术完美、思想性又极强的影片却命运多舛。影片刚完成，后期制作还未公映时就遭到了批判。很快到来的十年"文革"更是让这部影片被打入了冷宫。直到改革开放后才重见天日，受到人民群众的喜爱和越剧迷的追捧。

在"文革"初期，黄准和其他上影的艺术家一样都受到了冲击。但黄准毕竟是12岁就参加革命的"红小鬼"，被人刮目相看。到"文革"中期，她又开始有新的创作任务。第一个任务是为傅超武执导的反映知识青年上山下乡的艺术纪录片《广阔的天地》谱曲。那时黄准多次到上海近郊和安徽、江西的上海知青点下生活，与他们同吃同住同劳动。这种生活积累对她以后为电视连续剧《蹉跎岁月》谱曲，奠定了基础。

有一段时间，黄准像个救火队员，一会儿去上海评弹团为新创的中篇评弹《血防线上》谱曲，一会儿又要为上影演员剧团排演的话剧《赤脚医生》配乐。为话剧谱曲，黄准还是第一次尝试。她首先去农村接受贫下中农的再教育，去接触、了解乡村的赤脚医生的生活和工作，这样才能用音乐形象来表现他们。后来这部话剧被改编成电影《春苗》，导演又是谢晋。但此时他还未完全"解放"，说话做事很谨慎，已不像过去那样锋芒毕露，更没了以往的那种自信和激情。《春苗》是"文革"后期拍摄的电影，粉碎"四人帮"后，此片就被禁映了。就在"文革"结束前夕，黄准又为一部少数民族题材影片《阿夏河的秘密》谱曲。此片音乐非常优美动人，插曲也朗朗上口，其音乐元素是套用了青海甘肃宁夏一带的花儿曲调。

1981年，黄准刚完成长影新片《北斗》的音乐创作后回到上海。刚一到家，黄准就接到厂领导的来电，要她担任谢晋执导的影片《牧马人》的作曲。一听是与谢晋合作，黄准非常高兴。她希望此次的合作仍能像当年的《红色娘子军》一样，再创造一次艺术上的奇迹。

由于此时的《牧马人》剧组已经在甘肃拍完了外景，正准备回上海拍内景戏。但为了能与谢晋早日见面并深谈一次，黄准第二天一早就乘飞机赶往兰州。此时的谢晋也从外景地到达兰州，正在宾馆里等待与黄准见面。关于影片《牧马人》的内容，黄准知之甚少，只是乘机飞往兰州的途中匆匆通读了一遍剧本，因此她与谢晋在宾馆的彻夜深谈是至关重要的。那天晚上，谢晋详细介绍了导演阐述，并一再强调这部影片的风格是深沉、令人深思的。因为此片讲述了一位被错划成右派分子的大学生，被流放到草原上放牧后发生的故事。

黄准问谢晋，为何要在影片中用南北朝时期的古诗词《敕勒歌》作为影片主题歌。谢晋说：《敕勒歌》有那种辽远、古朴又苍凉的气度，非常贴近影片的主基调。此刻黄准的脑海里不时地在闪现草原上风吹草低见牛羊的那种诗情画意，这些画面和意境又在不断地演化成音符在黄准的心田里流淌。

两人几乎谈了整整一夜，第二天早上谢晋就和摄制组成员一同回上海拍内景去了，而黄准则独自一人留在兰州寻觅影片所需的音乐素材。其实对于《敕勒歌》，黄准也是自幼熟诵于心的。但要为它谱上新曲，又要能为影片增色，这就需要找到适合这首歌曲的时代背景和地域风情的音乐资料。于是黄准天天跑去图书馆和当地的歌舞团，并采访一些民间歌手。在通过当地一位音乐家的介绍后，黄准终于找到了甘肃地区裕固族的一种民歌。这是北方草原民歌中比较普遍的羽调式结构的作品，其音乐特点就是给人感觉辽阔深沉，完全符合影片的风格。于是黄准就在创作中借鉴了这个调式和其音乐特点，同时又在音乐的节奏上吸收了戏曲散板中的特点，但又不完全照搬。在旋律上形成长与短、松与紧的鲜明对比。主题歌的雏形就这样在兰州的宾馆里完成了。翌日黄准赶紧返回上海把此作亲自唱给谢晋和剧组主创人员听，在得到大家的认可后，黄准又进行了几次润色和修改，使之更加完善，并专程赴京，请著名男中音歌唱家来演唱此作。

　　因为《敕勒歌》的旋律是整部影片的主题音乐，所以黄准又将歌曲的旋律根据画面和剧情发展的需要进行变奏、发展和升华，使这苍凉深沉的音乐贯穿全剧。黄准与谢晋多次成功愉快的合作，得益于两人长期的互相信任。谢晋作为影片的总设计师，但凡音乐能符合他的创作意图、总体构思和艺术蓝图，曲作者的创作主动性是能得到积极支持和尊重的，因而也使曲作者的创作能动性得到充分发挥和展现。对于谢晋的创作作风和态度，黄准不仅非常认可，还很感激。正因为有了与谢晋多次合作的机会，才使自己电影音乐的创作生涯达到了高峰。

　　我与谢晋也是相识相交多年的忘年交。那时他家住在美琪大戏院正对面的江宁大楼，与我家所住的南洋公寓近在咫尺。江宁大楼居住着上海文艺界的许多名人大家，我常去那里串门，偶尔也会见到谢晋。谢晋为了拍摄电影，很少在家赋闲。在他晚年筹拍电影《鸦片战争》期间，有一次在饭局上，我冒昧地询问谢晋是什么原因，他会多次选择与黄准合作。谢晋不假思索地对我说：黄准的音乐感觉好，写出的旋律优美。而且工作认真踏实，是一位可以信赖的合作者。尤其是她的歌曲写得特别好，这大概是因为她能长期深入、体验和观察生活，并从中感悟提炼出不竭的音乐元素，而且她曾经还学习过歌唱，因而熟悉歌曲的缘故吧。

把心献给影视音乐

从20世纪80年代初起，电视机开始在中国的城市普及。应运而生的电视节目也就此进入千家万户，成为人们生活中不可或缺的精神食粮。在当时这些电视节目中，除了新闻节目和大量的文艺晚会外，最吸引观众的就是正在兴起的电视连续剧。黄准也十分喜爱看电视连续剧，尤其是香港拍摄的《上海滩》《虾球传》等电视剧，给她留下了深刻的印象。她内心也很想尝试这样一种新的艺术样式。

1982年4月，黄准接到中央电视台打来的一个长途电话，说是想请她为一部电视连续剧谱曲，问她是否愿意接受这个任务。这突如其来的电话让黄准感到很意外、也很兴奋。她在电话中就毫不犹豫地表示非常愿意，于是对方就在电话里与她当即拍板。并告诉她：剧本正在修改杀青中，因为此剧改编自《收获》杂志中的一篇小说《蹉跎岁月》，因此希望她可以先看小说了解一下。说来也巧，黄准是订阅了《收获》杂志的，于是她当即就开始认真阅读。

《蹉跎岁月》是部知青题材小说，作者叶辛就是插队贵州的上海知青。这部小说是他根据自己亲身经历写就的。在农村的那些年，叶辛写了一大摞小说，但一篇也没能发表。自《蹉跎岁月》登载于中国最高的文学期刊《收获》杂志上后，叶辛声誉鹊起，一时成了文坛的焦点人物。以后他写的知青小说《孽债》也被改编成电视连续剧，影响很大。

《蹉跎岁月》讲述了一群在贵州插队落户的知青，在农村的生活现状和感情纠葛。小说成功地刻画了多个命运和性格各异的人物形象，和他们在那个动荡年代里的命运遭遇和理想追求。黄准看完小说，不由想起几年前在拍摄纪录片《广阔的天地》时，下生活与知青打成一片的许多场景。又想起自己曾到云南生产建设兵团看望过第二个女儿在那里的生活状况。此时此刻，对于小说中那些知青人物的音乐形象已经在黄准的脑海里活跃起来。

没过几天，黄准外出办事回家后，已中风而半身不遂的丈夫吕蒙告诉她：北京的摄制组刚来过电话，并发来电视连续剧主题歌的歌词，请他记录了下来。黄准接过记录的歌词一看，尽管字迹歪歪扭扭、不太清楚，但歌词的内容却使她一下子激动起来，"青春的岁月像条河、岁月的河啊汇成歌……"歌词很美，一下子激起黄准的创作想象。但她首先要把记录下来的歌词，按照音乐的走向重新进行调整，使之能成为有完美音乐结构的唱词。这种做法，是黄准多年来音乐创作的一个习惯。由于歌词是歌曲创作的前提和基础，而歌词又是一种听觉艺术，为了能让人听得真切并易于理解，就需要用浅显通俗的语言来表达深刻的思想内涵。另外歌词又是一种音乐语言，它是需要与音乐有机结合的。

正当黄准在构思电视剧的主题歌时，《蹉跎岁月》已经在云南外景地开拍了。虽然此剧的故事发生在贵州，但导演蔡晓晴却认为拍摄的地点可以移花接木，因为云南的外景拍摄要比贵州更合适。为了能更好地完成谱曲任务，黄准还是像以往一样去云南体验生活，寻觅剧中所需的音乐素材。黄准在拍摄现场见到了导演蔡晓晴，这是位果敢干练的女导演，毕业于北京电影学院，后担任电视连续剧《三国演义》的三位导演之一。那几天，黄准和蔡导在一起研究剧本，又一起讨论歌词，大有相见恨晚之感。为了让主题歌能给全剧起到画龙点睛的作用，黄准在谱曲时殚精竭虑。她把各种样式音符的排列组合都尝试了好几遍，并在钢琴上反复弹奏试唱。最后采用了A段加B段又回复到A段再加B段的变奏的复式曲式。这样的谱曲法有利于歌曲旋律的展开、递进后再发展升华，最后再回复到主题音乐。旋律一句比一句更扣人心弦，此时的音乐语言和情绪也得到了充分抒发。《一支难忘的歌》就这样诞生了。黄准在第一时间就亲自把这首新歌唱给剧组的主创人员听，大家都表示很满意。

黄准一回上海的家，就在钢琴上把新作唱给自己的爱人听，希望他听后能提提看法、说说感觉。这些年来，黄准创作音乐的第一位听众基本都是吕蒙。这天，黄准还没把歌曲唱完，自己已激动得有些哽咽，快不成调，躺在床上的吕蒙更听得热泪盈盈。作品不仅打动了作者，也深深感染了她的爱人。

《一支难忘的歌》深沉含蓄，是一首专为女中音谱写的作品。黄准和蔡晓晴不约而同地想到请当时正走红的关牧村来演唱录音。不负厚望的关牧村，她在这首作品二度创作时，展示了其不凡的歌唱才华。她在许多音的转换和情感的变化，甚至不少细微装饰音的运用上都别具一格，有她独到的诠释和处理方法。

电视连续剧《蹉跎岁月》在央视播出时，吸引了亿万观众守候观看，因为这部知青题材的作品，牵涉到当年的千家万户，故事似乎就发生在身边。人们在观剧中，被剧中人物的命运所深深吸引。尤其是那首《一支难忘的歌》很快就传唱开了。有一天，黄准收到儿子从浙江美术学院寄来的信。信中讲到这些天同学都在收看《蹉跎岁月》，校园里到处都在传唱这首主题歌。他感到非常自豪，因为这是自己母亲的作品。这首歌不仅得到群众的认可，连圈内的许多专家也很看好。此作在那些年全国性的歌曲大赛中屡屡获奖。

黄准在成功完成《蹉跎岁月》谱曲任务后，又相继为《桐花泪》《鼓浪屿号》《绿荫》《邹韬奋》《苏堤春晓》《向警予》《廖承志》《失落的爱》《海峡女》《特殊的战线》《血染四明》《东南游击队》等几十部影视剧谱曲。其中我印象最深的是根据蝴蝶鸳鸯派作家张恨水的小说《秋潮》改编的同名电视连续剧。其中黄准谱写了两首插曲：《人生啊人生》，由毛阿敏演唱；另一首《儿行千里》则由阎维文演唱。那隽永飘逸、空灵清澈的歌声，我至今难忘。

2009年，《黄准歌曲集》和《黄准声乐作品精选》先后由上海音乐出版社出版发行，多年前该社还出版了一本《一直难忘的歌——黄准创作歌曲选》。

黄准音乐创作的源泉，都来自生活和民间。她多次同我讲起，自己一生只做了一件事，就是为电影写音乐。其实一个人一生只做一件事是不容易的，而且要做成功更是不易。电影大家陈荒煤曾高度评价黄准的电影音乐：她的电影音乐创作，不是简单地搬用或模仿一些民歌的形式和曲调。她是通过生活的感受并结合人物的命运、性格和思想感情的发展变化，在吸取民族民间音乐的元素基础上进行再创造。正因为有大量这种音乐素材的积累和对生活对时代的深切感悟，因而她的音乐创作能随心所欲、千变万化地表达民族和时代的特征，而受到人民群众的喜爱和欢迎。

诚如黄准自己所言：她一生没离开过旋律，因为它是自己生命的主要部分。她的思想感情和这么多年走过的路，都是通过旋律来表达的。无疑，黄准八十多年的音乐生涯犹如一支难忘的歌，在跌宕起伏的旋律中歌唱。

李光羲：在歌剧艺术的长河里

中央歌剧院男高音歌唱家李光羲，是中国歌坛屈指可数的歌剧表演艺术家。他在七十多年的舞台生涯中，主演过《茶花女》《奥涅金》《货郎与小姐》和《阿依古丽》《第一百个新娘》《夺印》等几十部中外歌剧。李光羲的歌声隽永飘逸、华丽辽远，充满着阳光和欢乐。尤其是他浑然天成的高音，不仅高亢激越，而且更具金属般的穿透力。他是中国歌坛有史以来最负盛名，也最有特色的男高音之一。

由他首唱的《牧马之歌》《北京颂歌》《远航》《周总理您在哪里》《鼓浪屿之波》《祝酒歌》等一大批人们耳熟能详的歌曲，早已深烙在亿万国人的心中。尤其是那首久唱不衰的《祝酒歌》，至今听来仍令人热血沸腾，激情澎湃。

20世纪70年代末我结识了景仰已久的李光羲老师。那时，中央歌剧院派出楼乾贵、李光羲、李晋纬、苏凤娟、李浮生、邹德华、官自文等一批前辈歌唱家开展全国巡演，首站是上海的红都影剧院（即今百乐门舞厅）。此次演出在上海引起很大轰动，连演7场、场场爆满，一票难求。在中央歌剧院来沪演员阵容中，还有一些中青年演员：李丹丹、李小护、王信纳、林金元、苗青和王惠英等。其中只有王惠英（歌剧《卡门》的主演）是上海人，而且是与我多年一同学习声乐的发小。因她这层关系，在中央歌剧院来沪演出期间，我和王惠英的哥哥王健良及我的胞弟李建国，能整天泡在红都影剧院的后台，与这些心仪的歌唱家们拉家常、交朋友，胞弟李建国还拎着工具包，给每位演员剪影留念。

在中央歌剧院来沪演出结束前夕，因为我与上海照相馆很熟悉，所以通过王惠英请李光羲、楼乾贵和李丹丹来店拍橱窗样照。在以后我与李光羲多次相见时，他几次提起拍样照那事。并告诉我：那次拍的几组人像中，有几张照片是他一生中最满意的。有些已用在了自传、演出海报、CD和唱片专辑的封面上，并希望我能把这些照片的底片要过来。

1984年初冬，《新民晚报》要举办一场大型音乐会。我和胞弟一同应邀担任策划工作。这台"著名歌唱家音乐会"的演员，主要来自北京。其中除了中央乐团的魏启贤、臧玉琰、刘淑芳、孙家馨和罗天婵等，还有海政歌舞团的吕文科和胡宝善。其余的在京演员都来自中央歌剧院。上海参演的只有声乐大师温可铮和刚从意大利学成得奖归来的男高音罗魏。此次我和胞弟赴京组织演员，李光羲是出了大力的。他除了把中央歌剧院来沪的演员安排妥当，又陪伴我俩去中央乐团、海政歌舞团落实演出事宜。我和李光羲在交往中很投缘，大有相见恨晚之感。他为人忠厚朴实、没有一点大家的架子，又乐于助人，给我留下了深刻的印象。

此次《新民晚报》举办的高规格音乐会非常成功。上海的主要领导都出席观看了首场演出。此后，我和李光羲的交往更多了。他除了参加我和胞弟一同策划的多场大型主题音乐会外，我还专门为他拍摄了一部电视专题片。我每次进京公干，总要抽空去看望这位忘年交；而李光羲每次来沪演出，我们也总会见面叙旧。因为与李光羲相熟了，我也曾撰写过几篇短文发表在上海的报刊上。

初露艺术才华

但人们难以想象，像李光羲这样深受国人喜爱的男高音歌唱家，竟然没有进过音乐院校深造，不是科班出身，他的从艺之路也并非一帆风顺。李光羲1929年出生在天津的一个大家族中，父辈都是洋行的职员，因此从小过着衣食无忧的生活。李光羲的小名叫金宝，由于小时候拙嘴笨舌、没心眼，家里人都叫他"傻宝"。李光羲在上小学时，读到了一本《林肯传》后激动不已。他决意要学习这位伟人善于辞令、鼓动性的演说。但以后的岁月里却歪打正着，李光羲从小喜欢音乐，又有一副得天独厚且超越常人的金嗓子。他后来没成为演说家，却成长为一位名扬四海的大歌唱家。

李光羲：在歌剧艺术的长河里

李光羲生逢战乱，其青少年学生时代是在日本侵略者的刺刀下度过的，因此他从小就特别憎恨日本侵略者。这种情感深深地体现在他以后参加大型歌舞《东方红》所演唱的歌曲《松花江上》中。在20世纪40年代初天津的舞台上，是中国京剧和曲艺的鼎盛时期。那时除了梅兰芳暂时退出舞台，发源于北京的京剧和曲艺名伶大家都云集天津这个大码头。演出的曲目之多足以令观众眼花缭乱。李光羲在这样的环境中，也爱上了京剧。他参加学校的

李光羲儿时与外公、父亲和哥哥合影

"国剧社"，演过京剧《打龙袍》，清唱过京剧《钓金龟》《四郎探母》等，还反串模仿过李多奎的老旦角色。李光羲年少时学过的京戏，后来在"文革"的大唱样板戏中派上了大用场。此外，李光羲还十分喜爱曲艺中的京韵大鼓、天津时调、单弦和铁片大鼓等，甚至他还能唱全本的《大西厢》，这些都为他以后的艺术生涯打下了坚实的基础。

虽然李光羲喜爱京剧和曲艺，但家里不同意他去从事这种行当。父亲一直希望培养他念大学，并能送他出国深造。但遗憾的是1947年春，李光羲17岁时、54岁的父亲因病去世了。父亲生前常叹息道：尽人事，听天命吧，后来此话也成了李光羲人生的座右铭。父亲去世后，李光羲不得不放弃学业，去接替父亲在滦矿公司的那份高薪工作。从此，李光羲替父挑起了全家生活的重担。

但李光羲在工作之余，依然喜欢观看京剧和曲艺。其中他最看好马连良戏班排演的剧目。而他最崇拜山西梆子戏的演员郭兰英，看其随心所欲表演中的声、情、字、韵、形和手、眼、身、法、步，令李光羲陶醉其中。他以后肯放弃高薪、去报考中央歌剧院当演员，这其中有很大原因是受了郭兰英的影响。在考入北京实验歌剧院后，因为该剧院主要有演

西洋歌剧、介绍世界名著的任务,但究竟西洋歌剧该怎么表演,那时分歧就很大。新人李光羲虽然是张白纸,但他在郭兰英身上找到了这个问题的答案。

人生转折路口

年轻的李光羲虽然在煤矿工作,但他心心念念的还是舞台的歌唱生涯。1953年,是他人生中最重要的转折点。

在这一年里,他不仅收获了初恋,还即将拥有自己一直向往的事业:当一名专业的歌唱演员。那时天津第一工人文化宫改建后,请来了北京最著名的中国戏剧学院附属歌舞剧院(后改名中国歌剧舞剧院)参加开幕演出。李光羲专程观看了由郭兰英、前民、李波和管林等主演的歌剧《白毛女》后,激动之情久久不能平静。此后,他决意要成为一名能在舞台上闪耀的演员。

因为有独到的歌唱天赋,李光羲二十出头就在天津业余歌坛小有名气。1953年的国庆节,李光羲所在的市业余合唱团在天津青年宫举办专场演出。当时除了参加团里的大合唱,他还有一档独唱节目。当李光羲在侧台演出候场时,突然看见一位典雅、很有气质的姑娘,向他笑了笑走过去,就此他留下了深刻印象。说来也巧,就在当晚的联欢会上,大伙一起跳交谊舞时,李光羲又看到了这位姑娘。经打听后才知道,她是团里招来唱女中声部的新团员,叫王紫薇,是位在校的高中生。不知何故,从此这位姑娘的形象,经常在李光羲的脑海中闪现,他是多么期盼合唱团的排练日赶快到来,因为这样他就能见到自己心仪的姑娘。

热恋中的李光羲和王紫薇

李光羲和妻子、孩子在北戴河

李光羲：在歌剧艺术的长河里

　　时间长了，两人的接触和交往也多了，相互都有些了解。在李光羲的眼里，王紫薇是那么的完美无缺。她知书达理、热爱音乐，与自己的爱好志同道合。她出身豪门却非常朴素，落落大方又没有任何时髦的修饰和娇小姐的影子。王紫薇尽管很顽皮，喜欢游泳、滑冰等体育运动，但却没有丝毫的轻浮，她简直就是心中女神。其实王紫薇也很早就关注李光羲了，不仅因为他英武魁伟的外表，而且因为他歌声迷人、为人诚恳厚道，是自己理想中未来的人生伴侣。

　　起初，两人各自暗恋的这层窗户纸一直没有被捅破。直至有一天，王紫薇在排练时借给李光羲一本从家里拿来的新书，并说：这是一本人物传记，你有时间就慢慢品读。李光羲借机马上回答：其实您才是我一辈子唯一要读的那本书。此话是他从心底里流淌出来的。当两人正式确立恋爱关系时，李光羲已是北京实验歌剧院的演员，而王紫薇也考入了北京的医科大学。但她父母坚决反对女儿找一名演员作对象。王紫薇在北京医科大学毕业留校后，顶着家庭的巨大压力，宁可断绝与父母的往来，也毅然决然地嫁给了李光羲。在他俩的大女儿出生后，岳母主动来北京帮助照料外孙女，至此这段恩怨也算有了了结。"文革"中，王紫薇的资本家父母遭到冲击，家里一贫如洗。李光羲夫妇就把两位老人接到北京家中一同生活，用自己的工资来养活一家七口人。

投身歌剧事业

人们常说：机遇总是留给有准备的人。1954年，文化部要在北京新创一家主演西洋歌剧的实验歌剧院，为此他们在京津沪等地招贤纳士、壮大队伍。李光羲闻讯后也跃跃欲试去报考。虽然他从未有过系统的歌唱训练和正规的表演学习，但却有一副令人惊艳的好嗓子，尤其是天生金子般的高音。当考试那天俊朗伟岸、气度不凡的李光羲一踏进考场，就给人玉树临风之感。在他演唱了一首中国民歌后，周巍峙、塞克、刘炽、张权、莫桂新等全场的考官们，都被他惊艳的歌声所震撼、折服。这真是一块未经雕琢过的璞玉，是多年难遇的歌剧表演人才，可遇而不可求。就这样，李光羲毫无争议，顺理成章地步入了他向往已久的音乐圣殿。李光羲的到来，是那时北京实验歌剧院的最大收获。

李光羲入职中央歌剧院后，面临着一个很现实的生活问题。他原本是滦矿公司的高级职员，每月工资159元，这在当年相当于一个局级干部的待遇。但李光羲是家里的顶梁柱，他每月收入除了用来赡养母亲，补贴有病的哥哥一家，还要资助两个正在北京读大学的妹妹。如今要进中央歌剧院，每月收入比原先少了整整100元。到底是选择自己挚爱的音乐事业，还是过原本就优渥的生活，这是摆在李光羲面前的一道难题。就在他举棋不定、进退两难时，家里人知道了缘由。他们坚决支持李光羲去实现心中的愿望，因为这是他将来可以发展的一片新天地。而生活上暂时的困难，总是可以克服的。没了后顾之忧，李光羲毅然辞去了煤矿的高薪工作，从此一心投入自己心爱的歌唱舞台。

对自己敬畏的剧院，初来乍到的李光羲只是在剧院排练的一些歌剧中，演群众、唱合唱。两个多月后，剧院要举办一台外国名歌演唱会，领导破例安排李光羲担任独唱，演唱一首保加利亚的歌曲《相逢在匈牙利》。虽然当时李光羲还没有很好地掌握科学的发声和演唱方法，他的表演也完全还是张白纸，而且也从未有过在正规的大舞台上独唱的经历。但出乎意料的是：李光羲充满情感、发自心灵的美妙歌声，不仅打动了在场的所有观众，连一些观演的声乐专家也节节称赞，认为这位歌剧院新来的青年人前途无量，他演唱的这首作品，要比原版保加利亚歌唱家的演绎还要抒情动人。过了没多久，有一次，担任歌剧《草原之歌》序幕领唱的演员突然病倒了。无奈只能临时换将，这时领导启用了刚露尖的李光羲来顶替上场。谁料，小试牛刀的李光羲初露锋芒，就让观众和同仁刮目相看。

在学习歌唱的道路上，李光羲得到了剧院前辈歌唱家楼乾贵、李晋纬和李维渤的经常指点，但张权对他的帮助最大。在平日的排练中，张权系统地为他辅导发声和演唱方法，并为他克服演唱中存在的一些问题。李光羲无疑是幸运的，但对他刚进剧院后就能担任音乐会独唱，院内是有两种不同声音的。有些老演员认为：李光羲的发声、演唱方法上还存在很多问题，不宜过早登台，待提高基本功后也不迟。而张权和剧院的一些领导据理力争，认为在当时的社会条件下，作为一位有潜力的青年演员，只有在实践中和舞台上不断地锻炼、总结经验来提高，而不能像在校的学生那样被培养。后来的事实证明，张权的判断是正确的。

1954年冬，苏联莫斯科音乐剧院来京演出歌剧《茶花女》，文化部组织全国的著名歌唱家来京向苏联艺术家学习。李光羲和张权等被分配在凯玛尔斯卡娅专家班上课。因为张权早年毕业于美国伊斯特曼音乐学院并主演过多部歌剧，有很深的歌唱造诣，所以她的演唱受到苏联专家的特别赏识。在学习结束的汇报演出中，张权和沈湘被指定一同演出歌剧《茶花女》的片段，受到好评。就在苏联演出团回国后，张权见到李光羲时非常兴奋地告诉他：苏联专家非常看好他，认为他有这么好的嗓音条件，和对音乐超凡脱俗的理

李光羲主演歌剧《茶花女》

解，歌唱天赋异禀，只要坚持努力，一定大有作为。苏联专家的高度评价，更增加了李光羲对歌唱事业的信心和力量。

1956年秋，北京实验歌剧院正式更名为"中央歌剧院"，以演出外国歌剧为主。当年该院开排了建院后的第一部西洋经典歌剧《茶花女》。饰演此剧的主要演员分为A、B、C三组，起初李光羲只被分在男主角阿尔弗莱德的C组，但经过反复排练和多场演出后的比较、优胜劣汰，李光羲竟然能

与歌唱大家张权和李维渤一同成为A组的三位主演。这其中，张权对李光羲演唱和表演的悉心点拨，是起了很大作用的。由于在《茶花女》中的出色表现，年轻的李光羲在中央歌剧院已站稳了脚跟，并跻身于剧院的一线歌唱家行列。不久，他又有幸能与张权，留德归来的蒋英（钱学森夫人），留苏归来的郑兴丽、楼乾贵、李维渤、潘英锋等前辈歌唱家，一同组成一台中外名曲音乐会，被剧院派往全国巡演，显然，此时李光羲的歌唱生涯已上了一个新的台阶。在此次长达一个多月的巡演中，李光羲与张权有了更多的接触，对她的演唱有了更新的感觉和体会，从中也学到了许多自己想学又缺乏的东西。在此次中央歌剧院的全国巡演中，李光羲是大放异彩。他已从一个名不见经传的青年演员，一下子被各地的观众所瞩目关注。

但真正使他成为中国歌坛焦点人物的，是1956年夏举办的"全国音乐周"。那时为了检阅新中国突飞猛进的音乐舞蹈事业，中国音协的领导孟波、周巍峙等组织了从中央到地方到部队的所有文艺团体来京汇演，全国几乎所有的著名音乐家也都悉数到场。此次为期一周的演出，史称"全国音乐周"。在这次汇演中，不仅上演了传统的音乐节目，还有许多令人耳目一新的新作。最可喜的是涌现了一批歌坛新人，如上海音乐学院的男低音温可铮、中央歌舞团的男高音胡松华、黑龙江歌舞团的男高音郭颂、北京部队文工团的女高音马玉涛、空政文工团的女高音张映哲、总政歌剧团的张越男、徐有光等。中央歌剧院的李光羲更是一鸣惊人，他演唱石夫为其创作、充满浓郁新疆风味的歌曲《牧马之歌》，给观众留下了难以磨灭的印象。此次新冒尖的青年歌唱家们，都有着鲜明独到的演唱风格，而且声音的辨识度又极高，由此他们也各自开启了在中国歌坛风骚独领的新时代。

李光羲在剧院两年的熏陶和工作实践中进步神速，尽管他的演唱和表演早已今非昔比了，未到而立之年就已挑起了剧院的大梁，但李光羲是有自知之明的。他心里明白：眼下所取得的一些成绩，无非就是凭借自身的天赋和努力，还有同仁的帮助得来。但自己的歌唱技术还很不完善，因此他下决心要刻苦地钻研学习。中央音乐学院的沈湘教授是李光羲的天津同乡。学生时代李光羲就多次聆听过沈湘在天津的演唱，非常仰慕。李光羲在成为沈湘夫人李晋纬的同事后，他每次去李晋纬家探望时，总不忘请沈湘先生给自己的演唱问诊把脉。沈湘对待真诚喜欢歌唱的学生是毫无保留

李光羲与沈湘（右一）、时乐濛（右二）等在一起

李光羲：在歌剧艺术的长河里

悉心教授的，他对李光羲的成长也是起过很大作用的。两人最后一次见面，是在中央歌剧院彩排意大利歌剧《弄臣》的现场。那时沈湘心脏病复发住院，不顾自己的身体专门请假来现场给后辈演员指导。那天，他给李光羲讲了很多有关《弄臣》唱段中的处理和表演要注意的事项……

李光羲对声乐的学习是极其认真的，他博采众长又不耻下问，从不放过任何一次学习的机会。20世纪50年代，林俊卿在周总理的支持下，在上海创办了上海声乐研究所，专门研究歌唱的发声和演唱。那时李光羲经常趁剧院排演的空隙，多次自费前往上海声乐研究所学习，取长补短，受益良多。此外他还多次参加了苏联声乐专家班的学习，这对于他全面系统学习声乐是至关重要的。

在20世纪50年代末，中央歌剧院排演了苏联歌剧《货郎与小姐》，由李光羲饰演剧中的主角阿斯克尔。这是一个正面喜剧人物，他不接受包办婚姻，用自己的聪明才智，冲破封建的樊笼去寻求自己的真爱。要演好这样一个机智、幽默又可爱的人物，对李光羲来说是很大的挑战。但好在平

李光羲主演歌剧《货郎与小姐》

日里，他一直在揣摩郭兰英的表演和演唱。此次主演西洋歌剧的主要角色，虽不能照搬她的表演模式，更不能依样画瓢，但他从郭兰英的表演体系中却能得到很大的启发。对于技巧与形式的恰当处理，既表达和抒发了人物的情感，又能达到艺术上的协调和讲究。因此李光羲在塑造人物时，力图做到身段、动作、语言、韵味和节奏上的对比，并牢牢把握人物感情的变化，从而把表演艺术从概念化认识提高到了具体的理解和表现。李光羲把阿斯克尔的形象刻画得淋漓尽致，剧中演唱的那首《卖布歌》，也成了以后李光羲歌唱生涯中的保留曲目。

一年后，剧院又开排了柴可夫斯基的歌剧《叶甫根尼·奥涅金》，此时的李光羲顺理成章地出演男主角连斯基。此角也是《茶花女》中阿尔弗莱德那样的悲剧人物，所不同的是：威尔第笔下的音乐是意大利式的抒情，爽朗、开放又激昂；而柴可夫斯基写的是俄罗斯风情，音乐犹如冬日的俄罗斯大地，深远、宁静又凄凉。李光羲恰如其分地把握了柴可夫斯基的音乐风格。他在所饰演连斯基的歌声中，隐藏着爱的呼唤、醉人的细语，更饱含了不甘屈辱，为爱情和生命的呐喊、希望。

李光羲初涉歌剧舞台，所塑造的三个不同性格和命运的人物，他都成竹在胸、拿捏得丝丝入扣。在歌唱中学习歌唱、在舞台上学会表演的李光羲，既勤于学习又善于总结。在自己所塑造的三个歌剧人物中，体会并总结出了一些歌剧表演的真谛和规律。虽然西洋歌剧在中国，还是一门年轻的艺术，有它不成熟的地方，但李光羲认为：歌剧主要是通过演唱来刻画人物的，这是它的特殊性。不同于话剧，但又要比话剧精深。如果说话剧像小说，那歌剧就是诗歌了。歌剧演员在表演时，其感情的表达应该是凝练的，形体上还必须要有雕塑感，要讲究人物的造型。为了能演好角色，李光羲无论在舞台上还是生活中，无时无刻都在琢磨如何提高自己的表演和唱功。但他更明白：只有真正理解了作品作者的创作意图后，才会找到合适的表演形式和演唱尺度。

由于种种原因，在"文革"前的几年里，中国乐坛已很少再提及"双百"方针了，继而又重新强调：音乐要革命化、民族化和群众化。"文革"前的几年，原本以演西洋歌剧为主的中央歌剧院，此时也开始尝试创作排演中国的民族歌剧。1965年，驻院作曲家石夫创作了民族歌剧《阿依古

李光羲和女高音歌唱家季小琴
主演歌剧《阿依古丽》

李光羲：在歌剧艺术的长河里

丽》。李光羲在剧中饰演男主角阿斯哈勒，而出演阿依古丽的则是当时中国歌坛最具光彩的女高音歌唱家季小琴。为了演好此剧，《阿依古丽》剧组的所有成员，都到新疆的大草原去下生活。在新疆的两个多月中，李光羲与哈萨克牧民一起生活，一起放牧，由此他逐渐对哈萨克牧民有了较深的了解。这对他以后在舞台上，能塑造好阿斯哈勒这个有血有肉又十分可爱的形象，是至关重要的。此剧的音乐十分优美，有浓郁的哈萨克风味。而且戏剧性也很强，其中许多唱段虽有难度但非常好听。为阿斯哈勒所谱写的几首咏叹调，是石夫为李光羲度身打造的。如：柔情似水的《百灵鸟双双地飞》，有对草原对家乡之爱的《暴风雪》，能与西洋经典歌剧咏叹调媲美的《洗掉心底的沉沙》《做一匹奔驰的骏马》。这几首隽永动听的作品，李光羲一辈子也没有忘记。《阿依古丽》的成功上演，使李光羲的歌剧生涯又达到了一个新的境界。以后他又接连主演了本院的原创歌剧《第一百个新娘》和表现阶级斗争的《夺印》等。

李光羲在名扬歌坛后，引起了周总理的关注。周总理非常欣赏他独到漂亮的声音和那种刚中带柔又非常抒情的唱法，经常点名请他参加重大的外事活动演出。1964年，为庆祝新中国成立十五周年，北京将排演音乐舞蹈史诗《东方红》。这台节目是在上海排演的音乐舞蹈节目《在毛泽东旗帜下高歌猛进》和空政文工团创演的"革命历史歌曲演唱会"的基础上，再创作合成的。当年的9月初，中央歌剧院通知李光羲到人民大会堂报到，参

李光羲在新疆下生活

加试唱《东方红》第四场《抗日的烽火》中的《松花江上》一歌。因为这首作品由男女两位演员对唱，参加试唱的还有中央歌舞团的胡松华、沈阳军区文工团的董振厚及总政歌剧团的张越男、徐有光和上海歌剧院的林明珍等。《东方红》是一部有剧情、内容和表演场景的史诗剧，这对于歌剧演员出身的李光羲来说是驾轻就熟、得心应手的。他在剧中扮演的沦陷区流亡青年和妹妹，从东北来到华北，边走边唱《松花江上》，是那样的流畅自然。最终周总理决定：由李光羲和张越

李光羲（中）在《东方红》中，演唱《松花江上》

男演A组,董振厚和林明珍演B组。而胡松华则改唱用蒙古族长调编唱的歌曲《赞歌》。一年后,《东方红》被搬上银幕,《松花江上》一曲仍由李光羲和张越男演唱。

重返音乐舞台

在"文革"中,李光羲也受到了冲击,被下放到北京军区的部队农场边劳动边学习,很多年没能在舞台上演唱了。1972年秋,李光羲突然接到调令,要他回北京参加一场重要的演出。回京后才得知:周总理为常驻中国的柬埔寨西哈努克亲王举办50岁寿宴,但亲王却提出要举行一场他的声乐作品音乐会,并具体要求由抒情的歌唱家来参与。西哈努克亲王虽曾学过作曲,但其技法并不很精通。他创作的歌曲基本都由中国音乐家为其修改整理过。但西哈努克的歌曲是有旋律、有情感的,他的音乐是从心底里流淌出来的。参加这场音乐会的中国歌唱家,都是周总理亲点的。除了李光羲外,还有中央乐团的胡松华、刘淑芳、刘秉义、罗天婵,甚至远在新疆的李双江。西哈努克亲王在年前访问新疆期间,在聆听了一场新疆军区文工团专门为他准备的歌舞晚会时,发现了一位激情澎湃的男高音歌唱家李双江,他有着金子般的歌声和火一样的热情,给西哈努克亲王留下了深刻的印象。他回京后多次向周总理提及李双江。正因为参加了这场音乐会,改变了李双江的命运,重又回到了北京加盟总政歌舞团,从此成了中国歌坛的知名人物。

革命歌集《战地新歌》陆续出版后,为了配合新歌的推广,中央人民广播电台邀请了一批有实力的歌唱家来录制这些作品。因为有周总理的关照,李光羲有幸录制了由洪源作词,田光、傅晶作曲的《北京颂歌》并一炮打响。此前总政歌剧团的张越男也录制过此作的女声版。《北京颂歌》是一首旋律优美动人、节奏昂扬向上的抒情歌曲。尤其在当年那个只有八个样板戏的年代里,此歌无疑给人带来了一股新风,更引起了亿万人民的共鸣。《北京颂歌》的演唱,使李光羲重新回到人们的视野。不久,李光羲又录制了朱践耳的新作《远航》。这也是一首令人眼前一亮的抒情歌曲,经他的二度创作后,歌曲焕发出更旺盛的生命力。

李光羲在首都体育馆首唱《北京颂歌》

唱响《祝酒歌》

"文革"结束后,中国的文艺又迎来了第二春。1978年,中央歌剧院复排民族歌剧《阿依古丽》。有一天,李光羲在排练厅看见同事苏凤娟正拿着一页歌片在哼唱,就随口问了一句:这是什么歌?苏凤娟回答说:是施光南寄给我的《祝酒歌》,你看看怎么样。当李光羲接过歌片从头哼唱直至结尾时,心中早已燃起了一把火。这真是一首千载难逢的好歌。于是李光羲又对苏凤娟说:这歌太好了,您要不就让我唱吧。但苏凤娟并未表态,伸手就把歌谱要回去了。

当晚,李光羲就给此时还在天津歌舞剧院工作的施光南写信。一是向他索要《祝酒歌》的歌谱,二是要他把原本谱写的女中音曲调改成男高音,并附十一个人编制的管弦小乐队,要求他能再写一个乐队总谱。因为是老熟人,没过几天,施光南就把移过调的歌谱和小乐队的总谱一同寄来了。李光羲收到后如获至宝,爱不释手,旋即就请剧院乐队的同事一同抄谱排练。不料,正当兴冲冲的李光羲想把这首新歌作为参加剧院音乐会的曲目时，却遭到了剧院领导的否定。因为当时"文革"刚结束，有些轻歌曼舞的作品，好多人都不敢去触碰。拿着这样好的歌却不能登台演唱，李光羲有些失望了。

正在这时，李光羲应邀去参加一场宴请外国元首的演出。他打定主意，想冒险在这场招待会上首唱《祝酒歌》。于是，他在演出前做了乐队同事的思想工作。李光羲对他们说：这是一首多么动情的歌，若能演唱一定会轰动。但万一将来追究此事的责任，我一人承担……在这天的宴会上，当《祝酒歌》的前奏刚响起，人民大会堂的气氛顿时欢腾起来了，随着李光羲歌声的不断递进，在场的国家领导人和外国元首及全场所有人的热血都沸腾了。雷鸣般的掌声，一浪高过一浪，似乎要把屋顶都掀翻。此刻的李光羲兴奋得不能自已，他和乐手们的眼眶也都已湿润了。《祝酒歌》成功了。

几天后，中央歌剧院原定在中央音乐学院礼堂举办四场音乐会的节目单上，已赫然印上了李光羲要演唱的《祝酒歌》。在这四场音乐会上，李光羲演唱的《祝酒歌》总是压轴曲目。每当那激情澎湃的歌声荡漾全场时，歌者与观众那种心与心的交流、情与情的互动，也达到了高潮。心绪难平的观众们纷纷向中央歌剧院索要《祝酒歌》的歌谱。此时的《祝酒歌》已在北京的音乐爱好者中不胫而走了。那年的中央电视台除夕文艺晚会，导演盛邀李光羲出演《祝酒歌》。随着荧屏和电波的播放，《祝酒歌》在一夜之间传遍大江南北，从而走进千家万户，那美好的旋律更是流淌在亿万国人的心中。

李光羲自1954年登台后，就受到观众的欢迎和鼓励。到1956年，他主演歌剧《茶花女》后扬了名，掌声、鲜花和赞扬不断。直到唱了《祝酒歌》后，李光羲才真正体会并认识到：一首好的文艺作品，它所产生的社会影响和价值是无法估量的，能唱进人们的心坎，激起人们的爱国激情，这才是一个文艺工作者一辈子真正要追求的。

因为李光羲演唱了《祝酒歌》，他的音乐生涯也到达了一个新的高峰。《祝酒歌》是施光南与本院词作家韩伟继创作《打起手鼓唱起歌》后的又一次成功合作。新作反映了亿万国人在粉碎"四人帮"后那抑制不住的喜悦和对未来的憧憬，是一首划时代的颂歌。作为一首雅俗共赏、具有群众性的艺术歌曲,它的演唱有很大难度。作品有十四度的音域、跳跃的行腔、抒情的长线条和激昂的高强音,旋律的慕进和发展,需要歌者的情感不断递进。这首《祝酒歌》,李光羲从49岁首唱后直至生命终止,他唱了半辈子,即使晚年的他已力不从心,仍常唱常新。李光羲认为:观众的喜爱,就是自己无上的荣光和神圣的职责。

金铁霖：高擎起中国民族声乐大旗

金铁霖是中国歌坛久负盛名的歌唱大家，更是当今最有影响和建树的声乐教育家。自新中国诞生后，一代声乐大师张权用洋为中用的方法，开创了中国民族声乐学派后，金铁霖无疑就是这面大旗的继承者和旗手。

在一个多甲子的歌坛生涯中，金铁霖先从中央音乐学院的课堂上学习，再到中央乐团的舞台中实践，直至去中国音乐学院教学探索，他把自己所有的生命激情都投入到一生挚爱的歌唱事业中，从而能培养出李谷一、彭丽媛、张也、吴碧霞、王丽达等几代国人喜爱的歌唱家。

声乐大师金铁霖

金铁霖通过实践，总结出的一整套行之有效的民族声乐的教学方法，为中国民族声乐的发展开辟出一片前景光明的新天地。中国的声乐艺术要真正地走向世界舞台、且占有一席之地，就必须创立有中国特色的声乐学派。金铁霖正用自己的一生为之奋斗。

当年世人开始关注金铁霖，是源于李谷一在中国歌坛的横空崛起。正因为有背后的金铁霖老师手把手的言传身教，使极有悟性的李谷一，从一位湖南花鼓戏演员跨越成为名扬华夏的一代歌唱大家。李谷一大获成功，金铁霖是功不可没的。

显露音乐才华

1940年出生于哈尔滨的金铁霖，父母都是医生。他们在教育上给了金铁霖很大的空间和自由，从不干涉他的业余爱好。金铁霖从小受三舅的影响最大，经常听其演奏吉他、手风琴和钢琴。就这样在潜移默化中，金铁霖与音乐结了缘，从此无法割舍。他小学三年级那年，用自己心爱的小皮球与同班同学交换了一支竹笛。在无师自通的状态下，完全靠天赋竟吹出了像模像样的乐曲来。上初中时，三舅用一把苏联进口的吉他作为礼物送给金铁霖，他爱不释手。那时只要作业完成，一有空闲他定会抱着吉他，摸索着弹奏出各种乐曲。也正是这把吉他伴随了金铁霖欢乐难忘的六年中学生涯。

那时年少气盛的金铁霖，已显露出不凡的音乐才能，他的吉他弹奏艺术在当地小有名气。因此，哈尔滨电台曾邀请他和另一位弹曼陀林的同学一同合作，录制了一档节目，播出后反响不俗。为此他还得到了13元的稿酬，这对于一个当年的中学生来说，已是一笔很大的收入了。这也极大地鼓舞了金铁霖学习音乐的信心。从此，他开始自学作曲，梦想着将来能成为贝多芬那样的作曲家。

金铁霖从事音乐之路的起步很曲折。中考时，他报考了沈阳音乐学院附中的作曲专业，那时有两百多名考生竞争，最终只留下12人参加面试，金铁霖就是其中之一。但最终还是因为他没有接受过系统的音乐学习，而未被录取。但就是在这次面试中，主考老师对金铁霖演唱的南斯拉夫民歌《深深的海洋》感到非常满意。他对金铁霖说：你的嗓音条件很好、乐感也不错，希望你能往声乐艺术方面发展。至此金铁霖才明白：声乐就是歌唱艺术。

没能进入沈阳音乐学院附中的金铁霖，却考上了哈尔滨的一所重点中学读高中。这时他真正喜欢上了歌唱，课余参加了市群众艺术馆的歌唱学习班，还经常聆听各种音乐会。那时给金铁霖印象最深的是苏联红旗歌舞团的一位男中音歌唱家演唱的几首苏联民歌，他经常模仿着学唱。有一次，市群艺馆的老师赵喜伦无意中听到了金铁霖的演唱，顿时眼前一亮，觉得这真是一株歌唱的好苗子。于是，他就主动介绍金铁霖去跟随一位旅居在哈尔滨的苏联老太太学习歌唱。老太不太会讲中文,上课讲解时总拿着俄汉词典查阅。虽然仅几个月的学习,金铁霖并没弄明白许多歌唱的技巧问题,但他初步学到了科学的歌唱呼吸技术,受益匪浅。

由于学校的学习任务繁重、课外活动又比较多,无奈之下,金铁霖中断了这样的学习,但由于他学得了初步的科学歌唱呼吸方法,又有天生的好歌喉,从此歌唱时有了呼吸支持,歌声便有了共鸣,演唱也就有模有样了。他经常登台参加学校的一些庆典活动,受到师生们的欢迎。

在金铁霖高二时,长影乐团到哈尔滨招考。他得到消息后旋即就去报名。金铁霖考试时演唱的曲目是《黄河颂》,作品演绎得非常完美,考官们都非常满意。尤其是主考官李世荣,非常看好他。李世荣是东北地区最负盛名的男高音歌唱家,当年长春电影制片厂出品电影中的插曲,几乎都是由他演唱的,如《芦笙恋歌》《冰山上的来客》等。考试后翌日,这位主考专门到金铁霖家中走访,想了解一些他及其家庭的背景情况。那天,金铁霖和父母都没在家,李世荣就对金铁霖的姐姐说:你弟弟的嗓音非常出众,虽然中声区音量很大,音域也很宽,但不是男中音,而是戏剧男高音。我们团想招收他为随团的学员,如果经过我们对他的科学训练解决他歌唱上的所有问题,他是能成大器的。不知你们的家长是否同意他到长春来学习工作。当李世荣得知金铁霖还是在校的高二学生,要一年后才能毕业时,原本的满怀希望此刻有些失落。因为当时的学籍管理很严格,除了部队文工团可以随时招生,其余的任何情况都不能随便退学。但李世荣临走时,

金铁霖和孟玲在演唱《毛主席派人来》

留下了长影乐团和他的联系方式,并对金铁霖的姐姐说:等你弟弟毕业了若仍想来我团,随时欢迎。正因为有了这样一次难忘的经历,金铁霖对自己向往的歌唱更自信了。

当得知李世荣对自己歌唱声部的界定后,金铁霖开始审时度势,因为此前哈尔滨的几位声乐老师也对他是男中音表示过异议。于是他试着改唱男高音。有一次,金铁霖在聆听了中央歌剧院在哈尔滨举办的音乐会后,迷上了该剧院的著名男高音歌唱家楼乾贵。听他演唱的《遥远·遥远》《妈妈》和《小板凳》等外国名歌,那粗犷豪放又热烈奔放的演唱,尤其是金属般的高音摄人心魄。歌声震撼了金铁霖,由于两人的声线比较接近,他开始模仿楼乾贵的演唱,时间久了,有些惟妙惟肖。

翌年初春,解放军总政歌舞团也来哈尔滨招收歌唱演员,这消息对已痴迷歌唱的金铁霖来说,不啻是天大的喜事,他在第一时间便跃跃欲试地去报考。此时金铁霖的演唱已经过哈尔滨的几位名师半年多的指点教诲,进步明显,早已今非昔比。

此次考试,他还带了专门的钢琴伴奏。演唱的曲目虽然还是那首《黄

左起:楼乾贵、李定国、金铁霖、贺绿汀、温可铮、罗天婵、叶佩英

河颂》，但曲谱已用正规的钢琴伴奏谱了。当金铁霖一曲歌毕，两位考官都十分惊讶。问他能否将歌曲结束句翻上高音去唱，金铁霖按照考官的要求唱了，而且唱得很轻松自如。

在公布复试的名单中，金铁霖位居第一。复试时，除了原来总政歌舞团的两位考官外，又增加了在哈尔滨的原总政歌舞团男高音歌唱家李书年和原中央歌剧院的女高音歌唱家张权两位大家参加。李书年和张权都是因当年被错划为"右派"而下放到哈尔滨的。此时他俩都在黑龙江省歌舞团工作，而且都曾给金铁霖上过课。

在复试中，金铁霖的演唱仍然拔得头筹。待政审通过后，金铁霖照例去体检。他是多么渴望能穿上绿军装，登上北京的大舞台放歌。不料，金铁霖被查出肺部有阴影，需要治疗静养。这无疑是晴天霹雳，原本对未来无限憧憬的金铁霖，一下不知所措，情绪也跌到了冰点。但北京来的考官李同生诚恳地对金铁霖说：先把病治好，我们团给你留着名额，随时都可以来。在听到这番话语后，金铁霖才算吃了一颗定心丸。

因为父母都是医生，当时金铁霖又年轻，经过科学合理的治疗，他在高中毕业前拍片检查时，肺部的阴影早已消失殆尽。正当金铁霖想去总政歌舞团报到时，中央音乐学院也在哈尔滨设了考点，招收声乐学生。金铁霖想起了李书年和张权都曾希望他将来有机会能去音乐院校深造，因为这对他今后漫长的歌唱生涯是至关重要的。同时还告诉他：许多没有进过音乐院校系统学习的部队歌唱家，即使在舞台上大放异彩后，后来也都重新到音乐院校回炉进修。就这样，金铁霖想着老师的肺腑之言，抱着试一试的心态去参加了中央音乐学院的考试。在有几百名考生激烈竞争的三轮考试后，声乐考生只剩下金铁霖一人，他的演唱已征服了所有考官。此外，他的视唱练耳和乐理考分也都名列前茅。就这样，他成为当年东北地区唯一被录取的声乐系考生，顺理成章地进入中央音乐学院。这是金铁霖新的人生里程碑，也是他真正歌坛生涯的开始。

开启歌唱生涯

金铁霖是幸运的，他进入中央音乐学院声乐系后，被分配到德高望重

年轻时的金铁霖在演唱

的声乐大师沈湘门下学习。沈先生学识渊博、治学严谨，艺贯中西又因材施教。他把自己的教学工作视作一生唯一的事业，从而为中国的声乐事业作出了不朽的贡献，培养出了郭淑珍、梁宁、迪里拜尔、刘跃、范竞马、黑海涛、程志、殷秀梅和关牧村等几代影响中国歌坛的歌唱大家。

金铁霖在中央音乐学院的五年学习中，老师的教学几近严苛，他的歌唱得到了系统科学的训练，并极大地丰富了声乐知识，歌唱技艺突飞猛进，终于成长为一名男高音歌唱家。在生活中，沈湘更像一位慈父，无微不至地关怀、照料着他的日常。因为金铁霖家远在东北，所以每逢节假日，沈湘一定会请金铁霖来家一同欢度。即使金铁霖毕业后去了中央乐团工作，但凡他有歌唱和教学上的困惑，一定会去请教恩师。从拜在先生门下，直至1993年沈湘病逝，这对师生共同走过了33个年头的难忘岁月。

金铁霖在校期间，沈湘就发现了他对歌唱教学的兴趣和才能，因此有意识地鼓励他去实践。中国音协所属业余合唱团，经他调教后，面貌焕然一新。金铁霖用一年的心血辅导了一位名叫张琦的学生，张琦后来居然考上了中央音乐学院。这都让金铁霖品尝到了收获的喜悦，更激发了他对声乐教学的热望。

1965年，金铁霖大学毕业了。在那个年代，热血青年都响应党的号召志在四方，到最艰苦的地方去，金铁霖也不例外。但由于他业务能力突出，学校把他分配到中央歌剧院。但当时的中央乐团急需一名优秀的男高音，于是，就千方百计把他挖去了。在中央乐团的十多年间，金铁霖既是独唱演员，又兼任合唱团的男高音声部长。他当年领唱的大型合唱歌曲《毛主席走遍祖国大地》，影响甚广。因为金铁霖的兴趣所致，他空闲时间偶尔也教一些学生，教学对象的唱法和年龄各异。当年成方圆在中央乐团拉二胡，但她骨子里喜欢唱歌，金铁霖为她辅导过很长一段时间，收效甚好。天资聪慧的成方圆，后来成了专职歌手。她的二胡和吉他弹唱别出心裁，深受人民群众的喜爱。

初探歌唱教学

1967年，金铁霖开启了民族声乐教学的生涯。因为年前他结识了湖南花鼓戏演员李谷一，两人互有好感，最终成为歌坛伉俪。李谷一是此前随团为拍摄花鼓戏的舞台艺术片来北京的，她主演了《补锅》《刘海砍樵》等几折戏。无论是她的表演、身段，还是唱腔和嗓音，都让人耳目一新。因为李谷一的姐姐一家都在北京生活，她也想来北京工作，但苦于北京没有花鼓戏的剧团，她也就没有用武之地。其实，李谷一不仅花鼓戏演得好，歌也唱得不错。为了使她能有来京工作的机会和能力，金铁霖就开始给李

金铁霖在教学中

金铁霖给中央乐团合唱团的男高音声部排练

谷一上声乐课。那时的教学,金铁霖是边辅导边琢磨边摸索,然后再总结,试图寻找到一条适合戏曲演员的与西洋科学唱法相融合的道路。因为那时李谷一还在长沙工作,不可能长期待在北京学习。后来,师生两人就通过信函交流。李谷一来信总谈及自己新近演唱时的感觉,金铁霖回信则帮她分析其演唱感觉和需要注意的一些问题。这样的函授教学持续了好几年。

"文革"中,中央乐团排演钢琴伴唱《红灯记》,后来又排演了交响大合唱《沙家浜》,那时,全体的合唱团员都在学唱京剧。由于李谷一是戏曲演员,而且花鼓戏又属于高腔,所以改唱京剧比较容易,但语言上的问题比较大。李谷一讲的是长沙腔的湖南话,而京剧中的京腔京韵京白是以北京方言的普通话为标准的。为了能让李谷一唱好京剧,金铁霖煞费苦心地教她普通话、给她正音。在李谷一早期的演唱歌谱上,每首作品都留下了金铁霖为她标注的拼音。

1973年,李谷一被借调到中央乐团,参演钢琴伴唱《红灯记》中李铁梅一角,很受观众欢迎。那时的演出,她不仅唱湖南民歌《浏阳河》,还演唱《战地新歌》中的一些作品,甚至还用美声唱法演绎阿尔巴尼亚的歌曲,受到观众们的认可,李谷一开始展露出她的歌唱才华。此时的金铁霖已尝试将戏曲、民族唱法与美声相结合，探索着将其声音纳入整体歌唱的"通道"里，还不断地思考民歌演唱和西洋唱法的内在联系。

因为李谷一在舞台上的出色表现，她在1974年被正式调入中央乐团。因为有了中央乐团这个大平台，心怀鸿鹄之志的李谷一如鱼得水、更似如虎添翼，她灿烂辉煌的歌唱生涯从此拉开了帷幕。那时她随团全国巡演，这支包括管弦乐队、合唱队及舞美灯光的庞大乐团，所到之处受到广泛欢迎。起初，李谷一只是作为一个独唱演员出场，每场演出两三首歌曲。但无论在剧场还是在体育场馆，她的演出效果可以用"轰动"两字来形容。实际上她每场演出至少要唱6—8首歌曲，仍不能下场。就这样，李谷一成了中央乐团的一道独特风景。她独树一帜的鲜明演唱风格、隽永甜美又撩拨人心的歌声，给中国歌坛带来了一股新风。因为她的剧场效果极佳，以后的演出她总是压轴。

1976年，傅庚辰为八一电影制片厂的新片《南海长城》谱写音乐，其中有一首主题歌《永远不能忘》。起初录音时，请来了在京的几位女高音歌唱家来试唱，但都不太理想。此时，有人提议可请新人李谷一来试试。谁想，李谷一的演唱既淋漓尽致地表达了曲作者的创作初衷，又吻合影片的意境，导演听后当场流下了热泪。这是她第一次为电影配唱。

但真正使李谷一红遍大江南北的，是驻团作曲家王酩和施光南为她量身定制的许多影视插曲。这两位新中国培养的作曲家代表人物，他们的创作深入生活，作品扎根于民族沃土，充满着时代和生活的气息。李谷一演唱他俩谱写的电影插曲《边疆的泉水清又纯》《绒花》《洁白的羽毛寄深情》等，旋律优美、朗朗上口，随着影片的播映传遍大江南北，歌声已深入亿万人民的心中。作曲家陆祖龙、时乐濛为八一厂影片《泪痕》谱写的主题歌《心中的玫瑰》和张丕基为电视艺术片《三峡的传说》创作的主题歌《乡恋》，经李谷一演绎后，激起了亿万人民的共鸣，她也成为当时中国歌坛的焦点人物，演唱事业达到了巅峰。这其中金铁霖做了大量的幕后工作。在进行歌曲的二度创作时，金铁霖为李谷一认真剖析作品。两人对每首新作演唱的谋篇布局和行腔用意都匠心独具。无论是对作品意境和音乐的表达，还是声音的拿捏、处理，抑或节奏的把握，都要做到成竹在胸，甚至对乐段间的起承转合、乐句的严密衔接和咬字吐词的缜密性，都要精雕细琢。每首新作在演绎前,还要不断地改进,直至无可挑剔才作罢。

投身教学事业

1981年,世界著名男中音歌唱家、意大利声乐教育家基诺·贝基应邀来北京讲学。他在中央乐团上了一个多月的课,合唱团员们受益匪浅,解决了他们在歌唱时的喉咙紧张、笑肌抬不起等诸多问题。团里的女高音汪燕燕经过贝基多次悉心的调教,进步神速,令人赞叹。在贝基即将回国前,乐团在中国饭店举行欢送宴请。席间,贝基无意中听到饭店在播放李谷一演唱的歌曲,他非常兴奋,而且评价很高,并认为李谷一的演唱歌声是他在中国听到的最科学的。当贝基了解到李谷一也是中央乐团的演员后,他非常好奇地询问陪同:为什么上课的学员中没有李谷一?当得到回答:因为她是唱民歌的,贝基感到困惑和不解。诚然,在他的耳朵里,根本没有美声与民歌之分,只有科学与不科学的演唱之别。当贝基还了解到李谷一的老师和丈夫,就是该团的独唱演员金铁霖时,还专门与他进行了一次促膝长谈。那天,两人探讨了歌唱上的许多问题,尤其是中国的戏曲和民歌如何融入西洋的科学唱法。贝基还详细深入地了解金铁霖教授李谷一歌唱时的一些体会、见解和经验,并予以肯定和高度评价。两人相见恨晚,交谈甚欢。临别时,金铁霖送给贝基两张李谷一录制的歌唱专辑。

贝基的中国行,给金铁霖触动很大。李谷一的演唱能得到意大利声乐大师的肯定,这无疑极大地鼓舞也更坚定了金铁霖去研究、去探索中国民族声乐的发展之路。

1981年,以专门培养中国民族音乐人才为宗旨的中国音乐学院恢复建院。由原中央乐团团长李凌出任该院院长。李凌和金铁霖是很多年的同事,他非常了解、也一直看好、欣赏金铁霖,觉得这是一个不可多得的人才,决定邀请其出任该院的声乐系主任。这年的金铁霖41岁,也是一位歌唱家在舞台上的黄金年龄。但金铁霖非常喜欢并热衷于歌唱的教学工作,正当他有些犹豫、处于举棋不定的十字路口时,便去找恩师沈湘商量。沈先生为他详细分析了他在舞台上演出或去课堂中讲学间的利弊得失,并语重心长地鼓励金铁霖：李谷一的成功，足以证明你在歌唱教学上的本领。如若给你足够的时间和空间，相信你一定会在歌唱教学之路上做出不平凡的成绩。而你在舞台上的作为，相对是有限的。听了老师的肺腑之言，权衡再三后，金铁霖义无反顾地去中国音乐学院履新了。

当年金秋，李凌在广州的一场音乐会上，偶尔发现了一棵中国歌坛不可多得的歌唱好苗：济南部队文工团的独唱演员彭丽媛。李院长随即邀请她到中国音乐学院来进修，此举可谓与彭丽媛原本的愿望不谋而合了。

彭丽媛是金铁霖在中国音乐学院教授的第一个学生，她从进修生、本科生直至研究生，整整跟随金铁霖在校学习了九年时光。老师悉心教诲、学生刻苦学习，彭丽媛终于成长为继王昆、郭兰英、李谷一之后，中国歌坛最负盛名的民歌演唱大家。她演唱的《父老乡亲》《黄河泰山》《江山》等一大批经典歌曲，随着荧屏和电波传遍祖国的南国北疆。这些不朽的旋律一直流淌在人们的心里。

金铁霖对待教学的态度是：不懈地努力、全情地投入又科学地施教，随着他的教学成果的斐然，声名日隆，无数慕名者纷至沓来。这么多年的辛勤付出，他也从声乐系的主任，先后被提拔为副院长、院长。但金铁霖始终

金铁霖和学生吕继宏、戴玉强

没有离开过教学第一线。因此他的门下除了李谷一和彭丽媛，又涌现了宋祖英、张也、鞠敬伟、铁金、李丹阳、戴玉强、祖海、吴碧霞、张燕、王丽达及更年轻的陈笠笠、常思思等一批歌唱家。

1998年春，为了进一步提高中国青年歌唱演员的整体水平，文化部主办了一期"优秀歌唱演员研究生班"，指定金铁霖执教。学员从中央和地方的文艺团体及部队文工团中，挑选出既有演唱特色又有发展前途的年轻人参加。其中有：宋祖英、董文华、阎维文、刘辉、刘玉婉、孙丽英、李丹阳、韩延文、刘斌、吕继宏、雷岩、谢琳、陈俊华、黄霞芬、袁晓红和牟玄甫等16人。这些人都是当年中国歌坛如雷贯耳的精英人物，文化部请金铁霖一人来调教他们，足以说明他的教学能力和在歌坛的声望。金铁霖除了为学员们上大课，灌输他的一整套歌唱理念和方法，更多的是为学员们单独开小灶，分别解决他们存在的问题。在努力不影响他们鲜明演唱风格的同时，尽力加强他们的音乐修养和歌唱能力，从而更完善其演唱特色。

金铁霖学生音乐会

在金铁霖的众多学生里，张也的学唱之路相对比较曲折。张也是湖南人，从小学习花鼓戏，但她的心里始终向往着歌唱，李谷一是她心中的偶像，她一直盼望着有朝一日也能成为那样的歌唱大家。

1984年，金铁霖去湖南长沙讲学。张也得知这消息后，一定要父母带她去拜见金铁霖，想亲口表达她渴望学习歌唱的愿望。金铁霖不仅和蔼可亲、平易近人，而且非常爱才惜才，他在听了张也的演唱后，觉得这个孩子乐感特别好，嗓音也很甜美而且有味。但美中不足的是声音太细，这或许是她年龄尚小的缘故吧。

这天，年仅16岁、还在湖南省戏校学习的张也及父母都向金铁霖表示了想跟随他去北京学习歌唱的强烈愿望。但金铁霖非常中肯地对张也说：你现在年龄还小，先好好在戏校学习。等你毕业后，若还想报考中国音乐学院来北京学习，那时我一定收你为徒。

两年后的1986年，张也毕业了。当时的长沙歌舞团已相中她去那里当演员。张也的父母也有意想让孩子在自己身边工作，但张也却想去北京学习。正当难以取舍之时，她写信请金铁霖给自己拿主意。金铁霖见信后，旋即就回信与张也的父母交换意见。信中袒露了自己的看法：张也的歌唱还是一张白纸，声音和其他音乐修养都还没得到过很好的学习和训练。像她这样的状况去歌舞团工作，未免有些目光短浅、急功近利了，而且将来不会有很大的发展。信中他希望张也的父母能意识到：孩子还年轻，为了她的前途，希望她能报考音乐院校去深造，这对她以后的漫长人生都是至关重要的。

桃 李 满 园

见金铁霖的来信，张也父母权衡再三后，也同意了女儿的主见，去报考中国音乐学院。考试非常顺利圆满，张也如愿地进入中国音乐学院声乐系，师从金铁霖教授。但入学时的张也，声音又捏又浅、音量很小，像只小猫在叫，那时她就得了个绰号：小猫咪。但在金铁霖的眼中，张也又是一块未被雕琢过的璞玉，需要对她精雕细琢，才能成器。于是金铁霖为张也的教学制定了一份详细全面的计划，也为她的未来绘制了一幅美好的蓝图。

开始教学时，金铁霖先用U母音对张也进行训练，使其演唱的声音能纳入通道。然后在建立通道的同时，又引导她运用"开贴唱法"来歌唱。这样，不仅拓展了她的声音宽度，加大了她的音量，而且使她声音的色彩性更强了。金铁霖还煞费苦心地为张也选择了一批练唱的曲目，要求她去学唱许多不同类型、不同风格的作品，有民族的、中国的，还有外国的、美声的。其中包括现代的花鼓戏、地方民歌、中外艺术歌曲和歌剧咏叹调等。对于学唱外国作品，起初张也是有抵触情绪的，不愿意唱。她认为自己是学民歌的，唱这些作品没有必要。但其实不然，唱好这些作品是为了打好歌唱的基本功。金铁霖的良苦用心，当初的张也不懂，更不可能体会到。但金铁霖坚持要张也唱这些作品，以不唱就不再教她相要挟。张也无奈，被金老师这一逼，她把许多高难度的作品都啃下来了，而且后来演唱时表现得也很轻松，其实此时她无形中已具备了一定的演唱能力。当年的所有学习，都为她以后能成为中国的民歌大家奠定了坚实的基础。有一次，金铁霖带张也去见自己的老师沈湘，并请沈老为张也的演唱诊断。沈湘在听了张也演唱的外国歌曲后，感到十分惊讶，半开玩笑地对她说：唱得不错，如果你愿意，可以跟我学美声，两年后带你去参加国际大赛。沈湘的话语，看似是在调侃，但足以说明张也当时演唱已有较高的水平了。

张也通过五年的本科学习，已开始崭露头角。两年后，她又随金铁霖攻读硕士研究生。张也的演唱声音甜美自然、隽永又通透，有极强的表达各种作品的能力。她无疑是金铁霖一手熏陶培养的歌唱典范。在以后的岁月里，张也在国内许多声乐大赛中摘金夺银。她也频频在央视春晚中亮相，演唱的《万事如意》《走进新时代》和《看花灯》等新创歌曲，走进千家万户。如今的

金铁霖、马秋华夫妇

张也，也是一位教学多年的资深教授了。她经常表示：一定要以金老师为榜样，把自己的所有奉献给学生们。

著名男高音歌唱家戴玉强的成功，是金铁霖的又一杰作。戴玉强是山西人，年轻时当工人，但他喜爱歌唱，后考入中央戏剧学院歌剧班学习三年。1990年被招入总政歌剧团。不久，团里公派他去解放军艺术学院进修，师从马秋华教授。马秋华是金铁霖的第二任妻子。早年她就读于南京艺术学院，是中国四大名旦中的黄友葵教授的关门弟子、得意门生，是一位很有造诣的抒情女高音，后以优异的成绩留校任教。马秋华端庄可亲又落落大方，性格直率真诚。对自己追求的事业和学生，她是尽心尽责，教学也很有心得和成就，在圈内是有口皆碑的。在20世纪80年代末的一次高校学术会议中，金铁霖与马秋华不期而遇，两人惺惺相惜又相见恨晚，由于有共同的追求和向往，很快就步入婚姻殿堂。两人婚后的生活很美满，并育有一子：金圣权。金圣权后来也子承父母学习歌唱，如今正在海外求学深造，父母期待他能成为未来中国歌坛的一颗新星。自马秋华融入金铁霖的生活后，他俩的事业更是如日中天，教学工作开展得更有声有色了。因为当年夫妻分居南北两地，为了他俩能更好地工作，马秋华后来被调入解放军艺术学院任教。待金铁霖从中国音乐学院的领导岗位上退休后，她又被调入中国音乐学院任声乐系主任。

我对马老师的印象非常深刻。记得有一次，央视举办一场主题文艺晚会，李谷一上台演唱了她的代表作，在演唱到高潮时，在场的马秋华和其他观众一样，使劲地拍手叫好。我观察了这一过程，感觉她的举动完全是发自内心，是真实的、毫不做作。对于自己丈夫的前妻，她能有这样的襟怀，足以说明其人格的光明磊落。

戴玉强的形象和嗓音条件都很好，高音也有，但他的演唱却存在一些问题。马秋华着重帮他解决了演唱时整体比较卡、比较紧，以及高音容易唱破的毛病。作为一个男高音，一旦出现这样的问题，那他的演唱一定会逊色很多。为了破解这些难题，金铁霖也一同参与了妻子的教学。改变戴玉强过去的唱法，关键是让他的呼吸更深，而且要求他在背后肌上用力、下功夫，要让他在演唱时感觉到腹背上像长着一对翅膀似的能飞翔。同时，还要打开他的喉头，使其演唱高音时能形成关闭。

金铁霖和李谷一（左一）在节目中

1993年，戴玉强从马秋华班上毕业，演唱的面貌已焕然一新。为了进一步提高自己的演唱水平，戴玉强又继续跟随金铁霖学习。金铁霖的教学，很少受到过去传统声乐理念的禁锢和束缚。他认为：不能以为民族唱法就不要学习西洋发声。其实，科学的唱法是世界的，也是中国的。中国的民族声乐是从民歌、戏曲和曲艺的发展过程中，汲取其精华而逐渐完善起来的。这其中既继承了中国艺术中很多具有科学性的东西，同时也借鉴、融入了西洋的技法。但中国特色的唱法又不应是全盘西化的，而是把其中适合中国的东西吸收过来，为我所用，以我为主地去充实、提高我国的民族声乐。金铁霖这样的歌唱理念，付诸在对戴玉强的教学实践中，收获满满。

戴玉强有追求，学习努力又肯下苦功钻研。在经过金铁霖和马秋华夫妇经年累月的悉心指点、调教后，他不仅解决了高音问题，而且整个演唱状态已日趋炉火纯青。用戴玉强自己的话来说：他在演唱时已深深感到，自己已能真正把控嗓子了，而且还能随心所欲地运用。

2001年，世界三大男高音来北京公演，由中央歌剧舞剧院乐队担任伴奏。演出之前的合乐，需要有人替代三大男高音与乐队合作。戴玉强有幸被指挥选中去替代试配。合乐非常成功，戴玉强的演唱也得到了广泛认可，连帕瓦罗蒂也对他称赞有加。从此，戴玉强有更多的机会在电视晚会和重大演出中亮相。他很快便成为中国歌坛炙手可热的男高音歌唱家，演唱的《我像雪花天上来》《今夜无眠》等歌曲，流传甚广。

吴碧霞是当今中国歌坛唯一能同时完美地演绎中国民歌和西洋作品的女高音歌唱家。她在1998年后，成为金铁霖的研究生。吴碧霞也是湖南人，父母都是戏曲演员，她从小就耳濡目染，受到中国传统艺术的熏陶，因此乐感很好。吴碧霞在中国音乐学院本科毕业时，已具备了一定的演唱能力。但演唱时的气息还比较浅，从全通道演唱和声音平衡的角度来说，她的演唱主要还停留在上通道和中通道中，从而声音是上面多下面少，由此还产生了声音与气息相向运动的矛盾。所以当初吴碧霞演唱的声音宽度和深度都不够。金铁霖发现了这一主要问题后，旋即就为她的演唱作了大调整。首先他让吴碧霞在演唱时，要有意识地在下腹的丹田处用力，而且要努力做到演唱时的字和声都要尽量发自那个位置。金铁霖认为吴碧霞是一位非常有潜能的学生，因此在教她民歌的同时，还与同门师姐、著名声乐教育家郭淑珍教授商量，请郭先生教授她美声唱法。这样她的声音会更通透、音域也能更宽泛。在两位大师合力的培养下，吴碧霞脱颖而出。她不仅演唱中国民歌圆润自如、有腔有味，令人难以想象的是，她用美声唱法参加"中国国际声乐大赛"，一举荣获金奖。此后，她又多次代表中国去参加世界声乐大赛，获奖多次。一位民歌演唱家，能达到如此高的演唱境界，金铁霖是居功至伟的。

硕 果 累 累

几十年的教学生涯，金铁霖为中国培养了无数的歌唱人才，同时也总结了一整套独特而又行之有效的教育方法和体系。虽然，学界乃至社会上对于金铁霖的教学，也颇有质疑和困惑，认为他教唱的学生千人一面。但金铁霖始终坦然面对，并真诚地认为：学术就该大家探讨，而且要百家争鸣、各抒己见，这样才更有利于中国声乐事业的发展。

金铁霖著作出版

2010年,金铁霖突发心脏病,当时的情形十分危急,他的心脏一度骤停。幸好抢救及时、得法,他才从鬼门关外的死亡线上被拽回来。在医生的精心治疗和妻子马秋华的用心呵护及众多学生的亲切关怀下,金铁霖渐渐康复了。但医生叮嘱他:一定要静心安养。此时逃过劫难的金铁霖更热爱生命、珍惜当下,因此他抓紧时间,仍一如既往地投入教学。退休在家的金铁霖,本可颐养天年,但他还在著书立说,想把自己这么多年的教学体会和经验,都传授给后人。

金铁霖是新中国培养的一代声乐教育家,金铁霖常说:音乐是他的生命,声乐教育更是他生命的支点。怀揣着炽热的理想和执着的信念,脚踩着一片希望的金铁霖,无论星转斗移、风云变幻,他都会在未来的人生道路上勇往直前。

(在本文完稿后不久,2022年11月15日,金铁霖因病在睡梦中安详去世,享年83岁。)

何占豪与交响南音《陈三五娘》

何占豪是新中国培养的一代作曲家,因他年轻时与陈钢合作谱写的小提琴协奏曲《梁祝》而一举成名,从而也改变了他的人生轨迹。从一名带职的进修生,被慧眼识珠的上海音乐学院领导破格聘为教师。同时,开始追随作曲大家丁善德全面地学习作曲技法。

何占豪为人正直、敢讲真话,这在当今中国乐坛已不多见。身为农民的儿子,又是一位有着六十多年党龄的老党员,他几十年的音乐创作理念始终如一,就是用鲜明的民族音乐语言来讲好中国故事。无疑,在何占豪创作的无数音乐作品中,除了声名远播的《梁祝》外,他最看重的当数历

何占豪与交响南音《陈三五娘》的主创人员

时四年完成的交响南音《陈三五娘》。

接受南音改革重任

2009年初春的一个夜晚，何占豪正在家中赶写越剧名家何赛飞即将录制的"越剧经典唱段唱片"的编曲和配器。突然几位来自福建厦门的不速之客，他们慕名前来想请何占豪为正在濒临失传的千年古乐南音谱写一些新的曲子。行前，他们已经盘算过了，在中国乐坛能堪当此项重任的只有施光南和王酩，但不幸的是这两位作曲大家都已英年早逝。而此时也只有赵季平和何占豪能胜任，因为他俩都有娴熟深厚的戏曲功底和高超的作曲技法，而且谱写的作品也都是扎根民族沃土的，富有乡村气息。但相对而言，何占豪比赵季平更合适。因为赵季平长期生活在北方，对南方的戏曲音乐还是比较陌生。而这么多年来，何占豪一直在用戏曲音乐作主题去创作各种器乐作品。无疑，厦门一行人此次已咬定青山不放松，一定要请何占豪来改革千年古乐。

在得知远客的来意后，起初何占豪是婉拒的。因为他深知南音是中华古乐的活化石，眼下正在联合国申遗，深恐自己不能担当此重任。他早年就听一些前辈音乐家说起过对待中国音乐文化遗产的两种态度和处理方式：第一是最好不要动它一个音，让它放进博物馆，向后辈和外国友人展览，从而显示中国悠久的音乐文化历史；第二是大胆地改革创新，在继承传统的基础上有所突破，为当代人服务。何占豪在来客们的硬磨死缠下，很快改变了初衷，答应上海的工作告一段落后，马上去厦门下生活，学习收集南音的资料。先写一段音乐试奏后再广泛听取各种意见，再做打算。

深入生活，学习南音

在完成上海原定的越剧唱片编配工作后，何占豪如期抵达厦门。旋即便开始他对古乐南音的了解、发掘、整理和改编的过程。

南音发端于南宋初年的福建及广东潮汕一带，泉州是其发祥地，距今已逾千年，是迄今为止留存最早的中国戏曲。其鼎盛时期剧目琳琅，流派纷呈。曾经的曲目就有一千多首，是当时世界最有名的音乐品种之一，而如今留下有工尺谱的曲目仅有二十多首。南音的主要观众是讲闽南语的福建人和台湾同胞及遍布东南亚的华人华侨，达七千万之众，海外影响很大。但过去传统的南音表演太过于程式化，节奏拖沓故事冗长，这些都与古人的生活节奏和偏安一隅的地理环境等因素有关。但随着时代的发展和人们生活节奏的改变加快，如今的年轻人对这种"活化石"式的表演早已不屑一顾了，但海外华人华侨回乡探亲，总会提出要看南音表演，但能表演南音的又都是些自生自灭的业余民间社团，其演职人员也早已青黄不接了。对此，厦门市人民政府未雨绸缪。他们拨款成立剧团，旨在培养年轻的南音演员，以期保留、抢救、传承濒临失传的千年古乐。因为他们充分认识到：不光是南音要在联合国申遗成功，更重要的是要重新找回失去的广大观众。如果南音在我们这代人手中彻底衰败，甚至消亡，那么申遗成功又意义何在呢？

何占豪最初受命写交响南音是有所顾虑的。一是出于对千年古乐的敬畏；二是采撷到了这些音乐素材后是否能融入现代交响乐中，这是问题关键所在。为了创作交响南音，何占豪曾花了两年多时间走遍了福建一带并遍访还健在的南音老艺人，其中最长一次采风时间达半年之久。在长期与这些民间艺人的交往中，何占豪逐渐揭开了南音的神秘面纱，那众多的剧目、美不胜收的音调和唱腔让他目不暇接，于是他要兑现当初写一段音乐来试奏的承诺。

千年古乐，焕发新韵

权衡再三后，何占豪决定用一部长年流传在当地且家喻户晓的、类似《梁山伯与祝英台》那样的民间爱情故事《陈三五娘》中的一段作为突破口。因为爱情是亘古不变的人类主题，而且此类题材也容易被大众所接受。南音《陈三五娘》的故事发生在明朝嘉靖年间，以后闽粤一带的高甲戏、梨园戏、南管布袋戏及潮剧、粤剧都移植过此戏。在泉州、漳州、莆仙、潮州、台湾及闽粤影响很大。这出戏当年能连演几天几夜，观众如潮，由此可以想象当年南音的魅力。

原本厦门的领导曾建议：何占豪可先用南音写一段小提琴曲子，因为他们认为何占豪有《梁祝》成功的经验和优势，写小提琴曲是他的强项。但何占豪却认为：他对南音是外行，摸索的时间还不够长。而音乐创作的技巧并不是万能的，音乐语言才是最重要的。只有准确地掌握了音乐语言，才有可能塑造成功的音乐形象。

而此次何占豪把《陈三五娘》作为交响南音创作的切入口，是最佳的选择。因为未来这部作品的结构和模式，他是想用西洋交响音乐形式来讲述一个千年的古老爱情故事。舞台上呈现的是一支完整的西洋交响乐队和整编制的西洋合唱队，舞台中央有剧中主要人物陈三、五娘和丫鬟益春三人轮翻表演。这是一部典型的西洋样式清唱剧。

这是一部带有故事情节的音乐作品。何占豪首先要考虑情节的安排与音乐表现的特殊艺术规律能天衣无缝地相结合。但音乐的主要功能是表达人的内心世界，并不是情节的叙述。但好在故事情节并不是作品的主题，而只是铺垫。因此在新作中，何占豪对音乐的陈述进行了加强的对比。其中有快板、慢板和广板的变化，并在音乐的抒情、诙谐上下了很大功夫，使音乐对故事更有感染力。

在进入了创作角色后，何占豪逐渐感受到了千年古乐南音的音乐魅力是如此的丰富多彩，深入其中而不能自拔。此时，他感觉到自己是有责任把这一国家的文化瑰宝传承下去的。这么多年来，何占豪一直认为：中国的音乐技术曾一度落后。比如没有完整科学的作曲技法，和声学、配器法、曲式和复调等等，但这并不等于中国音乐语言的落后。而恰恰相反，我们的民族音乐传统如同一座静卧在深山老林的宝藏，亟待人们开采。千百年来，富有音乐才能的中国人民创作了大量丰富的民歌和浩瀚的戏曲音乐，这是其他国家所没有也不能比拟的。音乐虽然是没有国界的，但它是一种语言，是有民族性的，尽管不像文字那样具象。但每个民族的音乐语言都有自己的传统和风格，为什么小提琴协奏曲《梁祝》一面世便受到中国人民广泛的热烈欢迎，为什么此次厦门改革千年古乐南音，一定要请何占豪出山，我想原因也就在此。

前不久，我曾两度赴京采访一些还健在的前辈音乐家，听他们讲述中国乐坛的往事。其中年逾九旬、中国最早公派去莫斯科音乐学院留学的作曲家杜鸣心教授，无意中讲到了一件至今令我深思难忘的事。前一阵子，中央音乐学院请来了几位世界级作曲家的访问学者，学校安排他们参加一场由师生新创的交响作品音乐会。在音乐会结束后的例行座谈会上，这几位外国专家先礼节性地对音乐新作称赞了一番，然后又非常诚恳地指出：这些交响作品的技术，乍一听已与外国作品没多大区别，但关键是这些作品一点也没能听出是中国人写的交响乐……这当头棒喝，无疑令在场的中国同仁十分尴尬。

据我所知：改革开放后入学音乐院校的学子们，他们大多都有海外留学的经历，如今已是中国乐坛的中坚力量。但就是这些中坚力量，他们十分看重西方现代音乐的技法，对自己创作音乐作品的立场和方向是模糊的。他们轻视中国自己的民族音乐和写歌曲的作曲家。也根本不认同旋律是音乐的生命，甚至是灵魂的说法。殊不知：所有的作曲技法都是创作音乐作品的载体和手段而已，旋律与技巧的孰重孰轻，绝不能本末倒置。由此看来，外国专家对这些远离中国人民需求的作品的评价也是恰如其分、在情理之中的。

在中国积弱积贫的百年前，从海外学成归来的音乐家萧友梅、黄自等，怀揣着家国情怀和对音乐的满腔赤诚，在一穷二白的基础上，创办中国的音乐院校。用西洋科学技法融入中国的民族音乐，开创了划时代的中国新音乐。这是一条中国音乐发展的康庄大道。无论是当年聂耳、冼星海谱写的抗日救亡歌曲，还是贺绿汀、马思聪、丁善德的中国艺术作品，抑或新中国培养的施光南、王酩的经典音乐，这些作品都是薪火相传、扎根民族沃土、继承着中国音乐的优良传统的。中国作曲家应该深刻清醒地认识到：是中国人民养育了自己，"为人民呐喊、替时代高歌"是其职责所在。中国的作曲家就理应堂堂正正地行走在天地间。所谓天，就是人民，我们的创作就是要以人民为中心；而地既是生活，更是时代，是我们优秀的民族文化传统，我们要牢牢扎根。

我写上述这段看似有些跑题的文字，其实是为了反衬何占豪正确的创作理念。他在试写《陈三五娘》中"赏灯邂逅"一段时，一直在考虑古老的南音在与现代交响音乐结合后，如何既保持南音的特色，又能充分发挥交响乐的表现力。通俗地说：第一，就是要既保留住原有的南音观众，又要吸引年轻一代。因此在写曲时，何占豪既谨慎又大胆。为了尽可能保持南音的原有特色，他对凡是群众中流传广泛的名唱段和旋律，基本不作改动，保持原汁原味。只是在伴奏的配器上下功夫去丰富它，使其更动听更丰满。第二，但凡遇到唱腔与人物的情感不甚吻合时，尽可能地保持音乐原来的旋律走向，这样能比较准确地塑造音乐形象。第三，除了南音唱腔之外的所有音乐创作，尽可能地运用闽南当地的民间音乐作为素材，以求整首作品的风格统一。而何占豪的大胆，就是坚决摒弃程式化的表演模式，去芜存菁，充分运用交响乐的表现力来丰富塑造各个人物的音乐形象。在试作中，他的笔墨着重于赏灯场景的渲染，男女主角依次登场后的交相辉映，让古乐有了新韵。

何占豪在完成"赏灯邂逅"一折戏的试作后，便请厦门市领导出面，请来市歌舞团试奏试唱录音。在正式放录音那天，市总工会礼堂请来了许多当地喜欢南音的老人，还有相当部分的年轻人，听他们对新作品头评足。而何占豪则一人在旁实地察言观色，想真正了解这些观众的真实想法。那轻快愉悦又隽永活泼的音乐，令在场的观众不仅十分满意，还觉意犹未尽。

试奏的成功，更增加了何占豪完成南音改革重任的信心。为此，厦门市领导还专门请来了当地的女剧作家涂堤和台湾的南音专家卓圣翔，与何占豪一同成立了一个创作团队。这种精心搭配，为未来作品的成功起到了不可估量的作用。何占豪与编剧涂堤进行了深入沟通。他强调：原来的《陈三五娘》故事结构，必须作重大调整。因为新作是交响乐形式，因此要去掉原先很多情节上的叙述，着重人物感情上的抒发。

涂堤虽不是音乐本行，但她很理解何占豪的创作初衷和作品构思。新剧本很快写出来了，其中一些动人的歌词和新唱段，为何占豪未来的新作提供了坚实的基础。而台湾的南音专家卓圣翔也为新剧本编创了不少有新意的段子。他设计的音调和唱腔，在与交响乐融合后，使戏剧的音乐更鲜明，故事性也更强了。

交响南音《陈三五娘》的全作，只有45分钟的篇幅。全作分为"赏灯邂逅""荔枝传情""破镜为奴""赏花伤怀""爱怨交集"和"凤凰于飞"等六个章节，每个章节既承上启下又都独立成曲。此作高度提炼萃取了

何占豪与交响南音《陈三五娘》

三位主要演员在演出中

《陈三五娘》的主要故事情节,戏份集中表现在陈三、五娘和丫鬟益春三个人物身上,其他形形色色、枝枝蔓蔓的叙述都进行了大刀阔斧的删除,但又不使原作伤筋动骨,失去原有的韵味。

对交响南音《陈三五娘》的谋篇布局,何占豪完全是以交响音乐为主的,并辅以用普通话演唱的西洋合唱队。而剧中三位主要人物的扮相,既要靓丽,而且行腔还要婉约,他请来了当地高甲戏的红角反串,剧中主要人物是用闽南语来展开表演的。

交响南音《陈三五娘》的大幕拉开后,交响乐队在木管的独奏、重奏引领下,音乐展现了鲜明的闽粤地域色彩和民俗风情。此时,合唱队开始演唱"情由爱而生,情由爱而怨……"的作品主题歌。舞台两侧的合唱队始终恪守着职责,他们的演唱发挥了叙事、抒情和旁白的作用。何占豪谱写的器乐部分的重点笔墨,主要用于场景的渲染、人物心理的刻画及其感情的升华,展现元宵佳节张灯结彩、锣鼓喧天的喜气洋洋,以及夏日花园的蝶飞蜂舞，爱恋之人寄情于物的爱意缠绵。整首作品的前奏、间奏和连结部的音乐都写得精致入目。在第四乐章中，何占豪用了大段弦乐来抒发五娘的悲痛之情，而随后又用四声部混声合唱再加上女声小合唱来宣泄陈三的愤恨。全作结尾的第五、第六乐章中，男女主人公情感的曲折起伏都已达到了最高潮。此时，交响乐队发挥出强大的表现力。纵横交错的和声织体，变化多端的调性色彩，既丰富又改变了南音原有的色彩和质感。音乐的境界和意象，气韵和气度都得以拓展延伸，音响的幅度、厚度及浓度、密度也在不断地递增。

而剧中三位主演的表演，也都是可圈可点的，为新作成功增色不少。由高甲戏名旦吴晶晶反串的小生陈三，扮相英姿俊朗、唱念做舞刚柔并济，给人以过目不忘之美感。而另一位高甲戏名伶李莉饰演的五娘，似水柔情、温柔百转。她对愁情幽怨又激情似火的角色分寸，把握拿捏得丝丝入扣、无懈可击。而杨一红扮演的丫鬟益春，聪明伶俐又活泼可爱。她在作品中的表演，同昆曲《牡丹亭》中"游园惊梦"中的一折戏，有着异曲同工之妙。她把少女思春、怀春的情感，演绎得酣畅淋漓。

台湾南音专家卓圣翔为作品中三个人物设计的唱腔也是成功的。他新设的唱腔，既维系了南音曲牌的原汁原味，又开创了古乐新的音乐性和歌唱性，使之更新意盎然，更富有人文内涵。这些俯拾皆是的佳句妙语唱段和南音曲牌，由作品中的三位主演用闽南语演唱，竟能与普通话的合唱浑然天成，这无疑是由于何占豪运筹帷幄的独到本领。

用交响乐队、辅以西洋合唱和闽南语表演的交响南音，使千年古乐有了新生。全新面貌的交响南音《陈三五娘》的上演，让观众耳目一新。清新脱俗的音乐，满台生辉的表演，令观众沉浸其中而流连忘返。交响南音《陈三五娘》试演几场后，举办了由各界人士参与的座谈会，广泛听取各种意见和想法。

虽然新作开辟了南音音乐的一片新天地，无论在创作理念、语言制式、配器手法还是和声织体上，何占豪都坚持原先的南音音乐"移步不换形"，但也有很多热心的南音观众提出了一些不同的看法和意见。譬如：在"爱怨交集"到"凤凰于飞"段落间的处理，显得有些仓促潦草，因而三娘的反封建礼教抗争精神就显得有些淡化了。又如：传统南音中的南琶、洞箫、

何占豪在演出后的座谈会上演讲

三弦和二弦,这四件主奏乐器,此次在交响南音中几乎难觅踪迹。另外还有观众认为:既然南音的音乐元素如此丰富多彩,那为什么不能多谱写些有传统南音音乐的新曲呢?

为此,何占豪一一作出反应。首先他把《陈三五娘》第五、第六乐章的音乐,改写得更紧凑,音乐性也更强了。对于《陈三五娘》中,传统南音伴奏的四大乐器没能得到更多的运用,何占豪是有苦衷的。因为主奏乐器南琶,是没有经过改良的老式琵琶,演奏时不能轮指,也就不能演奏和声、对位和琶音等,因此南琶的演奏是有局限性的。但为了当地观众对这种旧时乐器的喜爱,何占豪专门为这四件伴奏乐器写了一首南音弦管《五湖游》。他还专门让这些老艺人在交响乐队的伴奏下在台前演奏,在现代音乐的陪衬下,让这种古老的乐器重新焕发新生。《八骏马》是南音的传统名曲,业界评价很高,但当代观众对它却兴趣不大。因为光凭南音传统四大乐器来演绎骏马的音乐形象是非常困难的。于是,何占豪在编创管弦南音《八骏马畅想》时,要求自己首先领会先辈们过去的创作意图,继承并发展其音乐主题,努力塑造先辈们由于过去条件的限制而没有完成的音乐形象。

新编的管弦南音,除了展现原古曲主要表现的"骏马英姿"外,新曲又增加了"骏马奔腾"的景象。

在何占豪所谱写的五首南音管弦作品中,小提琴协奏曲《盼》是他最后完成的。此作的构思起源于他参观了当年福建前线的"寡妇村"。一湾浅浅的海水,人为地阻隔了多少幸福的家庭,但不能阻挡2 300万台湾同胞盼望回归祖国的心愿,因为这是历史的潮流。这次观感,何占豪一直心绪难平。他在掌握了南音的许多音乐元素后,一直不忘要谱写这首表现海峡两岸一家亲的音乐作品。此作运用了南音名段中的"望明月""因送哥嫂""相聚在宝岛"等音乐元素。这首充满着乡情乡音又催人泪下,反映两岸同胞盼望团圆的小提琴协奏曲,何占豪是一气呵成的。

中国音乐薪火相传

2013年初夏,在纪念南音晋京三百周年之际,何占豪的交响南音《陈三五娘》和南音交响作品专场音乐会在国家大剧院上演。厦门市歌舞团、

何占豪在指挥交响南音《陈三五娘》

担任指挥的何占豪和全体演员合影

南乐团和高甲剧团的倾情联袂演出，受到首都观众的热烈欢迎。时任中国音协主席的傅庚辰将军观看演出后，发表了热情洋溢的讲话。他首先肯定和赞扬了何占豪从创作小提琴协奏曲《梁祝》到交响南音《陈三五娘》，走的是一条中国音乐民族化的大道。又动情地讲到了人民音乐家聂耳、冼星海的音乐创作。他认为：无论是战争年代，还是和平岁月，音乐家的心里始终要装着人民和自己的国家，这样创作的音乐作品才会流芳百世。

　　从民国起，南音音乐已经有杨荫浏这样的大音乐家在研究了。但因当时国家战乱又贫穷落后，没有财力投入。新中国成立后，人民政府加大了对中国传统民间音乐的挖掘和保护，北京、上海一些音乐院校的教授学者，也都纷纷加入挖掘整理南音这一千年古乐的工作，其中有像钱仁康那样的大学者。改革开放后，社会生态环境都发生了巨变，千年古乐面临大量观众流失的尴尬局面。为了抢救、保存、发展国家音乐瑰宝南音，中央音乐学院教授杜鸣心早在20世纪90年代初，就用南音的曲调和音乐素材，创作了《第三钢琴协奏曲》。但他自己觉得此作很皮毛，只是用了一点南音的音调作为主题罢了。由于那时，他对南音的认识、了解还是很肤浅的，因此他的《第三钢琴协奏曲》与何占豪的交响南音《陈三五娘》相比，是自叹弗如的。但杜鸣心认为：有着如此深厚民族戏曲底蕴的何占豪，在将来的此类创作中，完全可以在作品的音调、和声及调性上走得更远些，更能体现中国作曲家的"现代技法中国化、音乐语言民族化和音乐结构科学化"的最高创作境界。

无独有偶，著名琵琶艺术家刘德海从中央乐团转身主政中央音乐学院民乐系时，曾几次带领全系的师生去福建泉州等地下生活，学习了解正在失传的南音。刘德海在深入学习的过程中，被这千年古乐迷住了。他回京后，多次呼吁要建立中国南音研究院，但此事一直未见着落。但上海有位民间音乐机构的创办人，却对此事很上心，他一直在千方百计地寻找机会促成此事。

文化历来是一个民族凝聚的主要力量。中华民族正因为有五千年的灿烂文明薪火相传，根深蒂固、叶繁枝茂，才得以生生不息。而音乐无疑又是文化的重要组成部分。留住千年古乐南音，就是留住中华传统文化的根脉。让南音重新焕发新韵，更是当代人的重任。但我们也不能忘却，中国的音乐事业，是从无到有，直至繁花似锦的，这是一代代中国音乐家无私奉献的结晶。一部中国百年音乐史，其实就是一部生生不息的中华民族史的缩影和折射。当今受党和人民培养的中国音乐家们，理当用生命的激情永远为国家和民族放歌。年已鲐背的何占豪，至今还孜孜不倦地为了中国音乐的发展奉献着自己的所有，无疑他是当今中国音乐人的楷模。

许光毅、许国屏父子的"国乐情"

许光毅和许国屏父子是中国民乐界的两位大家。父亲许光毅作为上海民族乐团的创办者之一,早在抗战时期,就代表中国和卫仲乐、孙裕德等民乐家一同赴美募捐演出,取得了很大成功。许光毅天资聪慧,少年时代便自学成才,16岁进入邮政国乐队,20岁加盟中国最负盛名的"大同乐会",追随郑觐文学习多种民族乐器,从此开启了他的职业演奏生涯。许光毅擅长演奏二胡、箫和古琴,代表作有《光明行》《梅花三弄》等。在解放前夕,他又和民乐家金祖礼一同组建"礼毅音乐研究室",后改名为"上海国乐进修室",专门培养民乐新人。新中国成立后,传统的民族音乐得到了党和人民政府的高度重视,国家开始组建专业的民族音乐团体。许光毅作为上海民族乐团的初创者之一,长期担任该团的领导工作。他为人大公无私、光明磊落,主动放弃独奏演员岗位,而让贤给其他同仁及新人。许光毅在担任团领导后的大部分时间都住在团里,把自己的全部精力都投入到乐团的建设中,他这种以团为家的工作作风也长期影响着该团的团风。

许国屏是许光毅的长子,他从小就耳儒目染了多彩的中国民族音乐,立志也要成为像父亲那样的民乐大家。他九岁学习竹笛,是中国笛王陆春龄的高足,与孔庆宝、俞逊发齐名。作为新中国培养的第一代笛子演奏家,许国屏在改革开放后的笛艺达到了新的高度,原本可以在舞台上继续大放光彩,因看到了那时中国的音乐教育开始出现一些问题并存在很多空白,觉得自己是党和人民培养的音乐家,有责任去改变这一不良局面,于是就转身投入到普及民乐的教学工作之中。中年的许国屏曾身患癌症,癌细胞后又二次转移,但他不顾身体有恙,仍无数次去革命老区、少数民族和边远地区义务教授当地的孩子们学习音乐并乐此不疲，还为多所希望小学捐赠大量学习用品和乐器。党和人民没有忘记他，先后授予他"上海市劳动模范"和"上海市优秀共产党员"的光荣称号。作为国家一级演员，许国屏还荣获国务院颁发的文化艺术特殊奖，享受国务院特殊津贴。

我和许光毅、许国屏父子及其家人都有过很多交往，他们都是厚道人，我想这得益于其良好的家风使然。有一段时间我与许国屏交往甚密。对于这对乐坛父子的人品艺德及从艺的过往，我都比较了解。但每个音乐家都有自己的秉性和人生际遇，由此也造就了他们不同的音乐生命色彩。

"大同乐会"与民乐学习

1911年，许光毅生于上海南市的一个贫民区。他来到人世时，家中已有哥哥姐姐八人，全靠当排字工的父亲一人支撑。许光毅的出生，带给家庭的负担更重了，无奈之下母亲想把他送人。但一些好心的邻居见他生得可爱，就硬把他留下，于是他吃着众人的饭一点点长大。由于家贫如洗，到了学龄的许光毅念不起书。在8岁那年，他遇到了一位贵人，把他领进附近一座破庙里办的私塾去学习。直到11岁时，许光毅才正式进入南市淘沙场的市立时代小学读书。但后因老师催讨拖欠的学杂费，他再也不敢去上学了。一年后他向亲友借钱，又来到南市师范的附属小学读了半年书，从此再没进过学堂。

但苦难的少年时代，却锤炼了许光毅的许多优秀意志品质。他年少失学，为了维持家里的生活，四处托人寻找打工的机会。许光毅当过商场摊贩的临时搬运工、外商公司的练习生、建筑工地的小工、汽车出租公司的打杂工等。但所有的艰难困苦，许光毅都不在乎，此时他的心里早已有了音乐。正在学习二胡的许光毅，正因为有了音乐给予的力量，可以克服所面临的一切困难。

许光毅生活的南市，居住的大多是本地人。这些人虽然贫困，却对生活积极乐观。有些人还热爱音乐，其中有位近邻拉得一手好胡琴，他经常演奏的一些二胡名曲深深吸引了年少的许光毅。由此他爱上了二胡，想学但又苦于没钱购买。他的哥哥揣摩到了弟弟的心思后，便用自己积攒多时的四角钱，在上海城隍庙买了一把涂着红色油漆的白木二胡赠送给弟弟。许光毅在得到这把二胡后欣喜若狂，从此他在打工之余，每天练琴不辍。有时他练琴遇到困惑时，还会主动向这位近邻求教。这样的学习，使许光毅的琴技突飞猛进。因那时的二胡用的都是传统丝弦，还没到用钢丝琴弦的阶段。时间长了，琴弦经常会断。无奈许光毅又没钱购买琴弦，琴弦只能断了再接，接了再断，直至无法再接为止。但许光毅还是想出了一个好办法，就是用母亲扎头发圈的丝线来替代琴弦，虽然这样的"琴弦"是发不出声音的，但还是可以练习二胡演奏技巧。

许光毅16岁那年，他二胡的演奏水平已相当出色。有位邻居就介绍他去参加邮政局组织的一个业余音乐团体：邮政国乐队。这个乐队的成员都是邮政局的职工，其中有后来大名鼎鼎的琵琶演奏大家卫仲乐。因为许光毅不是邮政局的职工，因此他加入乐队是临时的。他初来乍到，就与比他大两岁的卫仲乐合作琴箫节目，还参加乐队合奏节目的排练。为了能名正言顺地加入乐队，许光毅花了好长一段时间去苦练自行车的骑行，最终他考上了邮政局投递员的岗位，从而顺理成章地成为邮政国乐队的成员，很快又升格为乐队骨干。随着他琴技的不断提高和音乐视野的迅速开拓，他已不满足在这支小乐队里演奏一些江南丝竹类的曲目，他向往着更广阔的音乐天地。于是，他和志同道合的卫仲乐又一同去报考"大同乐会"，这是当年中国最大、也是最正规的一个业余民乐社团。

"大同乐会"的前身是1919年创办的"琴瑟乐社"，1920年改名为"大同乐会"。会址原先在爱多亚路（今延安东路）1004号的一户私人住宅中，1922年搬迁至嵩山路36号（今44号），创办人郑觐文是江苏省江阴人，与中国民乐的代表人物刘天华同乡，江阴可谓是中国近现代民乐的主要策源地。

郑觐文原本是在苏州的孔庙里搞庙堂音乐的，擅长演奏古琴、大瑟和琵琶等。他对中国民族音乐富有远见和革新精神，曾编撰出版过《中国音乐史》和《箫笛新谱》等著作。他早年还在哈同花园办的女子学校里，教授学生吟唱诗经和演奏雅乐，使用的大都是古琴、箫、瑟、钟、磬和埙等古乐器，在郑觐文倾其全力创办大同乐会后，他开始改教琵琶、二胡和笛子等现代民族乐器。

许光毅初进大同乐会时，犹如刘姥姥进大观园般，内心满是新奇和诧异。虽然这个乐会也是个业余的音乐社团，但其教学和排演都非常严格正规，容不得半点差错。对音乐充满渴望的许光毅追随郑觐文学习古琴，同学中还有程午加、卫仲乐和陈天乐等。另外乐会还请来浦东派的琵琶传承人汪昱庭教授琵琶，由二胡大师陈道安和昆曲笛子大家杨子永分别教授二胡和笛子，乐会可谓师资力量雄厚。

郑觐文的古琴演奏技巧高超，他的琴声不仅苍劲有力，而且极具韵味。许光毅在七八年的学习时间里，跟老师学到了一大批古琴作品，其中有《秋鸿》《平沙落雁》《龙翔操》《梅花三弄》等名曲。许光毅不仅深得老师古琴演奏技艺的精髓，更学到了先生的为人之道和炽热的爱乐精神。郑觐文对音乐如此的执着，他是许光毅一辈子学习的楷模。

大同乐会在最鼎盛时期拥有一支几十人的大乐队，由管乐、弹乐、拉弦乐和打击乐四个部分组成，可谓是现代民族管弦乐队的雏形。其中乐队的乐手，除了许光毅，还有秦鹏章、柳尧章、卫仲乐、金祖礼和许如辉等，后来都成为大音乐家。那时这支乐队就演奏过《将军令》《春江花月夜》《妆台秋思》等民乐合奏作品。当年的上海明星电影公司，还为郑觐文、柳尧章（原上海交响乐团首席柳和埙的父亲）根据传统民乐曲编创的一首大型民乐套曲《国民大乐》（由大同乐会的大型乐队演奏），而拍摄了一部纪录影片，送到正在美国芝加哥举办的万国博览会上公映，为中国争得了荣誉。这首大型器乐套曲是由五首中国传统民乐曲《铙歌》《妆台秋思》《将军令》《月儿高》和《霸王卸甲》组成的，32人的大乐队使用了大量古今乐器来演奏，这在中国尚属首次。

此外，大同乐会为中国民族器乐的改良起过很大作用。乐会还改编过许多中国古典、传统的民族器乐曲。其中最成功的当属《春江花月夜》，此曲原先是首琵琶曲，本名《夕阳箫鼓》，又名《浔阳夜月》《浔阳曲》《浔阳琵琶》等，相传由唐代的虞世南所作。改成多声部乐队合奏曲后的《春江花月夜》，描摹了一幅江南春色秀丽的夜景图，音乐时而浅吟低唱，时而又如激流奔放，抑或悠扬流长，有着强烈的画面感，给人一种观景思情的遐想。此作曲调秀逸绮丽，又隽永动听，雅俗共赏，至今久演不衰，影响甚广。

许光毅在大同乐会学习时的另一个最大意外收获就是见到了仰慕已久的民乐大师刘天华先生，并得到了他的亲自指点和悉心教诲。据许老晚年回忆：那是20世纪30年代初的一个深秋。那天他在乐会里练习二胡曲，突然有位温文儒雅、带着黑框眼镜的中年男子，循着琴声来到他的身旁，并认真仔细地看着他练琴。一曲奏毕，这位男子便手把手地指点他用弓时的手势和指法上的一些问题。许光毅旋即按照男子的指点练习，果然无论是音色、音量，还是音乐的起伏对比，都较之以前有明显的改观。在二人交谈中，当许光毅得知对方就是鼎鼎大名的二胡大师刘天华时，心情非常激动，又诚惶诚恐。但刘天华的平易近人，很快打消了许光毅的顾虑，也拉近了二人的距离而相谈甚欢。这天他还不失时机地请教刘天华如何消除二胡演绎时自己面临的一些困惑……

刘天华青年时代就随大哥刘半农来上海学习音乐，后来又在上海从事音乐工作。五四新文化运动后，他又应蔡元培、萧友梅的邀请，长期在北平的北京大学音乐传习所、北京女子师范大学和北平艺术专科学校执教。此次刘天华是应上海百代唱片公司任光的邀请来沪商洽灌制唱片的事宜，

1981年6月，许光毅在上海音乐学院刘天华作品内部交流演奏会上独奏

顺道看望同乡、前辈音乐家郑觐文先生，同时想了解大同乐会的一些办会状况。此次许光毅向刘天华的求教，解决了他在二胡演奏中遇到的一些关键问题，让他受益终身。但他万万没想到初次与二胡大师刘天华接触受教，竟成了永诀。原本他还梦想着以后能有机会去北平跟随刘先生学习一段时间，使自己的二胡琴艺提升并对二胡音乐有更深的认知。谁料一年后，一向体弱多病的刘天华因突患猩红热病而去世，享年37岁。刘天华的英年早逝，不仅使中国民乐界失去了一面伟大的旗帜，更是中国乐坛无法挽回的巨大损失。许光毅也是悲痛万分，此后他更刻苦地勤练刘天华创作的十首二胡名曲，并经常登台演奏这些曲目，以示自己对刘先生的无限思念。

大同乐会在民国时期的社会影响很大，是当时全国最具规模和最高水准的民族音乐社团。在该乐会最鼎盛时，创办人郑觐文曾向当时的上海市政府申请拨款成立一家专业的民乐团体，但遭到拒绝，因为那时的政府根本看不起自己国家的民族音乐。1935年，为中国近现代民族音乐的创立和发展操劳一生的郑觐文病倒后去世，享年63岁。旋即，大同乐会暂由琵琶演奏家卫仲乐负责，但实际工作由郑觐文之子郑玉荪和许光毅主持。直至全面抗战后，该乐会牌子由郑玉荪摘下后带到陪都重庆青木关，但此时的大同乐会已是形同虚设，以后便名存实亡了。原本乐会乐队的成员各奔东西，但大部分留在上海，也有像许如辉（"上海老歌"的曲作者之一）等去了重庆，人事关系仍挂靠在大同乐会的旗下。

在抗日战争激战正酣的岁月里，上海组建过多支抗日救亡演剧队，去大后方宣传抗日、鼓舞中国军民的斗志。1938年8月，上海一些达官贵人的家眷也临时组建了一支"中国文化剧团"去美国进行募捐演出。组织的节目都有鲜明的中国特色，其中有京剧折子戏《投军别窑》《天女散花》，民歌演唱《孟姜女》，还有卫仲乐的琵琶独奏《十面埋伏》，孙裕德的箫独奏《佛上殿》和许光毅的二胡独奏《病中吟》，以及民乐小合奏《春江花月夜》《月儿高》，等等。许光毅和"中国文化剧团"的访美巡演达六个月之久，先后在纽约、华盛顿、旧金山、芝加哥和洛杉矶等三十多个城市演出，观众达几十万人，在美国影响广泛。此次访美演出不仅为中国难民募集了大量资金，同时又宣传了中国的抗日方针，争取到了美国人民的同情和支持，起到了外交工作难以达到的作用。

许光毅（左一）在美国与卫仲乐（左二）、孙裕德（后排）的小型合奏

"中国文化剧团"载誉回沪后，原本的大同乐会此时已在重庆的青木关挂牌。于是许光毅和卫仲乐等又将原大同乐会乐队留沪的部分成员，再加上卫仲乐组建的"仲乐音乐馆"的一些学生，重新共同组建了"中国管弦乐团"。由卫仲乐任团长兼指挥，许光毅和金祖礼任副团长，团址就设在淮海中路613弄71号的卫仲乐家里。因为这是一支业余的民乐社团，乐队成员的流动性很大，但基本骨干还是稳定的，因此乐队的演奏还是具有相当的水准。当时的音乐社团不多，因此中国管弦乐团的演出比较频繁，经常上演的曲目主要有：《霓裳羽衣曲》《长恨歌》《洞仙舞》等。中国管弦乐团也曾要求上海社会局支持其成为专业的音乐团体，但与大同乐会一样遭到拒绝。

许光毅访美演出归来后，仍回原来的邮政局上班。此时家人觉得他年龄已不小，便四处张罗为他找寻对象。许光毅对未来的妻子有一个最基本的要求，就是要热爱民族音乐，他觉得这样两人今后才会有许多共同的语

许光毅、李洁夫妇

言。说来也巧，亲戚中有位邻居家境殷实，父亲是民生轮船公司的大副。女儿长得漂亮，性格贤惠又热爱音乐，名叫李洁。两人第一次见面时，都有相见恨晚之感，这门亲事很快就落实了。1939年金秋，两人步入婚姻殿堂，婚后育有三子二女。李洁婚后最初是在丈夫创办的音乐社里跟随凌律学习琵琶，极有悟性的李洁学成后又当起了琵琶教员，教授一些初学琵琶者。在以后的岁月里，李洁作为一个贤内助，不仅是许光毅事业的得力助手，为了完全解决丈夫的工作和家庭的后顾之忧，她辞去工作做了全职太太。

组建乐团，发扬民族音乐

为了更好地继承发扬祖国民族音乐，使之更加灿烂多姿、后继有人，许光毅和金祖礼又一同商定成立了"礼毅音乐研究室"，地址就暂设在许光毅嵩山路上的家中。许光毅亲自教授古琴和二胡，二胡的教学内容有刘天华的十首二胡独奏曲和自编的二胡练习曲，古琴的教授曲目有：《醉渔唱晚》《梅花三弄》《平沙落雁》《阳关三叠》《关山月》《凤求凰》等。为了使古老的乐器也能焕发出新的生机，许光毅又自编了比较通俗的古琴基本练习曲目十三首。另外在这个团体中，金祖礼主要教授琵琶和笛子。该研究室成立后，一时门庭若市，学习者纷至沓来。

诚然，许光毅早在民国时期就已是声名显赫的民乐大家了，抗战胜利后，美国总统特使马歇尔访华来沪公干，宋蔼龄、宋庆龄和宋美龄三姐妹出面在家宴请马歇尔。许光毅应邀出席晚会并演奏了古琴名曲《梅花三弄》《阳关三叠》，受到马歇尔的喜爱和好评。为此，宋美龄为了奖励许光毅，专门为他量体裁衣，制作并赠送了一件长袍。在旧中国学习古琴者不多，许光毅有个得意门生：著名京剧丑角刘斌昆，此人不仅学习古琴认真，还热衷于推广古琴艺术。有一次，他陪同京剧四大名旦之一的程砚秋专门来许光毅家，听他弹奏古琴。原本对古琴不太了解的程砚秋，听到如此美妙的琴声，马上就被深深吸引不能自拔，从此他也成了古琴的爱好者和许光毅的拥趸。另一位京剧表演艺术家盖叫天也是许光毅的好朋友，他的妻子第一次听许光毅的古琴演奏，便对古琴产生了浓厚兴趣，就此成为他忠实的学生。每周上课两小时，雷打不动，由于学习认真刻苦，盖叫天的妻子一年多后已能弹奏好多曲子。许光毅对自己的古琴教学非常自信，他认为古琴艺术看似乏味，但只要不断地宣传推广，也是会有知音的，是能够为很多人所接受的一门艺术。

许光毅一生举办过两场独奏音乐会。第一次是1947年在西藏南路123号（今基督教青年会礼堂）举行的"古琴二胡独奏音乐会"，由卫仲乐指挥的中国管弦乐团助奏。另一场是1949年初在南昌路47号的法文协会（今科学会堂）举行。这两场音乐会演奏的曲目丰富，都是许光毅经常演奏的传统古琴名曲和刘天华先生的二胡代表作。

为了培养更多的民族音乐新人，在新中国成立前夕，许光毅把原来的"礼毅音乐研究室"改名为"上海国乐进修室"，同时还组织了一支民间国乐团。该研究室除了由许光毅教授古琴和二胡外，还请来了笛子演奏家陆春龄和琵琶演奏家凌律分别教授笛子和琵琶。这个进修室以招收学生教授各种民族乐器演奏为主，不分男女老少，但凡爱好者都可来学习。而且学习的费用是象征性收取，绝大多数人都能接受。此外，许光毅还向亲戚朋友借来200元，建立了一个"新文艺乐器社"，由妻子李洁负责，专门改革和提高一些民族乐器的演奏功能。许光毅想通过室、团、社三结合的办团模式，来发扬光大民族音乐。

1956年初，上海受文化部委托组建一支中国艺术团访欧演出。出访演出的节目都是代表中国传统文化的，其中有国粹京剧、民族舞蹈和歌唱及民乐演奏。访欧期间，上海民族乐队演奏了《春江花月夜》《夜深沉》等中国民乐合奏曲。许光毅与陆春龄则用古琴和萧合奏了《平沙落雁》，并用二胡独奏了《月夜》，受到当地观众的热烈欢迎和媒体的高度评价。

许光毅（左三）与著名音乐家贺绿汀（右一）、孟波（左一）、郭鹰（右二）、李洁（左二，许光毅爱人）参加上海民乐界活动

　　1956年年底上海乐团解散，旗下的各个乐队分别独立建团，上海民族乐队也由此升格为上海民族乐团，团部设在淮海中路1889号。建团后，除了仍保留许光毅的副团长外，上级又派来了琵琶演奏家孙裕德和原解放军三野军乐队的指挥何无奇任副团长，正团长位置依然空缺。乐团要发展壮大，但苦于严重缺乏音乐创作人员和各种器乐的优秀演奏员。单靠音乐院校每年输送的人才是远远不够的。于是，许光毅和几位团领导商议，采取几条腿走路的办法，自己来培养新人。此举也比较符合民乐演奏人员的培养途径：即师傅带徒弟、口授心传的方法。就这样，在得到上级文化部门的同意后便旋即付诸实施。最初是向全社会招聘热爱民乐并已有相当水准的年轻人来团工作；同时还招收未达到乐队演奏水平者的年轻人，作为随团学员培养；最重要的是团里自办学馆，在全市的中学范围内招收一批有潜力的音乐爱好者，使之成为学馆的学员，经过三年的严格培训，其中很多学员后来成为该团的骨干力量。在这些新人中，后来涌现出了顾冠仁、

许光毅在上海南洋模范中学给学生开设普及民族音乐的讲座

瞿春泉、萧白镛、潘妙兴、孔庆宝、俞逊发和汤良兴等一批民乐演奏家。许光毅和乐团的其他领导,犹如一棵根深叶茂的大树,庇护着这些新苗的不断茁壮成长。此外,许光毅还鼓励这些有为的民乐新人,去下生活、创作出反映时代和人民心声的民乐器乐作品。果不其然,顾冠仁、瞿春泉等新人不负领导的厚望,都纷纷去体验生活,从而创作了《东海渔歌》《京调》《江南好》等一批有分量的新作。

许光毅在领导岗位期间,不但严于律己又以身作则,并以团为家。他与随团学员和学馆学生同吃同住在团里,好多年连节假日也不回家。他把自己所有的精力和心血都献给了乐团的建设和发展。

在"文革"中,许光毅也未能幸免,但他坚信:光明是一定会战胜黑暗的。改革开放后的1978年春,上海民族乐团又重新恢复挂牌,新团址在汾阳路45号,虽然此时许光毅已退居二线,但他仍时时刻刻牵挂着乐团的建设和发展。

晚年的许光毅一直致力于中国古琴乐谱的收集和整理工作，并完成打谱98首历代古琴名曲，结集出版。还撰写了《怎样拉二胡》《怎样弹古琴》等普及音乐的读物。一度由于市场经济的出现和外来流行音乐的冲击，国内严肃音乐市场严重萎缩，连最亲民的民乐也遭到冷遇、跌入低谷。中国民乐的发展和建设渐渐远离传统，已有失偏颇。这也引起许光毅的高度警惕，为了留住中国民乐的根脉，他多次呼吁有关部门要重视这种倾向，同时建议建立中国民族音乐博物馆，把所有前辈的音乐作品都能完整地保留下来。为此，许光毅不顾自己年事已高，仍身体力行地奔波游走，并在生前把自己所有的琴谱和乐器都无偿地捐出。

为中国民族音乐奋斗一生的许光毅，甚至在生命的弥留之际仍心心念念着中国民乐。他在住院抢救时对家人的最后告白是："不要抢救我，要抢救民族音乐。"

子承父业的民乐生涯

在我采访的众多昔日上海民族乐团的前辈音乐家中，许光毅是他们口中和心里最尊敬的老领导。许光毅一身正气，不仅为乐团树立了一个学习的楷模，也潜移默化地影响了自己的家人，从而在家中确立了一个好家风。家中妻儿六人都以他为榜样，在各自不同的岗位上，做对国家对社会有用的人。其中唯有老大许国屏子承父业，一生从事民族音乐事业。

许国屏出生于1940年，那时的家就在父亲创办的"上海国乐进修室"里。因此他从出生之日起，就是在琴弦笛子声中成长的。因为耳濡目染，许国屏从小就爱上了民族器乐演奏，那时他最喜欢陆春龄的笛子演奏。九岁那年他正式拜师，成为笛王陆春龄第一个入室弟子，比同门师兄、后来的笛子名家孔庆宝和俞逊发早了好多年。陆春龄的教学是口授心传、手把手式的。许国屏天资聪慧，又勤奋好学，经过半年的刻苦用功，他学的第一首曲子《小放牛》已吹得像模像样了。经过六年的努力，许国屏付出了比常人更多的心血，把《鹧鸪飞》《欢乐歌》《行街》《梅花三弄》等传统笛子代表作练得滚瓜烂熟，并有自己的一定理解和诠释。虽然他吹奏的技巧

许国屏（右）与恩师陆春龄

还显稚嫩，音乐的理解和表达上还不够成熟深刻，但陆春龄先生对这样用心用功的学生还是称赞有加的。

  1955年，还在上初三的许国屏，便以优异的成绩考入上海民族乐队，成为一名随队的学员。一年后，中国福利会儿童艺术剧院公开招收一批乐手，准备组建一支中西合璧的乐队，为剧院上演的儿童剧伴奏。许光毅一直认为，自己作为乐队领导与儿子在同一个单位，有些时候处理问题比较为难，此时得知儿艺招收乐手的消息后，便鼓励儿子去报考。已在上海民族乐队的舞台上磨炼过一年的许国屏，此时的笛艺更加成熟了。他去应试时第一轮就被录用，很快又成为这个乐队的骨干，虽然许国屏以后的音乐生涯都在儿艺度过，但他与恩师陆春龄的学习和交往从未间断过。

  1956年，上海民族乐团挂牌成立后，有关部门为了解决乐团一些老艺术家的住房困难问题，在照顾的对象中就有许光毅和陆春龄。说来也巧，他俩被分配在高安路上的同一幢楼房里,由于两家近在咫尺,许国屏向陆先生学习笛艺更加方便了。即使许国屏在家休息时,也经常能聆听到陆先生出神入化的笛声,此刻他总是侧耳倾听,认真仔细地揣摩。陆春龄不仅教授许国屏笛艺,更重要的是教他如何成为一名好演奏员。这么多年过去了,许国屏至今还牢记陆先生的教诲:"当个好演奏员,既要目中无人,又要目中有人。"起初,年少的许国屏并不理解先生话语的真正含义。后来随着自己不断地成长,才逐渐感悟到先生教诲的真正意思。所谓目中无人,就是指演员站在舞台上,心中想的都是要表演的音乐,不能有任何杂念出现。而目中又要有人,其实就是说在表演的音乐中,首先要考虑人民群众的感受和需要,这是一个演员最基本的出发点。陆春龄的言传身教,对许国屏以后从艺时的为人处世影响很大。

陆春龄和许国屏有着七十多年的师生情谊。这么多年来,无论是教许国屏学笛艺、抑或教授其他学生,陆春龄是从不收取任何学费和礼物的。榜样的力量是无穷的,许国屏在舞台演出和工作之余的空闲时间里,也教了许多学生,但他和老师也一样也从不收取任何报酬。许国屏有位高足是当今风头正健的青年笛子演奏家金楷,他至今不忘许国屏手把手指导和悉心的教诲,还有生活上的许多关爱。另外上海民族乐团的原副团长周成龙,上海歌剧院的笛子演奏家戴金生和李全荣,上海京剧院的杨志铭、张思远以及顾剑楠、叶颖、林凌等也是许国屏的得意门生。许国屏八十岁独奏音乐会在上海举行时,西安音乐学院民乐系副主任高纯华特地清晨从西安乘飞机来上海参加老师的音乐会,晚上又乘机返回西安不耽误第二天的教学工作,这是多么可贵的师生情谊。

许国屏16岁就进入中福会儿童艺术剧院乐队工作,他的艺术生涯基本都是在那里度过的。儿艺是宋庆龄先生一手创办的慈善机构旗下的一个专门为少年儿童服务的剧团。宋庆龄一贯强调:"要用优美的音乐来陶冶孩子的情操。"为了贯彻这样的理念和思想,儿艺及其乐队经常下基层去为中小学生们演出,许国屏每次都随队同行。

许国屏19岁时,就已在上海的乐坛崭露头角了。那年的金秋,他代表儿艺去参加上海市音乐舞蹈汇演(现今"上海之春"的前身)。在音乐会上,他独奏了两首中国传统的笛子曲目:《放风筝》和《喜相逢》,并一鸣惊人,受到了观众的热烈欢迎和业内的高度评价。这次演出是他人生中最难以忘怀的。也正因为这场演出,许国屏引起了乐坛的关注,并成为新中国最年轻的笛子演奏家之一。

宋庆龄是非常爱护、提携年轻人的。她一直看好兢业有为的许国屏,多次对他有过近距离的教诲,许国屏终身铭记。20世纪五六十年代,中国的一些友好国家的元首、政要访华来沪时,经常会去宋庆龄寓所拜访。而宋庆龄在家设宴招待这些贵宾时,曾多次邀请许国屏参加并为宾客们现场演奏中国传统的笛子曲目,不仅受到宾客的赞扬,还弘扬了中国的文化。无疑,宋庆龄先生是许国屏艺术道路上的又一位引路人。

20世纪80年代的改革开放前后,大量的港台及欧美流行音乐涌入大陆,一时严重地冲击了严肃音乐市场。而社会舆论又没能及时正确地引导,致使许多青少年对音乐行业产生了茫然感,因此对音乐的理解和爱好都出现了很大的偏差。更令人担忧的是:当时有不少专业的民族器乐演奏者纷纷出国或改行,中国的民族音乐已跌入了低谷。出现这样的局面,一直心系国家命运和关注中华文化传承的许国屏,此时是心急如焚。他觉得自己是新中国培养的音乐家,又是一名受党教育多年的老党员,有责任要去改变这种不良的局面。于是他从多彩的舞台人生中转型。他想凭着自己的一支笛子、一辆自行车和一颗炽热的心,开始全身心地去投入青少年的音乐普及教育,且不断地去拓展延伸。

寻找新路,普及音乐教育

许国屏的音乐普及工作,是从调查研究开始的。他首先到黄浦区的一所学校的一个班级去了解情况,最终的调研结果是:全班48名学生中,有40名学生喜欢流行歌曲,只有2名学生热爱民族音乐,还有6名学生什么也不关心。这样的结果令许国屏更坐不住了。旋即,他就从这所学校开始探索民族乐器如何进入课堂这项工程。笛子是比较容易入门的民族乐器,但笛子原本是横吹的,而且还要贴上笛膜,这样的学习对于从未接触过乐器的人来说,还是有一定难度的。此时许国屏想起了70年代初,尼克松总统夫妇访华来沪时,总统夫人被安排参观上海市少年宫,许国屏曾接受任务要组织一支民族乐队来为总统夫人演奏。因为当时是"文革"期间,市少年宫早已停止活动多年。许国屏需要临时组建乐队,于是他自己花了54元人民币,请上海民族乐器厂定制了30支竖笛。相比之下,竖笛的演奏要比横笛容易多了。此次他又请上海民族乐器厂生产一批竖笛,带进教室教学生们演奏,并想在此基础上不断地滚雪球,让更多的学生能学习一门乐器,从而具备一定的音乐基础知识和素养。但普及音乐仅凭一己之力是难以全面开花的,因此他一面自己编撰竖笛教材,一面培训师资力量并建立基地,以后又改革乐器,发明了多功能笛子:有七个功能的笛子,创下了大世界吉尼斯纪录,被称为世界上功能最多的笛子,还荣获美国爱因斯坦国际发明金奖、文化部科技进步二等奖。

在许国屏的心里一直装着两个舞台:一个是剧场里的小舞台,能展示个人的艺术才华;另一个是社会大舞台,在那里可以播撒民族艺术文化的种子,培训无数的音乐新人。三十多年来,许国屏行程20多万公里,在全国各地义务举办竖笛师资培训班448期,培训教师达两万多名。通过这些教师在各地的辛勤耕耘,受教学生更达一千多万人。许国屏还十分重视在校师范生的培训,在他的倡议下,竖笛教学内容当时就已被编入中等师范的教科书中。

许国屏的音乐普及教育,走出了一条自己的新路。上海市新昌路小学,共有学生1 000多名。他们从学习竖笛开始接触音乐,以后又每人学习一至两件民族乐器,其中有琵琶、二胡、扬琴、唢呐、筝和阮等。该校组成了一支有相当水准的民乐大乐队,成为一所以民乐为特色的学校。经过许国屏的悉心培训,像这样有特点的学校上海还有多家。如:上海蓬莱路二小在学生中广泛地开展竖笛和多功能笛子的教学,从中选拔出音乐感觉好、有一定吹奏能力的孩子,组织学习西洋的管乐,从而组建一支铜管乐队,多次在上海的铜管乐比赛中获奖。上海市第八中学把学习多功能笛子作为高一学生的必修课。每一届有500多名学生学习,连续十届有5 000多名学生掌握了这种笛子的演奏。该校在校庆140周年之际,1 000多支多功能笛子和300把排箫,共同演奏了《欢乐颂》和《走进新时代》等乐曲,气势恢宏、令人振奋。

为了音乐的普及,许国屏任劳任怨。他不辞辛苦地骑着那辆老掉牙的自行车，几乎踏遍了上海的每个角落。有一次，他听说杨浦区有位教师因腿脚不便而不能参加竖笛的培训班，于是许国屏就主动打听到她家的地址，多次专程从市中心的家里上门授课，直到这位老师完全掌握了竖笛的吹奏技术为止。此外，许国屏还去更远的市郊川沙的一所乡办小学——花木中心小学开展艺教工作。经过几年的努力，该校学生的面貌已焕然一新。这些学生不但吹奏竖笛，还积极参加学校的课外活动，有民族器乐的合奏，还有歌唱、舞蹈、朗诵和戏剧表演等。所有这些不仅提高了大多数学生的综合素质，而且他们的求知欲望也更强烈了，整个学校的教育质量也有了明显的提高。

1986年春，儿艺迎来建院39周年。一直关注失明孩童的许国屏想为盲童学校的学生办点实事，以此作为一项院庆活动。为此他依然骑着那辆自行车来到位于上海西郊的上海市盲童学校，并找到了该校的校长，表示自己想来校义务教孩子们吹笛子。这位校长既惊讶又感动，竟当场流下了热泪。说来也巧，当时盲童学校的唯一一位音乐教师，因意外骨折而在家养病，校长正在为学校一时没有音乐教师而犯愁。眼下这位主动上门又不收取任何报酬的音乐家到来，正是雪中送炭救了急。此后的三年时间里，不管风吹雨打、严冬酷暑，许国屏每周来校给孩子们上四堂课，雷打不动。由于失明的孩子是看不到乐谱的，因此，许国屏请教专家又联系盲文出版社，并自己编撰了中国第一部盲文民族器乐的教科书《简易竖笛教程》和《竖笛合奏曲集》。此外，许国屏在儿艺领导的支持下，举办了首届盲童音乐夏令营，同时举办全国盲童学校音乐教师培训班，以此来为全国盲童学习竖笛奠定基础。

许国屏为此次夏令营还专门创作了一首器乐与声乐、朗诵和舞蹈相结合的故事音乐作品，参加在上海举办的国际少儿艺术节，得到了好评。此作的内容取材于许国屏接触过的几位盲童和发生在他们身上令人感动的故事。作品抒发了盲童内心渴望光明和关爱的心声，也歌颂了盲童以坚强的毅力驱散了笼罩在眼帘前的浓雾，从而用灵敏的双手点燃心中的光明之灯，去迎接美好的未来。在此次夏令营的闭营演出中，经过短暂排练的34名盲童用音乐舞蹈来叙述自己的故事。参与演出的盲童无不激动得热泪盈眶，而台下的观众更是感动至极，也唏嘘不已、潸然泪下。

位于大别山东麓老革命根据地的金寨县,被誉为将军县。但由于历史的原因,那里交通闭塞,经济落后,学校更破旧了,是当时全国有名的贫困地区之一。金寨全县62万人口,有834所中小学,11万名在校学生,但只有一名专职音乐教师,还兼着数学课。许国屏在参加宋庆龄基金会组织的赴革命老区"金寨服务团"时,了解到了这一状况,内心久久不能平静。在此次金寨行的40多天里,许国屏把所有的精力倾注到笛子的教学中。白天,他轮流到多所中小学为学生上课,晚上又培训当地的师范生,因为这是普及推广音乐的关键所在。由于劳累过度,许国屏的嗓子都嘶哑了,左眼血管破裂,眼球充血通红,他也只是滴了点眼药水,继续投入工作。

在金寨的那些日子里,许国屏共培训了1 450名中小学生和师范生。经过训练后,这些学生已能用竖笛吹奏出《红星歌》《共产儿童团歌》《小草》等十多首简单的歌曲。有一天,许国屏来到金寨的南溪镇教学,这个镇在战争年代里,曾走出过14位共和国的开国将领。这里的人民虽然生活贫困艰苦,但却对人生充满着希望,精神是富有的。当这天许国屏在教室里用竖笛示范吹奏了一曲《世上只有妈妈好》时,突然课堂里有位小女孩伏在课桌上哭泣起来。原来这位名叫张玉芳的可爱女孩,还在褓褓时母亲就因病去世了,全家七口人的生活全靠父亲一人支撑。虽然家贫,但识大体的父亲还是坚持供女儿上学,而小女孩为了维持学业,小小年纪放学回家后还得干许多农活。但她所有的功课从不落下,成绩在班上一直名列前茅。对于张玉芳同学的遭遇,许国屏深感同情。他对女孩说:虽然你从小失去母爱,但在祖国的怀抱里,你和其他小朋友同样可以过着美好的生活,我们从上海来到这偏僻的山沟,就是为了来普及音乐教育,使你们能和城市里的孩子一样,享受丰富多彩的精神生活。从此,许国屏和张玉芳同学结成了对子,许国屏资助了她的学业。这天,他还把自己身上所带的几百元钱全部捐给了学校,用于给孩子们买文具。回沪后的许国屏更是四处奔波、牵线搭桥,为金寨县的中小学募集图书、文具和乐器等,以后他又多次来到大别山区扶贫助教。这些年,许国屏的足迹丈量过祖国许多老区、边区和少数民族地区,用音乐去点亮那里少年儿童的心灵。许国屏说:在三尺讲台上,我是老师。而在生活中,是人民群众深深教育了我,他们才是真正的老师。

2008年汶川大地震后,许国屏向灾区儿童捐赠2 000支竖笛,并亲自向来沪参加夏令营的孩子教授吹笛

　　许国屏多年前曾患胃癌,后来癌细胞二次转移。但他都笑对病魔,仍坚持自己的初衷。近些年,他年事已高且体弱多病,已把普及音乐的侧重点放在居家附近的社区。其实早在二十多年前,他已抽空在做这项普及工作了。由许国屏在静安区组建的全国第一支老妈妈童心笛子乐队,乐手平均年龄近八十岁,这支童心笛子队参加了由他发起组织并指挥的"中华笛韵——千笛广场音乐会"。演出那天的静安寺下沉式广场上,许国屏上千学生持笛吹奏,那美妙隽永的笛声,似春风、似潮汐,沁人心脾。

　　许国屏还著书立说,著有《青少年学竹笛》《少年儿童竹笛教程》等21本少儿民乐教材和音乐普及读物。同时还留下了一大批音乐作品。其中有一组儿童弹拨乐作品《娃哈哈变奏曲》《跳绳》《小白帆》等,参加"上海之春"国际音乐节。另外,他创作的笛子协奏曲《雷锋》和《快乐的笛手》也影响甚广。

　　几十年来,许国屏一直深入学校、社区、农村、部队为人民群众演

许光毅九十大寿时与许国屏（左二）、许国珍（左一）、许国庆（后排中）、许国琴（右一）、许国昌（右二）五个子女合影

出。在这1 000多场义务演出中，他深入过几百米深的地下矿井，为矿工演出，还到过海拔3 000多米的哨卡，为边防战士演出。许国屏的足迹远涉北国南疆，演出对象最多的一次是一万多名淮北煤矿的工人和他们的家属；最少的一次是为南疆两名驻岛战士演出。这样的义演，许国屏乐此不疲。

许国屏和父亲许光毅一样，热爱国乐胜过自己的生命。父子俩犹如点燃的红烛，燃烧了自己，却照亮了别人。许氏父子为了国乐的传承和发展甘愿奉献所有，无怨无悔。

难忘曾经辉煌的上海合唱团

上海合唱团曾经是中国乐坛第一支专业合唱团体,堪与中国顶尖的中央乐团合唱队媲美。该团从1950年的上海音乐工作团属下合唱队始创,到1956年正式挂牌为上海合唱团,再至1997年与上海歌舞剧院"撤二建一"为上海歌剧院,前后历时47年。

在音乐外行看来,合唱与歌剧都属声乐专业范畴,两者合二为一是在情理之中。其实不然,这两者实是完全不同的音乐品种,表演的形式、目的和追求的方向都不一样。歌剧演员要塑造人物、表现剧情,是追求个性的,歌剧的合唱队要渲染剧情、烘托气氛,是为歌剧表演服务的。而合唱团的演唱则讲究共性、强调声音的和谐统一,而且演绎的基本都是合唱作品,表演的形式是音乐会。

眼下,上海就有一万多支业余合唱团体,在全国范围更是数不胜数,每年还有许多各种级别的合唱比赛。无疑,合唱是最接近大众并深受人民群众喜爱的,能引领、鼓舞人的斗志和情绪。想当年,在全民抗日救亡歌咏运动中及解放前夕的"反内战反饥饿"的学生运动中,群众歌咏都起到过千军万马的作用。而且从某种意义上来说,合唱更适合中国的国情。要了解学习音乐知识,从而提高人民群众的文化修养和音乐素质,合唱无疑是入门学习接受音乐最便捷的途径。

令我感到遗憾的是:不仅上海合唱团在如日中天之际被撤并,就连该团所有的相关资料也都在撤并时被毁于一旦。如今上海文化志、地方志也只是蜻蜓点水般的对上海合唱团作了一些简单的记载,该团创建的来龙去脉也就此失传。这么多年来,我一直在撰写中国前辈音乐家的艺术过往和人生故事，同时还抢救过许多濒临失传的中国乐坛史料。对于上海合唱团，我从小就很喜欢、很敬仰，并与该团的一些音乐家有过频繁的接触交往，我对上海合唱团是有很多了解的。

眼下，我想把上海合唱团这段曾经辉煌又难忘的历史写入书中。为了能更准确完整地再现这段历史，我曾专程前往上海歌剧院档案室，找寻有关上海合唱团的资料，结果一无所获。无奈，我只能加紧采访该团一些还健在的音乐家，包括前辈歌唱家董爱琳、靳小才、戚长伟和刘捷，该团的原副团长周志辉、唐长夫及曹畏、钱永隆、卢铭德等团员。

走过将近半个世纪风雨历程的上海合唱团，曾几度易名。该团排演过许多台受到热烈欢迎的合唱音乐会。如：中国经典民歌合唱作品音乐会、外国名歌200首音乐会、亚菲拉歌曲演唱会、贺绿汀作品专场音乐会，还有大型合唱作品：《黄河大合唱》《祖国颂》和《前进吧，祖国》及贝多芬的《第九交响合唱》、海顿的清唱剧《创世纪》和奥尔夫的《卡尔米娜·布拉娜》等。

该团还涌现出司徒汉、郑裕峰、曹鹏和曹丁等指挥家，周碧珍、董爱琳、刘明义、金钟鸣、孙家馨（后调北京中央乐团）、郑兴丽（留苏后从中央歌剧院调来，以后又调往上海音乐学院声乐系）、林明珍（从上海歌剧院借调）、靳小才、张世明、蔡炳才、戚长伟、王伟芳、殷承基、胡晓平、陈小群、刘捷和黄英等歌唱家，及陆在易、茹银鹤和朱良镇等作曲家，还有手风琴演奏家曹子萍、方圆和孙海，钢琴家尤大淳、韦福根、马常子、朱贤杰、郑宝美等。

金钟鸣　　　　　　　　　张世明

上海合唱团的组建

1949年5月下旬,上海解放。当时上海军管会下属的文管会派黄源、章枚和罗浪等去接管上海国立音专和原工部局交响乐团。在新中国成立前夕,北京召开了全国第一届文代会。上海委派了谭抒真、沈知白、江定仙、谢绍曾、黄贻钧和沙梅等音乐家参加。会议期间,中宣部的周扬要物色一位音乐家,去担任原上海国立音专(已改称为中央音乐学院华东分院)的院长一职。在谭抒真与解放区归来的贺绿汀沟通后,两人对上音的规划和发展所见略同、一拍即合。在谭抒真和上海音乐家们的力荐下,贺绿汀成了新任院长的不二人选。

1950年初,贺绿汀风尘仆仆地赶到上海就职。他一上任便抓教师队伍建设和教学工作,以及学校基础设施的完善等事宜。贺绿汀在学习借鉴当年解放区的一些做法和经验后,决定在学校旗下组建一支上海音乐工作团,并亲自出任团长。音工团属下有交响乐队(以原工部局交响乐团成员为主)、合唱队,合唱队由周小燕亲自挂帅,团员基本都是学校声乐系的师生,还有管乐队和民乐队。当年音工团的各种演出,既繁荣了上海的演出市场,又给人民群众带去了精神食粮。

1953年,上海音乐工作团从中央音乐学院华东分院分离后,归属上海市文化局管辖,并更名为"上海乐团",下辖管弦乐队、合唱队、管乐队、民乐队和舞蹈队。虽然贺绿汀仍挂名总团长,但此时的实际权限已落实到各分团长了。团部也从东湖路搬迁到淮海中路1889号的一幢西式楼房内。此时原本合唱队的成员大都已回到了音乐学院,只留下不多的声乐系毕业生。当时担任合唱队队长的是司徒汉,新中国成立前他一直在上海从事地下组织领导的歌咏活动,眼下刚从在北京举办的苏联指挥专家学习班上结业归来。司徒汉上任后便招兵买马,除了吸收一部分原来群众歌咏中有一定演唱能力者外,还招聘吸纳了一些社会歌唱精英。在他的悉心培养训练下,合唱队已具雏形。

在那段时期,文化部要组建一支临时的中央歌舞团去苏联莫斯科参加世界青年联欢节,因此要从全国抽调优秀的演员赴京组团排演。上海是当时全国最重要的、也是音乐舞蹈人才最集中的地方，因此被抽调赴京的演员也最多。其中有：韩中杰、杨秉荪、巫漪丽、司徒志文、陈传熙、秦鹏章、朱崇懋、孙家馨等名家。后来这中间的一些优秀演员都作为北京新成立的中央乐团、中央广播文工团的骨干而留在了那里。1956年，随着国民经济的长足发展，上海文艺事业的规划也摆上了议事日程。此时上海乐团解散，下属的五个分队分别成立了：上海交响乐团、上海管乐团、上海民族乐团、上海歌舞团。上海合唱团也正式命名挂牌，由司徒汉出任团长兼指挥，郑裕峰担任常任指挥，由此也标志着上海的合唱事业进入了一个崭新的阶段。

1956年盛夏，中国音协的领导孟波和周巍峙等策划组织了新中国第一次大规模的音乐舞蹈汇演，为期一周，史称"全国音乐周"。那时全国所有的音舞团体都参加了这次盛会，上海也派出了最强的阵容参演，其中包括成立不久的上海合唱团。在此次汇演中，上海合唱团推出了一台由中国民歌改编的合唱作品演出，精彩纷呈，一炮打响，受到北京观众的热烈欢迎，从此声誉鹊起。就在那年初冬，在原中央歌舞团的基础上北京成立了中央乐团，下辖管弦乐队与合唱队。但新成立的中央乐团比上海合唱团晚了6年，与此次音乐盛会失之交臂。

马革顺与合唱训练班

由于在"全国音乐周"上的出色表现，上海合唱团更受到上海文化部门的重视。因为以前合唱团的团员来自五湖四海、演唱水平又参差不齐，虽然在司徒汉和郑裕峰的悉心调教下，全团进步神速，但毕竟还不能形成自己独特的演唱风格。1960年初春，在中国经济还非常困难的时候，上海的领导做出了一个影响上海音乐事业长期发展的重大举措，就是委托上海音乐学院代培三个音乐训练班，其中合唱班和歌剧班是为上海合唱团和上海实验歌剧院（上海歌剧院前身）定向培养的，而管弦班则是为了组建上海芭蕾舞团乐队。

为了此次招生，上海的有关部门在全市范围内公开考试。据周志辉、卢铭德和钱勇隆等回忆：他们合唱班的同学一部分来自上海青年宫学生合唱队，那时上海合唱团的考官还亲自到上海许多中学去摸底招生。此次考试分初试、复试和终试三轮进行，有些声音条件较好的考生只参加最后一轮终试，考试地点在上海音乐学院大礼堂。考试内容是由考生演唱自选歌曲一首，另外还要考最基本的视唱练耳，主要是确认考生的乐理和耳朵的音准等。最终在几千人的竞争中，有60名学员脱颖而出。

在上海音乐学院三年闭门的学习中，合唱训练班的学员们学习的课程基本与上音声乐系学生相同。合唱班除了声乐主课老师来自上海合唱团的孙锦绅、叶臻、何仁杰和吴大昭外，有时缺老师时，上音声乐系的温可铮、林明平等也应邀来帮忙辅导。此外学员们还要上钢琴和乐理（包括视唱练耳）等重要课程，老师都来自上海音乐学院。中外音乐史和音乐欣赏课以及文化课，也都是这批学员必修的。而此时训练班最主要的合唱课，则由中国最负盛名的合唱指挥大师马革顺教授来担当。虽然此时马先生还戴着"右派分子"的帽子，但他并不以为然。他认为能站上讲台为学生授课，是自己的职责所在，也是人生最大的幸福。

马革顺对学员们基本功的训练要求很严。所教的教材都是由他从在美国留学时学到的课程而改写的。马革顺不仅要教他们如何科学地呼吸、发声和寻找共鸣等歌唱基本技巧，还把自己曾在威斯敏斯特合唱学院学习时的一套清规戒律搬来：要求所有学员在平日的生活和学习中，甚至包括说话都要每时每刻保持一种歌唱的状态。长此以往，自然就会成为习惯，从而能时时呈现一种正确的歌唱状态。

马革顺还把自己经过长期摸索而总结出来的合唱训练法，包括他从中国民族唱法中得出的"五音四呼"的精髓也全盘地传授给学员们。他非常看重歌唱中的呼吸问题，并认为：一个好的歌唱家必定是一个呼吸专家。

马革顺对歌唱中的两种状态："钩"和"收"也很重视。所谓"钩"就是要求歌者在演唱时能一直保持饱满的发声状态，犹如引弓待发那种感觉。而"收"则是针对"放"而言的，因为一个歌者的演唱如能做到收放自如，那是一种很高的歌唱境界。尤其在众多歌者多声部组成的合唱中，更是难上加难。为此马革顺一直在这块自己得意的试验田上，不遗余力地努力寻找解决这种问题的办法。

但遗憾的是，合唱班首批挑选的60名学员在三年的严苛训练中，有近一半学员因不符合，也达不到专业歌唱演员的条件和水准，被甄别改行了。但在三年级时，又有上海合唱团的部分演员也来参加合唱班的学习。

合唱训练班中优中选优的学员们，在马革顺教授的精心培育、调教和打造下，俨然已成了一支训练有素的合唱团队。他们连续三届在"上海之春"的大舞台上崭露头角并一鸣惊人。这支充满着青春朝气、演唱又清新独到的合唱团队，给上海观众留下了深刻的印象。

1963年底，合唱训练班在上音大礼堂举办了毕业汇报演出。那天晚上，在马革顺的倾情指挥下，学员们演唱了《牧歌》《阿拉木罕》《半个月亮爬上来》等10多首由中国民歌改编的合唱曲。他们的演唱和谐统一，在多声部绵密的织体中，似乎流淌着一幅幅美丽的画卷、美不胜收。这场音乐会令观众耳目一新，也得到了圈内的好评。

合唱训练班的30余名学员加盟上海合唱团后，给该团带来了一股新鲜血液，全团顿显生机蓬勃。更重要的是这支队伍很快融入全团，并改变了该团过去一些传统的演唱形态，从而逐渐奠定了全团今后的表演风格。

马革顺也在自己一生唯一的这块合唱试验田里得到了收获。他把自己所学、所知和所想探索的合唱艺术，都在这里探索实践了。他又把训练所获的大量心得、体会和成果记录在册，成为他撰写的中国第一本合唱艺术专著《合唱学》中的重要内容。马革顺曾对我说过：他一直希望有机会能再训练这样的一种合唱班，此生就足矣。但遗憾的是，马革顺此愿没有能实现。

合唱团中的璀璨群星

合唱训练班的学员加入上海合唱团时，此时团部已搬迁到外白渡桥旁的黄浦路20号。此地原是苏联驻沪领事馆，由于那时中苏关系已交恶，领事馆所有成员已撤回苏联。而在此前的一段时间，上海合唱团已搬出淮海中路1889号，临时迁至常熟路100弄内的上海实验歌剧院排演和办公。有了合唱班这批学员的加入，上海合唱团更是如虎添翼，面貌焕然一新。那几年，各种题材样式的独唱合唱音乐会层出不穷、精彩纷呈，一时风生水起，这也是该团的第一个鼎盛时期。

从上海音工团合唱队到上海乐团合唱队，直至正式成为上海合唱团的这16年间，该团曾经群星璀璨，出现过一批有社会影响，又深受人民群众欢迎的音乐家。其中有毕业于上海国立音专的前辈花腔女高音歌唱家周碧珍，她的演唱隽永飘逸、行腔自如、花腔技巧高超。代表作有：《百灵鸟你这美妙的歌手》《桂花开放幸福来》《新疆好》等。曾师从苏石林、葛朝祉的女中音歌唱家董爱琳，是当年中国歌坛屈指可数的焦点人物。她曾

刘明义

代表中国出访过欧亚许多国家，代表作有《梭罗河》《椰岛之歌》《红梅花儿开》等。男高音歌唱家刘明义曾就读于重庆的青木关国立音乐学院声乐系，师从黄友葵教授。作为一名抒情男高音，他的歌声既激越高亢又柔情似水，擅长演唱亚非拉国家的歌曲，人们熟悉的有《拉兹之歌》《尼罗河畔的歌声》《克拉玛依之歌》等。花腔女高音歌唱家孙家馨也师从黄友葵教授。但她早在1954年就被中央歌舞团（中央乐团前身）相中调走，担任独唱演员兼随团教员。孙家馨虽然学习西洋唱法，但她一直在探索洋为中用、古为今用的演唱和教学方法。她用了很多时间去学习天津时调、京韵大鼓、单弦、河北梆子及京剧、评剧等曲艺和戏曲。因而她既能举重若轻地演唱外国经典作品，还能得心应手地驾驭中国歌曲。她的代表作《千年的铁树开了花》影响深远，雅俗共赏。毕业于上海文化艺术专科学校的靳小才，在1958年进入上海合唱团后就追随董爱琳学习，是团里重点培养的对象。靳小才音色浓厚圆润、音域宽广，咬字吐词清晰规范、行腔用意自如。她演唱的《鸽子》《西波涅》《送我一支玫瑰花》等中外歌曲，给人印象深刻。此外还有从国民党驾机投诚解放军的男高音歌唱家金钟鸣，他以演唱中国创作歌曲为主，其中影响较大的有《思乡曲》《嘉陵江上》《教我如何不想他》，当年他唱的男声版的《唱支山歌给党听》，堪与才旦卓玛、任桂珍的女声版媲美。乐团的另两位男高音歌唱家张世民和蔡炳才，都是声乐大师温可铮的学生。但他俩的演

唱风格却截然不同：张世民的歌声高亢激昂、明亮纯净，偏民族风情；而蔡炳才的歌声则热情奔放，充满着朝气和活力，擅长演唱中国创作歌曲。但遗憾的是，像他这种天赋异禀多年难遇的歌唱天才，却一直未能成为中国歌坛顶尖的歌唱家。另外，常任指挥郑裕峰是上海合唱团开创时期的元老，他早年就读于上海国立音专，20世纪50年代初毕业于苏联专家杜马舍夫的合唱训练班，1952年与司徒汉一同进入上海音工团的合唱队担任指挥后，一生都与上海合唱结缘，为该团的建设发展起过很大的作用。1966年初春，上海声乐研究所被关闭，该所的男高音歌唱家戚长伟被分配到上海合唱团。他的歌声深情细腻动人、表达作品的谋篇布

靳小才

戚长伟

孙家馨

郑裕峰

局都匠心独具，令人耳目一新。其代表作有：《啊，亲爱的伊犁河》《在银色的月光下》《骑马挎枪走天下》等。

但就在上海合唱团蓬勃发展之际。1966年暮春时节，中国大地开始了一场十年之久的政治运动。从1968年起，上海合唱团在黄浦路20号的家，也被市文化局的"工宣队"占有了。此时该团的成员已陆续各奔东西，有的去了"五七干校"劳动，有的则到工矿企业"战高温"。

从20世纪70年代初开始，那时的北京中央乐团已创排了交响大合唱《沙家浜》，上海也在1973年开始排演交响大合唱《智取威虎山》。为此，原上海合唱团的大部分成员又被重新召回聚集，并与上海交响乐团合并为上海乐团。原本名存实亡的上海合唱团又有了新的家园，团址在石门一路333号。而此时的上海交响乐团仍在淮海中路、湖南路口的那片花园洋房区内。因为排练场地较大，合并后的两团联排都在那里进行。交响大合唱《智取威虎山》由曹鹏指挥，合唱团的张世民、许幼黎饰唱杨子荣，蔡炳才饰唱少剑波，钱曼华饰唱小常宝，殷承基和张其松饰唱李勇奇。

合并后的上海乐团那时已是样板团。由于当年合唱团的一些歌唱家们年事已高，已很少登台了，合唱团急需补充一些新鲜血液，为此调来上海歌剧院的林明珍。她毕业于上海音乐学院声乐系，师从洪达琦教授。林明珍以主演《蝴蝶夫人》名扬歌坛，她的歌声甜美通透、赏心悦目，演唱能达到歌人合一的很高境界。我从小就在唱片中听她和孙道临合作演唱电影《凤凰之歌》中的主题歌《山中的凤凰为何不飞翔》，一生难忘。很多年后我在文化广场的音乐会上，听她演唱阿尔巴尼亚歌曲《自由山鹰》，听后真是令人热血沸腾。就在十年前，已定居澳大利亚的林明珍回沪参加她丈夫、钢琴教育家王羽的纪念音乐会。那时，我虽然一直敬仰林明珍老师，但从未与她有过直接交往。由于我曾在《新民晚报》副刊上发表的《远去的歌声》等文章中，提及并评论过林明珍老师，因而她此次来沪点名想与我见面，并通过上海歌剧院原副院长赵志民联系上我。我如约去了林明珍老师下榻的衡山宾馆

林明珍

郑兴丽

同她见面,已78岁高龄的林老师依然光彩照人,那天我俩谈了许多有关音乐的话题,仍意犹未尽。她在沪逗留期间,我还陪她去上海歌剧院(此时上海合唱团已并入其中)给青年演员辅导。人们难以想象,一位耄耋老人的歌声依然充满着青春和活力。作为音乐制作人,我当然不会放过邀请林老师来沪举办独唱音乐会这样的机会。林明珍也当场爽快地应允了。她深知办一场独唱音乐会并非易事,因而表示:她的演出不要任何报酬,而且来回路费及住宿和其他开销都由她自理。但遗憾的是,林明珍回澳大利亚后被查出肠癌,需要马上进行手术,独唱音乐会之事也就此搁浅了。

与林明珍同一时期来到上海乐团的还有:从中央歌剧院调来的女高音歌唱家郑兴丽。她1947年毕业于上海国立音专,师从谢绍曾、劳景贤教授,后任华北文工团独唱演员。1950年她被公派到苏联莫斯科音乐学院深造,深得苏联声乐专家的真传。1956年毕业回国后她被分派到中央歌剧院,恢复高考后,郑兴丽又被调到上海音乐学院声乐系任教。她的演唱刚柔并济、声情并茂,代表作有巩志伟作曲的《晚会圆舞曲》。不久又有上海音乐学院声乐系的毕业生殷承基和王伟芳。进团后的这对年轻的歌坛伉俪就已挑起了乐团的大梁。王伟芳曾先后师从蔡绍序、周小燕教授,她的嗓音华丽甜美、动情迷人,是继林明珍之后上海歌坛又一位风骚独领的抒情女高音歌唱家。她演唱的《颂歌献给毛主席》《海上女民兵》等歌曲,令听者难以忘怀。而男中音歌唱家殷承基是著名钢琴大家殷承宗的胞弟,出生在音乐之乡鼓浪屿的殷承基,不仅嗓音条件出众,而且音乐感觉超凡脱俗,感情丰沛真挚,没有任何为歌唱而歌唱的痕迹。我听过他在音乐会上演唱的一组美国作曲家福斯特的作品:《苏珊娜联唱》,那通透流畅又热烈奔放的歌声,不仅打动了观众,还引领着他们始终沉浸在音乐的意境中。说来也巧,殷承基、王伟芳夫妇那时居住在长乐新邨,与我姨夫的胞妹同住一幢楼。我有时去那里做客,常能听到王伟芳夫妇俩在练声或引吭高歌。听我这位远房亲戚说:这对夫妇是冬练三九、夏练三伏,一年中练唱不辍。

在那个时期,上海乐团属下的合唱团又在社会上招收了5名很有歌唱天赋的新团员。其中后来最出名的当数女高音胡晓平,她是67届的,初中毕业后进入纺织厂工作,因喜爱歌唱并有缘拜在声乐教育家高芝兰门下学习,进步神速。后经严格考试,她于1973年正式进团,不久就在上海青年歌唱大赛上获奖。1982年9月,胡晓平代表中国参加在匈牙利举办的埃凯尔国际音乐比赛,获得大奖而一举成名,从此成为中

胡晓平

国歌坛的一线歌唱家。她经常演唱的曲目有:《玫瑰三愿》《我爱你中国》《曲蔓地》等。此外还有从崇明农场招来的男高音蒋宪洋,他是著名歌唱家施鸿鄂的高足。蒋宪洋凭借着自身得天独厚的好嗓音,进团后便担任独唱和领唱。我印象最深的是他在大型合唱曲《祖国永远是春天》中担任领唱,那纯净自如的中声区和行云流水又浑然天成的高音热情洋溢,给人一种大将风范的感觉。

在全国文艺团体沉寂的那段岁月里,上海乐团因为有一批新人的加盟,演出相对频繁,而且有声有色,满足了那时人民群众的文化渴求。但可惜的是,在20世纪80年代末到90年代初那股出国潮流中,殷承基、王伟芳和蒋宪洋都去了美国,而胡晓平则到了加拿大。但这批正当歌唱年华的上海歌坛中坚,去了国外后纷纷改行、学非所用,甚是遗憾。

创办音乐学校,发现后备人才

"文革"结束后的1979年,所谓"样板团"都相继解散,上海合唱团和上海交响乐团也各自恢复原来的名称和建制。翌年,原本上海京剧院的"智取威虎山""海港"和"龙江颂"剧组的西洋乐队及上海戏曲学校乐队的部分成员,被上海合唱团招至麾下,成立了上海合唱团的双管西洋乐队,主要功能是以合唱伴奏为主。1982年1月,经上海市委宣传部和市文化局批准,上海合唱团正式改称为:上海乐团。下辖有八十多人的合唱团队和一支近

司徒汉

六十人的双管管弦乐队,仍由司徒汉任团长兼指挥。

上海合唱团在改称上海乐团后的第一个重大举措,就是创办上海乐团附设音乐学校。该校的办校宗旨是:普及音乐教育,培养基层单位的文艺骨干,从而提高群众的音乐修养和艺术素质。但最重要的是在办校期间,能为团里发掘培养后备的歌唱人才,因为当时的合唱团员大多已过中年,所以合唱团急需储备未来的人才。

其实上海合唱团早在1956年正式挂牌后不久,团里就创办过附设的业余合唱团,在社会上公开招收有一定歌唱能力者参加。当初办团的主要目的,就是充分运用专业合唱团队的雄厚资源,来培养群众文艺的骨干和扩大爱乐者的队伍,使合唱艺术拥有更多的知音。另一方面,试图在业余合唱团的办团过程中,能发现挖掘出有歌唱才能者,并把他们吸收到专业合唱团队中来。当初报考这支业余合唱团的达万余人之众,经过几轮筛选,最终有六十多人入围。从1957年创办至上海乐团合唱团被撤并后自动消亡,该团作为上海一支举足轻重的业余合唱团体,曾多次参加"上海之春"等大型音舞节目及上海其他一些重大演出。迄今能与之比肩的也只有上海工人文化宫合唱团、上海教工合唱团及后来居上的上海爱乐合唱团。

上海乐团十分重视自办音乐学校并倾其所有。著名前辈歌唱家周碧珍亲自出任校长兼教员,还有董爱琳、吴大昭、王允玲、徐定芬等团里的歌唱家和业务骨干担任教学工作。乐团的副团长周志辉也出任常务副校长,他鞍前马后、任劳任怨,事无巨细地为音乐学校的教学和后勤工作奔忙着。为了更好地开展教学工

周碧珍

司徒汉在指挥合唱

难忘曾经辉煌的上海合唱团

作,乐团的音乐家们自编教材、自排课程,还专门在团里的空地上搭建了六间琴房,供学生练习之用。音乐学校的生源虽然已是好中选优,但两年制的学习还是非常正规严苛的。除了要学习主课声乐和钢琴,还有视唱练耳、中外音乐史和许多音乐基础知识等音乐院校学生必修的课程。

上海乐团的音乐学校共举办过5届,在校学生前后有3 000余人之多。他们中的吴波、王兵、吴旻、焦国平、哈福成、曲家安、张华、许敏刚、李元强等十多名学生被招入上海乐团合唱团。此外还有蔡则平、陈忆、吴芸、杨丽芳等一些学生考入专业音乐团体和艺术院校。那时音乐学校老师授课是没有任何报酬的,但他们照样还是那么认真悉心、一丝不苟并倾其所能。而学生们也是一心一意地想学好歌唱,没有任何其他念想。音乐学校的创办无疑是成功的,它在上海乐团乃至中国音乐的历史上,都留下了浓墨重彩的一笔。

陆在易

上海乐团合唱团的演出活动

1985年初夏,作曲家陆在易接替司徒汉出任上海乐团团长,司徒汉和郑裕峰仍留任乐团指挥。毕业于上海音乐学院作曲系的陆在易,曾创作过许多各种体裁和风格的音乐作品,尤其是他的声乐作品更是引人瞩目。如独唱歌曲《祖国,慈祥的母亲》《彩云与鲜花》,合唱作品《雨后彩虹》《云南民歌三首》及交响合唱《中国,我可爱的母亲》。

曹丁

由于当时上海乐团不仅拥有庞大的合唱团队,还有一支编制齐全的双管西洋乐队,由学习合唱指挥的司徒汉、郑裕峰来驾驭这样的团队已有些勉为其难、力不从心了。于是上海乐团未雨绸缪,千方百计地在全国各地寻觅合适的指挥人选。最终抢在中央乐团之前,把山西籍的青年两栖指挥家曹丁引进上海乐团。曹丁出身音乐世家,从小就开始学习钢琴、圆号、声乐和作曲。他从1976年开始学习指挥,先后师从留苏的李德伦、留美的黄飞立和美国指挥大家齐佩尔博士学习乐队指挥。同时又追随毕业于苏联合唱指挥大师班的杨鸿年和留苏的严良堃学习合唱指挥。曹丁以优异的成绩毕业于中央音乐学院指挥系。以指挥合唱见长的曹丁,还曾指挥过《阿依达》《卡门》和《雷雨》等中外歌剧,和芭蕾舞剧《斯巴达克》及许多经典的交响作品音乐会。曹丁的到来给上海乐团带来了一股新风。原先上海乐团合唱团的演唱风格主要源自马革顺教授的美式唱法,属西罗马派。而曹丁当年学习的则是苏联俄罗斯风情,属东罗马派。当这两者

曹鹏

融会贯通后,上海乐团合唱团的演唱水平更是上了一层楼,达到了另一个境界。

在曹丁到来后不久,曾指挥交响合唱《智取威虎山》的著名指挥家曹鹏,也正式调任上海乐团艺术总监兼首席指挥。早年曾参加解放军文工团的曹鹏,毕业于苏联莫斯科音乐学院指挥系。他学成归国后,长期在上海交响乐团担任常任指挥。曹鹏在上海乐团任职期间,策划组织并指挥过许多有影响的音乐会。如:贝多芬的第九交响合唱《欢乐颂》、德国作曲家奥尔夫的大型清唱剧《卡尔米拿·布拉那》等。1990年4月,曹鹏率领上海乐团合唱团和管弦乐团的150多名演员,出访苏联的列宁格勒等友好城市。此次访问演出非常成功,得到了当地观众的热烈欢迎和媒体的高度评价。

上海合唱团在改革开放后,直至与上海歌舞剧院"撤二建一"期间,还排演过一些有社会影响的音乐会,同时还出现过一批歌唱家。1981年4月,法国著名指挥家皮里松应邀来团指挥演出海顿的大型清唱剧《创世纪》,在那个年代,上演国外有宗教色彩的经典合唱作品尚属首次,因而引起轰动。翌年初皮里松再度来沪,他指挥上海合唱团与上海交响乐团合作上演了贝多芬的第九交响合唱。

黄英

陈小群

从20世纪80年代中后期起,又有第一届央视"青歌赛"金奖获得者、男高音歌唱家刘捷,师从谢绍曾教授的抒情女高音歌唱家陈小群,师从葛朝祉教授、如今已名扬中外的女高音歌唱家黄英加盟上海乐团并担任独唱演员。这些国际声乐大赛获奖者的到来,不仅给乐团增添了实力和光彩,而且无形中还营造了合唱团的同仁们更加努力提高自身业务的氛围。最令人惋惜的是:乐团曾有一位百年难遇的歌唱天才,嗓音非常接近帕瓦洛蒂的男高音王坚,不知何故，在他风头正健的当打之年昙花一现，就此销声匿迹了。

此外，上海乐团合唱团还一直保留着自己有特色传统的表演形式。如：女声弹唱、男女二重唱、男女声三重唱、男声四重唱，尤其是男声小组唱更是饮誉中国歌坛，深受音乐爱好者的欢迎。

昔日的上海民族乐团

有着七十多年历史的上海民族乐团，是新中国最早成立的、以表演中国民族音乐为主的专业音乐团体。它当初是从一个只有19人的小型乐队的基础上以500元人民币的创办费起家的，在创办团长许光毅及孙裕德和后来的何无奇、龚一、顾冠仁等多任领导的带领下，历经七十多年的坎坷风雨，逐步发展成一支规模可观、编制齐全的大型民族乐团。其间，该团在各个时期造就、涌现了一大批人们耳熟能详的民乐演奏大家。如：许光毅、孙裕德、张子谦、陆春龄、凌律、周惠、周皓、项祖英、马圣龙、杨礼科、潘妙兴、萧白镛、顾冠仁、瞿春泉、孔庆宝、龚一、闵惠芬、俞逊发、汤良兴、王昌元等，可谓群星璀璨、英蕾缤纷。与此同时又编创上演了许多民族器乐作品，真是琳琅满目、争奇斗艳。社会影响比较广泛的有：《东海渔歌》《龙腾虎跃》《奔驰在草原上》《英雄们战胜了大渡河》《春江花月夜》《瑶族舞曲》《天仙配》《山村变了样》《月儿高》《赶集》《三六》《京调》《喜报》《秋湖月夜》及琵琶协奏曲《花木兰》《满江红》等。

上海：近代中国民族音乐发祥地

上海之所以能成为近代中国民族音乐的发祥地和重镇，是有其历史渊源和文化背景的。这就如同当年为何国立音专选择在上海创办一样，因为上海有工部局交响乐团，从而拥有许多一流的音乐家，是一笔现成可观的师资力量，还有外来文化影响熏陶下的一些西洋音乐学习者和大批音乐爱好者。

而上海的民族音乐勃发，首先是受到清末民初的沈心工、李叔同留日归国后带来的"学堂乐歌"的影响，由此拓展了民族音乐的群众基础。所谓"学堂乐歌"就是今天我们中小学音乐课上演唱的歌曲。但当年中国还没有自己的作曲家，只能用国外现成的优美简单旋律，填上本国一些有着民主色彩和爱国情怀等启蒙教育内容的歌词，而形成的群众歌曲。随着"学堂乐歌"的普及，音乐成了教化民众的利器。

而"五四"前后的新文化运动，更是谱写了中国文化的新篇章。蔡元培倡导奉行"教育救国"，并意识到音乐能打开民众的心灵，更能提高整个中华民族的素养。在他担任北京大学校长期间，该校在1916年就创建了我国第一个近代中西合璧的民间音乐团体："北京大学音乐会"。两年后，蔡元培把它改名为"北京大学乐理研究会"。该会除了学习教授西洋音乐中的小提琴、钢琴和乐理外，还传授中国传统的民族乐器：古琴、瑟、琵琶、笛子等。以后随着留德学成归来的萧友梅到来，他在全面负责该会工作后便招兵买马，一时搞得风生水起。同时该会更名为"北京大学音乐传习所"，正式成为北京大学的一门学科。从某种意义上来说，这也是中国近代音乐院校的一个雏形。

蔡元培领导下的北京大学，不拘一格又"有教无类"。因此各种音乐人才纷至沓来，学习音乐者更是趋之若鹜。中国近代民族音乐的划时代人物刘天华也来此执教，他教授琵琶和二胡。早在1912年，刘天华就在家乡江苏江阴组织"国乐研究会"。他一生创作了《光明行》《良宵》《病中吟》等十首民乐名曲和许多民乐练习曲。更重要的是，他在北大工作期间组织了"国乐改进社"，改革了许多民族乐器，统一了二胡的固定音高定弦法则和一些演奏技法，并把中国千百年来的工尺谱改成了通俗易懂的简谱。此举彻底改变了音乐高高在上，只为少数人服务的历史。如今的简谱方便了广大民众学习和欣赏，由此也奠定了中国民族音乐发展的基础，真是功德无量。

此外，还有一位新文化运动早期的干将黎锦晖，他在1919年就参加了"北京大学音乐研究会"。那时该会设立中乐和西乐二部，中乐中又分古乐、雅乐和通乐三类，而在通乐中又按区域划分成潇湘组和长白山乐组等。黎锦晖主要负责教授中乐中的通乐。但那时正处"五四运动"前后，西乐已渐被推崇。而在中国音乐传统中，民歌和曲艺历来又遭遇歧视，此刻更受到了冷落。因此黎锦晖他们喜欢的民间风味的音乐在当时也难成主流。黎锦晖离开北大后到上海发展，最初创作组织、推广普及少儿歌舞，这在当年相对封建的社会是被人们视为有伤风化的，但他坚持这样做，这是需要极大的勇气和一定的超前胆识的。少儿歌舞在学堂的兴起，也无形中从小启蒙了许多音乐爱好者。以后黎锦晖又创办了"明月歌舞团"，虽然他曾谱写过一些所谓的靡靡之音，与当时的抗战氛围格格不入，但在客观上又极大地普及了音乐。因此，刘天华和黎锦晖对上海近代民族音乐的发展还是有一定影响的。

  上海近代民族音乐的发展，除了上述的一些原因，最根本的是受到新文化运动的影响。这从时间节点和音乐内容上可见一斑。上海最早出现的近代民族音乐社团，就是郑觐文在1919年创办的"大同乐会"。该乐会致力于民族传统乐器的继承和改良，并开始探索新型民族管弦乐队的创建。乐会鼎盛时期有一支三十多人的中型乐队，分为吹、拉、弹、打四个声部。与此同时，还根据中国的传统音乐作品改编了一批适合这个乐队演奏的新作，其中最著名的当数琵琶名曲《夕阳箫鼓》改编成的民族管弦乐合奏曲《春江花月夜》。大同乐会还培养了柳尧章、卫仲乐、金祖礼、许光毅、秦鹏章、程午嘉等民乐大家。

  此外20世纪30年代，由任光、聂耳创建的百代唱片公司旗下的森森国乐社，该社主要的任务就是为唱片的录制伴奏和补白。乐队成员除了聂耳外，还有黄贻钧、林志音、陈中、徐俊佳、陈梦庚、秦鹏章、杨光羲和王为一。聂耳还专门为这支乐队谱写了《金蛇狂舞》《翠湖春晓》《昭君和番》《山国情侣》等民乐名曲。而任光和黄贻钧也分别谱写了久演不衰的民乐经典《彩云追月》和《花好月圆》。

  另外还有卫仲乐组建的"中国管弦乐队"；金祖礼和许光毅创办的"礼毅音乐研究社"，后改名为"上海国乐进修室"，招收了很多学员。除了他俩自己执教外，还聘请笛王陆春龄和琵琶名家凌律等加盟，来一同演奏国乐、培养音乐新人。中华人民共和国成立前的上海还有许多民间组织的"江南丝竹"音乐社团。"江南丝竹"主要流行于上海、江苏南部和浙

1933年上海"大同乐会"乐队合影

江西部。这种音乐形式最初出现在农村的田间地头,后来又在城镇的茶馆当作自娱自乐和助兴消遣之用,有着广泛的群众基础。有着几百年历史的"江南丝竹"由管乐和丝弦乐组成,既可有竹笛和二胡这样最简单的组合,也可用竹笛、箫、扬琴、二胡、琵琶等各种民族乐器叠加成一个乐队演奏。"江南丝竹"曲目繁多,最终留下了《欢乐歌》《行街》《云庆》《四合如意》《三六》《慢三六》《中花六板》和《慢六板》等八大名曲。人们喜闻乐见又久演不衰的"江南丝竹"中,还有像吴景略和张子谦创建的、以古琴为主演奏雅乐的"今虞琴社",受到当时文人雅士的青睐。20世纪三四十年代,上海居住着五六十万广东人,他们都喜爱并擅长音乐,因而组建了多支以演奏广东音乐为主的民乐队。其代表人物是吕文成,那时他就根据许多广东民间音乐元素,改编创作了一大批有着浓郁广东风味的乐曲并流传至今,后来俗称"广东音乐",其代表作有《步步高》《平湖秋月》《旱天雷》等。中国轻音乐之父、百岁老人郑德仁曾告诉我,当年虹口的广东民乐队曾经驻场扬子饭店舞厅伴奏,打破了当时由菲律宾乐手一统上海舞厅天下的局面。无疑,广东音乐是中国民族音乐发展很重要的一环。

1946年卫仲乐及其领导的"中国管弦乐队"

从民族乐队到民族乐团

但毕竟旧中国制度腐朽,因而战乱不断,百业凋零,民不聊生。无奈,中国民族音乐的进步和发展也受到了极大的局限。

中华人民共和国成立后,在中国共产党的领导下人民当家作主,党和政府十分重视文化的建设。早在1950年,乐坛泰斗贺绿汀受命出任中央音乐学院华东分院(今上海音乐学院)院长。到任后不仅狠抓学校的建设和教学,同时还仿照当年解放区的样式,组建上海音乐工作团,他亲自出任总团长,旗下分设交响乐队、合唱队、管乐队和民乐队。此举不仅填补了旧上海没有政府所属文艺团体的空白,更丰富了上海人民群众的精神和文化生活。两年后,上海音乐工作团改名为:上海乐团,此时除了原先的四个表演团队外,又增设了舞蹈队。

如今的上海音乐史都认定,上海民族乐团成立于1952年9月,源于它的前身上海乐团民族乐队。但据我所知:1950年上海音乐工作团已经有了民族乐队,但不知这个乐队与两年多后改名的上海乐团民族乐队是否有直接的关联，这还有待考证。

这几年，我一直全身心地投入在音乐人物传记三部曲的撰写中。这一系列传记，除了要展现著名音乐人物和重大音乐事件外，许多重要的音乐团体也是我写作的对象。为了真实、全面又客观地再现昔日的上海民族乐团，我花了一个多月时间，去上海档案馆查询资料，并走访了该团的何鑑秋、龚一、顾冠仁、汤良兴、邹德荣、刘公诚、李肇芳等老艺术家、老领导及该团创办人之一许光毅老人的儿子——著名笛子演奏家、音乐教育家许国屏。听他们讲述乐团几十年的过往，使我进一步了解到该团的来龙去脉。其实，我对过去的民族乐团还是略知一二的。如已故的笛王陆春龄、二胡大家闵惠芬、笛子大家俞逊发和二胡名家萧白镛等，我在他们生前对他们都有过采访和一些交往。虽然余生也晚，但当年该团的一些重大演出，我儿时也多次随父到现场聆听，印象深刻。此外，我家中还有该团录制过的几张黑胶唱片，其中几首非洲乐曲《几内亚舞曲》和《达姆·达姆》，那真是百听不厌。所有这些都使我对上海民族乐团有了许多感性认识。

新中国成立后不久，上海市文化局便派刘中一为代表，把旧上海十个比较著名的业余民族音乐团体：中国管弦乐团、中国国乐进修室、今虞琴社、云和国乐会、广东音乐会、潮州国乐团、中国国乐团、春风国乐会、合众国乐会和霄霓乐团一同组织起来，成立上海国乐团体联谊会。选举卫仲乐（后担任上海音乐学院民乐系主任）任主任，陈日英、孙裕德和金祖礼为副主任，吴景略、许光毅、陈永禄、王乙、陆春龄和凌律任常务委员。会址设在重庆南路上的"凌云阁茶楼"。此联谊会的诞生，标志着上海民族音乐向前发展的一个起点。从此，上海的民族音乐活动更频繁更活跃了，并登上了大雅之堂，经常被政府邀请招待外宾和参加其他重大演出。

为了响应国家抗美援朝捐献飞机大炮的号召，该联谊会在1952年的春夏之交，在当时上海最大的文化广场连续举办了两场不同曲目的募捐音乐会。由卫仲乐指挥十个乐团组成的百人大合奏《铙歌》，联谊会旗下的各乐团也分别献演了不同风格、不同题材的民乐小合奏。卫仲乐和孙裕德都各自演奏了自己的琵琶代表作《十面埋伏》和《阳春白雪》，王乙演奏了二胡名曲《烛影摇红》，而许光毅则专门挑选演奏了刘天华先生的两首二胡力作：《光明行》和《良宵》等。演出轰动一时并达到了募捐的期望。民间艺人能参加这样规模盛大的正规演出，这在旧中国简直是不可想象的。

由于上海民族音乐发展和国际文化交流的需要，1952年9月，市文化局指定刘中一联络许光毅，组建以上海国乐进修室为班底的一支专业民族乐队。最初的队员只有19人，其中除了许光毅外，还有陆春龄、凌律、马林生、周惠、马圣龙

许光毅（1952年任副队长）

等民乐名家，其余队员是从十个业余民族乐团中择优挑选出来的。当时的乐队中还有两名道士，由此可见道教音乐对中国民族音乐的影响。当初创办乐队的经费只有人民币500元，许光毅和陆春龄等用这笔钱在老城隍庙买了一批民族乐器。当时的乐队挂靠在上海乐团旗下，陈毅市长亲自颁发委任状，由许光毅任副队长，刘中一担任指挥。最初乐队的排练场地，暂借在上海音乐家协会所在地（今巨鹿路675号近陕西南路口的上海作家协会），后来团部搬到了法华路（今新华路）211弄1号，不久又迁至不远的法华路（今新华路）336号，并挂上了"上海民族乐队"的招牌。这是全国第一家专业的民族音乐表演团体，比北京秦鹏章领衔的中央民族乐团和彭修文指挥的中央广播民族乐团的创立，早了好几年。

最初的上海民族乐队，不仅乐队人员少，而且还无创作人员。因此排练新作品很少，每年举办的专场民族器乐作品音乐会不多，其他的演出多数是与本市的兄弟文艺团队联合演出，另外就是为合唱队的民歌专场演出担任伴奏。但当时民族乐队的最大的职能，就是为来沪访问的外宾演出。那时民族乐队的成员虽来自各行各业，文化程度又参差不一，但他们都是从心底里热爱中国的民族音乐。当时的领导许光毅身先垂范，他长期住在团里、以团为家，而且大公无私、光明磊落，这种榜样的力量也无形中激发影响了乐团成员的爱团热情。在演出不多的状况下，乐手们还是热衷于自己业务水平的提高，并潜心投入乐队的合奏训练。空闲时间大家还研究整理传统的民族音乐曲谱和旧乐曲的创新。在这一时期，上海民族乐队除

了上演传统的江南丝竹名曲和聂耳的民乐器乐曲外，又把大同乐会创作的《春江花月夜》《夜深沉》等一些旧曲，用新社会的新视角去审视改编，使这些旧作又焕发出新的生命力。

1956年初，上海受文化部委托组织中国艺术团出访欧洲多国。出访的主要节目都是代表中国传统民族文化的。其中有国粹京剧、民族舞蹈、民歌独唱及上海民族乐队的民乐演奏和独奏。在出访欧洲期间，上海民族乐队表演了新编的民乐小合奏《春江花月夜》和《夜深沉》，及许光毅、陆春龄的琴箫合奏《平沙落雁》，而陆春龄在罗马尼亚表演了中国笛子名曲《鹧鸪飞》《快乐的农村》后，又加演了一首当地的名曲《云雀》。那出神入化的演奏引起了欧洲乐坛和媒体的高度评价，称他为"中国笛王"。

上海民族乐队建队之初，就有许光毅和陆春龄两位民乐大家坐镇。许光毅早在抗战时期，就和卫仲乐、孙裕德等一同访美募捐演出取得很大成功。回国后又受到宋庆龄、宋美龄的邀请，专门为美国高级将领马歇尔演出。许光毅在年轻时代就参加大同乐会。在新中国成立前还和金祖礼一同创办"礼毅音乐研究室"，后改名为"上海国乐进修室"。该会以培养民乐新

1953年乐队全体人员合影

人和创作民乐新曲为主。许光毅精通各种中国民族乐器，最擅长的当数古琴和二胡，代表作有《醉渔唱晚》《梅花三弄》等。

陆春龄是南方笛派的主要代表人物，也是中国非物质文化遗产"江南丝竹"的传承人，被誉为"中国笛王"。他在八十多年的音乐生涯中，创作了《今昔》《喜报》《江南春》《奔驰在草原上》等许多笛子名曲，并整理改编了《鹧鸪飞》《欢乐歌》《小放牛》等一批传统笛子曲。陆春龄不仅是中国出类拔萃的笛子演奏艺术家，还是一位桃李满园的笛子教育家，学生中有许国屏、俞逊发、孔庆宝和唐俊乔等为代表的几代笛子演奏家。

笛子演奏家陆春龄

1956年底，上海乐团解散，旗下的各个乐队分别独立建团。上海民族乐队由此升格为上海民族乐团，团部设在淮海中路1889号。此时的乐团又来了两位副团长：琵琶演奏家孙裕德和原解放军三野军乐团的指挥何无奇，并兼指挥和党支部书记，另外还有古琴演奏大家张之谦。此时的乐团开始向大型民族乐团发展了，并采取了几条腿走路的方式。当时除了有少量的音乐院校毕业生分配到团里外，乐团急需向全社会招聘马上能工作的团员，当时招聘到了后来成为民乐大家的项祖英、项祖华、周皓、潘妙兴、顾冠仁、瞿春泉、萧白镛、孔庆宝和吴逸群等。同时又招入了俞逊发等一些有一定民乐演奏能力的随团学员。并在1960年秋，开办乐团自办的学馆，培养有潜力的青少年成为未来乐团的中坚。

原本在长期的艺术实践中不断成长的上海民族乐队，扩团后的上演曲目，除了保留原有江南特色和地方风格的瑰丽多姿又格调清新婉约、节奏活泼的"江南丝竹"外，又陆续增加了热烈奔放的北方吹歌、曲调质朴绮丽的潮州音乐和节奏轻快又柔美刚健的广东音乐，还有明快雀跃极富舞蹈性的新疆音乐，甚至古朴深幽的七弦琴音等。同时随着时代的前进，团里又盼来了两位驻团作曲家：毕业于国立重庆青木关音乐院的许青彦和毕业于东北音专的曾加庆。他俩的到来，彻底改变了过去乐队没

1960年5月乐团在第一届"上海之春"开幕式上首演民乐合集"东海渔歌"

有能力创作新作的尴尬局面。当年许青彦的代表作有《花挑子舞曲》,曾加庆的代表作有《山村变了样》《赶集》等。由于两位作曲家的影响和副团长兼指挥何无奇的鼓励,乐团的一些年轻演奏员也开始对谱写新作有了兴趣,并跃跃欲试。其中最突出的是琵琶演奏员顾冠仁,他与同事马圣龙去舟山群岛体验生活后,便一同创作了器乐合奏曲《东海渔歌》,以后又谱写了《京调》《三六》和琵琶协奏曲《花木兰》等一大批民乐作品。还有后来以指挥为主的瞿春泉,也创作了《江南好》《上海随想》等作品。

屡创辉煌,名家云集的民族乐团

上海民族乐团向社会招聘团员和随团学员,毕竟还是杯水车薪,难成气候，不能根本解决乐团青黄不接，更谈不上整体扩建和快速发展的问题了。于是乐团准备自办学馆，在1960年春，向上海的中学招收有一定民乐演奏基础或有培养前途的学生来团办学馆学习。此次招收学员48名，包括一年后补招的汤良兴。学馆就设在团部，此时的团部已从淮海中路1889号迁至淮海中路1413号（后来的徐汇区图书馆）。学馆在当年的8月23日开学，学制三年。这批学生除了要上正规的文化课，包括语文、数学、政治、历史和地理外，还要学习乐理、和声、钢琴和中外音乐史。当时学员的专业课教学模式是一对一的，由团里的老艺术家亲自教授。学员生活在学馆，学习的劲头高涨。大家勤学苦练，好多学员连节假日也不回家。经过一年的学习，

顾冠仁（1991—1995年任团长）

这批学员已经边学习边随团排练演出，他们参加的首场演出，就是上海民族乐团为刘诗昆作曲，著名青年钢琴家顾圣婴独奏的《青年钢琴协奏曲》担任协奏，由于此曲旋律充满民族音乐的元素，因此曲作者邀请上海民族乐团来协助。另外还有一首由黄准根据自己谱写的电影《红色娘子军》的音乐而创作改编的大型民族器乐曲。这次场面宏大又影响广泛的演出，令这批学员感到自豪和兴奋，从此他们对自己所从事的艺术工作更加充满了自信和力量。

　　1962年，为了配合国际形势的需要，上海民族乐团排演了"亚非拉专场音乐会"。乐团学馆的所有学员都参加了此次演出。首场演出在上海音乐厅举行时，轰动一时，一票难求。后因广大群众的强烈要求，音乐会又移师能容纳更多观众的上海文化广场，观演者还是蜂拥而至。这台音乐会上演的曲目佳作迭出，其中有：《几内亚舞曲》（一号、二号）、《美丽的梭罗河》、《星星索》、《桔梗谣》、《阿里郎》、《拉网小调》、《达姆·达姆》、《小小的礼品》、《月光变奏曲》、《玻利维亚舞曲》、《鸽子》、《西波涅》等。有一次，外交部长陈毅陪同几内亚总统塞古·杜尔访问上海时，市文化局指定上海民族乐团专门为杜尔总统演出。杜尔总统听完两首几内亚舞曲后热泪盈眶，激动

1962年6月,上海民族乐团附设学馆师生合影

地对陈毅说:我能听到用你们国家的乐器,来演奏我们国家的音乐,真是感到高兴和亲切。法国殖民者长期统治我们国家,却从不演奏我们的音乐,但你们做到了,中国人民是非洲人民真正的朋友。事后,陈毅外长对市文化局长孟波说:你们的音乐,无形中促进了中国的外交工作。在陈毅外长的力荐下,当年上海民族乐团应邀去北京演出了"亚非拉专场音乐会",受到了当地观众的热烈欢迎,圈内外对这场音乐会好评如潮。无疑,"亚非拉专场音乐会"是上海民族乐团建团以来,最成功的、也是社会影响最大的音乐会。其中演奏的许多国外乐曲,后来被中唱上海公司灌制成黑胶唱片,流传甚广,作为音乐会总策划人兼指挥的何无奇是功不可没的。

三年后,学馆的这批学员毕业了。其中三分之一留在本团工作,其余的基本分配到上海市的各文艺团体。这批留下的学员和建团后招收的团员及随团学员,不仅充实了这支民族大乐队,更奠定了这支团队的演奏风格和发展方向。经过在这支艺术氛围浓烈的乐团里的锤炼和摔打,乐团培养造就了一大批民乐新人。

昔日的上海民族乐团

1962年4月亚非拉专场音乐会剧照

上海民族乐团挂牌后又加盟了两位民乐大家孙裕德和张子谦。孙裕德是上海派琵琶宗师汪昱庭的得意门生。他年轻时学习刻苦，冬练三九、夏练三伏。人们难以想象他当年学习时，在琵琶上留下被琴弦勒出的道道血痕。正因为他这样努力，从而造就了琵琶弹奏技艺的超凡脱俗，其代表作有《塞上曲》《浔阳夜月》《青莲乐府》等。

另一位古琴大家张子谦，他自幼就随广陵派琴家孙绍陶学习古琴，年轻时就弹遍古琴名曲。他在1936年与吴景略等一同创办"今虞琴社"。代表作有《梅花三弄》《广陵散》《平沙落雁》。

琵琶、箫演奏家孙裕德

多少年来，中国的民族音乐（包括各种戏曲音乐）都扎根于自己的民族沃土。上海民族乐团通过不同途径探索到了一条培养、造就中国民乐家的新路。在这十多年间，乐团涌现了许多不同器乐、不同流派的演奏家。

例如，后来担任过乐团团长的顾冠仁，他从琵琶演奏家成长为作曲家。其作品富有浓郁的民族风情，又有强烈的时代感。从民乐合奏《春天组曲》

古琴演奏家张子谦

《梅花引》和琵琶协奏曲《花木兰》《王昭君》等作品中就可见一斑。

又如瞿春泉，他原本是二胡演奏家、乐队首席，后专攻作曲指挥。曾担任上海民族乐团复团后的指挥，后担任新加坡华乐团的指挥。

笛子演奏家俞逊发是笛王陆春龄的高足。他曾创作改编过近20首笛子独奏曲，代表作有：《秋湖月夜》《琅琊神韵》等，并用口笛首演了白诚仁先生谱写的《苗岭的早晨》，流传甚广。

二胡演奏家萧白镛，曾先后拜师项祖英、刘明源、蒋风之、卫仲乐与何彬，学习二胡、中胡、板胡和高胡，并深得其真传。他的演奏可谓心中有谱、谱在心中，已达到了琴音合一、人琴一体的极高境界。代表作有二胡协奏曲《满江红》等。

汤良兴是与刘德海齐名、也是中国最负盛名的琵琶演奏家。他13岁学艺，先后师从马林生、孙裕德和卫仲乐等大家。代表作有：《十面埋伏》《大浪淘沙》及顾冠仁为他量身创作的琵琶协奏曲《花木兰》。

从上海民族乐团在1956年挂牌到"文革"前的十年间，虽然乐团的物质条件较差，排练环境都非常简陋，而且乐团多次搬迁。光"文革"前就先搬到石门一路333

1978年5月乐团举行复团挂牌仪式

号（后来的上海合唱团所在地），后又迁至华山路1448号。但就是在这样的条件下，乐团还是不断推出新作并培养了一大批新人。这个时期是上海民族乐团值得骄傲的黄金时代。

在"十年动乱"时期，中国所有的文艺团体都已停摆，上海民族乐团也未能幸免。1973年，上海民族乐团被迫撤销解散，所有的乐手各奔东西。其中有些业务较强的去了"样板团"，还有去其他文艺团体的。但大多数都改了行，去了工厂，甚至"五七干校"等。

1978年，改革开放后的中国，迎来了中国文艺的第二春。当年的5月16日，上海民族乐团重新恢复挂牌，新团址设在汾阳路45号。原来的指挥何无奇已在"文革"中被迫害致死，因而复团后的指挥由马圣龙和瞿春泉担任。此时排演的曲目已展现出多样化：有乐队大合奏、有小乐队伴奏的器乐独奏、有弹拨乐组合的演奏，还有大型的器乐协奏曲等。这些样式都是在传统民乐的基础上的创新发展。

上海民族乐团在1983年再度晋京演出，全套的演出曲目令首都观众眼前一亮、耳目一新，其中俞逊发的笛子协奏曲《秋湖月夜》、闵惠芬的二胡协奏曲《新婚别》、萧白镛的二胡协奏曲《胡笳十八拍》和汤良兴的琵琶协奏曲《花木兰》等新作，不仅展现了上海民族乐团雄厚的实力，更赢得了无数观众的好评。

上海民族在复团后的十几年间，又迎来了该团历史上的另一个鼎盛时期。在此同时，上音毕业的两位民乐演奏家闵惠芬和龚一也来到了乐团工作。

二胡演奏家闵惠芬，出身音乐世家。她早在上音求学期间，先后师从王乙和陆修棠教授。她在"上海之春"举办的全国二胡大赛上，以一曲刘天华先生的《病中吟》一举夺得了金奖，由此也奠定了她在中国乐坛的地位。其代表作有二胡协奏曲《长城随想》和《洪湖主题随想》等。

古琴演奏家龚一，曾担任上海民族乐团团长。他在几十年的音乐生涯中，逐渐形成了自己独特的演奏风格，与北京的李祥庭一起被誉

龚一（1985—1990年任团长）

为中国南北古琴的领军人物。龚一的主要打谱曲有：《古怨》《酒狂》《大胡笳》《山居吟》等。并著有《古琴演奏法》《古琴新谱》《龚一琴学文集》等著作，还录制过多张个人古琴演奏专辑。

此外乐团在"文革"前，还来了一位上海音乐学院毕业的古筝演奏家王昌元。她9岁学琴，12岁登台独奏，先后师从父亲王巽之和潮州派筝家郭鹰。代表作有《战台风》。

民乐发展的误区与规律

自从二十多年前，北京出现了"女子十二乐坊"的"新民乐"演奏形式后，中国民乐的建设和发展开始发生了很大变化。当初的"女子十二乐坊"为了博人眼球，在乐手的服饰和表演形式上下了很大功夫，但那时终究还有相应量身定做的作品演出，毕竟又留下了一些作品。而此后的很多民族作品音乐会，包括一些大型的主题音乐会，基本都已变了味，走了样，不再是传统民乐表演的形式。过去的民乐演奏在中国是最亲民的，而如今却成了高雅艺术，这是值得我们深思的。民乐与时俱进，理所当然，但不能脱离其根本和传统。这些年我聆听过许多场上海民族乐团的音乐会，总体的感觉是形式大于内容。演出阵容庞大，演员的服饰、舞台的背景和灯光上都做足了文章。虽然音乐会节目中也有许多委约作品，但我在观演后的感觉是：炫目的舞台、热闹的场面。对上演音乐的感知基本空白，连一句乐句都没记住。

显然，音乐会除了要有好的点子和选题，更重要的是要有好的作品。音乐是听觉艺术，音乐会又主要是为了展现音乐作品，而非视觉艺术，当然有美好的视觉呈现也无可厚非，但绝不能本末倒置。成功的音乐会，关键是有动人的音乐作品和一流的演奏家，还需要不断培养、积累热爱音乐的观众。

而如何界定音乐作品的好坏优劣，人民群众是最有发言权的。因为真正优秀的能流传的经典音乐作品，一定是受到广大人民群众的热烈欢迎，而且能雅俗共赏的，是经得起历史检验的。当下音乐创作的不力，已是不争的事实。其最根本的原因就是：如今音乐工作者的创作立场、理念和作风失之偏颇。他们重视高超的作曲技法而忽略了旋律在音乐作品中的作用。不扎根生活，也不重视、热爱我们自己国家民族的音乐元素。

无疑，旋律是音乐的生命，甚至是音乐的灵魂。任何作曲技法只是音乐创作的载体、手段和工具而已。而美好不竭的旋律又来自生活、来自民间。音乐就是人情感的表达，而音乐作品又是打开人的心灵的一把钥匙。由此可见，只有深入生活并扎根民间的音乐工作者，才有可能谱写出抚慰人民心田、滋润大众情怀的佳作。

中国民族音乐的发展，是有其自身规律的。只有继承传统、扎根于自己的民族沃土，才能开出艳丽的民族之花，结出人民群众喜闻乐见的音乐硕果。"出新人、推新作"是每个文艺团体最根本的目标。中国的民乐要创新、要发展，其作品的创作是重中之重。只有不断创作反映时代和生活的民族器乐作品，才能真正重新赢得广大人民群众的喜爱和关注，中国民乐的发展才会有更广阔的天地。

上海最早的轻音乐团的由来

2019年,为筹拍电视纪录片《黑胶唱片》,我又走访了中国轻音乐之父——96岁高龄的郑德仁先生。

我与郑老是相熟三十多年的忘年交,曾一同组织过系列音乐会"海上寻梦"。眼下,他年事已高,早已不参与音乐和社会活动。我的到访,开启了他尘封多年的旧时记忆。

那天,因电视拍摄之需,在他家翻寻与主题有关或能见证时代印记的物件。其中一些早年的轻音乐黑胶唱片和两份最早的上海轻音乐团演出节目单,引起我极大的兴趣,出于职业敏感,旋即就向郑老刨根问底。

1949年后,有大批国外专家来华援建,光上海就有数千人之多。为解决外国专家在繁忙工作之余的文娱生活问题,上海的外事部门安排了中外经典电影的放映,观摩聆听戏曲、音乐会专场演出及组织文艺联欢活动等等。负责外事接待的杜宣请示有关领导,陈毅市长指示:特事特办,服务好外国专家,以利于他们的工作,是外办的重要职责。

有了指示,在几经选择后确定:以老锦江饭店马路对面的原法国俱乐部作为舞场,每周六、日晚举办两场舞会。起初的伴奏是播放录音,但效果远不如乐队伴奏。参加舞会的专家们也不甚满意。于是,杜宣就请上海音协负责日常工作的夏白帮忙组建伴舞乐队。

夏白想到能组建此类乐队的第一人,就是上海交响乐团的首席低音提琴郑德仁。因为郑先生早在上海国立音专求学时,为养家糊口而勤工俭学,早就组织过舞厅乐队,并一直参与百乐门舞厅乐队的谱曲配器和演奏工作。

受命后的郑德仁喜出望外,当年练就的轻音乐本领,如今又有了施展的舞台。他首先找到自己的老团长黄贻钧，说明情况。黄老十分支持并承诺：上交排练厅在空余时可以无偿使用，郑德仁可脱产投入新的任务。但团里的乐手不能动用，以免影响本团的排演质量。

开始招兵买马的郑德仁遍寻当年在舞厅共事的乐手和各工人文化宫乐队的高人，一一请他们出山。其中有周璇曾经的钢琴伴奏韦骏，一流的小号手薛文俊、周万荣，单簧管和萨克斯演奏名家朱广顺、孙继文，上海滩三大手风琴名家宋清源、孟升荣和曹子平等，都被悉数招至麾下。其中孟升荣还是我胞弟李建国的手风琴启蒙老师。

因为郑德仁的能力和影响，新组建的乐队很快就聚拢了三四十名各司其职的乐手。其实，伴舞的乐队只要十来位乐手即可，而且以打击乐和铜管乐为主。如今一下招募到这么多有水准的乐手，而且声部齐全，郑德仁就向夏白建议：何不组建一支轻音乐团，既可伴舞，还能专门排练一批轻音乐作品，一举两得。

夏白也很赞同，在得到上级批准后，1956年秋，上海音乐家协会旗下的上海轻音乐团正式成立，这在中国音乐史上尚属首次。郑德仁任团长兼指挥。乐团除了排练大批用于伴舞的世界名曲外，还陆续积累了一批中国作曲家新创的轻音乐作品，其中有李伟才的《欢乐》、商易的《新春圆舞曲》、郑德仁的《江南好风光》、徐德义的《晚会圆舞曲》及阿克俭重新编配的《彩云追月》和《花好月圆》等。

1956年底，上海轻音乐团首次亮相，在兰心大戏院推出了一台中外名曲音乐会，轰动上海，五场演出门票一个小时就被抢购一空。每场演出前，等票者是人头攒动，可见轻松愉悦又通俗易懂的音乐，是深受人们欢迎的。

此后，这支乐团除了正常伴舞外，还经常下基层为工农兵服务。许多上海乐坛的名家，如司徒海城、吴大昭、林明珍、戚长伟、张应娴等纷纷随团演出。1958年2月，在人民大舞台的公演，是那支上海轻音乐团的最后一次演出。

附录：乐评十则

旋律是音乐的生命

  曾创作歌剧《红珊瑚》的海政作曲家胡士平老人，日前在央视一档探讨歌剧走向的节目中，大声疾呼：振兴中国民族歌剧已刻不容缓，并殷切希望中青年作曲家能担当此任。多年前，乐坛泰斗贺绿汀也曾对有些人盲目地崇洋媚外，表示了极大的忧虑。

  中国曾涌现过许多伟大的作曲家和传世的经典作品，但近些年来，好的歌曲和音乐作品是越来越少，连重大国际活动的会歌和音乐，也不尽如人意。究其缘由，就是创作者的态度和理念，发生了根本的变化。

  关于旋律和技巧孰重孰轻的问题，这些年，犹如斯芬克斯的猜想这道难题一样，横亘在人们面前。"先锋派""印象派"及无调性、无旋律的"现代派"等众多讲究作曲技法的流派，其实也只是西方乐坛学术上的一种探索。这些流派从来不是世界乐坛的主流。说到底，音乐就是人类情感的表达。而这种表达最好的载体，就是恰如其分的、能打动人心的旋律，其源头也一定来自民间。作曲技法只是为表达这种旋律而服务的，古今中外，无一例外。想当年，《刘胡兰》《洪湖赤卫队》《江姐》等许多极富民族特色的歌剧应运而生，其中的很多经典唱段，至今还为人们所津津乐道。

  而现在我们一些花费巨资而打造的、贴有"民族"标记的歌剧，没上演几场就偃旗息鼓了。虽然这些剧目，无论是从戏剧的谋篇布局，还是音乐的构架和语言的运用，都在向西洋歌剧靠近了，但音乐中的民族性、唱段中的旋律性都不见了。这样的歌剧，不受人们的关注和喜爱，也就在情理之中了。

七十多年前,王洛宾从北平艺专毕业,在即将去巴黎音乐院深造的前夕,去西北一带采风。一日,他在宁夏一小酒店,听到有人唱起当地的民歌"花儿"后,激动得不能自拔。他对一同前来采风的萧军说:"这里的音乐如此之美,我还去法国干嘛?"从此,王洛宾把他的青春、才华,甚至整个生命,都献给了西北民歌。

不朽的旋律从未被历史的尘埃所淹没,它一直唱响时代的交响。

人民是音乐的真正评判者

近些年来,人们经常感叹:旋律优美、朗朗上口的音乐作品已越来越少。尤其是广大群众喜闻乐见的歌曲更是凤毛麟角。音乐创作不力的现象已存在多年,是不争的事实。究其原因,就是一些曲作者的创作方向、理念及态度,失之偏颇。其表现不外乎为:一味地追求赶潮流的"先进"作曲技法;贪大求洋、闭门造车,漠视本国现实,不闻不问人民群众的喜好所在,因此创作脱离了国情、生活和音乐本质。

生活是一切音乐创作的源泉,而音乐的生命就是旋律,它与作曲技法,就像皮与毛的辩证关系。这里,我举几个大家都熟悉的例子,窥一斑可知全豹,从而明了音乐创作的规律和方向。

小提琴协奏曲《梁祝》,是迄今为止中国最成功,也是在世界乐坛最负盛名的中国作品。此作是在弦乐四重奏《梁祝》的基础上发展的,曲作者何占豪,是浙江的越剧院团在上音管弦系的进修生。他没学过作曲,所以不懂曲式、复调、和声、配器等作曲技法。但他从小在越剧艺术中长大,骨子里浸润的全是越剧因子。因此,他的旋律是入木三分、声形兼具的。但要成就一部大作品,光有美的旋律是不够的。于是,孟波请来丁善德的高足陈钢。陈钢的参与,使作品发生了根本的变化,从而成就了一部既有鲜明民族性,又兼具西洋交响化的经典之作。《梁祝》的成功是得益于:在一个纯真的年代里,两颗年轻纯净的心无私的合作和全部付出,还有许多同仁鼎力帮助。

为迎接新中国成立十五周年,当年的上海音协,指定丁善德、王云阶、施咏康三位作曲大家携青年作曲家吕其明各创作一首命题交响曲。这四位作曲家带着各自的任务下生活,丁善德历时一月有余重走长征路,谱写了交响乐《长征》。王云阶和施咏康也都体验了生活,并做了大量的案头工作,从而分别创作了《抗日战争》和展现全中国解放的《曙光》等重大题材的交响作品,并在"上海之春"上首演。但这三位作曲家都没有亲身经历过这些战争,缺乏感同身受,因此作品就很难打动观众。作品只是昙花一现,以后也很少演出。唯独红小鬼出身的吕其明,虽不是作曲科班出身,但他有生活、有经历、有激情,对党和人民军队充满着深厚情感。因此他用国歌的旋律来形象地歌颂红旗的音乐主题,非常鲜明。并在此基础上不断深化、发展和变奏,激情澎湃的旋律油然而生、喷涌而出。这部单乐章的管弦乐《红旗颂》就此一炮打响,惊艳四座,至今常演常新。

朱践耳是我非常崇敬的音乐前辈,我多次采访过他。早年在前苏联留学时,他就创作过一首交响乐《节日序曲》,但国人不熟,我是听过几遍,旋律却一句也没记住。而同一时期,李焕之根据河北民间音乐元素创作的交响乐《春节组曲》,人民群众是喜闻乐见的。尤其是组曲中的《春节序曲》更是脍炙人口、深入人心。如今每当春节将临,那隽永优美的乐曲,通过电波、荧屏、网络到处传播,使人们的心里充满着幸福和热望。如今,对于朱践耳的评价和成就,业界经常只局限于他晚年创作的十部交响作品,而很少提及他的几首声乐作品。但我认为:影响几代国人成长的《唱支山歌给党听》才是他真正的代表作。现在乐坛有一种声音认为:写歌曲的作者,算不上真正的作曲家。其实任何一部大的音乐作品,都是先有主题音乐的构思,然后由一个个音符、一句句乐句、一段段乐段和乐章有机组成的。由此可见,巨作也是在小品的基础上不断形成发展的。诚然,音乐作品本不应有大小之分,关键取决于它对社会的作用和影响。

众所周知,什么时代唱什么歌,音乐无疑就是时代的记录者。而我们正处在一个伟大沸腾的时代。国家强盛、社会进步、人民幸福,火热多彩的生活蕴含着无尽的音乐素材,需要我们音乐工作者用全部的心血去感悟和挖掘,从而创作无愧于我们这个时代和人民的佳作。因为只有人民群众认可的音乐,才是真正的好音乐。这是我们创作的方向。

为"戴你唱歌"点赞

在世界已进入互联网时代的今天,这个无穷大的平台,开始出现了以专家学者和社会名流为主讲的大型网络公开课,并方兴未艾,大有燎原之势。

这种被称为"慕课"的形式,对人口众多,又相对缺乏大量优质教育和医疗资源的中国而言,无疑更显珍贵。

今年始,著名男高音歌唱家戴玉强,在国家图书馆音乐厅连续举办了十多场名为"戴你唱歌"的免费声乐培训课,中国网络电视台同时直播,受益人群多达200多万。

戴玉强的歌唱生涯坎坷不平。当年,他凭着一副天生的好嗓子和对歌唱的热爱,四处求学,遍访名家,历经艰难困苦,始终恪守信念,才一路走到今天,成为当今中国第一男高音。戴玉强深知歌唱成功者的不易,因此,他对有歌唱潜能者来求教,尤其是那些没有经济能力的,均来者不拒,并不收任何费用,这在当今社会是难能可贵的。于是求学者更络绎不绝,最终让他应接不暇。两年前,他来沪参加"温可铮大师纪念音乐会"时,就对我说起过他的这一困惑。

如今,戴玉强找到了互联网这个先进平台,给更多声乐爱好者带来了福音。一架钢琴、一把椅子,歌唱学习者每人演唱一首歌,戴玉强在点评演唱的过程中示范演唱,纠正其错误,讲解正确的发声方法和声音位置,还传授气息的运用、音乐节奏的把控和作品的处理等。以小课的形式,对每个歌者进行针对性的辅导。戴玉强安排学生演唱的作品,几乎都是具有代表性的中国经典歌曲。在学生开唱前,他先对这些作品的创作背景、内涵和社会作用等进行详尽介绍。这对传承、推广和发扬优秀的民族文化,尤其是培养和引导年轻一代的审美情趣和价值取向,无疑具有非常积极的意义。据悉,戴玉强的声乐"慕课"计划,先期将举办500期。在此期间,他还要不断地探索、改进教课的方式和内容,以期达到最大最好的社会效果。

其实,像戴玉强这样的教课形式,十多年前就有。那时的央视三套有档"新视听"栏目,曾特邀声乐大家金铁霖、马秋华夫妇每周轮番登场执教。几名点评嘉宾,多名学生现场演唱,这样的空中课堂深得广大音乐爱好者,尤其是声乐学习者的欢迎。我也是每期必看,受益匪浅。但后因娱乐化大潮泛起,又为争所谓的收视率,此档节目最终被砍,至今深感惋惜。

当下,教育成为一种产业。艺术院校的昂贵学费,令众多怀揣梦想,又具有艺术潜质者望而却步,对于一般人来说,学习艺术似乎成了一种奢望,这也使现在艺术院校的优秀生源越来越稀缺。若长此以往,后果不堪。过去,我们的教育工作者,绝大多数都是无私地奉献自己的所有,不仅额外的授课不收费,有的教师还对贫困的学生提供物质帮助。但在如今的商品化时代,上一堂声乐课,少则几百元,多则上千元,甚至数千元。当年从四川农村走来,如今已是顶尖歌唱家的廖昌永,若晚出生十多年,则完全可能因囊中羞涩而无力来沪求学,与中国歌坛失之交臂。其实,像廖昌永那样有歌唱天赋者,在偌大的中国还大有人在,只是还没有被发现而已。人才的浪费是最大的浪费,而现代社会的竞争,恰恰就是人才之争。一个民族和国家,只有人尽其才、物尽其用、唯才是举,才能发展和前行。

中国至今还是一个发展中国家。改革开放后,综合国力虽大增,但国民普遍的文化素质仍不高,从中国的国情来看,要提高全民的音乐素养,最好的切入口,莫过于学习歌唱。因为这样的学习,不需要自备乐器,只要有嗓子,有足够的热爱,有老师教唱就行,而且在学习的过程中,还能增长许多音乐、文化知识。

据我所知,眼下在上海有近万支业余合唱团体。每天还有成千上万中老年(包括一些年轻人)在卡拉OK厅深情、忘我地唱歌。由此可见,国人学习声乐是很有群众基础的,关键是我们需要更多戴玉强式的人物和有关部门更多的扶持政策。

"民族唱法"切莫入误区

在央视"青歌赛"史上,金铁霖、马秋华夫妇的学生曾屡屡在民族唱法中斩获奖项。本届大赛的前六名中,又有一大半选手出自他们门下。

诚然,金铁霖夫妇及其弟子在长期的演唱、教学实践中,探索整理成一整套科学的、完整的教学体系,是中国民族声乐的重要组成部分,它极大地丰富、发展了中国民族声乐。它最大的特点是体现声音技术的统一、完整性。但这种唱法不应成为唯一的、主流的和全部的唱法,更不应成为一种模式。否则一窝蜂地朝一条道上挤,没了个性,更谈不上风格,必将走进死胡同。

中国是一个人口众多、幅员辽阔且多民族的国家,蕴藏着无穷无尽的民间、民族音乐的源泉,当然代表这个国家的民族唱法,应是多样的、多元的,而不是一种定式。

20世纪50年代后期,乐坛泰斗贺绿汀提议在上音的声乐系开设民族声乐教研室,由学习美声唱法的王品素挂帅,在全国各地招来一批嗓音条件好、又有良好音乐感觉的各族青年,在不改变其原有的演唱风格的基础上,给予系统的科学的训练,使其更趋完美。为了在艺术上给他们更多的熏陶,拓宽视野,除了给他们欣赏大批中外音乐名作,在校期间,还先后请来了骆玉笙、魏喜奎、新凤霞、马连良、丁是娥等许多南北戏曲、曲艺专家授课,使之得益终身。上音的民族班先后培养了才旦卓玛、何继光、傅祖光、恩凤、冯雪健等许多在中国民族歌坛引领风骚的歌唱家。几年后北京又成立了中国音乐学院,也是旨在培养中国自己的民族音乐人才。

由此可见,偌大的中国不缺歌唱人才,缺的是对事物本身的理念、认识和发现。

歌唱应是一种状态

央视"青歌赛"走过的二十多年历程,给中国歌坛留下了约定俗成的美声、民族、通俗和近几届又推出的原生态等四种唱法。这看似泾渭分明又无可厚非,其实不然,至少在世界歌坛是从无先例。歌唱不应分什么唱法,而应视被演绎的作品的内涵、风格而呈现什么样的歌唱状态,这当然需要较高的歌唱境界。

综观世界声乐史,西洋唱法源于意大利,它也是意大利民族唱法精髓的结晶。因为意大利的语言是歌唱性的,非常有利于学习歌唱,因此各国纷纷学习,在此基础上形成了世界各演唱流派、学派。

我国自20世纪二三十年代开始，由国立音专和一些留洋学子开始在国内传授这种唱法，其目的也是为了丰富、提高我们民族自己的演唱水平。当年学习西洋唱法的郎毓秀、蔡绍序、李香兰等，他们既演唱外国作品，也参与当时流行的电影歌曲的演唱，比如脍炙人口的《天伦歌》《夜来香》《采槟榔》，影响甚广。再说说已经去世的歌王帕瓦洛蒂，他对西洋歌剧咏叹调、艺术歌曲，意大利、西班牙等各国民歌及音乐剧选段都能驾驭自如，没有什么流派、唱法、门第之区别。前些天，随总政来沪公演民族歌剧《木兰诗篇》的谭晶、雷佳和王丽达，她们虽然来自不同唱法的领域，但饰演的花木兰都十分胜任和出彩。由此可见，学习科学的唱法，则是一种自己用来表达作品的手段和工具，并不是最终目的。现在艺术院校和文艺团体的年轻人存在一种误解，就是拘泥于各自唱法中不能自拔，把自己早早地定位，束缚和阻碍了更多、更广的发展空间。从某种意义上来说，也局限了歌唱技巧本身的提高。其实这几种唱法的区别，无非就是声音位置的前后、高低，气息运用的深浅和咬字吐词表达的清晰、节奏不同罢了，这当然还牵涉到歌者本身的能力和乐感的问题。

歌唱和音乐一样，是为了表达人的情感，音之所在、情之所指。无论什么样的作品都应该用恰如其分的状态去尽情地演绎它。已故声乐大家张权，一生致力于建立中国民族声乐学派，一贯倡导的教学理念就是：歌唱是一种状态。在同一场音乐会上，能随心所欲地演唱外国作品和中国民歌的吴碧霞，无疑是最好的范例。

"上海老歌"是座金矿

近日应约与中国轻音乐之父郑德仁、旅欧歌唱家陈海燕见面，商讨如何把黎锦光当年无偿赠与陈海燕的近20首从未面世的旧作搬上舞台。哼唱那一首首优美的老歌，不禁让人感慨万千。

上海因中西文化的交融和海纳百川的胸魄，一度创造了海派歌曲的辉煌，上海也堪称中国近现代音乐的摇篮。其内核就是当年妇孺都能唱的时代曲，即"上海老歌"，林林总总有两千余首之多，去芜存菁后的经典之作也达六七百首。其中包括委婉动听的江南小调、激越高昂的救亡歌曲和典雅细腻的艺术歌曲等。在这些作品的背后,有着一个庞大的创作群体,其代表人物当属《玫瑰玫瑰我爱你》的作者陈歌辛和《夜来香》的作者黎锦光。

当年中国的流行音乐水平是不低的,无论创作还是演唱,都站在世界前沿。这些歌曲不仅曾被广泛传唱,至今还深深影响着华人世界。从一代歌后邓丽君到如今当红的蔡琴、费玉清,他们的歌声无不承载、浸润着"上海老歌"的风骨和神韵。李谷一演唱的那首一度被禁的《乡恋》,其旋律就有当年黎锦光为周璇和严华量身创作的男女声二重唱《叮咛》的影子。

由于极左思潮的干扰,"上海老歌"一度被打入冷宫,后经拨乱反正才得以重见天日。不过作为一座长期静卧深山老林中的"金矿","上海老歌"还大有潜力。如今各地都很热衷于开发旅游文化,旅游文化就是本土文化。把"上海老歌"打造成具有海派特色的旅游节目,还有很多的工作要做。当然,我们既不要全盘否定,也不能照单全收,而应对其精髓认真借鉴、吸收、传承。

央视音乐频道也该"变脸"

岁末年初,各地电视荧屏纷纷改版变脸,这似乎已司空见惯。唯独央视音乐频道以不变应万变。

眼下,在可收视的近百个频道中,央视音乐频道是唯一的专业音乐频道,担负着展现全中国音乐风貌的重任,也是介绍外国音乐的窗口。开播五六年来,《民歌·中国》《风华国乐》等栏目传承民族文化,弘扬民族精神,赢得了广大观众的认可和好评。

中国至今还是个发展中国家,向国民普及音乐任重而道远。因此,声乐节目和通俗易懂、旋律优美的中西器乐节目应成为音乐频道的首选。但遗憾的是,央视音乐频道的定位还是太"阳春白雪",栏目过于狭窄又相对太固定,《CCTV音乐厅》《精彩音乐汇》的节目更是反复重播。资源匮乏、曲高和寡,收视率不高也在情理之中了。

我国现有中央、部队、省市、部属的音乐团体百余家,地市级的文工团更是不计其数。他们大都吃着皇粮,却又很少排出观众喜爱的节目,这里固然有主观的原因，但更多的是外部的、客观的原因。演出太少，成本就高。而动辄几百、上千元的昂贵票价，又把许多工薪阶层拒之门外。演出市场的恶性循环，对我国音乐的普及是很不利的。笔者以为，要改变现状恐怕难以一蹴而就。那么与其浪费资源，不如把这些资源放置于广播电视播放为好。每家音乐团体每年只要有一台新节目面世，加之各地林林总总的各类音乐会，轮流由央视音乐频道播出，一来大大丰富了荧屏节目，二来我们的新人、新作也有了更多崭露头角的机会，而观众也有了更多的选择。

"新民乐"有形式还要有作品

多年前，京城出现了一个名叫"十二乐坊"的女子民乐组合，轰动一时。此后，各种样式的组合像雨后春笋般层出不穷，一时好不热闹。靓丽的形象、服饰、灯光，先进的电声乐器、音箱，多姿的肢体语言等，给沉寂的民乐界带来一股新风，也吸引了很多年轻人的眼球，无形中为普及民乐起到了一定的作用。这种"新民乐"表现样式，作为一种探索无可厚非，可是仅仅是在表现形式上，事实上连代表作都没留下一首，对民乐本身的演奏技巧、乐曲创作等并没有实质性的创新。

相形之下，五四时期的刘天华，用毕生心血致力于民族器乐的改良，将自己学习过的西洋作曲技法融入中国民族作品的创作，谱写了《光明行》等许多现代化的民乐曲谱，为中国民乐的发展奠定了坚实的基础。新中国的彭修文，使中国民乐交响化，并把许多脍炙人口的中外名曲改编成民族管弦乐，介绍给人民大众。他们的境界就大不一样。

我国有很好的民乐基础，有几百万少年儿童在学习各类民族器乐。但遗憾的是，现在我们艺术院校培养的音乐家大多片面追求演奏技巧，而往往忽略了音乐的本质、内涵。其实音乐最终还是要表达人的情感，表现美，并不是单纯为了炫技。而且演奏技巧是有极限的，而音乐的表达却是无穷的。阻碍民乐发展的另一个"瓶颈"是创作的不力。想当年风骚各领的民乐演奏家，都有自己的代表作。而如今的作品不是贪大求洋，就是闭门造车。既没生活，又没感悟，哪来的广度、深度？不能打动自己的作品，又何以能感动他人？如何在继承传统的基础上有所创新，是民乐发展的重大课题。

新春闻乐断想

甲午马年新春,中国轻音乐前辈郑德仁老人,赠予我一套他收藏半个多世纪的密纹黑胶唱片。

在这套中国管弦乐作品选辑中,收录了李伟才的《欢乐》、商易的《新春圆舞曲》、郑德仁的《江南好风光》、徐德义的《晚会圆舞曲》,以及黎锦光、阿克俭等名家根据中国的民间音乐及地方民歌改编的《送我一枝玫瑰花》和早年任光的《彩云追月》、黄贻钧的《花好月圆》等几十首管弦乐作品。从某种意义上来说,此类作品也可泛称为轻音乐。那轻松愉悦的节奏,隽永沁人的旋律,不时唤起我儿时美好的记忆。试想,这些乐曲如在当下的广播、电视、网络中不断播放,定能引起众多国人激荡的心旌和无限的感慨,而对青少年一代,相信也会产生正面和积极的引导作用。

20世纪五六十年代是我国管弦乐创作的鼎盛期,《春节序曲》《梁祝》《红旗颂》等不朽的旋律,至今还在亿万人民心中流淌。但遗憾的是,自三十多年前一首《北京喜讯到边寨》后,国人似乎再也没听到能引起普遍共鸣的新曲。

改革开放后,打破了文化桎梏,没有了创作禁锢,我国的音乐创作理应空前的繁荣和发展。但令人失望的是,虽然各种样式的音乐作品也层出不穷,但由于这种创作没有充分扎根民族的沃土,漠视现实国情,也脱离了大众的需求,能打动人们心灵的乐曲,也就不见了。这些年来,大批海归的音乐学子成了中国音乐教学和创作的中坚,但他们比较偏重国外先进的作曲技法,而忽略甚至不太了解自己国家、民族的音乐元素,对于音乐小品和歌曲创作,更是不屑一顾,一味地热衷于人民群众不知所云的鸿篇巨制。大众喜闻乐见、耳熟能详的"新经典"缺席已久。

与此同时,一个不可否认的现实是,当下国人的普遍音乐素养并不算高。前不久,一家权威机构调查统计什么音乐作品最受国人喜爱,结果,"凤凰传奇"的《最炫民族风》以压倒优势胜出。

如何着手解决这个难题?完全指望那些"高大上"的交响乐,恐怕是不行的。

其实，也不是没有可借鉴的经验。如今交响乐爱好者中相当多数，还都是当年李德伦、曹鹏普及交响乐时播下的种子。可见，要提高国人的音乐素养，首先要有正确的引导，循序渐进。而循序渐进的最好办法，我认为就是通过"轻音乐"这个中介。

纵观世界各国音乐的格局，虽不平衡，但大都呈橄榄形，只因国情的不同而侧重不一。根据中国文化传统和国民的修养现状，我国的音乐创作和发展，还是不能脱离中国几千年的文化和人民群众的欣赏习惯。先普及提高中间的大多数，然后再向流行歌曲和受众群较少的高雅音乐的两头发展。而推广普及人们都能接受的音乐，有赖于优秀的作品的出现。正如廖昌永在本届两会中谈到的，我们不仅要有"中国好声音""中国好歌曲"这些流行音乐的节目，还要有"中国好戏曲""中国好民乐""中国好歌剧""中国好交响乐"。也正如习近平总书记指出的，我们必须弘扬民族传统文化，去找我们的精气神。

只有接通了现实、传统的血脉，打通人民与艺术之间的隔阂，才能真正提高全民的音乐素养。这就需要具备良好"中介性"的作品来实现。这，难道不是值得现在的作曲家们深思的问题吗？

向谷建芬致敬

在《中国之星》收官的决战间隙，中国文联和音协，出人意料地在现场联袂给特邀前来观战的著名作曲家谷建芬女士，颁发了中国流行音乐终身成就奖，以表彰、褒扬她这么多年来在这一领域的执着守望和不凡建树。

谷建芬是中国改革开放后，内地流行歌曲创作的先行者。作为科班出身的作曲家，她从不拘泥于西洋传统作曲技法中的某些程式和条条框框而墨守成规，也不因被某些同行指责为"离经叛道"而束缚手脚，更不迎合在泛娱乐化大潮下的随波逐流，而是始终秉承、恪守自己一贯的音乐理念和创作作风。谷建芬以自己深厚的生活积淀和丰富的人生阅历，敏锐地洞察社会，感悟时代，并用卓然超群的驾驭音乐的能力，独辟蹊径，在不断地探寻一条既属于我们国家和民族，又无愧于这个伟大时代的流行音乐的发展之路。

谷建芬深谙：生活是一切艺术创作的源泉。长期以来，她深入生活，贴近民众，体察民情；甚至不顾体弱年迈，经常去边远及少数民族区域采风，感受新的气息，汲取不竭的音乐养分。

谷建芬有一个好习惯，她每创作完一首作品，首先要请各阶层人士评头论足和一些歌者来试唱，从而在听取各方反馈的意见和信息后，再行修改，直至满意后，才定稿发表。显然，最广大人民群众的需求和喜爱，就是她创作的最高目标和境界。

因为心里始终装着人民，谷建芬的那些题材多样、曲风新颖、风格各异、视角独特又旋律优美且朗朗上口的上乘之作，无不充溢着浓郁的民族风和鲜明的时代感，更流淌着对祖国、人民的无限情怀和满腔热忱。如《烛光里的妈妈》《年轻的朋友来相会》《今天是你的生日》《思念》《歌声与微笑》等许多雅俗共赏又通俗易唱的轻歌曲，至今广为传唱。

谷建芬不仅为中国音乐的创作带来了一股新风，还早在我国港台地区、欧美流行音乐涌入中国大陆之初，就不失时机地创办了新中国成立后大陆最早的通俗歌手培训班。谷建芬教他们科学的发声和正确的气息，还因材施教，根据歌手不同的嗓音条件、演唱个性和修养，引导他们坚持各自独特的演唱风格，使其潜能发挥到极致，并为他们量身创作了许多脍炙人口的经典歌曲。

谷建芬不单教学生学艺，更引领他们做人，从而造就了毛阿敏、那英、苏红、李杰、解晓东、孙楠、崔京浩等一批如今仍活跃在中国歌坛的中坚力量。

这些年来，谷建芬还一直奔波于全国各地的歌唱选秀节目。她想亲耳聆听、亲自了解当代年轻人，究竟喜爱什么样的音乐？在今年初一的央视"星光大道"年度决赛现场，谷建芬作为特邀的重量级嘉宾，即席点评。她除盛赞两组民族、民间歌手的组合外，还透露了自己正在酝酿、尝试创作一些能使当代年轻人喜爱的歌曲，且非常自信地认为：我们一定能找到一条自己民族的音乐之路。谷建芬已功成名就，但在耄耋之年，仍呕心沥血地探寻着未来的音乐方向，令人尊敬。

值此三八妇女节来临之际，我们要向谷建芬这位杰出的中国女作曲家，致以崇高的敬礼！

后　记

《乐坛春秋》一书即将面世，我要再次感谢本书责编陈强的辛勤付出。并想预告读者，这套音乐人物传记丛书的第三部《乐人往事》一书，也已在加紧采写中，争取早日与大家见面。

迄今为止，我在音乐制作和音乐写作这条道路上，已如履薄冰似的跋涉了近四十个年头。在此期间，遭遇过的困难、挫折和失败，是数不胜数的。但我对自己选择、认定的道路是咬定青山不放松的，并不因一时"人为的打击"而退却，甚至放弃。相反，坦然地权当自己前进中的动力和成长中的一种精神财富，更是人生道路上的积累。我坚信，白纸黑字的文章是最终能够说明一切的。同时我还认为：只有把自己的生命激情和满腔赤诚，毫无保留地投入毕生追求的事业中去，才有可能使自己变得强大起来，而立于不败之地。我想，一个健康的社会，应当提倡见贤思齐、比学赶帮的氛围，从而形成人尽其才、唯才是举的良好局面。

我这一路走来，得到过束纫秋、丁锡满、金福安、何建华等新闻界领导的赏识和鼓励。更得到徐克仁、严建平、俞亮鑫、曾元沧、李葵南、戴文妍、龚建星、李安瑜、盛李、祝鸣华、杨晓晖、贺小钢、全岳春、涂渝、裴璐、戴逸如、吴南瑶、王瑜明、丹长江、史佳林、徐婉青、李仲源、武璀、李坚、黄金海、翁思再、周丁、欧冠云、周骏、吴联庆、张敏贤、唐宁、张农军、姚荣铨、李菁、张晓然、朱光、朱渊、姚冬梅、赵红玲、姜燕以及徐春发、汪澜、朱大路、刘绪源、吴为忠、伍斌、吴纪椿、黄汉民、汪乐春、刘巽达、皮可等新闻出版界朋友的支持。此外，还要感谢大连企业家宋智敏先生等对本系列丛书的大力推广和支持。由于时间久远，要感谢的朋友难免会挂一漏万，在此敬希谅鉴。

若没有这些朋友的帮助，我是不可能走到今天的，也不会有音乐人物传记三部曲的诞生。对此，我在这里再次表示由衷的感激。我更不会忘却生养、培育我的父母和心心相印的胞弟，以及这些年与我大力合作、对我提供无私帮助的许多音乐家，尤其是乐坛泰斗贺绿汀、孟波，以及李焕之、贺敬之、吴祖强、傅庚辰和温可铮等名家一直以来的关照。正因为有了他们，我对自己的写作也更自信了。诚然，本篇是为后记，但又并非尾声，我会一如既往地为中国乐坛能留下更多更美的风景而竭尽全力。

2023年4月12日